《声律启蒙》与《笠翁对韵》

探源精解

（清）车万育　（清）李　渔◎原著

王润安　陈　泓◎编著

中国纺织出版社

北京·2014

内 容 提 要

　　《声律启蒙》和《笠翁对韵》是学习汉语对偶技巧和音韵格律的优秀实用读物，其内容极为丰富，涉及天文地理、神话典故、时令文史、人伦世俗、宫室珍宝、山河景物、器用饮食、鸟兽花木等。原著的精美语句多源于古代的诗、词、文、赋，有的是引用原话，有的是化用句意，都蕴含着某种事物或某个典故。本书编者力求准确地找寻到每句话、每个典故的来源与出处，并探究出全句话的含义，以展现其精深广博的文化内涵。阅读此书，对于了解古代文化，丰富文学、历史知识，初步掌握创作诗词和撰写对联的语言技巧很有帮助。

图书在版编目（ＣＩＰ）数据

　　《声律启蒙》与《笠翁对韵》探源精解／（清）车万育，（清）李渔原著；王润安，陈泓编著. —北京：中国纺织出版社，2014.7（2019.3 重印）
　　ISBN 978 - 7 - 5180 - 0309 - 9

　　Ⅰ.①声… 　Ⅱ.①车… 　②李… 　③王… 　④陈… 　Ⅲ.①诗词格律—中国—启蒙读物 　Ⅳ.①I207.21

　　中国版本图书馆 CIP 数据核字（2014）第 113807 号

责任编辑：张永俊　　　　　　责任印制：储志伟

中国纺织出版社出版发行
地址：北京市朝阳区百子湾东里 A407 号楼　邮政编码：100124
销售电话：010 — 87155894　传真：010 — 87155801
http：//www. c-textilep. com
E-mail：faxing @ c-textilep. com
官方微博 http：//weibo. com/2119887771
佳兴达印刷（天津）有限公司印刷　各地新华书店经销
2014 年 7 月第 1 版　2019 年 3 月第 14 次印刷
开本：710×1000　1/16　印张：23
字数：337 千字　定价：45.00 元

凡购本书，如有缺页、倒页、脱页，由本社图书营销中心调换

序

　　中国的诗、词、曲、联是很讲究声韵格律的。中国最早的韵书产生于魏晋时期。清朝康熙年间进士车万育所著的《声律启蒙》和戏曲家李渔所著的《笠翁对韵》两书，是学习汉语对偶技巧和音韵格律的优秀实用读物，流传甚广，经久不衰。两书都是采用金代王文郁《平水新刊韵略》中的平声三十韵编写的。《声律启蒙》每韵三段，《笠翁对韵》每韵两至四段不等，每段八个韵脚，有单字对、双字对、三字对、五字对、七字对、十一字对，句句对偶对仗，声调平仄交替，音韵谐和优美，节奏明快上口，不光儿童爱读，也深受广大诗词爱好者和戏曲编唱人士的青睐。编者把两书的原文加上现代汉语拼音，读者按平仄格律经常诵读，不仅会受到音韵美学的熏陶，丰富想象思维空间，而且能初步掌握创作诗词和撰写对联的必备的语言技巧。

　　《声律启蒙》和《笠翁对韵》两书不仅音韵极美，而且内容甚为丰富，涉及天文地理、神话典故、时令文史、人伦世俗、宫室珍宝、山河景物、器用饮食、鸟兽花木等。原著的精美语句多源于古代的诗、词、文、赋，有的是引用原话，有的是化用句意，都蕴含着某种事物或某个典故，如果没有详细的注释，很难理解其中的寓意。我们精解这两书时并没有去烦琐地解释每句话中各个词语的各个义项，而是重点探寻每句话、每个典故的来源出处以及每句话背后的真正含义，以展现其精深广博的文化内涵。因此读者读的不仅是韵书，也是鲜为人知的优美诗文和有趣的历史故事，更有利于读者对韵书的理解和记忆。这是本书最显著的特色。我们徜徉在诗文书海之中，遴选出的注文均来自于古代文人、诗人的名篇佳句。注释中也吸纳了前人的研究成果，但都重新作了检验，认定其是否正确。

　　许多历史典故和诗词名句是历代画家绘画的题材。本书选用了数十幅与典故、名句相关的名人绘画作插图，以彰显图文并茂的视觉效果。

三百多年来，《声律启蒙》和《笠翁对韵》的版本不计其数，抄来抄去，差错很多。本书的《声律启蒙》原文采用的是国家图书馆珍藏的光绪三年（1877）宝经堂出版的原文之刻本；《笠翁对韵》原文采用的是国家图书馆珍藏的光绪三十年（1904）聚兴堂藏版之刻本。我们根据史实，并参考相关资料，改正了原著中的个别差错。例如，把"系剑子婴"改为"系颈子婴"、"山涛倒着接篱"改为"山简倒着接篱"、"草葺葺"改为"草茸茸"等。

　　本书注释参考资料主要有：《辞源》《诗渊》《唐诗鉴赏辞典》《宋词鉴赏辞典》《元曲鉴赏辞典》《四书五经》《二十五史》《太平广记》《世说新语》等。

　　为编写此书，我们历经数年揣摩，仿佛跨越时空，与两位先翁坐在一起，聆听他们为传承普及音韵之美，博采华夏经典妙语融入自己韵书之中的神笔感悟。写作过程也是我们学习的过程、享受汉语韵律的过程。

　　受水平所限，书中难免会有差错，敬请同道指正。

王润安　陈　泓
2013 年 11 月

编写说明

1. 原文中原有的差错已作纠正，并在注释中注明原文某字有错，当为某字。如"三江"注㉓"系颈"原文误为"系剑"。

2. 原文每韵每段拼音平仄的基本格式是：平对仄，仄对平。仄仄对平平。平平对仄仄，仄仄对平平。平仄仄，仄平平。仄仄对平平。平平平仄仄，仄仄仄平平。仄仄平平平仄仄，平平仄仄仄平平。仄仄平平，仄仄平平平仄仄；平平仄仄，平平仄仄仄平平。但不少句子中该用平声字的却用了仄声，或该用仄声字的却用了平声，其因：多属按律诗"一三五不论"常规口诀遣词；有的属特定格式句；有的属本句自救或对句相救的拗句；有的属多音字；有的属不应拘泥于平仄的专用名词。

3. 注释文中人名前〔 〕内字是朝代名，如"一东"注①中的"〔唐〕杜甫"。

4. 注释文中（ ）内楷体小字是对前面字词的注解，如"一东"注④中的"骊山（在今陕西西安）"。

5. 注释文中引文〔 〕内字是对引语的补充，以使文意清晰，字号与引语一样。如"二冬"注⑫"〔陈涉〕材（才）能及中庸"。

6. 注释文中或末尾（ ）内的仿宋体字是注明出处。如"一东"注④（见《史记·高祖本纪》）。

7. 原著中有很多好的寓言、神话故事，但作者受其时代局限，也有一些迷信的内容，编者如实展示，不加批判，请读者自由品评。

目　录

上编　声律启蒙

下编　笠翁对韵

声律启蒙

一　东

云对雨，雪对风。晚照对晴空①。来鸿对去燕②，宿鸟对鸣虫③。三尺剑④，六钧弓⑤。岭北对江东⑥。人间清暑殿⑦，天上广寒宫⑧。夹岸晓烟杨柳绿⑨，满园春色杏花红⑩。两鬓风霜，途次早行之客⑪；一蓑烟雨，溪边晚钓之翁⑫。

沿对革，异对同。白叟对黄童⑬。江风对海雾，牧子对渔翁。颜巷陋⑭，阮途穷⑮。冀北对辽东⑯。池中濯足水⑰，门外打头风⑱。梁帝讲经同泰寺⑲，汉皇置酒未央宫⑳。尘虑萦心，懒抚七弦绿绮㉑；霜华满鬓，羞看百炼青铜㉒。

贫对富，塞对通。野叟对溪童㉓。鬓皤对眉绿㉔，齿皓对唇红㉕。天浩浩㉖，日融融㉗。佩剑对弯弓。半溪流水绿㉘，千树落花红㉙。野渡燕穿杨柳雨㉚，芳池鱼戏芰荷风㉛。女子眉纤，额下现一弯新月㉜；男儿气壮，胸中吐万丈长虹㉝。

注 解

① **晚照** 夕阳的余晖。[南朝宋] 孝武帝《七夕》诗云: "白日倾晚照,弦月升初光。" [唐] 杜甫《秋野》诗云: "远岸秋沙白,连山晚照红。"

晴空 晴朗的天空。[唐] 李白《秋登宣城谢朓北楼》诗云: "江城如画里,山晚望晴空。" [唐] 刘禹锡《秋词》诗云: "晴空一鹤排云上,便引诗情到碧霄。"

② **来鸿去燕** 鸿雁和家燕都是候鸟,春回北方繁殖,秋来南方越冬。文人常用 "来鸿去燕" 比喻行踪漂泊不定的人。[金] 元好问《江城子十九首》词云: "来鸿去燕十年间。镜中看,各衰颜。"

③ **宿鸟鸣虫** 归巢栖息的鸟与会鸣叫的昆虫。[唐] 无可《陨叶》诗云: "别林遗宿鸟,浮水载鸣虫。"

④ **三尺剑** 古剑长约三尺,故名。刘邦 (今江苏丰县人) 任泗上亭长时,为沛县衙送民工往骊山 (在今陕西西安) 筑秦始皇墓。夜经大泽,一条白蛇 (传说是秦朝 "白帝子") 当道,便拔剑斩之。刘邦推翻秦朝被封为汉王后,曾说: "吾以布衣提三尺剑取天下,此非天命乎?" (见《史记·高祖本纪》)

⑤ **六钧弓** 钧是古代重量计量单位。一钧相当于 30 斤,六钧即 180 斤。比喻强弓。据《左传·定公八年》记载,鲁定公入侵齐国,夸耀说: "颜高 (鲁国武臣) 之弓六钧。" 令众士传观。齐人出城应战,六钧弓施展不开,颜高便夺来下士的弱弓射杀齐兵。

⑥ **岭北** 泛指山的北面。特指大庾、始安、临货、桂阳、揭阳五岭以北;也专指大庾岭 (别名 "梅岭") 以北。[唐] 韩愈《次同冠峡》诗云: "无心思岭北,猿鸟莫相撩。" **江东** 泛指江河的东面。特指长江从芜湖、南京到入海的以南地区,史称 "江东"。西楚霸王项羽 (今江苏宿迁人) 领江东八千子弟西渡打天下,最后兵败乌江 (在安徽和县东北), "无一人还",项羽仗义自刎,而 "不肯过江东"。(见《史记·项羽本纪》)

⑦ **人间清暑殿** 东晋孝武帝司马曜太元二十一年 (396) 春在今南京市鸡鸣山南建造清暑殿, "殿前重楼复道,通华林园,爽垲奇丽,天下无比;虽暑月,常有清风,故以为名。" (见《晋书·孝武帝纪》、王琦《景定建康志》) 南北朝的北魏时期,洛阳华林园的主体建筑也叫 "清暑殿"。(见《北

魏洛阳华林园平面设想图》）

⑧ **天上广寒宫** 神话传说，唐明皇李隆基八月十五日梦游月宫，见一大宫殿，榜名"广寒清虚之府"，故称月亮为"广寒宫"。（见柳宗元《明皇梦游广寒官》）

⑨ **夹岸晓烟杨柳绿** 北宋元祐年间，苏轼（今四川眉山人）任杭州知府时，在西湖筑堤，横截湖面，用以开湖蓄水。堤上建六桥九亭，夹道植柳，名为"苏公堤"。（见《宋史·河渠志·东南诸水下》）南宋诗人杨万里《沉虞卿秘监招游西湖》诗云："苏公堤远柳生烟，和靖园深竹映关。"

⑩ **满园春色杏花红** 这是宋代诗人叶绍翁《游园不值》"应怜屐齿印苍苔，小扣柴扉久不开。春色满园关不住，一枝红杏出墙来"诗句的化用。

⑪ **两鬓风霜，途次早行之客** 途次是旅途的意思。周朝有个白发老人，在旅途中的客店伤心地哭泣。有人问他为何而哭，他说："我少年已文德成就。开始求仕时，国君好用老者，但不久他就死了；新主又好用武者，于是我改为习武，武艺刚有所成，新主也死了；少主上来又好用青年，可我已老了。我怎么能不痛哭？"这是终生不遇的典型。（见王充《论衡·逢遇》）

⑫ **一蓑烟雨，溪边晚钓之翁** 商朝末年，年近八十的姜子牙，一天到晚在渭水支流磻溪（今陕西省宝鸡市东南）之滨，用无饵的直钩钓鱼，等"愿者上钩"。周西伯（时任西部诸侯之长的周文王）将出猎，占卜者说他猎获的将是"霸王之辅"。文王果然在磻溪之滨遇上了姜子牙。二人一见倾心，文王于是拜姜子牙为军师。姜子牙辅佐文王征伐，"天下（指商朝疆域）三分，其二归周"。后又辅佐武王伐纣（殷纣王）灭商，建立周朝。姜子牙受封为齐王，成为齐国（今山东境内）之始祖。这是老年得志的典型。（见《史记·齐太公世家》）

⑬ **白叟黄童** 白发老人和黄毛儿童。［唐］韩愈《元和圣德》诗云："卿士庶人，黄童白叟，踊跃欢呀（欢呼）。"［宋］蔡肇《大港即事次韵》诗云："村落家家有酒沽，黄童白叟醉相扶。"

⑭ **颜巷陋** 孔子的得意弟子颜回，字子渊，家庭贫穷，食宿简陋，"一箪（dān，古代盛饭用的圆形竹器）食，一瓢饮，在陋巷；人不堪其忧，回也不改其乐。"（见《论语·雍也》）

⑮ **阮途穷** 三国魏文学家、思想家阮籍，是魏晋"竹林七贤"之一，曾任东平府相、步兵校尉。他藐视世间礼俗，行为狂放古怪。一般当官的上任，不是坐轿，就是骑马，而他上任却骑驴。他常独自驾车，不走常道，无目的

七贤图

地漫游，车到穷境，就"恸哭而返"。（见《晋书·阮籍传》）

⑯**冀北** 指河北、山西、辽宁地区。有一个比喻善用人才的"马空冀北"典故。故事说：善识良马的伯乐将冀北之良马搜选一空，无所遗漏。[唐] 韩愈《送温处士赴河阳军序》云："伯乐一过冀北之野，而马群遂空。" **辽东** 指辽河以东的地区，即辽宁省的东部和南部。有一个比喻少见多怪的"辽东白豕"典故。故事说：有一户人家，母猪产下一头"白头豕"，十分惊喜，以为是罕见之宝，想要进贡给皇上。他路过河东，见到这样的"白头豕"遍地皆是，于是败兴而归。（见《后汉书·朱浮传》）

⑰**池中濯足水** 濯足水：洗足水。战国伟大诗人屈原《楚辞·渔父》云："沧浪之水清兮，可以濯吾缨（系帽的带子）；沧浪之水浊兮，可以濯吾足。"

⑱**门外打头风** 打头风：顶头风。[唐] 白居易《小舫》诗云："黄柳影笼随棹月，白蘋香起打头风。"

⑲**梁帝讲经同泰寺** 南朝梁武帝萧衍，崇儒敬佛，大兴寺庙。他下令在皇宫（今南京）旁修建同泰寺，亲赴同泰寺，脱御服、换法衣当和尚，举办佛教庆典大会，连日讲经。（见《南史·梁武帝本纪》）

⑳**汉皇置酒未央宫** 汉高祖刘邦九年（前198），"[长安] 未央宫成，高祖大朝诸侯群臣，置酒未央前殿"。高祖捧玉杯向其父（太上皇）敬酒，说："以前大人说我是个无赖汉，治产业不如我哥哥刘仲；现在我所取得的业绩，与仲哥相比，谁的多？"殿上群臣皆呼"万岁"，大笑为乐。（见《史记·高祖本纪》）

㉑ **尘虑萦心，懒抚七弦绿绮**　尘虑：思虑尘世之事。绿绮：名琴。宋代爱国名将岳飞一生的抱负，是雪耻报国，反对与金人议和。但他喊破喉咙，当权者中无人听取。他在《小重山》词中写道："欲将心事付瑶琴，知音少，弦断有谁听！"

㉒ **霜华满鬓，羞看百炼青铜**　霜华：花白发鬓。青铜：指青铜镜，古时用青铜炼制的镜子。〔元〕贯云石《凭栏人·题情》诗云："冷落桃花扇影歌，羞对青铜扫翠蛾。"〔唐〕罗隐《伤华发》诗云："已衰曾轸虑（哀伤），初见忽沾巾……青铜不自见，只拟老他人。"

㉓ **野叟溪童**　山野老人和溪边玩耍的儿童。亦作"野老溪童"。〔宋〕司马光《叠石溪二首》诗云："野老相迎拜，溪童乍见惊。"

㉔ **鬓皤**　鬓角花白。魏晋时期河南中牟人潘岳，貌美专情，文才出众，仕途坎坷，壮年鬓角即泛白。〔金〕完颜璹（shú）《临江仙》词云："卢郎心未老（传说唐代有个卢家子弟到了老年才当上校书郎，并娶妻崔氏），潘令（潘岳曾为河阳县令）鬓先皤（白）。"　　**眉绿**　眉毛乌黑。〔宋〕苏轼《南歌子》词云："半年眉绿未曾开。明月好风闲处、是人猜。"

㉕ **齿皓唇红**　牙齿白，嘴唇红。皓：洁白，形容人的容貌俊美。〔明〕施耐庵《水浒传》云："那厮唤做小张三，生得眉清目秀，齿白唇红。"

㉖ **天浩浩**　辽阔的天空。《诗经·小雅·雨无正》云："浩浩昊天（苍天），不骏（通'峻'，长久，经常）其德。"

㉗ **日融融**　温暖的阳光。〔唐〕冯延巳《金错刀》云："日融融，草芊芊，黄莺求友啼林前。"

㉘ **半溪流水绿**　溪映碧山流水绿。这是唐代诗人杜牧《残春独来南亭因寄张祜》中"一岭桃花红锦黦，半溪山水碧罗新"诗句的化用。

㉙ **千树落花红**　千树红花尽败落。唐代诗人刘禹锡因参加革新，被从监察御史贬为朗州司马。过了十年，朝廷想重新起用他，但他刚回长安即写《游玄都观》称："玄都观（在长安）里桃千树（暗指朝中爬上来的新贵），尽是刘郎（指自己）去后（被贬朗州以后）栽。"这下，又得罪了新权贵，再度被挤出长安，派当连州刺史。又过十四年，再度被召回京都任职时，他又写《再游玄都观》称："百亩庭中半是苔，桃花（暗指新权贵）净尽菜花开。种桃道士归何处？前度刘郎今又来。"

㉚ **野渡燕穿杨柳雨**　燕子在郊野渡口烟雨蒙蒙的杨柳树间飞舞。这是宋

朝著名词人柳永《定风波》中"日上花梢，莺穿柳带"和宋朝佚名词人《失调名》中"双双飞燕柳边轻"词意的化用。

㉛ **芳池鱼戏芰荷风** 鱼儿在芳草池塘香气浓浓的荷花丛中嬉游。这是唐代诗人郑巢《陈氏园林》中"蝉鸣槐叶雨，鱼散芰荷风"和汉乐府《江南》中"莲叶何田田，鱼戏莲叶间"诗句的化用。

㉜ **女子眉纤，额下现一弯新月** 女子的细眉像新生的月牙一样美丽。[唐] 缪氏子《赋新月》诗云："初月如弓未上弦，分明挂在碧霄边。时人莫道蛾眉小，三五（指每月十五日）团圆照满天。"[宋] 释文珦《初三夜月》诗云："新月似蛾眉，娟娟止片时。"

柳燕图

㉝ **男儿气壮，胸中吐万丈长虹** 男儿的豪气像空中的彩虹一样壮烈。秦始皇灭了韩、赵，又攻燕国。燕太子丹招募勇士荆轲刺杀秦王。为取信于秦王，荆轲带着燕国愿意献给秦国的督亢（燕地，今河北涿州）的地图和秦始皇正在悬赏捉拿的樊於期的人头（秦将樊於期逃亡燕国，为支持荆轲刺秦王，自刎献头）赴秦。行前，"白虹贯日（白色长虹穿日而过，是凶兆）"，太子丹预感刺秦王必败。荆轲见秦王，先献樊於期人头，秦王大悦；再献地图，"图穷匕首见（图全展开现出匕首）"，荆轲操起匕首刺向秦王。秦王绕柱躲避，后拔背剑杀死荆轲。（见《史记·刺客列传》）

二 冬

<ruby>春<rt>chūn</rt></ruby><ruby>对<rt>duì</rt></ruby><ruby>夏<rt>xià</rt></ruby>，<ruby>秋<rt>qiū</rt></ruby><ruby>对<rt>duì</rt></ruby><ruby>冬<rt>dōng</rt></ruby>。<ruby>暮<rt>mù</rt></ruby><ruby>鼓<rt>gǔ</rt></ruby><ruby>对<rt>duì</rt></ruby><ruby>晨<rt>chén</rt></ruby><ruby>钟<rt>zhōng</rt></ruby>①。<ruby>观<rt>guān</rt></ruby><ruby>山<rt>shān</rt></ruby><ruby>对<rt>duì</rt></ruby><ruby>玩<rt>wán</rt></ruby><ruby>水<rt>shuǐ</rt></ruby>②，<ruby>绿<rt>lǜ</rt></ruby><ruby>竹<rt>zhú</rt></ruby><ruby>对<rt>duì</rt></ruby><ruby>苍<rt>cāng</rt></ruby><ruby>松<rt>sōng</rt></ruby>。<ruby>冯<rt>féng</rt></ruby><ruby>妇<rt>fù</rt></ruby><ruby>虎<rt>hǔ</rt></ruby>③，<ruby>叶<rt>yè</rt></ruby><ruby>公<rt>gōng</rt></ruby><ruby>龙<rt>lóng</rt></ruby>④。<ruby>舞<rt>wǔ</rt></ruby><ruby>蝶<rt>dié</rt></ruby><ruby>对<rt>duì</rt></ruby><ruby>鸣<rt>míng</rt></ruby><ruby>蛩<rt>qióng</rt></ruby>⑤。<ruby>衔<rt>xián</rt></ruby><ruby>泥<rt>ní</rt></ruby><ruby>双<rt>shuāng</rt></ruby><ruby>紫<rt>zǐ</rt></ruby><ruby>燕<rt>yàn</rt></ruby>⑥，<ruby>课<rt>kè</rt></ruby><ruby>蜜<rt>mì</rt></ruby><ruby>几<rt>jǐ</rt></ruby><ruby>黄<rt>huáng</rt></ruby><ruby>蜂<rt>fēng</rt></ruby>⑦。<ruby>春<rt>chūn</rt></ruby><ruby>日<rt>rì</rt></ruby><ruby>园<rt>yuán</rt></ruby><ruby>中<rt>zhōng</rt></ruby><ruby>莺<rt>yīng</rt></ruby><ruby>恰<rt>qià</rt></ruby><ruby>恰<rt>qià</rt></ruby>⑧，<ruby>秋<rt>qiū</rt></ruby><ruby>天<rt>tiān</rt></ruby><ruby>塞<rt>sài</rt></ruby><ruby>外<rt>wài</rt></ruby><ruby>雁<rt>yàn</rt></ruby><ruby>雍<rt>yōng</rt></ruby><ruby>雍<rt>yōng</rt></ruby>⑨。<ruby>秦<rt>qín</rt></ruby><ruby>岭<rt>lǐng</rt></ruby><ruby>云<rt>yún</rt></ruby><ruby>横<rt>héng</rt></ruby>，<ruby>迢<rt>tiáo</rt></ruby><ruby>递<rt>dì</rt></ruby><ruby>八<rt>bā</rt></ruby><ruby>千<rt>qiān</rt></ruby><ruby>远<rt>yuǎn</rt></ruby><ruby>路<rt>lù</rt></ruby>⑩；<ruby>巫<rt>wū</rt></ruby><ruby>山<rt>shān</rt></ruby><ruby>雨<rt>yǔ</rt></ruby><ruby>洗<rt>xǐ</rt></ruby>，<ruby>嵯<rt>cuó</rt></ruby><ruby>峨<rt>é</rt></ruby><ruby>十<rt>shí</rt></ruby><ruby>二<rt>èr</rt></ruby><ruby>危<rt>wēi</rt></ruby><ruby>峰<rt>fēng</rt></ruby>⑪。

<ruby>明<rt>míng</rt></ruby><ruby>对<rt>duì</rt></ruby><ruby>暗<rt>àn</rt></ruby>，<ruby>淡<rt>dàn</rt></ruby><ruby>对<rt>duì</rt></ruby><ruby>浓<rt>nóng</rt></ruby>。<ruby>上<rt>shàng</rt></ruby><ruby>智<rt>zhì</rt></ruby><ruby>对<rt>duì</rt></ruby><ruby>中<rt>zhōng</rt></ruby><ruby>庸<rt>yōng</rt></ruby>⑫。<ruby>镜<rt>jìng</rt></ruby><ruby>奁<rt>lián</rt></ruby><ruby>对<rt>duì</rt></ruby><ruby>衣<rt>yī</rt></ruby><ruby>笥<rt>sì</rt></ruby>⑬，<ruby>野<rt>yě</rt></ruby><ruby>杵<rt>chǔ</rt></ruby><ruby>对<rt>duì</rt></ruby><ruby>村<rt>cūn</rt></ruby><ruby>舂<rt>chōng</rt></ruby>⑭。<ruby>花<rt>huā</rt></ruby><ruby>灼<rt>zhuó</rt></ruby><ruby>烁<rt>shuò</rt></ruby>⑮，<ruby>草<rt>cǎo</rt></ruby><ruby>蒙<rt>méng</rt></ruby><ruby>茸<rt>róng</rt></ruby>⑯。<ruby>九<rt>jiǔ</rt></ruby><ruby>夏<rt>xià</rt></ruby><ruby>对<rt>duì</rt></ruby><ruby>三<rt>sān</rt></ruby><ruby>冬<rt>dōng</rt></ruby>⑰。<ruby>台<rt>tái</rt></ruby><ruby>高<rt>gāo</rt></ruby><ruby>名<rt>míng</rt></ruby><ruby>戏<rt>xì</rt></ruby><ruby>马<rt>mǎ</rt></ruby>⑱，<ruby>斋<rt>zhāi</rt></ruby><ruby>小<rt>xiǎo</rt></ruby><ruby>号<rt>hào</rt></ruby><ruby>蟠<rt>pán</rt></ruby><ruby>龙<rt>lóng</rt></ruby>⑲。<ruby>手<rt>shǒu</rt></ruby><ruby>擘<rt>bò</rt></ruby><ruby>蟹<rt>xiè</rt></ruby><ruby>螯<rt>áo</rt></ruby><ruby>从<rt>cóng</rt></ruby><ruby>毕<rt>bì</rt></ruby><ruby>卓<rt>zhuó</rt></ruby>⑳，<ruby>身<rt>shēn</rt></ruby><ruby>披<rt>pī</rt></ruby><ruby>鹤<rt>hè</rt></ruby><ruby>氅<rt>chǎng</rt></ruby><ruby>自<rt>zì</rt></ruby><ruby>王<rt>wáng</rt></ruby><ruby>恭<rt>gōng</rt></ruby>㉑。<ruby>五<rt>wǔ</rt></ruby><ruby>老<rt>lǎo</rt></ruby><ruby>峰<rt>fēng</rt></ruby><ruby>高<rt>gāo</rt></ruby>，<ruby>秀<rt>xiù</rt></ruby><ruby>插<rt>chā</rt></ruby><ruby>云<rt>yún</rt></ruby><ruby>霄<rt>xiāo</rt></ruby><ruby>如<rt>rú</rt></ruby><ruby>玉<rt>yù</rt></ruby><ruby>笔<rt>bǐ</rt></ruby>㉒；<ruby>三<rt>sān</rt></ruby><ruby>姑<rt>gū</rt></ruby><ruby>石<rt>shí</rt></ruby><ruby>大<rt>dà</rt></ruby>，<ruby>响<rt>xiǎng</rt></ruby><ruby>传<rt>chuán</rt></ruby><ruby>风<rt>fēng</rt></ruby><ruby>雨<rt>yǔ</rt></ruby><ruby>若<rt>ruò</rt></ruby><ruby>金<rt>jīn</rt></ruby><ruby>镛<rt>yōng</rt></ruby>㉓。

<ruby>仁<rt>rén</rt></ruby><ruby>对<rt>duì</rt></ruby><ruby>义<rt>yì</rt></ruby>，<ruby>让<rt>ràng</rt></ruby><ruby>对<rt>duì</rt></ruby><ruby>恭<rt>gōng</rt></ruby>。<ruby>禹<rt>yǔ</rt></ruby><ruby>舜<rt>shùn</rt></ruby><ruby>对<rt>duì</rt></ruby><ruby>羲<rt>xī</rt></ruby><ruby>农<rt>nóng</rt></ruby>㉔。<ruby>雪<rt>xuě</rt></ruby><ruby>花<rt>huā</rt></ruby><ruby>对<rt>duì</rt></ruby><ruby>云<rt>yún</rt></ruby><ruby>叶<rt>yè</rt></ruby>㉕，<ruby>芍<rt>sháo</rt></ruby><ruby>药<rt>yào</rt></ruby><ruby>对<rt>duì</rt></ruby><ruby>芙<rt>fú</rt></ruby><ruby>蓉<rt>róng</rt></ruby>㉖。<ruby>陈<rt>chén</rt></ruby><ruby>后<rt>hòu</rt></ruby><ruby>主<rt>zhǔ</rt></ruby>㉗，<ruby>汉<rt>hàn</rt></ruby><ruby>中<rt>zhōng</rt></ruby><ruby>宗<rt>zōng</rt></ruby>㉘。<ruby>绣<rt>xiù</rt></ruby><ruby>虎<rt>hǔ</rt></ruby><ruby>对<rt>duì</rt></ruby><ruby>雕<rt>diāo</rt></ruby><ruby>龙<rt>lóng</rt></ruby>㉙。<ruby>柳<rt>liǔ</rt></ruby><ruby>塘<rt>táng</rt></ruby><ruby>风<rt>fēng</rt></ruby><ruby>淡<rt>dàn</rt></ruby><ruby>淡<rt>dàn</rt></ruby>，<ruby>花<rt>huā</rt></ruby><ruby>圃<rt>pǔ</rt></ruby><ruby>月<rt>yuè</rt></ruby><ruby>浓<rt>nóng</rt></ruby><ruby>浓<rt>nóng</rt></ruby>㉚。<ruby>春<rt>chūn</rt></ruby><ruby>日<rt>rì</rt></ruby><ruby>正<rt>zhèng</rt></ruby><ruby>宜<rt>yí</rt></ruby><ruby>朝<rt>zhāo</rt></ruby><ruby>看<rt>kàn</rt></ruby><ruby>蝶<rt>dié</rt></ruby>㉛，<ruby>秋<rt>qiū</rt></ruby><ruby>风<rt>fēng</rt></ruby><ruby>那<rt>nǎ</rt></ruby><ruby>更<rt>gèng</rt></ruby><ruby>夜<rt>yè</rt></ruby><ruby>闻<rt>wén</rt></ruby><ruby>蛩<rt>qióng</rt></ruby>㉜。<ruby>战<rt>zhàn</rt></ruby><ruby>士<rt>shì</rt></ruby><ruby>邀<rt>yāo</rt></ruby><ruby>功<rt>gōng</rt></ruby>，<ruby>必<rt>bì</rt></ruby><ruby>借<rt>jiè</rt></ruby><ruby>干<rt>gān</rt></ruby><ruby>戈<rt>gē</rt></ruby><ruby>成<rt>chéng</rt></ruby><ruby>勇<rt>yǒng</rt></ruby><ruby>武<rt>wǔ</rt></ruby>㉝；<ruby>逸<rt>yì</rt></ruby><ruby>民<rt>mín</rt></ruby><ruby>适<rt>shì</rt></ruby><ruby>志<rt>zhì</rt></ruby>，<ruby>须<rt>xū</rt></ruby><ruby>凭<rt>píng</rt></ruby><ruby>诗<rt>shī</rt></ruby><ruby>酒<rt>jiǔ</rt></ruby><ruby>养<rt>yǎng</rt></ruby><ruby>疏<rt>shū</rt></ruby><ruby>慵<rt>yōng</rt></ruby>㉞。

注 解

① **暮鼓晨钟** 寺庙中早撞钟、暮击鼓以报时的钟鼓。[宋] 陆游《短歌行》诗云："百年鼎鼎世共悲，晨钟暮鼓无休时。"暮鼓晨钟，亦形容僧尼孤寂单调的寺庙生活。[元] 无名氏《来生债》曲云："我愁的是更筹漏箭（古代滴漏计时器），我怕的是暮鼓晨钟。"

② **观山玩水** 比喻庸人贪逸废业。南宋孝宗（赵昚）在《题冷泉堂飞来峰》诗作中讽喻北宋徽钦二帝荒政亡国，说："一线南迁已甚危，徽钦北去竟忘之。正当尝胆卧薪日，却作观山玩水时。"

③ **冯妇虎** 东周大力士冯妇，善于与虎搏斗，后来成了善士，不再打虎了。一天，众人在追赶一只老虎，老虎背靠着山势险阻处抵抗，无人敢去接近。这时冯妇驾车而来，卷袖振臂下车去与老虎搏斗。众人都高兴地欢迎他，称赞他，而一些书生却讥笑他。（见《孟子·尽心下》）

④ **叶公龙** 春秋时期，有个叫叶子高的人，很喜爱龙，满屋是画龙雕龙。真龙闻之，从天而降其屋中，"叶公见之，弃而还走（回头就跑），失其魂魄，五色无主"。后人以"叶公好龙"讽刺某些人表面喜爱某事，实际却很畏惧它。（见 [汉] 刘向《新序·杂事》）

⑤ **鸣蛩** 蟋蟀鸣叫。[唐] 王维《早秋山中作》诗云："草间蛩（蟋蟀）响临秋急，山里蝉声薄暮悲。"

⑥ **衔泥双紫燕** 燕子衔泥筑巢。《古诗十九首·东城高且长》诗云："愿为双飞燕，衔泥巢（筑巢）君屋。" [明] 徐霖《绣襦记·追奠亡辰》云："忍看寄垒（筑巢）人家双紫燕，母子自喃喃引数飞。"

⑦ **课蜜几黄蜂** 黄蜂采花酿蜜。课蜜：采花酿蜜。[元] 张子渊《焙蜂》诗云："飞雪满天地，万类各蛰形（潜身）。山蜂尔何为？课蜜亦人称。"

⑧ **春日园中莺恰恰** 恰恰：黄莺和谐的鸣叫声。[唐] 杜甫《江畔独步寻芳》诗云："留连戏蝶时时舞，自在娇莺恰恰啼。"

⑨ **秋天塞外雁雍雍** 雍雍：大雁互相应和而鸣的声音。《诗经·邶风·匏有苦叶》云："雍雍鸣雁，旭日始旦（黎明）。"

⑩ **秦岭云横，迢递八千远路** 秦岭在陕西境内的一段叫终南山，山势雄伟，云烟飘逸，迢递（遥远）无际。唐代诗人韩愈，曾任刑部侍郎，因上书

谏阻唐宪宗"迎佛骨"获罪，被贬为距长安八千里之遥的潮州刺史。韩愈借秦岭云横之景赋诗，抒发其离开长安的心情："一封朝奏九重天，夕贬潮州路八千。云横秦岭家何在？雪拥蓝关（即蓝田关）马不前。"（见韩愈《左迁至蓝关示侄孙湘》）

⑪ **巫山雨洗，嵯峨十二危峰** 重庆市境内的巫山，有十二座高峰，并列长江两岸。〔唐〕李端《巫山高》诗云："巫山十二峰，皆在碧虚（蓝色天空）中。"

⑫ **上智** 智慧杰出的人。《孙子兵法·用间》云："明君贤将，能以上智为间（间谍）者，必成大功。" **中庸** 才能一般的人。〔汉〕贾谊《过秦论》文载："〔陈涉〕材（才）能及中庸。"

⑬ **镜奁** 妇女用的镜匣。〔唐〕杜甫《往在》诗云："镜奁换粉黛，翠羽犹葱胧。" **衣笥** 盛衣用的竹器。《尚书·说命中》文载："惟衣裳在笥，惟干戈省厥躬（意思是，赐官服、授兵器应视其本人是否称职和胜任）。"

⑭ **野杵村舂** 亦作"村野杵舂"。村民用木棒舂米。杵：捣米或捶衣用的木棒。舂：用木棒捣去谷类的壳。〔东汉〕桓谭《新论·离事》文载："宓牺（即古帝伏羲氏）之制杵舂，万民以济（得益），及后人加巧，因延力借身重以践碓，而利十倍。"

⑮ **花灼烁** 繁花光彩。〔西汉〕蔡邕《弹棋赋》云："荣华灼烁，蓥不辇辇。"

⑯ **草蒙茸** 茂草蓬松。〔宋〕胡宏《雨急》云："雨急落花零乱，风微吹草蒙茸。"

⑰ **九夏** 因夏季有九十天，故谓"九夏"。〔南朝梁〕萧统《锦带书十二月启林钟六月》云："三伏渐终，九夏将谢（结束）。" **三冬** 因冬季有三个月，故谓"三冬"；或指冬季的第三个月，即十二月。〔唐〕杜甫《遣兴》诗云："蛰龙三冬卧，老鹤万里心。"

⑱ **台高名戏马** 指项羽戏马台，在今江苏铜山县南。〔北魏〕郦道元《水经注·泗水》云："戏马，台名，亦名掠马台。"据说项羽曾于此驰马取乐。

另河北临漳县西和江苏江都也有"戏马台"，分别又称"阅马台"和"玉钩斜"。（见《水经注·浊漳水》《嘉庆一统志·扬州府二》）

⑲ **斋小号蟠龙** 《晋书·刘毅传》云："初，桓温起斋，画龙于上，号

蟠龙斋。后桓玄（桓温之子）篡晋，刘毅起兵讨玄，至是居之，盖毅小字蟠龙。"

另，《宋书·志二十一》载："桓玄出镇南州（荆州），立斋名曰'蟠龙'。"

⑳ **手擘蟹螯从毕卓**　晋朝吏部侍郎毕卓，常因嗜酒而废职。饮酒时，"左手持蟹螯（螃蟹），右手持酒杯"，不醉不休。（见《晋书·毕卓传》）

㉑ **身披鹤氅自王恭**　东晋建威将军王恭，少年即有美誉，常乘高车、披鹤氅裘涉雪而行。年少的孟昶见了，羡慕不已，感叹说："此真神仙中人也！"孟昶继位五代后蜀国君后，好游宴，不务政事，宋兵入蜀时，孟昶"举州投降"。（见《晋书·王恭传》《五代史·孟知祥附孟昶传》）

㉒ **五老峰高，秀插云霄如玉笔**　玉笔：碧绿的山峰像巨笔。江西庐山东南有五座高峰耸立，像五位席地而坐的老翁。《浔阳记》载："山北有五峰，于庐山最为峻极，其形如河中虞乡县前五老之形，故名。"〔唐〕李白《望庐山五老峰》诗云："庐山东南五老峰，青天削出金芙蓉。九江秀色可揽结，吾将此地巢云松。"

㉓ **三姑石大，响传风雨若金铺**　有人可能是据《地舆志》"南康有三姑石，响声若金铺"语中有"南康"字样，即认定三姑石在江西北部的星子县境。但据查，宋太平兴国三年（978）以后，才有治在星子县的南康军、南康府名字出现，至今星子县的所在地叫南康镇。而位于江西南部的南康市，早在晋太康三年（282）即设为南康郡，它的辖区东为武夷山。据《武夷山志》载：位于福建省北部武夷山换骨岩之侧的大王峰顶立有三石，相距数米，形似三座大钟，山民称其为"三姑石"（三姐妹）。大石之顶树木簇拥，称为大姐爱戴花；次石斜偏于大石，称为二姐爱撒娇；三石的岩腰呈三个层次的重叠之状，形似三朵蘑菇，称为三姐身怀六甲。〔唐〕安麌《三姑石》诗云："雾鬓烟鬟仿佛梳，老翁指点说三姑。娉婷不嫁非无意，谁是人间大丈夫。"

㉔ **禹舜羲农**　即古代帝王夏禹、虞舜、伏羲氏和神农氏。

㉕ **雪花**　空中水汽受寒结成六角形晶体而下坠，称作"雪花"。《太平御览·韩诗外传》云："凡草木花多五出（五个花瓣），雪花独六出。"

云叶　本为木名，其叶如云头花叉，故名"云叶"。此处"云叶"乃指云朵呈片状，像树之阔叶。〔南朝梁〕萧统《黄钟十一月启》云："彤云（红云）垂四百之叶，玉雪（白雪）开六出之花。"〔元〕袁桷《上京杂咏再次韵》诗云："风花秋黯淡，云叶雨连绵。"

㉖ **芍药**　多年生草本植物，花大而美，供观赏。一名"可离"，故常作离别赠花。《诗经·郑风·溱洧》云："维士（小伙子）与女（姑娘），伊其相谑（开玩笑），赠之以芍药。"　**芙蓉**　也称"木莲"，其花八九月始开，耐寒不落，故亦名"拒霜"。［宋］苏轼《和陈述古拒霜花》诗云："千株扫作一番黄，只有芙蓉独自芳。"

芍药

㉗ **陈后主**　指南朝陈国末代皇帝陈叔宝，生活侈靡，好作艳词（如《玉树后庭花》《临春乐》等），不顾国难。后被隋兵俘虏，陈国灭亡。（见《南史·陈后主本纪》）

㉘ **汉中宗**　指西汉宣帝刘询。汉武帝晚年，信鬼神，求长生，宫廷内斗激烈，刚出生几个月的刘询也被牵连入狱。后放民间长大，了解民间疾苦。当了皇帝后，逐步排除霍（霍光）氏家族擅政，加强君权，"亲躬万机，励精图治"，汉朝出现了"中兴盛世"局面。（见《汉书·汉中宗纪》）

㉙ **绣虎**　比喻才思敏捷的人。三国魏文帝曹丕，嫉妒弟弟曹植的文才，欲加害之，逼弟于七步之内作诗一首。植应声道："煮豆燃豆萁，豆在釜中泣；本是同根生，相煎何太急？"竟成诗章。《玉箱杂记》云："曹植七步成章，号'绣虎'。"　**雕龙**　比喻善于文辞的人。战国时，齐国阴阳家代表人物驺衍，"言天事，善宏辩"，人称"谈天衍"。驺奭"采驺衍之术（善辩）以纪文（写文章）"，文辞极美，人称"雕龙奭"。［汉］刘向《别录》云："驺奭修衍之文，饰若雕镂龙文，故曰'雕龙'。"

㉚ **柳塘风淡淡，花圃月浓浓**　这是北宋诗人晏殊《寓意》中"梨花院落溶溶月，柳絮池塘淡淡风"诗句的化用。

㉛ **春日正宜朝看蝶**　春日和暖宜看蝴蝶飞。朝：白天。［宋］陆游《春晴暄甚游西市施家园》诗云："税驾（停车。税，通'脱'）名园半日留，游丝飞蝶晚悠悠。"

㉜ **秋风那更夜闻蛩**　秋夜寒凉厌听蟋蟀鸣。那更：不堪。

㉝ **战士邀功，必借干戈成勇武**　战士借征战成勇武求取功名。邀功：求取功名。盛唐时期，人们把从军远征当作求取功名的主要途径。〔唐〕岑参《送李副使赴碛西官军》诗云："脱鞍暂入酒家垆，送君万里西击胡；功名只向马上取，真是英雄一丈夫。"〔宋〕陆游《谢池春》词云："壮岁从戎，曾是气吞残虏。阵（战场）云高，狼烽（狼烟烽火）夜举。朱颜青鬓，拥雕戈（刻绘花纹的长矛）西戍（西部守边）。"

㉞ **逸民适志，须凭诗酒养疏慵**　隐士凭诗酒养清闲成为志趣。适志：满意。疏慵：懒散，引为"清闲"。〔唐〕岑参《题梁锽城中高居》诗云："居住最高处，千家恒（遍及）眼前；题诗饮酒后，只对诸峰眠。"

三江

lóu duì gé　hù duì chuāng　　jù hǎi duì cháng jiāng　róng cháng duì huì zhàng　　yù yá
楼对阁，户对窗。巨海对长江。蓉裳对蕙帐①，玉斝
duì yín gāng　　qīng bù màn　　bì yóu chuáng　　bǎo jiàn duì jīn gāng　zhōng xīn ān shè
对银缸②。青布幔③，碧油幢④。宝剑对金缸⑤。忠心安社
jì　　lì kǒu fù jiā bāng　　shì zǔ zhōng xīng yán mǎ wǔ　　jié wáng shī dào shā lóng
稷⑥，利口覆家邦⑦。世祖中兴延马武⑧，桀王失道杀龙
páng　　qiū yǔ xiāo xiāo　làn màn huáng huā chū mǎn jìng　　chūn fēng niǎo niǎo　fú shū lǜ
逢⑨。秋雨潇潇，烂漫黄花初满径⑩；春风袅袅，扶疏绿
zhú zhèng yíng chuāng
竹正盈窗⑪。

jīng duì pèi　gài duì chuáng　　gù guó duì tā bāng　qiān shān duì wàn shuǐ　jiǔ
旌对旆⑫，盖对幢⑬。故国对他邦⑭。千山对万水⑮，九
zé duì sān jiāng　shān jí jí　shuǐ cóng cóng　gǔ zhèn duì zhōng zhuàng　　qīng fēng shēng
泽对三江⑯。山岌岌⑰，水淙淙⑱。鼓振对钟撞⑲。清风生
jiǔ shè　bái yuè zhào shū chuāng　zhèn shàng dǎo gē xīn zhòu zhàn　　dào páng xì jǐng zǐ
酒舍⑳，白月照书窗㉑。阵上倒戈辛纣战㉒，道旁系颈子
yīng xiáng　xià rì chí táng　chū mò yù bō ōu duì duì　　chūn fēng lián mù　wǎng lái yíng
婴降㉓。夏日池塘，出没浴波鸥对对㉔；春风帘幕，往来营
lěi yàn shuāng shuāng
垒燕双双㉕。

zhū duì liǎng　zhī duì shuāng　huà yuè duì xiāng jiāng　　cháo chē duì jìn gǔ　　sù
铢对两㉖，只对双。华岳对湘江㉗。朝车对禁鼓㉘，宿
huǒ duì hán gāng　qīng suǒ tà　bì shā chuāng　　hàn shè duì zhōu bāng　shēng xiāo míng
火对寒釭㉙。青琐闼㉚，碧纱窗㉛。汉社对周邦㉜。笙箫鸣
xì xì　　zhōng gǔ xiǎng chuāng chuāng　　zhǔ bù qī luán míng yǒu lǎn　　zhì zhōng zhǎn jì
细细㉝，钟鼓响㪫㪫㉞。主簿栖鸾名有览㉟，治中展骥
xìng wéi páng　sū wǔ mù yáng　xuě lǚ cān yú běi hǎi　zhuāng zhōu huó fù　shuǐ bì
姓惟庞㊱。苏武牧羊，雪屡餐于北海㊲；庄周活鲋，水必
jué yú xī jiāng
决于西江㊳。

注 解

① **蓉裳蕙帐** 芙蓉花染的衣裳，香蕙草薰的帐子。蓉：芙蓉，观赏植物，其花鲜艳。蕙：香草名，古代习俗烧蕙草以薰除灾邪。〔宋〕何梦桂《和韵问魏石川疾》诗云："冰是尘中骨相凡，蓉裳蕙带芰荷衫。"〔宋〕孔武仲《有旨放八月朔参》诗云："蕙帐便秋睡，沙堤缓晓骢。"

② **玉斝** 盛行于商周时代温酒用的三足酒器。〔元〕张养浩《喜春来》曲云："兴来时斟玉斝，看天上碧桃花。"　　**银釭** 银质古代灯具。〔宋〕蔡伸《生查子》词云："银釭委坠红，碧锁朦胧晓。"

③ **青布幔** 青布帷幕。〔唐〕段成式《酉阳杂俎·礼异》云："北朝婚礼，青布幔为屋，在门内外，谓之青庐，于此交拜。"

④ **碧油幢** 挂有绿色油布帷幕的官车。唐代御史及其他大臣用车。〔唐〕方干《上越州杨岩中丞》诗云："试把十年辛苦志，问津同拜碧油幢。"

⑤ **宝剑** 珍贵名剑，亦名"三尺水"。〔南朝梁〕吴筠《咏宝剑》诗云："我有一宝剑，出自昆吾溪。照人如照水，切玉如切泥。"　　**金釭** 金质古用灯具。〔唐〕李白《夜坐吟》诗云："冬夜夜寒觉夜长，沉吟久坐坐北堂。冰合井泉月入闺，金釭清凝照悲啼。"

⑥ **忠心安社稷** 这是《孟子·尽心上》中"有安社稷（泛指国家）臣者，以安社稷为悦（志趣）也"语句的化用。

⑦ **利口覆家邦** 这是《论语·阳货》中"子（孔子）曰：'恶紫（邪色）之夺朱（正色）也；恶郑声（淫声）之乱雅乐也；恶利口（华而不实的巧辩）之覆邦家（泛指国家）者'"语意的化用。

⑧ **世祖中兴延马武** 王莽新朝末年，马武参加了绿林军起义，后投奔刘秀。刘秀建立东汉政权，年号世祖，帝号光武，马武任侍中、骑都尉，与虎牙将军盖延等击败刘永割据势力，为汉朝中兴屡建战功。（见《后汉书·马武传》）

⑨ **桀王失道杀龙逢** 夏朝末帝夏桀王荒淫无道，大臣关龙逢力谏桀王说："今君用财若无穷，杀人若不胜（没完没了），民心已去，天命不佑（保佑）。"桀王说："吾有天下，犹如天上有日，日亡吾亡。"遂杀死关龙逢。（见王凤洲《纲鉴合纂》）

⑩ **秋雨潇潇，烂漫黄花初满径**　经秋雨洗礼，烂漫黄花满菊园。黄花：秋日菊花。这是宋代女词人朱淑真《暮秋》中"潇潇风雨暗残秋，忍见黄花满径幽"诗句的化用。

⑪ **春风袅袅，扶疏绿竹正盈窗**　受春风吹拂，茂盛绿竹掩纱窗。扶疏：枝叶茂盛，高低疏密有致。这是南朝齐诗人谢朓《咏竹》中"窗前一丛竹，青翠独言奇……月光疏已密，风声起复垂"诗意的化用。

⑫ **旌斾**　两种古代旗帜。亦借指军旅。〔唐〕孟浩然《送苏六从军》诗云："汉兵将灭虏，王粲始从军。旌斾边庭去，山川地脉分。"

⑬ **盖幢**　古时将军刺史的仪仗，称"曲盖"、"赤幢"。亦借指刺史、郡守。〔唐〕刘长卿《酬滁州李十六使君见赠》诗云："幢盖方临郡，柴荆忝作邻。"

⑭ **故国**　祖国；故乡。〔唐〕杜甫《上白帝城》："取醉他乡客，相逢故国人。"
他邦　他国；异乡。南宋初年，金军攻破建康（今南京），通判杨邦乂威武不屈，咬破手指，用鲜血在衣襟上写下十个大字："宁作赵氏（宋朝是赵氏天下）鬼，不为他邦臣。"

⑮ **千山万水**　形容山水重重，比喻路途遥远而艰险。〔唐〕宋之问《至

竹下研诗图

端州驿见杜审言沈佺期题壁慨然成咏》诗云："岂意南中歧路多，千山万水分乡县。"

⑯ **九泽** 亦称"九薮"，指古代的九大湖泊。但对九泽所指说法有出入，可视为泛指湖泽。《周礼·夏官·职方氏》把泽、薮并称，其名称及位置如下：扬州具区，荆州云梦，豫州圃田，青州望诸，兖州大野，雍州弦蒲，幽州貕养，冀州杨纡，并州昭余祁。　　**三江** 三江是古代各地对本地区主要江河的称呼，因此三江所指说法不一，可视为泛指江河。《周礼·夏官职方氏》载："其川三江，其浸（湖泽）五湖（各地所指不一）。"

⑰ **山岌岌** 山势高峻。[唐] 张九龄《奉和圣制途经华山》诗云："攒峰势岌岌，翊辇气雄雄。"

⑱ **水淙淙** 激流响声。[唐] 白居易《草堂前新开一池》诗云："淙淙三峡水，浩浩万顷陂。"淙淙，按古音应读 shāng shāng。

⑲ **鼓振钟撞** 击鼓撞钟。撞：古音为平声，读"窗"。《墨子·非乐上》云："撞巨钟，击鸣鼓，弹琴瑟，吹竽笙。"《荀子·富国》云："故儒术诚行，则天下大而富，使而功，撞钟击鼓而和。"

⑳ **清风生酒舍** 这是《南史·谢谲传》中"有时独醉，曰：'入吾室者，但有清风；对吾饮者，唯当明月'"文意的化用。

㉑ **白月照书窗** 这是唐代诗人卢仝《听萧君姬人弹琴》中"月照书窗归独眠"诗句的化用。

㉒ **阵上倒戈辛纣战** 这是写周武王伐纣之牧野大战。商朝末代帝王殷纣王，即帝辛，暴虐无道。牧野大战时，纣兵纷纷倒戈，回攻纣王。纣王见大势已去，于商都朝歌（今河南淇县）身裹珠宝，登鹿台自焚。（见《史记·殷纪》）

㉓ **道旁系颈子婴降** 这是写秦王子婴向刘邦投降。系颈：原文误为"系剑"。刘邦大军攻到长安以东灞上时，"秦王子婴素车白马，系颈以组（用丝带系颈以示降后将自杀），封（密封）皇帝玺（印）、符节，降（投降）轵道（今西安东北）旁"。（见《史记·高祖本纪》）

㉔ **夏日池塘，出没浴波鸥对对** 这是写鸥鸟在池塘里戏水。浴波：破水。[清] 钱谦益《十三夜》诗云："浴鸥汀渚层层出，没鹤溪田淰淰流。"[元] 张弘范《水鸥》诗云："万里长江两白鸥，溶溶泄泄恣（尽情）沉浮。"

㉕ **春风帘幕，往来营垒燕双双** 这是写燕子在主人家筑巢。营垒：筑巢。[元] 葛易之《京城燕》诗云："主家帘幕重重垂，衔芹（燕子衔芹菜地

的软泥以筑巢）却旁（旁，通'傍'，靠近）檐间飞。"［唐］杜甫《双燕》诗云："旅食惊双燕，衔泥入此堂。"

㉖ **铢两** 均为重量单位。《汉书·律历志》载："二十四铢为两，十六两为斤。"铢两比喻极其轻微的分量。

㉗ **华岳** 即西岳华山，在陕西华阴县境。［元］王实甫《西厢记》云："泪添九曲黄河溢，恨压三山华岳低，此恨谁知？"

㉘ **朝车** 古代君臣举行朝夕礼和饮宴时的出入用车。《吕氏春秋·赞能》载："［管仲］至齐境，桓公使人以朝车迎之。" **禁鼓** 设在宫城谯楼上的报时鼓。［明］施耐庵《水浒传》云："早听得谯楼禁鼓，却转初更。"

㉙ **宿火** 过夜的香火。［唐］韦应物《郡斋卧疾绝句》云："香炉宿火灭，兰灯宵影微。" **寒釭** 寒夜的灯光。［唐］白居易《不睡》诗云："焰短寒釭尽，声长晓漏迟。"

㉚ **青琐闼** 刻有青色连环花纹的宫门。［南朝梁］范云《古意赠王中书》云："摄官青琐闼，遥望凤凰池（指宰相府）。"

㉛ **碧纱窗** 装有绿色纱的窗子。［前蜀］李珣《酒泉子》词云："秋月婵娟，皎洁碧纱窗外照。"

㉜ **汉社** 指汉朝。社：社稷，代表国家。［明］胡应麟《少室山房笔丛·史书佔毕二》云："蒙策权袭害关羽，而汉社瓜分。" **周邦** 指周朝。邦：国家，古代诸侯的封国叫"邦"。《尚书·尧典》云："百姓昭明，协和万邦。"

㉝ **笙箫鸣细细** 笙箫音高昂。细细：吹奏管乐的象声词。这是宋朝苏轼《春宵》中"歌管（管乐器）楼台声细细"诗句的化用。

㉞ **钟鼓响扴扴** 钟鼓声洪亮。扴扴：撞击钟鼓的象声词。这是《史记·司马相如·子虚赋传》中"扴金鼓"和元代著名文学家、书画家杨维桢《江西铙歌》中"钲鼓扴扴"诗句的化用。

㉟ **主簿栖鸾名有览** 东汉考城县令王涣，崇尚以严猛治政。他问善以德教感化犯人的主簿仇览说："你就没有'鹰鹯（两种猛禽，比喻勇猛）之志'吗？"仇览说："鹰鹯不如鸾凤（鸾鸟和凤凰，比喻美善贤俊）。"王涣说："我这小县衙不是你这大贤久留之地。"遂赠仇览路费，推荐他到京城太学发展。（见《后汉书·循吏列传》）

㊱ **治中展骥姓惟庞** 刘备任命庞统为耒阳县令，庞统却不治事。不久，

庞统因渎政而被免官。鲁肃知道后，写信对刘备说："庞统不只是个县令之才，让他当州官，才能发挥其骥足（千里马）之才。"（见《三国志·庞统传》）

㊲ 苏武牧羊，雪屡餐于北海

公元前100年，汉武帝派中郎将苏武（字子卿）为正使，中郎将张胜为副使，出使匈奴，修好两国关系。这期间，副使张胜支持了谋杀背叛汉朝投降匈奴的前汉朝使者卫律事件，张胜被抓，苏武也被牵连受审。单于用封官许愿、囚禁断食诱逼苏武投降，均告失败，便下令把苏武放逐北海（今俄罗斯贝加尔湖）边牧羊，声称"待公羊生下小羊，方能放你回汉"。苏武仍坚贞不屈，"掘野鼠取草实而食，杖汉节（汉天子所授予的符节）牧羊"。汉昭帝即位后，新即位的匈奴壶衍鞮单于又向汉朝求和。公元前81年，苏武终于回到了阔别十九年的汉朝。 （见《汉书·苏武传》）

苏武牧羊

㊳ 庄周活鲋，水必决于西江

战国的庄周驾车外出，车辙的水坑中有条鲫鱼求他用升斗之水救它的命。庄周夸口说："我到南方去，说动吴王和越王，请他们引西江之水来救你。"鲫鱼气愤地说："你给我升斗之水我就能活下来！你竟这样说大话……你就去干鱼店找我好了！"（见《庄子·外物》）

四 支

chá duì jiǔ　fù duì shī　　yàn zǐ duì yīng ér　　zāi huā duì zhòng zhú　luò xù
茶 对 酒，赋 对 诗①。燕 子 对 莺 儿。栽 花 对 种 竹，落 絮

duì yóu sī　　sì mù jié　　yì zú kuí　　qú yù duì lù sī　　bàn chí hóng hàn
对 游 丝②。四 目 颉③，一 足 夔④。鸲 鹆 对 鹭 鸶⑤。半 池 红 菡

dàn　　yí jià bái tú mí　　jǐ zhèn qiū fēng néng yìng hòu　　yì lí chūn yǔ shèn zhī
萏⑥，一 架 白 荼 蘼⑦。几 阵 秋 风 能 应 候⑧，一 犁 春 雨 甚 知

shí　　zhì bó ēn shēn　　guó shì tūn biàn xíng zhī tàn　　yáng gōng dé dà　　yì rén
时⑨。智 伯 恩 深，国 士 吞 变 形 之 炭⑩；羊 公 德 大，邑 人

shù duò lèi zhī bēi
竖 堕 泪 之 碑⑪。

xíng duì zhǐ　　sù duì chí　　wǔ jiàn duì wéi qí　　huā jiān duì cǎo zì　　zhú
行 对 止，速 对 迟。舞 剑 对 围 棋⑫。花 笺 对 草 字⑬，竹

jiǎn duì máo zhuī　　fén shuǐ dǐng　　xiàn shān bēi　　hǔ bào duì xióng pí　　huā kāi hóng
简 对 毛 锥⑭。汾 水 鼎⑮，岘 山 碑⑯。虎 豹 对 熊 罴⑰。花 开 红

jǐn xiù　　shuǐ yàng bì liú lí　　qù fù yīn tàn lín shè zǎo　　chū qī wèi zhòng hòu
锦 绣⑱，水 漾 碧 琉 璃⑲。去 妇 因 探 邻 舍 枣⑳，出 妻 为 种 后

yuán kuí　　dí yùn hé xié xiān guǎn qià cóng yún lǐ jiàng　　lǔ shēng yī yǎ　yú
园 葵㉑。笛 韵 和 谐，仙 管 恰 从 云 里 降㉒；橹 声 咿 哑，渔

zhōu zhèng xiàng xuě zhōng yí
舟 正 向 雪 中 移㉓。

gē duì jiǎ　gǔ duì qí　zǐ yàn duì huáng lí　　méi suān duì lǐ kǔ　　qīng yǎn
戈 对 甲，鼓 对 旗。紫 燕 对 黄 鹂㉔。梅 酸 对 李 苦㉕，青 眼

duì bái méi　　sān nòng dí　　yì wéi qí　　yǔ dǎ duì fēng chuī　hǎi táng chūn shuì
对 白 眉㉖。三 弄 笛㉗，一 围 棋㉘。雨 打 对 风 吹。海 棠 春 睡

zǎo　　yáng liǔ zhòu mián chí　　zhāng jùn céng wéi huái shù fù　　dù líng bú zuò hǎi táng
早㉙，杨 柳 昼 眠 迟㉚。张 骏 曾 为 槐 树 赋㉛，杜 陵 不 作 海 棠

shī　　jìn shì tè qí　　kě bǐ yì bān zhī bào　　táng rú bó shí kān wéi wǔ zǒng
诗㉜。晋 士 特 奇，可 比 一 斑 之 豹㉝；唐 儒 博 识，堪 为 五 总

zhī guī
之 龟㉞。

注解

① **赋** 古代文体名,诗歌的表现手法之一。〔东汉〕班固《两都赋序》云:"赋者,古诗之流也。"

② **落絮** 随风飘落的白色绒毛,如柳絮。〔南朝梁〕萧子显《春日贻刘孝绰》诗云:"新禽争弄响,落絮乱从风。" **游丝** 蜘蛛或其类所吐之丝,飞扬于空中者,谓之"游丝"。〔南朝梁〕沈约《会圃临春风》诗云:"游丝暖如烟,落花氛(飞散)如雾。"

③ **四目颉** 传说仓颉是黄帝的史臣,汉字的创造者。《春秋元命苞》载:"仓帝史皇氏,名颉,姓侯冈,龙颜侈哆(大嘴巴),四目灵光,实有大德,生而能书。"

④ **一足夔** 传说夔是一种奇异如龙的怪兽,只有一只脚。《庄子·秋水》云:"夔对蚿说:'我用一只脚跳着走路。'"另据《吕氏春秋·察传》载:舜帝的乐官名夔,"正六律,和五声,以通八风,而天下大服。"重黎建议再增加一名乐师参与正六律,舜帝说:"若夔者,一而足矣(有像夔这样的高手,一个人就足够了)。"后人把"一而足"误传为乐师夔是一只脚("一足夔"),是不对的。

⑤ **鸲鹆** 亦作"鸜鹆",即"八哥",会学人话。〔唐〕刘长卿《山鸲鹆歌》云:"山鸲鹆,长在此山吟古木。" **鹭鸶** 原文误为"鹭鹚"。"鹭鸶",亦称"白鹭",其头顶、胸肩、背部皆生长白毛如丝,故名。〔唐〕杜牧《鹭鸶》诗云:"雪衣雪发青玉嘴,群捕鱼儿溪影中。"

⑥ **半池红菡萏** 这是唐代诗人李商隐《赠荷花》中"惟有绿荷红菡萏,卷舒开合任天真"名句的化用。菡萏:荷花的别称。

⑦ **一架白荼蘼** 这是《全元曲·烧夜香》中"一架荼蘼只见满院香"曲句的化用。荼蘼:亦作"酴醾",观赏小灌木,开白花,有香气。

⑧ **几阵秋风能应候** 这是唐代诗人穆寂"独喜登台日,先知应候风"诗句的化用。应候:顺应时令。

⑨ **一犁春雨甚知时** 这是诗圣杜甫《春夜喜雨》中"好雨知时节,当春乃发生"诗句的化用。知时:适应季节。

⑩ **智伯恩深,国士吞变形之炭** 战国初期,晋国的韩、赵、魏三家联合

灭掉了智氏家族，智伯（智氏之长）瑶被杀。智伯的家臣豫让为替恩人智伯瑶报仇，改名迁居，以掩其身；用漆涂身，以变其形；吞炭致哑，以失其言，暗伏汾水桥下，谋杀赵襄子。未遂，被捕。临刑前，他求得赵襄子一件衣服，拔剑刺衣，以示已为智伯复仇。然后伏剑自杀。（见《史记·刺客列传》）

⑪ **羊公德大，邑人竖堕泪之碑** 西晋大臣羊祜，任尚书左仆射都督荆州诸军事时，出镇襄阳，开屯田，储军粮，功绩卓著。他为官清俭，自谓"拜爵公朝，谢恩私门，吾所不取"。死后，当地人民在岘山上羊祜生前游息之处建碑立庙，每年祭祀。见碑者无不落泪怀念。（见《晋书·羊祜传》）［唐］孟浩然《与诸子登岘山》诗云："人事有代谢，往来无古今。江山留胜迹，我辈复登临。水落鱼梁浅，天寒梦泽深。羊公碑尚在，读罢泪沾襟。"

⑫ **围棋** 又称"手谈"。传说为尧帝首创。春秋战国时即有围棋记载，隋唐时传入朝鲜半岛和日本。［宋］邵雍《观棋大吟》诗云："人有精游艺，予尝观弈棋。"

⑬ **花笺** 供题诗、写信用的精美纸张。［南朝陈］徐陵《玉台新咏集序》云："三台妙迹，龙伸蠖屈之书；五色花笺，河北胶东之纸。" **草字** 汉字字体的一种，即草书，简称"草"。［宋］陆游《作字》诗云："书成半行草，眼倦正昏花。"

⑭ **竹简** 古代用以记事的竹片。［晋］荀勖《穆天子传·序》云："汲郡（今河南卫辉）民不得盗发古冢所得书也，皆竹简素丝编……其简，长二尺四寸，以墨书，一简四十字。" **毛锥** 写字用的毛笔。［宋］杨万里《跋徐恭仲省干近诗》云："仰枕槽丘俯墨池，左提大剑右毛锥。"

⑮ **汾水鼎** 亦称"汾阴鼎"。汉武帝在汾阴得一宝鼎，藏于"甘泉宫"。后用以象征国家权力。（见《史记·封禅书》）

⑯ **岘山碑** 即为纪念羊祜的"堕泪碑"。（参见本韵注⑪）

⑰ **熊罴** 熊和罴均为猛兽。古人认为人梦到熊罴，是要生男孩子的吉兆。《诗经·小雅·斯干》云："吉梦维何？……大人占之：维熊维罴，男子之祥。"

⑱ **花开红锦绣** 这是唐代杨巨源《城东早春》中"若待上林花似锦，出门俱是看花人"诗意的化用。

⑲ **水漾碧琉璃** 这是唐代上官昭容《游长宁公主流杯池》中"玳瑁凝春色，琉璃漾水波"诗意的化用。

⑳ **去妇因探邻舍枣** 探：古音为平声，读"覃"。西汉益州刺史王吉的邻居家有棵枣树，树枝伸到了王吉的院内，王吉的妻子摘枣给他吃。王吉知情后很生气，把妻子休（离弃）了。邻居主人认为是自家枣树惹的祸，要砍掉枣树，被乡邻劝止；又劝王吉把妻子接了回来。（见《汉书·王吉传》）

㉑ **出妻为种后园葵** 春秋时期，鲁国宰相公仪休，奉法循理。其妻在后花园种葵菜，又自纺织。公仪休认为这会造成与农夫、织妇争利，竟怒而拔掉葵菜、烧毁织机，并把妻子休了。（见《史记·循吏列传》）

㉒ **笛韵和谐，仙管恰从云里降** 玉笛谐音从天外传来。这是宋朝苏舜钦《演化琴德素高昔尝供奉先帝闻予所藏宝琴求而挥弄不忍去因作歌以写其意云》中"风吹仙籁下虚空（天空）"和〔唐〕包佶《元日观百僚朝会》中"仙管弄云韶"诗意的化用。仙管：亦作"仙籁"，笛箫类乐器。

㉓ **橹声咿哑，渔舟正向雪中移** 渔舟咿哑在雪中移动。这是元朝郑光祖《倩女离魂》中"听长笛一声何处发，歌欸乃，橹咿哑"和唐代诗人柳宗元《江雪》中"孤舟蓑笠翁，独钓寒江雪"诗意的化用。

㉔ **紫燕黄鹂** 〔唐〕杜甫《柳边》诗云："紫燕（又称'越燕'）时翻翼，黄鹂（又称'黄莺'）不露身。"〔宋〕黄庭坚《听宋宗儒摘阮歌》诗云："深闺洞房语恩怨，紫燕黄鹂韵桃李。"

㉕ **梅酸** 魏武帝（曹操）行军途中，失去水源，将士口渴难忍。曹操谎称："前有大梅林，饶子（梅子很多），甘酸，

江上笛声

可以解渴。"将士一听，口皆出水，快步赶路，到了前面有水源的地方。（见《世说新语·假谲》）　　**李苦**　西晋"竹林七贤"之一王戎，自幼聪慧。一天，他与一群儿童在路边玩耍时，看到李树上结了很多果子，群儿抢着去摘，唯独王戎不动。有人问他为什么不摘，王戎说："树在道旁而多子，此必苦李。"取来一尝，果然。（见《世说新语·雅量》）

㉖ **青眼**　看人时黑眼珠在眼球的中间叫"青眼"。三国魏文学家、思想家阮籍，藐视礼俗，善待贤达，以白眼斜视"礼俗之士"，以青眼善待喜交之友。籍母丧，刺史嵇喜来吊，籍作白眼，喜不悦而归。当"竹林七贤"之首嵇康（嵇喜之弟）来祭时，阮籍大悦，以青眼相迎。（见《晋书·阮籍传》）　　**白眉**　眉毛变白。三国时，蜀国侍中马良，有兄弟五人，均才干出众，尤以马良为最。马良眉毛已变白，故称其为"白眉"。（见《三国志·蜀书·马良传》）

㉗ **三弄笛**　东晋桓伊，喜音乐，善吹笛，时称"江左第一"。官至江州刺史，四郡都督。一次，他驾车外出，黄门侍郎王徽之（字子猷，书法家王羲之第五子）请他奏笛。他不认识子猷，但久闻子猷的名望。于是下车，"据胡床，奏三调。弄毕，上车而去"。显示了桓伊既有礼貌，又不巴结权贵的姿态。（见《晋书·桓伊传》）据《神奇秘谱》说法，流传后世的"梅花三弄"名曲，即是据此三调改编而成。

㉘ **一围棋**　西晋宰相王导的次子王恬，少好武，性傲诞，不拘礼法。多技艺，善弈棋，号称"中兴第一"。（见《晋书·王导传》）

㉙ **海棠春睡早**　"海棠"是唐玄宗对杨贵妃娇美姿容的爱称。《太真外传》载：唐明皇李隆基在沉香亭召见杨贵妃，杨太真（杨贵妃玉环）初睡起，宿醉未醒，淡妆应召，也不下拜。明皇笑曰："岂醉？（哪是醉了？）海棠（指杨贵妃）春睡未足耶！"

㉚ **杨柳昼眠迟**　出自一个"人柳"的典故。杨柳：通称为柳。《三辅旧事》云："汉苑中有柳，状如人形，号曰'人柳'，一日三眠三起。"

㉛ **张骏曾为槐树赋**　此说法欠妥。据《晋书·李暠传》载：十六国时期，前凉王张骏曾在河右（亦称"河西"，今甘肃酒泉）地区广植楸、槐、柏、漆树，均难活。前凉灭后，西凉国的建立者昭武凉王李暠，字玄盛，偶然发现"酒泉宫之西北隅有槐树生焉"，遂"著《槐树赋》以寄情"。这就是说，凉州槐树是前凉王张骏始植，而《槐树赋》则是西凉的李暠所著。

㉜ **杜陵不作海棠诗**　杜陵：即杜少陵，是杜甫的别名。《王禹偁诗话》载：杜甫的母亲乳名"海棠"，故杜甫讳作海棠诗。唐代诗人郑谷曾以《海棠》为题赋诗，盛赞海棠；当他提到杜甫的态度时，却写道："浣花溪（成都杜甫草堂所在地）上添惆怅，子美（杜甫的字）无情为发扬。"说明郑谷也认为杜甫忌讳作海棠诗。但宋代陆游认为杜甫不应无海棠诗，可能是失传了。

㉝ **晋士特奇，可比一斑之豹**　东晋书法家王献之从小聪慧，才华奇特。刚几岁时，见父亲的门生在玩博弈游戏，他一看形势，便说某某"南风不竞（古指南方民歌曲调不强壮，多死音，是失败的征兆）"，必输无疑。有门生却因其年幼而轻视他，就说："此郎亦管中窥豹，时见一斑"。（见《世说新语·方正》）管中窥豹，不能看到全貌，但见微知著，能看出大略，也算是有远见。

㉞ **唐儒博识，堪为五总之龟**　唐代大儒殷践猷，博学多闻，贺知章称他为"五总龟"，说他阴阳、数术、医方、刑法各种知识无所不通，尤精"百家之说"。唐代大书法家颜真卿说："贺（知章）呼君为五总龟（龟每二百岁生出二尾称一总，至千岁生出五总称一聚），以龟千年五聚，问无不知也。"（见《新唐书·殷践猷传》）

五　微

来对往，密对稀。燕舞对莺飞①。风清对月朗②，露重对烟微③。霜菊瘦④，雨梅肥⑤。客路对渔矶⑥。晚霞舒锦绣⑦，朝露缀珠玑⑧。夏暑客思欹石枕⑨，秋寒妇念寄边衣⑩。春水才深，青草岸边渔父去⑪；夕阳半落，绿莎原上牧童归⑫。

宽对猛⑬，是对非。服美对乘肥⑭。珊瑚对玳瑁，锦绣对珠玑⑮。桃灼灼⑯，柳依依⑰。绿暗对红稀⑱。窗前莺并语，帘外燕双飞⑲。汉致太平三尺剑⑳，周臻大定一戎衣㉑。吟成赏月之诗，只愁月堕㉒；斟满送春之酒，惟憾春归㉓。

声对色，饱对饥。虎节对龙旗㉔。杨花对桂叶，白简对朱衣㉖。龙也吠㉗，燕于飞㉘。荡荡对巍巍㉙。春暄资日气㉚，秋冷借霜威㉛。出使振威冯奉世㉜，治民异等尹翁归㉝。燕我弟兄，载咏棣棠韡韡㉞；命伊将帅，为歌杨柳依依㉟。

注 解

① **燕舞莺飞** 亦作"莺歌燕舞"，象征春光明媚。〔宋〕姜夔《杏花天影》词云："金陵路，莺吟燕舞，算潮水知人最苦。"

② **风清月朗** 春风清凉，月光明朗。形容夜景美好。〔唐〕段成式《酉阳杂俎续集·支诺皋下》诗云："时春季夜间，风清月朗。"

③ **露重烟微** 亦作"露重烟轻"。烟微：雾气轻微。〔宋〕欧阳修《蝶恋花》词云："瀣鹧滩头风浪晚。露重烟轻，不见来时伴。"

④ **霜菊瘦** 经霜秋菊，花瓣细长。〔宋〕陈师道《南乡子·咏棣棠菊》词云："看看，衣剩腰肢故著单。薄瘦却禁寒。"〔宋〕李清照《醉花阴》词云："帘卷西风（秋风），人比黄花（秋菊）瘦。"

⑤ **雨梅肥** 雨后梅子，果实肥壮。〔宋〕周邦彦《满庭芳·夏景》词云："风老鹰雏，雨肥梅子。"〔宋〕华岳《别蓝详道》诗云："竹孙和客凌风瘦，梅子偏他得雨肥。"

⑥ **客路** 旅途。〔宋〕苏轼《次韵孙巨源寄涟水李盛二著作并以见寄五绝》云："应知客路愁无奈，故遣吟诗调李陵。" **渔矶** 供垂钓的水边岩石。〔唐〕戴叔伦《过故人陈羽山居》诗云："峰攒仙境丹霞上，水绕渔矶绿玉湾。"

⑦ **晚霞舒锦绣** 落日的云彩像锦绣一样舒展在天空里。这是明人李梦阳《平坡寺》中"西山万佛寺，灿若舒锦绣（精美鲜艳的丝织品）"诗句的化用。

⑧ **朝露缀珠玑** 清晨的露水像珠玉一样点缀在草叶上。这是宋代诗人陈宓《秋夜》中"白月无瑕呈佩玦，黄花有露缀珠玑（珠玉）"诗句的化用。

⑨ **夏暑客思敧石枕** 炎夏，闲客总爱侧身枕着石头歇凉。〔唐〕太上隐者《答人》诗云："偶来松树下，高枕石头眠。"

⑩ **秋寒妇念寄边衣** 寒秋，思妇惦念给征夫寄棉衣。〔唐〕陈玉兰《寄夫》诗云："夫戍边关妾在吴，西风（秋风）吹妾妾忧夫。一行书信千行泪，寒到君边衣到无？"

⑪ **春水才深，青草岸边渔父去** 〔唐〕张志和《渔父歌》诗云："青草湖（在湖南岳阳市西南）中月正圆，巴陵（今岳阳）渔父棹（划船）歌还。"

⑫ **夕阳半落，绿莎原上牧童归** 绿莎：生长于湿地或沼泽中的绿色莎

草。[宋]雷震《村晚》诗云："草满池塘水满陂（积水的沼泽），山衔落日浸寒漪（寒冷的流水）。牧童归去横牛背，短笛无腔信口吹。"

⑬ **宽猛** 宽容与凶猛。指施政应宽严适度，互相补充。《左传·昭公二十年》云："政宽则民慢，慢则纠之以猛；猛则民残，残则施之以宽。宽以济猛，猛以济宽，政是以和。" **是非** 对的与错的。指看问题应有是非标准。[唐]刘兼《诫是非》诗云："巧舌如簧总莫听，是非多自爱憎生……辨玉且宽和氏罪，诬金须认不疑情。"

⑭ **服美乘肥** 服装美丽，乘马肥壮。乘：指驾车的马，或曰"乘马"。古时一车四马为"一乘"。《论语·雍也》载："赤（公西赤）之适齐（去齐国）也，乘肥马，衣轻裘。"

跨犊儿童

⑮ **锦绣** 刺有彩色花纹的丝织品。《汉书·景帝纪》云："锦绣纂组（赤色绶带），害女红者也……女红害，则寒（贫寒）之原（源）也。" **珠玑** 即珠宝。《墨子·节葬》载："诸侯死者，虚（空虚）车府，然后金玉珠玑比（靠近）乎身（尸体）。"

⑯ **桃灼灼** 《诗经·周南·桃夭》云："桃之夭夭，灼灼（鲜艳）其华。"

⑰ **柳依依** 《诗经·小雅·采薇》云："昔我往矣，杨柳依依（轻柔）。"

⑱ **绿暗红稀** 暮春时节，绿荫浓郁幽暗，红花凋谢稀少。[唐]韩琮《暮春浐水送别》诗云："绿暗红稀出凤城，暮云楼阁古今情。"

⑲ **窗前莺并语，帘外燕双飞** 莺燕成双成对地歌唱飞舞。这两句是唐代诗人杜牧《为人题赠诗》中"绿树莺莺语，平江燕燕飞"诗句的化用。比喻春光美好。

⑳ **汉致太平三尺剑** 刘邦剑斩白蛇，举行大泽乡起义，推翻秦朝，他说："吾以布衣提三尺剑取天下，此非天命乎？"（见《汉书·高祖本纪》）

㉑ **周臻大定一戎衣**　《尚书·武成》云："一戎衣，天下大定。"说的是周武王姬发身着戎装，率八百诸侯讨伐殷纣王，牧野一战灭商，建立了周朝。

㉒ **吟成赏月之诗，只愁月堕**　这是文人的恋月情怀。[唐] 李白《把酒问月》诗云："古人今人若流水，共看明月皆如此。唯愿当歌对酒时，月光长照金樽里。"

㉓ **斟满送春之酒，惟憾春归**　这是文人的惜春情怀。[宋] 黄庭坚《清平乐·晚春》词云："春归何处？寂寞无行路。若有人知春去处，唤取归来同住。"

㉔ **虎节**　古代使节所持的虎形信物。《周礼·地官掌节》云："凡邦国（指周朝各诸侯国）之使节，山国（山地之国）用虎节，土国（平原之国）用人节，泽国（水乡之国）用龙节。"　　**龙旗**　古代王侯仪仗与卫士用画有龙图纹的旗子。《史记·礼书》云："龙旗九斿（旗上装饰物），所以养信（信仰）也。"

㉕ **杨花**　即柳絮。[北周] 庾信《春赋》云："新年鸟声千种啭，二月杨花满路飞。"　　**桂叶**　桂树叶。桂树秋季开花，芳香四溢，故称"九里香"。[唐] 李商隐《无题·重帏深下莫愁堂》诗云："风波不信菱枝弱，月露谁教桂叶香？"

㉖ **白简**　简：本为竹片或木片，代纸用。后纸质书笺亦通称"简"。古代御史上弹劾奏章时，皆用白简。《晋书·傅玄传》云："玄天性峻急，不能有所容；每有奏劾，或值日暮，捧白简，整簪带，竦踊不寐，坐而待旦。"　　**朱衣**　古代帝王夏季穿的朱红色服装。唐宋时期，四品、五品官穿绯（红色）服，通称"朱衣"。相传欧阳修知贡举时，每阅卷，觉座后有一朱衣人，朱衣人点头的，文章就入格，回头看，却又不见其人。

㉗ **尨也吠**　尨：杂色长毛狗。《诗经·召南·野有死麕》云："无感（通"撼"）我帨（佩巾）兮，无使尨也吠。"诗写男女幽会，美女劝公子别动手动脚，怕引起狗叫。

㉘ **燕于飞**　《诗经·邶风·燕燕》云："燕燕于飞，差池其羽；之子于归，远送于野。"诗写西周末期，卫庄公死，夫人庄姜无子，其妾戴妫所生之子继为桓公。后来桓公被异母弟弟州吁杀死。戴妫为避难，离开卫国回陈国娘家，庄姜远送于野方告别。故后人以"燕于飞"为送别亲人之典故。

㉙ **荡荡巍巍**　形容功业崇高而伟大。《后汉书·皇后纪》云："巍巍（崇

高）之业，可闻而不可及；荡荡（广大）之勋，可诵而不可名。"

　　㉚ **春暄资日气**　春暖靠日光热气。暄：暖和。资：凭借；依靠。日气：日光散发的热气。《周易·说卦》云："雨以润之，日以暄（日气；晒干）之。"

　　㉛ **秋冷借霜威**　秋冷借霜寒之威。霜威，寒霜肃杀的威力。〔唐〕王勃《九日怀封元寂》诗云："九日郊原望，平野遍霜威。"

　　㉜ **出使振威冯奉世**　西汉宣帝时，名将冯奉世以卫侯使身份，持节赴大宛国（今中亚弗尔干纳盆地）处理莎车人杀害汉朝官员事。他率兵击破莎车叛乱，威震西域，巩固了汉朝在该地区的统治。（见《汉书·冯奉世传》）

　　㉝ **治民异等尹翁归**　西汉名臣尹翁归，少年成孤，擅长击剑，无人能当。原为狱小吏，继而任东海太守，后升右扶风。他公正明察，尽知奸邪；清廉自守，死时家无余财。汉元帝制诏称："扶风尹翁归，廉平乡正，治民异等。"（见《汉书·尹翁归传》）

　　㉞ **燕我弟兄，载咏棣棠韡韡**　燕：通"宴"，宴饮。《诗经·小雅·常棣》云："常棣（同'棣棠'，树名，古时为'兄弟'的代称）之华，鄂不韡韡；凡今之人，莫如兄弟。"诗写棠棣花之艳丽，比喻兄弟宴饮亲近之快乐。

　　㉟ **命伊将帅，为歌杨柳依依**　《诗经·小雅·采薇》云："昔我往矣（离家出征），杨柳依依（形容春暖柳绿）；今我来思（要回故乡），雨雪霏霏（形容大雪纷飞）。行道迟迟，载渴载饥。我心伤悲，莫知我哀。"诗写戍边将士从奉命出征到回归故乡所经历的艰苦生活。

六　鱼

无对有，实对虚。作赋对观书。绿窗对朱户①，宝马对香车②。伯乐马③，浩然驴④。弋雁对求鱼⑤。分金齐鲍叔⑥，奉璧蔺相如⑦。掷地金声孙绰赋⑧，回文锦字窦滔书⑨。未遇殷宗，胥靡困傅岩之筑⑩；既逢周后，太公舍渭水之鱼⑪。

终对始，疾对徐⑫。短褐对华裾⑬。六朝对三国⑭，天禄对石渠⑮。千字策⑯，八行书⑰。有若对相如⑱。花残无戏蝶⑲，藻密有潜鱼⑳。落叶舞风高复下㉑，小荷浮水卷还舒㉒。爱见人长，共服宣尼休假盖㉓；恐彰己吝，谁知阮裕竟焚车㉔。

麟对凤㉕，鳖对鱼。内史对中书㉖。犁锄对耒耜㉗，畎浍对郊墟㉘。犀角带㉙，象牙梳㉚。驷马对安车㉛。青衣能报赦㉜，黄耳解传书㉝。庭畔有人持短剑㉞，门前无客曳长裾㉟。波浪拍船，骇舟人之水宿㊱；峰峦绕舍，乐隐者之山居㊲。

注 解

① **绿窗** 绿色纱窗。文人常用"绿窗"比喻贫寒人家。〔唐〕白居易《议婚》诗云:"红楼富家女,金缕绣罗襦……绿窗贫家女,寂寞二十余。"

朱户 红漆大门。文人常用"朱户"比喻富户豪门。〔唐〕李绅《过吴门二十四韵》诗云:"朱户千家室,丹楹(计算房屋间数的量词)百处楼。"

② **宝马香车** 装饰华丽的车马。车:旧读"居"。〔唐〕王维《同比部杨员外十五夜游有怀静者季》诗云:"香车宝马共喧阗(车马喧闹声),个里多情侠少年。"

③ **伯乐马** 古时善相马者伯乐,姓孙,名阳,字伯乐,是春秋中期秦穆公的家臣。伯乐年长后,推荐九方皋(《庄子·徐无鬼》作"九方歅")为秦穆公相马。秦穆公说九方皋找马连毛色雌雄都弄不清。伯乐说:"九方皋相马,得其精而忘其粗,在其内而忘其外,不能只看其形象与毛色。"(见《列子·说符》)一说伯乐是春秋时期赵简子的家臣邮无恤,字子良,号伯乐,善驭马,又善相马。(见《韩非子·说林下》)

④ **浩然驴** 唐代诗人孟浩然曾骑驴冒雪到灞桥(在今陕西长安县东)寻梅吟诗。他说:"吾诗思在风雪中驴子背上。"(见《韵府》)〔唐〕唐彦谦《忆孟浩然》诗云:"郊外凌兢(寒冷)西复东,雪晴驴背兴(诗兴)无穷。句搜明月梨花内,趣入春风柳絮中。"

⑤ **弋雁** 用系绳子的箭射大雁。《诗经·郑风·女曰鸡鸣》云:"将翱将翔,弋凫(野鸭)与雁"。《孟子·告子上》载:有两个人向弈秋学棋艺,一人"专心致志,唯弈秋之为听"。一人耳虽在听,心里却老想着天空"有鸿鹄将至,思援弓缴(弋射)",棋艺未成。 **求鱼** 指"缘木求鱼",爬到树上去捉活鱼。这方向办法不对,不可能达到目的。《孟子·梁惠王上》云:"以若所为(指齐宣王想用武力扩张领土),求若所欲(满足这种欲望),犹缘木而求鱼也。"

⑥ **分金齐鲍叔** 春秋时期,大政治家管夷吾,字仲,早年家贫,与鲍叔牙一起做生意,分盈利时,鲍叔牙总是多给管仲一些。不是因为管仲爱占便宜,而是鲍叔牙知道他家贫而且要奉养母亲。后人常用"鲍叔"代称知己好友。(见《史记·管仲列传》)

⑦ **奉璧蔺相如** 战国时期，赵惠文王得到楚国一块无价之宝"和氏璧"。秦昭王写信给赵王说愿以秦国十五城换璧。赵王怕受骗，犹豫不决。文臣蔺相如说他愿奉璧去秦国换城，"城入赵而璧留秦；城不入，臣请完璧归赵。"蔺相如献璧后，见秦王无意偿城，遂以要向秦王指出璧之瑕疵为借口，取回原璧，派人送归赵国。（见《史记·廉颇蔺相如列传》）

⑧ **掷地金声孙绰赋** 东晋文学家孙绰，少爱隐居，以文才著名，能诗善赋。他写成《游天台山赋》后，对其好友范荣期说："试掷地上，当作金石声。"范荣期读后，惊其辞章优美，赞叹不已。（见《晋书·孙绰传》）

⑨ **回文锦字窦滔书** 东晋秦州刺史窦滔被前秦苻坚遣徙流沙（西北沙漠地区），其妻苏蕙因思念丈夫，织锦成《回文璇玑图诗》赠给窦滔。其诗顺逆回环皆成文，结构巧妙而词情凄婉，共八百四十字。（见《晋书·列女传》）另一说法是，窦滔任安南将军，出镇襄阳，携宠妾赵阳台同行。去后，与其妻苏蕙音问两绝。苏蕙悲伤愤恨，因织五彩锦作《回文璇玑图诗》，计八百余言，文词凄婉，寄予窦滔。窦滔感悟，与苏蕙复好如初。（见武则天《窦滔妻苏氏织锦回文记》）

⑩ **未遇殷宗，胥靡困傅岩之筑** 胥靡：古代服劳役的刑徒称为"胥靡"。商朝傅说原是傅岩地方的筑墙奴隶，后被殷高宗武丁用为宰相，治理国家，成绩卓著，商朝中兴。（见《尚书·说命上》）

⑪ **既逢周后，太公舍渭水之鱼** 周后：指周文王姬发。太公：即太公望，姜子牙，又名姜尚。（参见本卷"一东"注⑫）

⑫ **疾徐** 快慢。一般指弹奏乐器的节奏。《淮南子·泰族训》文载："故寒暑燥湿，以类相从，声响疾徐，以音相应也。"

⑬ **短褐** 古时贫民用兽毛或粗麻制成的短衣。《墨子·公输》云："今有人于此，舍其锦绣，邻有短褐，而欲窃之。" **华裾** 华贵的服装。〔唐〕李贺《高轩过》诗云："华裾织翠青如葱，金环压辔摇玲珑。"

⑭ **六朝** 指南北朝时期先后建于建业（今南京）的吴、东晋、宋、齐、梁、陈南朝六国。 **三国** 指三国时代的魏、蜀、吴。

⑮ **天禄石渠** 即天禄阁和石渠阁。是西汉长安未央宫中的两座藏书阁，萧何所建。

⑯ **千字策** 旧时科举殿试考试时，皇帝亲自向应试者发问，谓之"策问"；应试者的回答，谓之"对策"。对策文章有一定格式，策文不限字数，

但"最短以千字为率（标准），不及千字以不入式（合格）论"。（见商衍鎏《清代科举考试述禄》）

⑰ **八行书** 指书信。旧时信纸一页多为八行。〔唐〕孟浩然《登万岁楼》诗云："今朝偶见同袍（比喻甘苦与共的友爱）友，却喜家书寄八行。"

⑱ **有若** 字子有，孔子的弟子。身体魁伟，有勇力。主张"礼之用，和为贵"。（见《论语·学而》） **相如** 战国时期赵国蔺相如，善谋而有勇，以不畏强秦"完璧归赵"而誉满天下。他是践行"和为贵"思想的代表人物。（见《史记·廉颇蔺相如列传》）

⑲ **花残无戏蝶** 这是元朝无名氏《山丹花》中"今朝花落委（坠于）苍苔，不见蝴蝶来，蝴蝶来"曲文的化用。

⑳ **藻密有潜鱼** 这是唐代诗人白居易《玩松竹二首》中"栖凤安于梧，潜鱼乐于藻"诗句的化用。〔元〕孙大全《竹间亭》诗云："悠悠水中鱼，出入藻与萍。"

㉑ **落叶舞风高复下** 风吹落叶忽上忽下地飘落。舞风，原文误为"无风"。舞风：随风飘舞。这是战国时期楚国伟大诗人屈原《九歌·湘夫人》中"袅袅兮秋风，洞庭波兮木叶下"诗意的化用。

㉒ **小荷浮水卷还舒** 池面荷叶被风吹得时卷时开。这是唐代诗人李商隐《赠荷花》中"惟有绿荷红菡萏，卷舒开合任天真"诗句的化用。

㉓ **爱见人长，共服宣尼休假盖** 宣尼：汉平帝刘衎追封孔子为"褒成宣尼公"。休假：不借。盖：覆盖物。一天，孔子出游，忽然下雨。随行弟子建议去向子夏（名商，孔子弟子）借个避雨覆盖物，孔子说："我知道子夏家有盖，但他家很穷，如果他不想借给我们，不等于揭他家穷的短处吗？应该多宣扬他人的长处，少触犯人家的短处。"（见刘向《说苑·杂言》）

㉔ **恐彰己吝，谁知阮裕竟焚车** 恐彰，原文误为"忍彰"。恐彰：怕显露。晋朝阮裕字思旷，河南陈留人，东晋尚书郎。家有好车，有借者无不给。有个邻居要葬母，想借用，却因用以送丧不好开口。阮裕知道后，担心外人会认为是自己吝啬而不借给邻居，于是很痛心地把好车烧了。（见《晋书·阮籍传附阮裕》）

㉕ **麟凤** 麒麟和凤凰，历来被人们认为是祥瑞禽兽。《管子·封禅》云："今凤凰麒麟不来，嘉谷（好庄稼）不生。"

㉖ **内史** 古代官名。西周始置，协助天子管理爵、禄、废、置等政务。

《孔子家语·执辔》："古者天子以内史为左右手。"　　**中书**　古代官名。隋唐以中书令、侍中、尚书令共议国政，俱为宰相，后因以中书称宰相。《汉书·萧望之传》云："望之以为中书政本，宜以贤明之选。"

㉗ **耒耜**　古代一种像犁一样的农具，泛指农具。《孟子·滕文公上》云："陈良之徒陈相与其弟辛，负耒耜而自宋之（到；去）滕（小国）。"

㉘ **畎浍**　田间水沟。《尚书·益稷》云："浚（疏通）畎浍，巨川。"

郊墟　郊外荒丘。[明]高明《琵琶记·风木余恨》云："伤心满目故人疏，看郊墟，尽荒芜。"

㉙ **犀角带**　犀牛角饰的高官服腰带。[明]笑笑生《金瓶梅词话》云："自这条犀角带并鹤顶红，就是满京城拿着银子，也寻不出来。"

㉚ **象牙梳**　用象牙做的贵妇用梳子。[唐]崔徽《嘲妓李端端》诗云："爱把象牙梳掠鬓，昆仑顶上月初生。"

㉛ **驷马**　古代一车套四马的车子。显贵者所乘，谓之"驷马高车"。《华阳国志》载："司马相如题桥柱曰：'不乘驷马高车，不过此桥（指成都北的升迁桥）。'"　　**安车**　古代一马拉的坐乘小车。贵妇人和告老还乡的高官多乘安车。《礼记·曲礼上》云："大夫七十而致事……适四方，乘安车。"

㉜ **青衣能报赦**　迷信传说，十六国时，前秦世祖苻坚独自在草拟赦令，准备赦免在狱犯人。有一只苍蝇入室，飞于笔尖，驱之又来。顷刻间，外界便传出将有大赦令发布。追查是谁在传播，都说是一个穿青衣的人在街市上张扬的。苻坚断定是飞入屋内的青蝇化作人而为。（见《晋书·苻坚纪载记》）

㉝ **黄耳解传书**　传说西晋文学家陆机有一只心爱的黄狗，名叫黄耳。陆机在京城洛阳当官，久不见家人来信，就笑语黄耳："你能为我送信取消息回来吗？"黄耳摇尾且叫，表示可以。陆机把信装进竹筒，系于狗颈，送狗上路。黄耳"寻路南走，遂至其家，得报还洛"。（见《晋书·陆机传》）

㉞ **庭畔有人持短剑**　战国时期，燕国太子丹的上客荆轲，奉命入秦刺杀秦王。他以向秦王献地图为名，把匕首卷入图内，当秦王展开地图时，"图穷匕首见（现）"，荆轲拿起匕首刺向秦王。秦王绕柱躲避，后拔背负之剑斩杀荆轲。（见《史记·刺客列传》）

㉟ **门前无客曳长裾**　西汉文学家邹阳，本是吴王刘濞的门客。当刘濞阴谋发动"七国之乱"时，邹阳上书劝阻刘濞。并说只要自己尽心竭力做事，

"何王之门不可曳长裾（拖着长大衣袖出入王门，比喻在权贵的门下做食客）？"吴王不听忠告，邹阳遂离开吴地。（见《汉书·邹阳传》）

㊱ **波浪拍船，骇舟人之水宿** 渔夫惯在骇浪拍船的水边食宿。这是宋朝蒲寿宬《渔父》词中"琉璃为地水晶天。一叶渔舟浪满颠"诗意的化用。水宿：在舟中或水边过夜。

㊲ **峰峦绕舍，乐隐者之山居** 隐士乐在峰峦绕舍的深山居住。这是唐代于武陵《赠王隐者山居》中"石室扫无尘，人寰与此分。飞来南浦树，半是华山云。浮世几多事，先生应不闻"诗意的化用。

长夏山居图

七 虞

金对玉，宝对珠。玉兔对金乌①。孤舟对短棹②，一雁对双凫③。横醉眼④，捻吟须⑤。李白对杨朱⑥。秋霜多过雁⑦，夜月有啼乌⑧。日暖园林花易赏⑨，雪寒村舍酒难沽⑩。人处岭南，善探巨象口中齿⑪；客居江右，偶夺骊龙颔下珠⑫。

贤对圣，智对愚。傅粉对施朱⑬。名缰对利锁⑭，挈榼对提壶⑮。鸠哺子⑯，燕调雏⑰。石障对郇厨⑱。烟轻笼岸柳⑲，风急撼庭梧⑳。鹳眼一方端石砚㉑，龙涎三炷博山炉㉒。曲沼鱼多，可使渔人结网㉓；平田兔少，漫劳耕者守株㉔。

秦对赵㉕，越对吴㉖。钓客对耕夫㉗。箕裘对杖履㉘，杞梓对桑榆㉙。天欲晓㉚，日将晡㉛。狡兔对妖狐㉜。读书甘刺股㉝，煮粥惜焚须㉞。韩信武能平四海㉟，左思文足赋三都㊱。嘉遁幽人，适志竹篱茅舍㊲；胜游公子，玩情柳陌花衢㊳。

注 解

① **玉兔** 神话传说，月亮上有如玉的白兔，故称月亮为"玉兔"。［晋］傅咸《拟问天》诗云："月中何有？玉兔捣药。" **金乌** 神话传说，太阳上有三足乌鸦，故称太阳为"金乌"。［三国魏］孟康《咏日》诗云："金乌升晓气，玉槛漾晨曦。"

② **孤舟短棹** 用短桨划船。［晋］陶渊明《归去来兮辞》云："或命巾车，或棹孤舟。"

③ **一雁双凫** 即成语"双凫一雁"。汉苏武出使匈奴被羁，归国时留别李陵的诗中有"双凫俱北飞，一雁独南翔"之句。后以"双凫一雁"为感伤离别之词。

④ **横醉眼** 醉酒后眼睛迷糊且带蛮横相。［元］张可久《折桂令·王一山席上题壁》曲云："扫诗愁满壁龙蛇。壮气凭凌（勇暴），醉眼横斜。"

⑤ **捻吟须** 捻着胡须吟诗琢磨用好字。［唐］卢延让《苦吟》诗云："莫话诗中事，诗中难更无。吟安一个字，捻断数茎须。险觅天应闷，狂搜海亦枯。不同文赋易，为著者之乎。"

孤舟短棹

⑥ **杨朱** 战国初期魏国哲学家。他主张"为我"，反对墨子的"兼爱"和儒家的"泛爱"。《孟子·尽心上》云："杨子（杨朱）取（主张）为我，拔一毛而利天下，不为也。"（见《列子·杨朱》）

⑦ **秋霜多过雁** 在中国北方，霜降前后便有鸿雁从塞北（长城以北边疆地区）过境南飞，最早南飞的是似鸿（大雁）而小的白雁，在霜降前十日。白雁一过，则知霜降将至，因此河北人称白雁为"霜信"。霜降后五日则是

鸿雁（大雁）南飞。（见［宋］沈括《梦溪笔谈·杂志一》）

⑧ **夜月有啼乌** 传说，南朝宋临川王刘义庆，因触怒宋文帝，被囚禁于家。其妾夜间闻有乌啼声，即敲义庆的屋门说："明日应有赦。"次日，义庆果然获释，遂作《乌夜啼》曲庆幸。（见《乐府诗集四七》）

⑨ **日暖园林花易赏** 这是宋朝词作家赵葵《赏花》中"人乐清明三月天，也随人赏万花园"和女词人朱淑真《春园小宴》中"春园得对赏芳菲，步草黏鞋絮点衣"词意的化用。

⑩ **雪寒村舍酒难沽** 这是宋朝诗人顾逢《太仓道中》"欲问村中沽酒处，家家风雨不开门"和 宋朝诗人陆游《村饮》中"最是一年秋好处，踏泥沽酒不辞遥"诗意的化用。

⑪ **人处岭南，善探巨象口中齿** 探：古音为平声，读"覃"。传说大象很精心地埋藏自己脱落的牙齿。万震《南州异物志》载："象脱牙犹自爱惜，掘地藏之。人欲取，必作假牙代之，不令其（指大象）见，见则后不藏故处。"

⑫ **客居江右，偶夺骊龙颔下珠** 传说江右地区有个贫穷老人，靠编织苇席为生。一天，他的儿子潜入深潭，得到一枚价值千金的宝珠。父亲生气地说："拿石头把它砸了！千金之珠，肯定出自深潭潭底黑龙下巴的下面，你能取到这样的宝珠，一定是正赶上黑龙睡着了；假如黑龙正醒，你还有一点生还的希望吗？"（见《庄子·列御寇》）

⑬ **傅粉施朱** 搽粉抹红。《颜氏家训·勉学》云："无不熏衣刺面，傅粉施朱。"讽刺南朝梁的贵游子弟，不学无术，生活糜烂，争相修饰打扮。

⑭ **名缰利锁** 被名利所束缚和拘禁。西汉东方朔，为人诙谐滑稽，超脱不凡，淡泊名利，他在《与友人书》中说："不可使尘网名缰拘锁，怡然长笑。"［宋］柳永《夏云峰》词云："向此（从此）免名缰（缰绳）利锁（囚禁），虚废光阴。"

⑮ **挈榼提壶** 形容嗜酒成性。挈：持。榼：酒器。壶：指酒葫芦。皆指盛酒或饮品的器具。《淮南子·泛论》云："今夫溜（屋檐滴水）水足以溢壶榼，而江河不能实（充满）漏卮（破漏的酒具。卮，古盛酒器。人们把酒量大的人称为'漏卮'）。"

⑯ **鸠哺子** 传说鸠鸟既笨又自私，寄巢生子，不勤养育；夫妇不和，子女不孝。［宋］欧阳修《鸣鸠》云："众鸟笑鸣鸠，尔拙固无匹，不能娶巧妇，以共营家室；寄巢生子四散飞，一身有妇长相失。"

⑰ **燕调雏** 燕子调养小燕很精心劳苦。〔唐〕白居易《咏燕》诗云："四儿日夜长（成长），索食声孜孜。青虫不易捕，黄口无饱期……辛勤三十日，母瘦雏渐肥。"

⑱ **石障** 石崇的锦步障。石障：原文误为"石帐"。西晋荆州刺史石崇，靠劫掠客商成巨富。他好与贵戚王恺比富。一次，"恺作紫丝布步障、碧绫四十里，石崇则作锦步障五十里以敌（对抗）之"。王恺自叹不如。（见《晋书·石崇传》） **郇厨** 唐代韦陟袭封郇国公，家中富有，"厨中饮食，香味错杂，人入其中，多饱饫（饱食）而归"。后人以"饱饫郇厨"为谢人筵宴之词。（见《云仙杂记·郇厨》）

⑲ **烟轻笼岸柳** 薄雾笼罩着堤岸上的杨柳树。这是唐代诗人韦庄《台城》中"无情最是台城（今南京市鸡鸣山南）柳，依旧烟笼十里堤"诗句的化用。

⑳ **风急撼庭梧** 狂风摇撼着庭院中的梧桐枝。这是宋朝词人蔡伸《长相思》中"风撼梧桐雨洒窗"词意的化用。

㉑ **鸲眼一方端石砚** 广东端州（今肇庆）是中国传统名砚产地。端砚石质坚硬、细腻，发墨不损。石上有圆形斑点者叫**鸲眼**，亦称"鸲鹆眼"。（见〔宋〕苏易简《砚谱》）

㉒ **龙涎三炷博山炉** 龙涎：香名。山东博山所产博山炉（同"垆"）是古代焚香器具，炉盖雕镂成山形，山上有羽人、走兽等形象。〔唐〕李白《杨叛儿》诗云："博山炉中沉香火，双烟一气凌紫霞。"

㉓ **曲沼鱼多，可使渔人结网** 想得池塘鱼，应先结渔网。这是《汉书·董仲舒传》中"古人有言曰：'临渊（池塘）羡鱼，不如退而结网'"文意的化用。

㉔ **平田兔少，漫劳耕者守株** 守株捡死兔，必徒劳无益。《韩非子·五蠹》载："耕者遇奔兔撞田间树上而死"，从此他放弃农耕，坐守其树，希望再捡到死兔。这种不劳而获的侥幸所得机会是少有的。

㉕ **秦赵** 指战国时期的秦国与赵国。这使人联想到渑池会上的"秦王击缶"和蔺相如"完璧归赵"的故事。

㉖ **越吴** 指春秋时期的越国与吴国。这使人联想到越王勾践的"卧薪尝胆"，休养生息，灭吴复仇的故事。

㉗ **钓客** 垂钓的人。〔唐〕薛能《边城寓题》诗云："蚕市归农醉，渔

舟钓客醒。" 　　**耕夫** 　种田的人。〔南朝梁〕何逊《七召·治化》诗云："樵者目金以知耻，耕夫让畔（田界）以成仁。"

㉘ **箕裘** 　箕：边缘呈弓形的簸箕。裘：皮袍。《礼记·学记》云："良冶之子，必学为裘（善于冶铁补锅者的儿子，一定会把片片兽皮拼补成皮袍）；良弓之子，必学为箕（善于弯竹做弓者的儿子，一定会把根根荆条编织成簸箕）。"后以"箕裘"比喻子继父业。 　　**杖履** 　拐杖与鞋。古时礼制，老人须扶杖（拐杖）而行；人如席地而坐，须脱履（鞋）于室外。后以"杖履"为敬老之词。（见《礼记·曲礼上》）

㉙ **杞梓** 　本是两种优质木材。后以"杞梓"比喻优秀人才。《左传·襄公二十六年》云："晋卿不如楚，其（指楚国）大夫则贤，皆卿材也。如杞梓、皮革，自楚往也。虽楚有材，晋实用之。" 　　**桑榆** 　本是两种硬质树木。当太阳的余光处在桑榆树间时，已近日落，所以常用"桑榆"比喻日暮，又比喻人已到老年。〔唐〕刘禹锡《酬乐天咏老见示》诗云："莫道桑榆晚，为霞尚满天。"

㉚ **天欲晓** 　天快亮了。〔宋〕陆游《露坐》诗云："月淡星疏天欲晓，未妨清啸倚胡床。"

㉛ **日将晡** 　天快黑了。晡：申时，傍晚，下午三至五时。《明史·丁汝夔传》云："癸未，群臣昧爽入。至日晡，帝始御奉天殿。"亦作"日将暮"。暮：傍晚。〔宋〕陆游《西斋遣兴》诗云："碧云又见日将暮，芳草不知人念归。"

㉜ **狡兔** 　狡猾的兔子。《战国策·齐策四》云："狡兔有三窟，仅得免其死耳。" 　　**妖狐** 　妖艳的狐狸。妖狐，又称"狐狸精"。中国早就有九尾狐妲己的传说。唐代有人把武则天比为妖狐。〔唐〕骆宾王《为徐敬业讨武曌檄》云："〔武则天〕掩袂工（善于）谗，狐媚偏能惑王。"

㉝ **读书甘刺股** 　战国纵横家苏秦"读书欲睡，引锥自刺其股（大腿），血流至足。"比喻刻苦自学。（见《战国策·秦策一》）

㉞ **煮粥惜燎须** 　唐朝开国大臣李绩（徐懋功），生性友爱。他姐姐生病时，为姐姐煮粥而燎坏自己的胡须，姐姐痛惜不已。（见《新唐书·李绩传》）

㉟ **韩信武能平四海** 　汉初大将军韩信，善于用兵。他辅佐刘邦攻占关中，推翻秦朝，平定四海，为建立汉朝立下了丰功伟绩，先后被封为齐王、

楚王。后因谋反被萧何诱入宫中杀害。（见《史记·淮阴侯传》）

韩信受辱

㊱ **左思文足赋三都**　西晋文学家左思，出身寒微，不好出游。官至秘书郎。后退出仕途，专事典籍。他构思十年，写成材料丰富、叙述详密的"三都赋"（《蜀都赋》《吴都赋》《魏都赋》），"豪贵之家，竞相传写，洛阳为之纸贵"。这就是"洛阳纸贵"典故的来由。（见《晋书·左思传》）

㊲ **嘉遁幽人，适志竹篱茅舍**　退隐闲人甘过住房简陋清贫生活。嘉遁：亦作"嘉遯"，旧时指合乎时宜的退隐。竹篱茅舍：用竹子围的篱笆，茅草盖顶的房屋。[宋]王淇《梅》诗云："不受尘埃半点侵，竹篱茅舍自甘心。"[宋]释文珦《天地之间有此身》诗云："竹篱茅舍居来稳，纸帐蒲团趣更真……使予生遇陶唐（指古代帝王唐尧）世，当与许由（尧想让位于许由，由不受，逃至箕山隐居，农耕而食）巢父（古代隐士，因巢居树上而得名）伦。"

㊳ **胜游公子，玩情柳陌花衢**　纨绔子弟好逛烟花柳巷寻欢作乐。[宋]罗烨《醉翁谈录·柳屯田耆卿》云："至今柳陌花衢（旧指妓院聚集之处），歌姬舞女，凡吟咏讴唱，莫不以柳七（指诗人柳永）官人为美谈。"

八 齐

yán duì xiù　jiàn duì xī　yuǎn àn duì wēi dī　hè cháng duì tù duǎn
岩 对 岫①，涧 对 溪②。远 岸 对 危 堤③。鹤 长 对 兔 短④，
shuǐ yàn duì shān jī　xīng gǒng běi　yuè liú xī　hàn lù duì tāng ní　táo lín
水 雁 对 山 鸡⑤。星 拱 北⑥，月 流 西⑦。汉 露 对 汤 霓⑧。桃 林
niú yǐ fàng　yú bǎn mǎ cháng sī　shū zhí qù guān wén guǎng shòu　dì xiōng ràng
牛 已 放⑨，虞 坂 马 长 嘶⑩。叔 侄 去 官 闻 广 受⑪，弟 兄 让
guó yǒu yí qí　sān yuè chūn nóng　sháo yào cóng zhōng hú dié wǔ　wǔ gēng tiān
国 有 夷 齐⑫。三 月 春 浓，芍 药 丛 中 蝴 蝶 舞⑬；五 更 天
xiǎo　hǎi táng zhī shàng zǐ guī tí
晓，海 棠 枝 上 子 规 啼⑭。

yún duì yǔ　shuǐ duì ní　bái bì duì yuán guī　xiàn guā duì tóu lǐ　jìn
云 对 雨，水 对 泥。白 璧 对 元 圭⑮。献 瓜 对 投 李⑯，禁
gǔ duì zhēng pí　xú zhì tà　lǔ bān tī　fèng zhù duì luán qī　yǒu guān qīng
鼓 对 征 鼙⑰。徐 稚 榻⑱，鲁 班 梯⑲。凤 翥 对 鸾 栖⑳。有 官 清
sì shuǐ　wú kè zuì rú ní　jié fà wéi wén táo kǎn mǔ　duàn jī zhǐ yǒu yuè
似 水㉑，无 客 醉 如 泥㉒。截 发 惟 闻 陶 侃 母㉓，断 机 只 有 乐
yáng qī　qiū wàng jiā rén　mù sòng lóu tóu qiān lǐ yàn　zǎo xíng yuǎn kè mèng
羊 妻㉔。秋 望 佳 人，目 送 楼 头 千 里 雁㉕；早 行 远 客，梦
jīng zhěn shàng wǔ gēng jī
惊 枕 上 五 更 鸡㉖。

xióng duì hǔ　xiàng duì xī　pī lì duì hóng ní　dù juān duì kǒng què　guì
熊 对 虎，象 对 犀。霹 雳 对 虹 霓㉗。杜 鹃 对 孔 雀，桂
lǐng duì méi xī　xiāo shǐ fèng　sòng zōng jī　yuǎn jìn duì gāo dī　shuǐ hán yú
岭 对 梅 溪㉘。萧 史 凤㉙，宋 宗 鸡㉚。远 近 对 高 低。水 寒 鱼
bú yuè　lín mào niǎo pín qī　yáng liǔ hé yān péng zé lìng　táo huā liú shuǐ wǔ
不 跃㉛，林 茂 鸟 频 栖㉜。杨 柳 和 烟 彭 泽 令㉝，桃 花 流 水 武
líng xī　gōng zǐ zhuī huān xián zhòu yù cōng yóu qǐ mò　jiā rén juàn xiù mèn qī
陵 溪㉞。公 子 追 欢，闲 骤 玉 骢 游 绮 陌㉟；佳 人 倦 绣，闷 欹
shān zhěn yǎn xiāng guī
珊 枕 掩 香 闺㊱。

注 解

① **岩岫** 峰峦和洞穴。[三国魏]嵇康《幽愤》云："采薇山阿（山中曲幽处），散发岩岫。"

② **涧溪** 山谷间的河沟。《汉书·晁错传》载："匈奴地形技艺与中国异。上下山阪，出入溪涧，中国之马弗与（不适应）也。"

③ **远岸** 广远的堤岸。[唐]杜甫《秋兴八首》："远岸秋沙白，连山晚照红。" **危堤** 高险的堤岸。[宋]杨万里《宿湖甫山》诗云："夜泊湖甫山，绿杨护危堤。"

④ **鹤长凫短** 仙鹤的腿长，野鸭的腿短。《庄子·骈拇》云："凫胫（小腿）虽短，续之则忧；鹤胫虽长，断之则悲。"鹤和凫小腿的长短是自然生长的，人为地给它们截短接长，必然造成悲剧。

⑤ **山鸡** 形似雉。古称鸐雉，今名锦鸡。传说山鸡自爱其羽毛，常照水而舞。[南朝宋]刘敬叔《异苑》载："山鸡爱其羽毛，映水则舞。魏武时，南方献之，帝欲其鸣舞而无由。公子苍舒令置大镜其前，鸡鉴形而舞，不知止，遂乏死。"

⑥ **星拱北** 众星围绕北斗转。旧指有德的国君在位，得到天下臣民的拥戴。《论语·为政》："为政以德，譬如北辰，居其所而众星共（通'拱'，环卫）之。"

⑦ **月流西** 月亮朝向西方移。[三国魏]曹丕《燕歌行》诗云："明月皎皎照我床，星汉西流夜未央（未尽）。"[唐]张若虚《春江花月夜》诗云："江水流春去欲尽，江潭落月复西斜。"毛泽东赠杨开慧《虞美人》："堆来枕上愁何状？江海翻波浪。夜长天色总难明，寂寞披衣起坐数寒星。晓来百念皆灰烬，剩有离人影。一钩残月向西流，对此不抛眼泪也无由。"

⑧ **汉露** 指汉代"承露盘"。汉武帝迷信神仙，造承露盘以承甘露，当仙水喝。《三辅故事》载："建章宫承露盘，高二十丈，大七围，以铜为之。上有仙人掌承露（接露水），和玉屑（指玉屑饭）饮之。" **汤霓** 商汤王讨伐夏桀王时，各地百姓都希望汤军先到自己所在地，"民望之，若大旱之望云霓（云彩和虹霓，下雨的征兆）也。"（见《孟子·梁惠王下》）

⑨ **桃林牛已放** 周武王牧野大战灭商后，西返长安，"归马华山之阳，

放桃林（今灵宝至潼关一带）之野，倒载干戈，包之虎皮，车甲衅（用牲畜血涂于战车与盔甲上表示血祭）而藏之府库，天下不复用"，以示天下太平。（见《尚书·武成》）

⑩ **虞坂马长嘶**　春秋末期，善驭马又善识马的伯乐，路过虞坂地方时，见一匹拉着盐车爬坡的老千里马累得倒在地上，伯乐哭着抚摸它，并把自己的衣裳盖在马身上。千里马"仰而长嘶"，感谢伯乐对它的同情和理解。（见《战国策·楚策》）

⑪ **叔侄去官闻广受**　西汉疏广，少好学，尤通《春秋》。宣帝时任太子太傅。其侄疏受任少傅。五年后，叔侄二人皆称病去职还乡。后人把"二疏还乡"视为功遂身退的典范。（见《汉书·疏广传》）

⑫ **弟兄让国有夷齐**　商朝末年，孤竹君认次子叔齐为君位继承人。孤竹君去世后，叔齐欲让位给兄长伯夷，伯夷不受。后二人听说周文王善待老人，便一起投向周室。后世将夷齐视为道德高尚的典范。（见《史记·伯夷列传》）

⑬ **三月春浓，芍药丛中蝴蝶舞**　这是唐代诗人张易之《侍从过公主南宅侍宴探得风字应制》中"鸟吟千户竹，蝶舞百花丛"诗意的化用。

⑭ **五更天晓，海棠枝上子规啼**　古有"杜鹃伤魂"之典。在传说中，战国时期，蜀主杜宇，号望帝，他命令鳖灵开凿巫山治水。鳖灵治水功高，望帝自以德薄，效法尧舜，禅位于鳖灵，帝号"开明"。望帝遂隐于西山。后来，鳖灵居功自傲，独断专行，以致失国。望帝痛悔而死，其魂化为鹃鸟，飞进帝都，登枝悲鸣，泪尽继而泣血。蜀民问它是谁，它说："我望帝魄也。"蜀民故称鹃鸟

芍药蝴蝶

为"杜鹃"，又名"子规"。（见《华阳国志·蜀志》）

⑮ **白璧** 洁白的玉，比喻清白的人。［唐］陈子昂《胡楚真禁所》诗云："青蝇（比喻佞人）一相点（往物上拉点屎），白璧遂成冤（比喻忠良被陷害）。" **元圭** 本应为"玄圭"，因清朝康熙皇帝名"玄烨"，为避"玄"字之讳，时人以"元"字代"玄"字。玄圭是古代帝王举行典礼所用的一种玉器；或用以赏赐建立特殊功绩的人。《尚书·禹贡》："禹锡（赐）玄圭（黑色玉），告厥（助词，相当于'之'）成功。"

⑯ **献瓜投李** 进献鲜瓜，赠送李子。《诗经·大雅·抑》云："投我以桃，报之以李。"《诗经·卫风·木瓜》云："投我以木瓜，报之以琼琚（赤玉）；投我以木李，报之以琼玖（墨玉）。"诗写男女情长，互赠礼物。

⑰ **禁鼓** 古代宫城谯楼上报时的鼓。《水浒传》云："早听得谯楼禁鼓，却转初更。" **征鼙** 古代军队出征时所击之鼓。［前蜀］毛文锡《甘州遍》词云："边声四起，愁闻戍角（军号）与征鼙。"

⑱ **徐稚榻** 东汉徐稚，家贫农耕。因不满宦官专权，虽屡为豫章太守陈蕃举荐，终不为官。陈蕃从不留宿客人，唯徐稚来，则设榻留宿，去则收起。（见《后汉书·徐稚传》）

⑲ **鲁班梯** 春秋时期，鲁国公输班创造出了攻城云梯。后世建筑工匠、木匠都尊公输班为"祖师"。（见《墨子·公输》）

⑳ **凤翥鸾栖** 凤凰飞翔，鸾鸟栖止。亦作"凤翥鸾回"、"鸾飘凤泊"。常用以比喻汉字笔势飞舞多姿。［宋］王溥《唐会要》云："今观圣迹，兼绝二王（指东晋大书法家王羲之和王献之父子），凤翥鸾回，实古今书圣。"［宋］杨万里《正月十二游东坡白鹤峰故居》诗云："独遗无邪四个字，鸾飘凤泊（栖息）蟠银钩（形容书法笔势刚劲有力）。"后人以"凤泊鸾飘"形容人不如意，漂泊无定所。

㉑ **有官清似水** 有官：指有权有势的高官。［明］凌蒙初《初刻拍案惊奇》载：襄阳刺史裴安卿，"平素心性刚直，不肯趋奉权贵，况且一清如水，俸资之外，毫不苟取（随便捞取钱财）"。

㉒ **无客醉如泥** 无客：指"闲客"，多指清闲少事的文人。醉如泥：饮酒烂醉瘫如泥。后汉太常周泽，虔敬宗庙，常卧斋宫斋戒，一岁三百六十日，三百五十九日斋，不夫妻同居。酒仙李白说自己嗜酒比周泽斋戒还甚，在给妻子的《赠内》诗中写道："三百六十日，日日醉如泥。虽为李白妇，何异

太常妻。"

㉓ **截发惟闻陶侃母**　东晋刺史、大将军陶侃，早年孤贫。他为官精勤尽职，公正清廉。鄱阳孝廉范逵常来会他，因家里无钱买酒菜，其母就剪掉自己的头发，换来酒菜待客。（见《晋书·陶侃转》）

㉔ **断机只有乐羊妻**　战国时期，年轻的乐羊外出求学，因想念妻子，年余即归。其妻愤而剪断织机上的丝锦，说："丝断就前功尽弃了；读书也应学而不倦，才能有所成就。"乐羊醒悟，回去学完，七年方归。（见《后汉书·列女传》）

㉕ **秋望佳人，目送楼头千里雁**　边塞将士看千里雁南飞，望把书信速捎回家。千里雁：古时代表送信者。[唐] 王昌龄《独游》诗云："手携双鲤鱼（鱼代表书信），目送千里雁。"

㉖ **早行远客，梦惊枕上五更鸡**　远行之客被五更鸡惊醒，起身踏上回乡之途。五更鸡：报晓鸡。一种以铜铁或竹木制成外罩，中置油灯，便于夜间煮食的小炉，古称"五更鸡"。[唐] 顾甄远《惆怅诗九首》云："魂黯黯兮情脉脉，帘风清兮窗月白。梦惊枕上炉烬销（表示五更鸡已报晓），不见蕊珠宫里客。"

㉗ **霹雳**　疾而巨响的雷声。《尔雅·释天》郭璞注云："雷之急击者谓霹雳。"[唐] 杜甫《热》诗云："雷霆空霹雳，云雨竟虚无。"　　**虹霓**　雨后天空出现的七色彩弧。分内外两环，内环称雄虹，外环称雌蜺。《春秋元命苞》云："虹霓者阴阳之精也。"

㉘ **桂岭**　长满桂树的山岭。湘粤桂地区的五岭之一。[宋] 欧阳修《诗话·九僧诗》云："春生桂岭外，人在海门西。"　　**梅溪**　岸植梅树的河流。浙江安吉西苕溪沿岸盛开紫梅而得名。[宋] 范成大《天平先陇道中，时将赴新安掾》诗云："霜桥冰涧净无尘，竹坞梅溪未放春。"

㉙ **萧凤史**　神话传说，春秋时期的萧史善吹箫，能吹鸾凤之音。秦穆公之女弄玉也爱吹箫，穆公就把女儿嫁给了萧史，并筑凤台给他们居住。萧史教弄玉作凤鸣，竟引凤凰聚止其屋上。数十年后，萧史乘龙，弄玉乘凤，升天而去。（见《列仙传》）

㉚ **宋宗鸡**　据迷信传说，晋代兖州刺史宋处宗买了一只长鸣鸡，鸡笼置于窗间，爱养十分经心。鸡能说人话，与处宗谈论，极具言智，处宗的言巧也大进。（见《艺文类聚·幽明录》）

㉛ **水寒鱼不跃**　这是宋朝诗人黄庭坚《次韵晁元忠西归》中"林薄鸟迁巢，水寒鱼不聚"诗意的化用。

㉜ **林茂鸟频栖**　栖：归巢。这是唐代诗圣杜甫《秋野》诗："水深鱼极乐，林茂鸟知归"和诗人顾况《嘉兴监记》中"趋其署者，如好鸟之栖茂林"诗意的化用。

㉝ **杨柳和烟彭泽令**　东晋诗人陶潜（陶渊明），字元亮，号五柳先生。曾任彭泽县令，后隐姓埋名，辞官隐居。他写的《五柳先生传》，说自家"宅边有五棵柳树，因以为号"。他说自己"读书，废寝忘食；嗜酒，必醉而返；常著文章自娱，忘怀得失，以此自终"。（见《晋书·陶潜传》）

㉞ **桃花流水武陵溪**　陶渊明所著《桃花源记》，写晋武帝时，有武陵（旧县名，今属湖南常德，西南有桃源县）人以捕鱼为业。一天，此渔人缘武陵溪行舟，"忘路之远近。忽逢桃花林"，进入世外桃源。

㉟ **公子追欢，闲骤玉骢游绮陌**　公子寻欢，骑着骏马在郊野道上奔跑。追欢：寻欢。玉骢：骏马。绮陌：风景优美的郊野道路。［宋］柳永《木兰花慢》词云："芳景如屏。倾城、尽寻胜去，骤雕鞍绀幰山郊坰（郊外）。"

㊱ **佳人倦绣，闷欹珊枕掩香闺**　美人倦绣，闭门侧卧在珊瑚枕上苦思。倦绣：懒得绣花。欹：侧斜。香闺：女子卧室。［宋］陈允平《惜分飞》词云："钏阁桃腮香玉溜，困倚银床倦绣。"

九　佳

河对海①，汉对淮②。赤岸对朱崖。鹭飞对鱼跃，宝钿对金钗③。鱼圉圉④，鸟喈喈⑤。草履对芒鞋⑥。古贤崇笃厚⑦，时辈喜诙谐⑧。孟训文公谈性善⑨，颜师孔子问心斋⑩。缓抚琴弦，像流莺而并语⑪；斜排筝柱，类过雁之相挨⑫。

丰对俭，等对差。布袄对荆钗⑬。雁行对鱼阵⑭，榆塞对兰崖⑮。挑荠女⑯，采莲娃⑰。菊径对苔阶。诗成六义备⑱，乐奏八音谐⑲。造律吏哀秦法酷⑳，知音人说郑声哇㉑。天欲飞霜，塞上有鸿行已过㉒；云将作雨，庭前多蚁阵先排㉓。

城对市，巷对街。破屋对空阶㉔。桃枝对桂叶，砌蚓对墙蜗㉕。梅可望㉖，橘堪怀㉗。季路对高柴㉘。花藏沽酒市㉙，竹映读书斋㉚。马首不容孤竹扣㉛，车轮终就洛阳埋㉜。朝宰锦衣，贵束乌犀之带㉝；宫人宝髻，宜簪白燕之钗㉞。

注 解

① **河海** 指黄河与海河。河海合词，泛指江河湖海。《后汉书·桓谭冯衍传》有"日月经天，河海带地"一语，是说太阳月亮每天经过天空，江河湖海永远存在大地。比喻人或事物的永恒和伟大。

② **汉淮** 指汉水与淮河。汉淮合词，泛指汉淮流域地区。〔宋〕韩元吉《故宫使待制侍郎陈公挽词二首》云："政誉京江口，威名岘首山。折冲章贡外，制胜汉淮间。"

③ **宝钿** 以金银、珠玉、贝等制成的装饰品。〔唐〕张柬之《东飞百劳歌》诗云："谁家绝世绮帐前，艳粉芳脂映宝钿。" **金钗** 亦称"金钿"，妇女首饰。〔唐〕白居易《酬思黯戏赠同用狂字》诗云："钟乳（可药用石）三千两，金钗十二行。"南朝梁武帝萧衍有"头上金钗十二行"诗句，指一人头戴十二钗。后人用白居易"金钗十二"语，指姬妾众多。

④ **鱼圉圉** 鱼的姿态。《孟子·万章上》云："〔鱼〕始舍（刚放入池）之，圉圉（困乏貌）焉，少（不一会儿）则洋洋（舒缓摇尾）焉。"

⑤ **鸟喈喈** 鸟的叫声。《诗经·周南·葛覃》云："黄莺于飞，集于灌木，其鸣喈喈（众鸟和鸣）。"

⑥ **草履** 草鞋。〔宋〕陆游《病后作》诗云："草履布裙襦，徒步老阡陌。" **芒鞋** 草鞋。〔宋〕苏轼《宿石田驿南野人舍》诗云："芒鞋竹杖自轻软，蒲荐松床亦香滑。"

⑦ **古贤崇笃厚** 古时贤士崇尚忠实厚道。笃厚：忠实厚道。〔唐〕胡曾《咏史诗·颍川》诗云："古贤高尚不争名，行止由来动杳冥。"《史记·傅靳蒯成列传论》云："蒯成侯周缳，操心坚正，身不见疑……可谓笃厚君子矣。"

⑧ **时辈喜诙谐** 现代之人喜欢风趣逗乐。诙谐：语言风趣逗乐。《汉书·东方朔传》云："其言专商鞅、韩非之语也，指意放荡，颇复诙谐。"〔清〕向阮贤《酒香亭》诗云："汉武好神仙，为觅长生酒。方朔妙诙谐，早润滑稽口。"

⑨ **孟训文公谈性善** 孟：指孟轲，即孟子。战国时期，滕国文公为太子时，借出使楚国路过宋国之机，去向孟子请教"性本善"问题。孟子论其道理，"言必称尧舜"。（见《孟子·滕文公上》）

⑩ **颜师孔子问心斋**　东周卫国国君无道，祸国殃民。孔子的弟子颜回向孔子请教治理卫国的办法。孔子说："心斋。"颜回问何为"心斋"，孔子说，心思清净纯一，摒除一切杂念，有虚无空明的心境，就叫"心斋"。（见《庄子·人世间》）

⑪ **缓抚琴弦，像流莺而并语**　琴弦协奏，像黄莺歌唱一样婉转美妙。流莺：黄莺鸣声婉转。这是宋朝刘克庄《席上闻歌有感》中"朱弦弹绝，玉笙吹遍。粗识国风关雎乱，羞学流莺百啭"和唐代温庭筠《题柳》中"羌管一声何处曲，流莺百啭最高枝"诗意的化用。

⑫ **斜排筝柱，类过雁之相挨**　筝柱排列，像大雁飞翔一样相挨成行。这是唐代李商隐《昨日》中"二八月轮蟾影破，十三弦柱雁行斜"和宋朝晏几道《筝》中"纤指十三弦，细将幽恨传。当筵秋水慢，玉柱斜飞雁"诗意的化用。

⑬ **布袄荆钗**　粗布棉袄，荆枝当钗。比喻贫家女子装束简陋。后汉梁鸿、孟光夫妇避世隐居，孟光常荆钗布裙，食则举案齐眉（举饭菜托盘与眉齐请梁鸿吃），恩爱相随。（见［晋］皇甫谧《列女传》）

⑭ **雁行鱼阵**　大雁飞行时成"一"字或"人"字形，谓之"雁行"。规模较大的鱼群，谓之"鱼阵"，亦作"鱼贯"。比喻行进整齐有序。［南朝宋］鲍照《代出自蓟北门行》诗云："雁行缘石径，鱼贯度飞梁。"

⑮ **榆塞**　树榆木当边塞御敌。秦朝大将蒙恬抗击匈奴时，"累石为城，树榆为塞，匈奴不敢饮马于河。"后以"榆塞"借指边塞。（见《汉书·韩安国传》）［唐］骆宾王《送郑少府入辽共赋侠客远从戎》诗云："边烽警榆塞，侠客度桑乾（河名）。"　**兰崖**　以山崖当边塞御敌。《战国策·魏策三》云："晋国之去梁也，千里有余，河山以兰（通'阑'，阻隔）之。"

⑯ **挑荠女**　挖荠菜的姑娘。［宋］梅尧臣《食荠》诗云："世羞食荠贫，食荠我所甘……携持入冻地，挑以根叶参。"

⑰ **采莲娃**　娃：美女。采莲女一向是文人赞美的对象。赞美其举止、相貌美丽的，如元代杨果的《小桃红·采莲女》曲："采莲湖上采莲娇，新月（比喻美女的脚）凌波小（步履轻盈）……羞花闭月，沉鱼落雁，不恁（如此）也魂消。"描写其贪玩憨态的，如唐朝皇甫松的《采莲子》："菡萏（荷花）香连十顷陂（湖岸）。小姑贪戏采莲迟。晚来弄水船头湿，更脱红裙裹鸭儿。"

⑱ **诗成六义备**　《诗经》这本书，风、雅、颂是其内容的分类；赋、

比、兴是其表现手法，合称"六义"，亦称"六诗"。《诗经·大序》云："诗有六义焉：一曰风，二曰赋，三曰比，四曰兴，五曰雅，六曰颂。"

⑲ **乐奏八音谐** 我国古代把乐器分为八类，即金、石、土、革、丝、木、匏、竹。金，指钟、铃等；石，指磬等；土，指埙；革，指鼓类；丝，指琴、瑟等；木，指柷、敔等；匏，指笙、竽等；竹，指管、钥等。（见《辞海》）

⑳ **造律吏哀秦法酷** 汉高祖刘邦攻入咸阳，嫌秦法繁杂严酷，遂颁"约法三章"（杀人者死，伤人及盗抵罪）。后为加强中央集权，命萧何以秦律为据，制订"九章律"。（见《史记·萧相国世家》）

㉑ **知音人说郑声哇** 郑声：亦作"郑卫之音"。春秋战国时期，郑卫（今河南新郑、滑县）等地的民间俗乐，因与宫廷帝王祭祀、宴饮所用之"雅乐"相悖，被儒家贬斥为"乱世之音"、"靡靡之乐"。《礼记·乐记》："郑卫之音，乱世之音也。"〔西汉〕扬雄《法言·吾子》云："中正则雅，多哇（靡曼的乐音）则郑。"

㉒ **天欲飞霜，塞上有鸿行已过** 〔宋〕沈括《梦溪笔谈》云："北方有白雁，似雁而小，色白，秋深则来。自雁至则霜降，河北人谓之'霜信'。"这种白雁比鸿雁体形要小，每年霜降前十日，由塞北过河北，成行飞往南方，这时人们就知道天要下霜了，故称白雁为"霜信"。

㉓ **云将作雨，庭前多蚁阵先排** 阴云天，蚂蚁为防蚁穴进水，成群成行忙着搬家游动，预示着天要下雨。〔宋〕刘克庄《穴蚁》诗云："穴蚁能防患，常于未雨移。"

㉔ **破屋** 破旧不堪的老屋。〔唐〕孟郊《秋怀》诗云："秋至老更贫，破屋无门扉。一片月落床，四壁风入衣。" **空阶** 空寂房前的台阶。〔南朝梁〕何逊《临行与故游夜别》诗云："夜雨滴空阶，晓灯暗离室。"〔宋〕陆游《喜晴》诗云："江湖春暮多风雨，点滴空阶实厌听。"

㉕ **砌蚓** 阶下的蚯蚓。〔唐〕卢仝《夏夜闻蚯蚓吟》诗云："夏夜雨欲作，傍砌蚯蚓吟。" **墙蜗** 墙上的蜗牛。蜗牛喜欢在阴暗潮湿、疏松多腐殖质的环境中生活，雨后空气湿度适宜，石上墙上多见。〔宋〕陈师道《春怀示邻里》诗云："断墙着雨蜗成字，老屋无僧燕作家。"

㉖ **梅可望** 即"望梅止渴"之典故。（参见本卷"四支"韵注㉕）

㉗ **橘堪怀** 三国吴郁林太守陆绩，通天文、历算。六岁时到袁术家做客，袁术给他吃橘子，绩偷装三枚于怀中。拜别时，橘子掉落地上，袁术说："你

来做客，还偷装橘子？"陆绩下跪说："我想拿回去给母亲吃。"袁术听了，更加器重陆绩。后以"怀橘"为孝亲之典。（见《三国志·吴志·陆绩传》）

㉘ **季路** 孔子的弟子，名仲由，字子路，也称季路。性情直爽勇敢。后人以其为勇士的典范。（见《史记·仲尼弟子传》） **高柴** 孔子的弟子，字子羔。身材矮小，智商低，但待人忠厚，性格质朴。（见《史记·仲尼弟子传》）

㉙ **花藏沽酒市** 卖酒处在杏花村。［唐］杜牧《清明》诗云："借问酒家何处有？牧童遥指杏花村。"［宋］宋祁《锦缠道·春游》词云："醉醺醺尚寻芳酒。问牧童，遥指孤村道，杏花深处，那里人家有。"

㉚ **竹映读书斋** 绿竹映衬读书宅。这是唐代诗人刘得仁《哭鲍溶有感》中"古苔封墨沼，深竹映书堂"和唐代诗人李频《夏日题盩厔友人书斋》中"修竹齐高树，书斋竹树中"诗句的化用。

㉛ **马首不容孤竹扣** 孤竹：指伯夷、叔齐。周武王出征伐纣王，孤竹君之子伯夷、叔齐兄弟拉住武王的战马谏阻，说："你父亲、文王刚去世，不办理丧事，反而动干戈；你作为商朝臣下，却要弑君，岂非不孝不忠？"武王不听。夷齐兄弟遂隐居首阳山，不食周粟，靠采薇（野菜）活命，全死。（见《史记·伯夷传》）

㉜ **车轮终就洛阳埋** 东汉侍御史张纲，在汉顺帝时，奉命与杜乔等八人分别赴州郡巡查地方官吏是否廉政。杜乔等七人皆已出行。唯有张纲将其出巡车轮埋于洛阳都亭，拒不出行。当时，大将军梁冀专权朝政，张纲说："豺狼（指梁冀）当路，安问（何必追查）狐狸？"并上书弹劾梁冀。（见《史记·张纲传》）

㉝ **朝宰锦衣，贵束乌犀之带** 朝宰：朝中宰相。乌犀带：亦称犀角带。古代朝廷高官官服上饰有犀牛角的腰带。唐宪宗元和年间（806—820），淮西贼乱，宰相裴度誓死平乱，宪宗感动，赐裴度以犀角带，令他进讨淮西。（见《唐书·裴度传》）

㉞ **宫人宝髻，宜簪白燕之钗** 旧时宫中妃子头上戴的一种燕子形的宝钗。传说西域神女与汉武帝相会，馈赠汉武帝西域特有的玉钗一枚。后来，汉武帝把它转赠给宠妃赵婕妤（赵飞燕）。到汉昭帝元凤年间（前80—前75），有宫人欲谋毁掉它，刚打开匣子，只见一只白燕飞天而去，玉钗亦不知去向。（见［东汉］郭宪《洞冥记》）

十　灰

zēng duì sǔn　bì duì kāi　bì cǎo duì cāng tái　shū qiān duì bǐ jià　liǎng yào
增对损，闭对开。碧草对苍苔。书签对笔架，两曜
duì sān tái①　zhōu shào hǔ②　sòng huán tuí③　làng yuàn duì péng lái④　xūn fēng shēng
对三台①。周召虎②，宋桓魋③。阆苑对蓬莱④。熏风生
diàn gé⑤　hào yuè zhào lóu tái⑥　què mǎ hàn wén sī bà xiàn　tūn huáng táng tài jì
殿阁⑤，皓月照楼台⑥。却马汉文思罢献⑦，吞蝗唐太冀
yí zāi⑧　zhào yào bā huāng　hè hè lì tiān qiū rì⑨　zhèn jīng bǎi lǐ　hōng hōng
移灾⑧。照耀八荒，赫赫丽天秋日⑨；震惊百里，轰轰
chū dì chūn léi⑩
出地春雷⑩。

shā duì shuǐ　huǒ duì huī　yǔ xuě duì fēng léi　shū yín duì zhuàn pǐ　shuǐ hǔ
沙对水，火对灰。雨雪对风雷。书淫对传癖⑪，水浒
duì yán wēi⑫　gē jiù qǔ⑬　niàng xīn pēi⑭　wǔ guǎn duì gē tái　chūn táng jīng yǔ
对岩隈⑫。歌旧曲⑬，酿新醅⑭。舞馆对歌台。春棠经雨
fàng⑮　qiū jú ào shuāng kāi⑯　zuò jiǔ gù nán wàng qū niè⑰　tiáo gēng bì yào yòng yán
放⑮，秋菊傲霜开⑯。作酒固难忘曲糵⑰，调羹必要用盐
méi⑱　yuè mǎn yǔ lóu　jù hú chuáng ér kě wán⑲　huā kāi táng yuàn　hōng jié gǔ yǐ
梅⑱。月满庾楼，据胡床而可玩⑲；花开唐苑，轰羯鼓以
xǐ cuī⑳
奚催⑳。

xiū duì jiù㉑　fú duì zāi　xiàng zhù duì xī bēi㉒　gōng huā duì yù liǔ㉓　jùn gé
休对咎㉑，福对灾。象箸对犀杯㉒。宫花对御柳㉓，峻阁
duì gāo tái　huā bèi lěi㉔　cǎo gēn gāi㉕　tī xiǎn duì wǎn tái㉖　yǔ qián tíng yǐ nào㉗
对高台。花蓓蕾㉔，草根荄㉕。剔藓对剜苔㉖。雨前庭蚁闹㉗，
shuāng hòu zhèn hóng āi㉘　yuán liàng nán chuāng jīn rì ào㉙　sūn hóng dōng gé jǐ shí kāi㉚
霜后阵鸿哀㉘。元亮南窗今日傲㉙，孙宏东阁几时开㉚。
píng zhǎn qīng yīn　yě wài róng róng ruǎn cǎo㉛　gāo zhāng cuì wò　tíng qián yù yù liáng huái㉜
平展青茵，野外茸茸软草㉛；高张翠幄，庭前郁郁凉槐㉜。

注 解

① **两曜** 指日和月。［南朝］梁元帝《纂要》云："日、月谓之两曜。"［宋］陆游《园中观草木有感》诗云："两曜如奔轮，疾去不可遮。" **三台** 指天上的三台六星。《晋书·天文志上》云："三台有六星，两两而起势，横北斗第二星之前……西近文昌二星曰上台，为司命，主寿；次二星曰中台，为司中，主宗室；东二星曰下台，为司禄，主兵，所以昭德塞违也。"

另，古代供天子登高眺望的三种台阁也称"三台"。［汉］许慎《五经异义》云："天子有三台：有灵台以观天文；有时台以观四时施化；有囿台以观鸟兽鱼鳖。"

② **周召虎** 西周时期，周厉王暴虐，国人（都城内的居民）围攻王室，厉王出逃，太子静藏匿于大臣周召虎（时称"召公"）家中。有人来追捕，召公交出自己的儿子代太子静死。朝中暂时无主，召公与周公（周公旦的后裔）出面撑局，共同摄政，史称"共和行政"（一说是由各诸侯推举共国国君"和"代政）。厉王死后，召公拥立太子静继位，是为周宣王。（见《诗经·大雅·江汉》）

③ **宋桓魋** 周敬王二十五年（前495），孔子离开卫国到了宋国，与弟子们在一棵大树下研习礼仪时，宋国司马桓魋砍倒此树，欲害孔子。随行弟子劝孔子快离开此地，孔子说："天生德于我，桓魋能把我怎么样呢？"（见《史记·孔子世家》）

④ **阆苑蓬莱** 传说中的神仙住处。［元］李好古《张生煮海》曲云："你看那缥缈间十洲三岛，微茫处阆苑、蓬莱。"阆苑、蓬莱又是唐代宫苑名，在今四川阆中市西。鲁王灵夔、滕王元婴将衙宇修造得宏大，谓之"隆苑"。唐明皇李隆基时讳"隆"称，改谓"阆苑"。唐高宗时，在今陕西西安市北建的大明宫，后改为"蓬莱宫"。北宋嘉祐年间，在今山东蓬莱市城北，建造"蓬莱阁"。

⑤ **熏风生殿阁** 熏风：南风或东南风。这是唐代诗人李昂《夏日联句》中"熏风自南来，殿阁生微凉"诗句的化用。

⑥ **皓月照楼台** 皓月：明月。这是三国时期魏国诗人曹植《悲歌行》中"明月照高楼"和唐代诗人于武陵《高楼》中"远天明月出，照此谁家楼"

诗句的化用。

⑦ **却马汉文思罢献** 汉文帝刚即位，地方官员欲向文帝献千里马。文帝说，我起驾，前有鸾驾，后有从车，我能一人在前边跑吗？"朕不受献也。令四方毋（不要）来献。"（见《史记·文帝本纪》）

⑧ **吞蝗唐太冀移灾** 唐贞观三年，蝗虫害农，唐太宗李世民哀求蝗虫说："民以谷为命，而汝（指蝗虫）食之，宁食吾之肺肠。"欲吞蝗（让蝗虫食自己的肺肠），臣下劝阻说，吞蝗虫可能生病，太宗说："朕为民受灾，何疾之避？"遂吞蝗。这年，果然未出现大蝗灾。（见《资治通鉴》）

⑨ **照耀八荒，赫赫丽天秋日** 晴朗的秋日照耀四面八方。八荒：普天下四面八方。丽天：阳光照耀的天空。[晋]傅玄《日升歌》云"逸景何晃晃，旭日照万方。"[明]宋濂《水北山房记》云："当大明丽天，万物毕照。"

⑩ **震惊百里，轰轰出地春雷** 轰鸣的春雷响彻百里大地。[晋]傅玄《惊雷歌》云："惊雷奋兮震万里，威凌宇宙兮动四海。"

⑪ **书淫** 旧时称好学、嗜书成癖的人为"书淫"。《晋书·皇甫谧传》云："[皇甫谧]耽玩（专心研习）典籍，忘寝与食，时人谓之书淫。" **传癖** 旧时称嗜好注解经传的人为"传癖"。西晋学者杜预，字符凯，任征南大将军时，攻克孙吴，是晋朝的开国元勋。他又是一名儒将，他撰写的《春秋左氏经传集解》，是流传至今的最早的一种注解《左传》的著作。晋时王济善相马甚爱马，和峤心爱钱更敛钱，杜预说："济有马癖，峤有钱癖。"晋武帝问他："卿有何癖？"杜预说："臣有'左传癖'。"（见《晋书·杜预传》）

⑫ **水浒** 河湖岸边。《诗经·王风·葛藟》："绵绵葛藟（植物名，葡萄科），在河之浒（岸）。" **岩隈** 山脚弯处。[唐]孟翔《奉和郎中游仙山四瀑布》诗云："萝茑冐（挂）紫绶，岩隈驻朱辐。"《三国志·魏书·陈思王植传》云："涉涧之滨，缘山之隈。"

⑬ **歌旧曲** 唐代著名诗人杜牧有一首《泊秦淮》诗："烟笼寒水月笼沙，夜泊秦淮近酒家。商女不知亡国恨，隔江犹唱后庭花。"写他游秦淮（今南京）时，听见歌女还在轻荡地唱和南朝陈后主陈叔宝的靡靡亡国旧曲——《玉树后庭花》。他哀叹这些无知歌女连亡国恨都不懂，还唱这种亡国之音！其实他是讥讽晚唐群臣沉湎酒色，在步陈后主的亡国后尘。

⑭ **酿新醅** 酿新酒。[唐]白居易《问刘十九》云："绿蚁（酒面上的绿

色浮糟）新醅（未过滤的酒）酒，红泥小火炉。"

⑮ **春棠经雨放** 海棠经雨花绽放。［宋］范成大《海棠欲开雨作》诗云："春睡花枝醉梦回，安排银烛照妆台。苍茫不解东风意，政用此时吹雨来。"

⑯ **秋菊傲霜开** 秋菊傲霜花盛开。这是明朝诗人沈周《菊》中"秋满篱根始见花，却以冷淡遇繁华"和宋朝诗人苏轼《赠刘景文》中"荷尽已无擎雨盖（指荷叶），菊残犹有傲霜枝"诗句的化用。

⑰ **作酒固难忘曲糵** 曲糵：发酵用的酒母。《尚书·说命下》云："若作酒醴（甜酒），尔惟曲糵。"

⑱ **调羹必要用盐梅** 盐梅：调味用的佐料。《尚书·说命下》云："若作和羹，尔惟盐梅。"

⑲ **月满庾楼，据胡床而可玩** 东晋中书令庾亮，其妹为明帝的皇后。他任荆州刺史时，驻镇武昌，建起"庾公楼"（今之"南楼"）。传说他常在庾楼上，卧胡床（可折叠的轻便卧具）与诸贤吟咏戏谑，共赏明月。（见《晋书·庾亮传》、陆游《入蜀记》）

⑳ **花开唐苑，轰羯鼓以曵催** 唐玄宗李隆基爱弹羯鼓，杨贵妃喜跳羯鼓舞。一次，正值初春，唐玄宗游御花园，见花蕾含苞，即令高力士取羯鼓来，亲自奏起《春光好》曲，催花开放，诸花果然闻声怒放。（见《新唐书·礼乐志》）

㉑ **休咎** 吉庆与灾祸。《汉书·刘向传》云："［刘］向见（发现）《尚书·洪范》［乃是］箕子（殷纣王之叔父）为武王（周武王）陈（陈述）五行阴阳休咎之应。"

春睡才醒

㉒ **象箸犀杯** 奢侈用品。《韩非子·喻老》云："纣（殷纣王）为象箸（象牙筷子）而箕子（纣的伯叔父，太师）怖（忧心），以为象箸必不盛羹于土簋（餐具），则必犀玉之杯……吾畏其卒（后害），故怖其始。"《史记·龟策列传》云："犀玉之器，象箸而羹。"

㉓ **宫花御柳** 宫苑中的花木，御苑内的杨柳。［明］宋讷《王子秋过故宫》云："上林（泛指宫苑）春去宫花落，金水（指金水河）霜来御柳黄。"

㉔ **花蓓蕾** 含苞待放的花蕾。［宋］林逋《杏花》诗云："蓓蕾枝梢血点干，粉红腮颊露春寒。"

㉕ **草根荄** 《尔雅·释草》："荄，根。"《疏》："凡草根一名荄。"［唐］白居易《问友》诗云："根荄相交长，茎叶相附荣。"

㉖ **剔藓剜苔** 藓苔：两类植物，在古诗文中无差别。［唐］韩愈《石鼓歌》诗云："剜苔剔藓露节角，安置妥帖平不颇。"［晋］崔豹《草木》云："空室中无人行则生苔藓，或青或紫，名曰圆藓，亦曰绿钱。"

㉗ **雨前庭蚁闹** 天将下雨，蚂蚁成群在洞外搬家游动，以防水患来临。（参见本卷"九佳"注㉓）

㉘ **霜后阵鸿哀** 霜降后五日，才见鸿雁成行鸣叫着向南飞。（参见本卷"七虞"注⑦）

㉙ **元亮南窗今日傲** 陶渊明（字元亮）辞去彭泽县令后，隐居五柳宅，作《归去来兮辞》，对宅中有松、有菊、有妻、有子、有酒、有樽，可以"引壶觞以自酌，盼庭柯（树）以怡颜，倚南窗以寄傲（藐视当世），审容膝（卧室虽小能伸开腿）之易安"，很感自豪，很有乐趣。（见《归去来兮辞》）

㉚ **孙宏东阁几时开** 孙宏，即公孙弘。西汉宰相公孙弘，早年家贫，少年放猪，后当狱吏，四十岁读《春秋公羊传》。汉武帝任他为丞相，封平津侯。他"开东阁（向东开的小门，以别于从正门引客）以延（招请）贤人，与参谋议"。后以东阁为款待贤士的地方。（见《汉书·公孙弘传》）

㉛ **平展青茵，野外茸茸软草** 野外细细的软草，像绿色铺垫平展于大地。这是宋朝女词人朱淑真《春游西园》中"踏草青茵（指青草像褥垫）软"和她的《春阴古律二首》中"茸茸碧草渐成茵"词意的化用。

㉜ **高张翠幄，庭前郁郁凉槐** 庭前郁郁的槐荫，像绿色帘幕高挂在窗外。这是［金］元好问《苏小像》中"槐荫庭院宜清昼，帘卷香风透"词意的化用。

十一　真

xié duì zhèng　jiǎ duì zhēn　xiè zhì duì qí lín　hán lú duì sū yàn　lù
邪对正，假对真。獬豸对麒麟①。韩卢对苏雁②，陆

jú duì zhuāng chūn　hán wǔ guǐ　lǐ sān rén　běi wèi duì xī qín　chán míng
橘对庄椿③。韩五鬼④，李三人⑤。北魏对西秦⑥。蝉鸣

āi mù xià　yīng zhuàn yuàn cán chūn　yě shāo yàn téng hóng shuò shuò　xī liú bō
哀暮夏⑦，莺啭怨残春⑧。野烧焰腾红烁烁⑨，溪流波

zhòu bì lín lín　xíng wú zōng　jū wú lú　sòng chéng jiǔ dé　dòng yǒu shí　cáng
皱碧粼粼⑩。行无踪，居无庐，颂成酒德⑪；动有时，藏

yǒu jié　lùn zhù qián shén
有节，论著钱神⑫。

āi duì lè　fù duì pín　hǎo yǒu duì jiā bīn　tán guān duì jié shòu　bái rì
哀对乐，富对贫。好友对嘉宾。弹冠对结绶⑬，白日

duì qīng chūn　jīn fěi cuì　yù qí lín　hǔ zhǎo duì lóng lín　liǔ táng shēng xì
对青春⑭。金翡翠⑮，玉麒麟⑯。虎爪对龙鳞。柳塘生细

làng　huā jìng qǐ xiāng chén　xián ài dēng shān chuān xiè jī　zuì sī lù jiǔ tuō
浪⑰，花径起香尘⑱。闲爱登山穿谢屐⑲，醉思漉酒脱

táo jīn　xuě lěng shuāng yán　yǐ jiàn sōng yún tóng ào suì　rì chí fēng nuǎn　mǎn
陶巾⑳。雪冷霜严，倚槛松筠同傲岁㉑；日迟风暖，满

yuán huā liǔ gè zhēng chūn
园花柳各争春㉒。

xiāng duì huǒ　tàn duì xīn　rì guān duì tiān jīn　chán xīn duì dào yǎn　yě fù
香对火，炭对薪。日观对天津㉓。禅心对道眼㉔，野妇

duì gōng pín　rén wú dí　dé yǒu lín　wàn dàn duì qiān jūn　tāo tāo sān xiá
对宫嫔㉕。仁无敌㉖，德有邻㉗。万石对千钧㉘。滔滔三峡

shuǐ　rǎn rǎn yì xī bīng　chōng guó gōng míng dāng huà gé　zǐ zhāng yán xíng guì shū
水㉙，冉冉一溪冰㉚。充国功名当画阁㉛，子张言行贵书

shēn　dǔ zhì shī shū　sī rù shèng xián jué yù　wàng qíng guān jué　xiū zhān míng lì
绅㉜。笃志诗书，思入圣贤绝域㉝；忘情官爵，羞沾名利

xiān chén
纤尘㉞。

注 解

① **獬豸** 传说中的独角神兽。传说古时判案用它辨别是非，是正义的化身。[汉] 扬孚《异物志》载："北荒之中有兽，名獬豸，一角，性别曲直（生性能辨别是非曲直）。见人斗，触（抵）不直者；闻人争，咋（咬）不正者。" **麒麟** 传说中的独角仁兽。《索隐》引张揖语：麒麟，"雄曰麒，雌曰麟。其状麇（獐子）身，牛尾，狼蹄，一角。"人们把麒麟出现视为祥瑞。《管子·封禅》云："今凤凰麒麟不来，嘉谷不生。"

② **韩卢** 即韩子卢，战国时期韩国的一种良犬名。《战国策·齐策三》云："韩子卢者，天下之疾（敏捷）犬也；东郭逡（狡兔）者，海内之狡兔也。" **苏雁** 传说西汉使者苏武被匈奴单于放逐北海牧羊期间，利用南飞鸿雁向汉帝捎信，告知自己在北海牧羊。后人因以"苏雁"或"雁足"比喻书信。（见《汉书·苏武传》）

③ **陆橘** 三国陆绩六岁时，在袁术家吃橘子，又偷装三个橘子回家给母亲吃。（参见本卷"九佳"注㉗）

庄椿 《庄子·逍遥游》云："上古有大椿者，以八千岁为春，八千岁为秋。"后人以"庄椿"为祝人长寿之词。[元] 萨都剌《溪行中秋玩月》诗云："惟期母寿庄椿逾，有子愿效返哺乌（小乌鸦哺养老乌鸦）。"

怀橘遗亲

④ **韩五鬼** 唐代文学家、诗人韩愈写的《送穷文》把智穷、学穷、文穷、命穷、交穷称为"五种穷鬼"，并说："此五鬼，为吾五患。"

⑤ **李三人** 唐代诗人李白《月下独酌》诗云："花间一壶酒，独酌无相亲。举杯邀明月，对影成三人。"本是独酌，诗人却幻想是自己、月亮、身影三个人对饮。邀月对影饮酒，突出显示了诗人的孤独感受。

⑥ **北魏** 亦称后魏，北朝之一的国名。鲜卑族拓跋珪建立北魏，并统一了北方十六国，形成了与南朝并立的局面。　　**西秦** 北朝十六国之一的国名，陇西鲜卑族酋长乞伏国仁所建，都苑川（今甘肃榆中东北）。后被夏国所灭。

⑦ **蝉鸣哀暮夏** 夏去秋来，蝉命不保，故悲鸣。这是唐代诗人王维《早秋山中作》中"草间蛩（蟋蟀）响临秋急，山里蝉声薄暮悲"诗句的化用。

⑧ **莺啭怨残春** 春去夏至，莺歌逊色，故怨春。这是唐代诗人岑参《奉和中书舍人贾至早朝大明宫》中"鸡鸣紫陌（帝都郊野的道路）曙光寒，莺啭皇州（指帝都）春色阑（残尽）"诗句的化用。

⑨ **野烧焰腾红烁烁** 野烧：野火。烁烁：火光闪耀。这是元朝无名氏《小尉迟》中"焰腾腾（火势猛烈）燎火（燎原大火）烧的半天红"句意的化用。

⑩ **溪流波皱碧粼粼** 碧粼粼：形容碧波荡漾。这是元朝戏曲家关汉卿《双赴梦》中"碧粼粼绿水波纹皱"句意的化用。

⑪ **行无踪，居无庐，颂成酒德** 西晋"竹林七贤"之一的刘伶，曾为建威将军。晋武帝泰始初，他对朝廷策问，强调无为而治，被认为无能而罢官。他嗜酒成癖，人称"酒神"。他作《酒德颂》，藐视礼法，宣扬"行无辙迹，居无室庐，幕天席地，纵意所如"的放诞生活。（见《晋书·刘伶传》）

⑫ **动有时，藏有节，论著钱神** 西晋鲁褒的《钱神论》，对货币权力作了深刻的揭露和嘲讽。他痛斥人的贪鄙，主张"动有时，藏有节"。他说："钱之所在，危可使安，死可使活；钱之所去，贵可使贱，生可使杀。"针对儒家"死生有命，富贵在天"之论，他说："死生无命，富贵在钱。"

⑬ **弹冠结绶** 弹掉帽子上的灰尘，系结好朝服的印带，比喻要出来做官。《汉书·萧望之传附萧育》载："少与陈咸朱博为友，著闻当世。往者有王阳贡公，故长安语曰'萧朱结绶，王贡弹冠'，言其相荐达也。"［南朝宋］颜延年《秋胡》诗云："脱巾（葛巾，平民帽）千里外，结绶登王畿（京城）。"

⑭ **白日青春** 白天与春天。［唐］杜甫《闻官军收河南河北》诗云："白日放歌须纵酒，青春作伴好还乡。"《楚辞·大招》云："青春受谢（青春会衰谢），白日昭只（太阳永明亮）。"

⑮ **金翡翠** 翡翠是一种鸟名，其羽毛华丽，有蓝、绿、赤、青等色。金

翡翠是美丽的金属制翡翠饰品。［唐］李商隐《无题二首》诗云："蜡照半笼金翡翠，麝熏微度绣芙蓉。"

⑯ **玉麒麟**　麒麟是一种兽名。玉麒麟是玉制麒麟佩饰物。［宋］陆游《送陈德邵宫教赴行在二十韵》诗云："同舍事容悦，腰佩玉麒麟。"

⑰ **柳塘生细浪**　风吹柳塘起细浪。这是宋朝诗人曹冠《夏初临》中"柳塘风皱清涟（风吹塘水起波纹）"诗意的化用。

⑱ **花径起香尘**　花园小路飘香尘。香尘：化妆女子走路带起的尘土。这是明朝诗人谢谠《四喜记·花亭佳偶》中"花径尘芳（芳香），浅印花鞋小"文意的化用。［元］王实甫《西厢记》曲云："若不是衬残红芳径软，怎显得步香尘底样儿浅。"

⑲ **闲爱登山穿谢屐**　南朝宋诗人谢灵运登山时穿一种有齿的木屐（木制鞋），上山时去掉前齿，下山时去掉后齿。（见《南史·谢灵运传》）

⑳ **醉思漉酒脱陶巾**　陶渊明酿酒，酒熟后，脱下头上葛巾（软布帽）漉酒，用完，再戴在头上。（见《宋书·隐逸传·陶潜》）

㉑ **雪冷霜严，倚槛松筠同傲岁**　雪冷霜酷，松竹不改青坚节。松筠：松竹。这是宋朝诗人释文珦《秘书山中草堂》中"兰茝含幽洁，松筠傲雪霜"诗句的化用。

㉒ **日迟风暖，满园花柳各争春**　春风送暖，花柳满园争妍丽。日迟：即迟日，春日。这是宋朝词人曾觌《柳梢青·花柳争春》中"花柳争春，湖山竞秀，恰近清明"词意的化用。

㉓ **日观**　指泰山上观日出的日观峰。［汉］应劭《汉宫仪》载："泰山东南山顶名曰日观。日观者，鸡一鸣时，见日始欲出。"　　**天津**　指隋炀帝在河南洛阳西南洛水上所建的古浮桥，名"天津桥"。隋末被李密烧毁。唐太宗时累方石为墩，建成石础桥。

㉔ **禅心**　佛教用语。清静寂定的心境。［南朝梁］江淹《吴中礼石佛》诗云："禅心暮不杂，寂行好无私。"　　**道眼**　佛教用语。有辨别一切，看出真伪的眼力。［宋］苏轼《花落复次韵》诗云："先生来年六十化，道眼已入不二门。"［宋］苏轼《与王定国四十一首之三》诗云："粉白黛绿者，俱是火宅中狐狸、射干（似狐而小，夜鸣如狼）之流，愿深以道眼看破。"

㉕ **野妇**　乡村妇女。［明］何景明《古松行》诗云："傍枝出地子成树，野妇山樵摧作薪。"　　**宫嫔**　帝王的侍妾。［唐］顾况《宫词》诗云："玉

楼天半起笙歌，风送宫嫔笑语和。"

㉖ **仁无敌** 仁者无敌天下。这是《孟子·梁惠王上》中孟子说的"彼（指秦王楚王）陷溺其民，王（指梁惠王）往而征之，夫谁与王敌！故曰'仁者无敌'"和《孟子·尽心下》中"仁人无敌于天下"文意的化用。

㉗ **德有邻** 德高有好邻居。这是《论语·里仁》中"德不孤，必有邻"文意的化用。

㉘ **万石千钧** 石和钧是旧时两种重量单位。《汉书·律历志》载："三十斤为钧，四钧为石。"《三国志·魏志·杜袭传》云："臣闻千钧之弩不为鼷鼠发机；万石之钟不以莛撞起音，今区区之许攸，何足以劳神武哉？"

㉙ **滔滔三峡水** 滔滔：形容水势奔流。这是唐代诗人白居易《草堂前新开一池》中"淙淙（水势像瀑布下流）三峡水，浩浩万顷陂（积水的池塘）"诗句的化用。

㉚ **冉冉一溪冰** 冉冉：形容缓慢移动。这是唐代诗人杜牧《游池州林泉寺金碧洞》中"袖拂霜林下石棱，潺湲（缓慢流动）声断满溪冰"诗句的化用。

㉛ **充国功名当画阁** 汉宣帝为表彰霍光、赵充国、苏武等十一位西汉文武名臣的功绩，乃令人画其图像于未央宫麒麟阁内。（见《汉书·苏武传》）

㉜ **子张言行贵书绅** 绅：宽带子。孔子的弟子子张，名师。他尊贤敬善，怜悯低能。他追随孔子，把孔子的言行都及时写在大带子上，以免忘记。（见《论语·卫灵公》）

㉝ **笃志诗书，思入圣贤绝域** 渴望步入通达圣贤的境界，就专心读经学文。笃志：专心致志。诗书：儒家经典诗文。绝域：难于攀登的高境界。〔唐〕韩愈《重答张籍书》云："吾子不以愈无似，意欲推而纳诸圣贤之域，拂其邪心，增其所未高，谓愈之质有可以至于道者。"〔明〕陈继儒《小窗幽记》云："诗书乃圣贤之供案。"〔汉〕司马迁《报任少卿书》云："《诗》三百篇，大底圣贤发愤之所为作也。"

㉞ **忘情官爵，羞沾名利纤尘** 羞于沾染追逐名利的污点，须忘却升官晋爵。忘情：无动于衷。纤尘：细微灰尘，引申为污点。〔宋〕白玉蟾《栩庵力高士与同散步二首》诗云："功名不直（通'值'）一杯水，富贵于我如浮云。"

十二 文

jiā duì guó wǔ duì wén sì fǔ duì sān jūn jiǔ jīng duì sān shǐ jú fù
家对国，武对文。四辅对三军①。九经对三史②，菊馥

duì lán fēn gē běi bǐ yǒng nán xūn ěr tīng duì yáo wén shào gōng zhōu tài
对兰芬③。歌北鄙④，咏南熏⑤。迩听对遥闻。召公周太

bǎo lǐ guǎng hàn jiāng jūn wén huà shǔ mín jiē cǎo yǎn zhēng quán jìn tǔ yǐ
保⑥，李广汉将军⑦。闻化蜀民皆草偃⑧，争权晋土已

guā fēn wū xiá yè shēn yuán xiào kǔ āi bā dì yuè héng fēng qiū zǎo yàn fēi
瓜分⑨。巫峡夜深，猿啸苦哀巴地月⑩；衡峰秋早，雁飞

gāo tiē chǔ tiān yún
高贴楚天云⑪。

qī duì zhèng jiàn duì wén yǎn wǔ duì xiū wén yáng chē duì hè jià zhāo
欹对正，见对闻。偃武对修文⑫。羊车对鹤驾⑬，朝

xù duì wǎn xūn huā yǒu yàn zhú chéng wén mǎ suì duì yáng xīn shān zhōng
旭对晚曛⑭。花有艳⑮，竹成文⑯。马燧对羊欣⑰。山中

liáng zǎi xiàng shù xià hàn jiāng jūn shī zhàng jiě wéi jiā dào yùn dāng lú gū
梁宰相⑱，树下汉将军⑲。施帐解围嘉道韫⑳，当炉沽

jiǔ tàn wén jūn hǎo jǐng yǒu qī běi lǐng jǐ zhī méi sì xuě fēng nián xiān zhào
酒叹文君㉑。好景有期，北岭几枝梅似雪㉒；丰年先兆，

xī jiāo qiān qǐng jià rú yún
西郊千顷稼如云㉓。

yáo duì shùn xià duì yīn cài huì duì liú fén shān míng duì shuǐ xiù
尧对舜㉔，夏对殷㉕。蔡惠对刘蕡㉖。山明对水秀，

wǔ diǎn duì sān fén táng lǐ dù jìn jī yún shì fù duì zhōng jūn yǔ qíng
五典对三坟㉗。唐李杜㉘，晋机云㉙。事父对忠君。雨晴

jiū huàn fù shuāng lěng yàn hū qún jiǔ liàng hóng shēn zhōu pú yè shī cái jùn
鸠唤妇㉚，霜冷雁呼群㉛。酒量洪深周仆射㉜，诗才俊

yì bào cān jūn niǎo yì cháng suí fèng xī xún zhòng qín zhǎng hú wēi bù jiǎ
逸鲍参军㉝。鸟翼长随，凤兮洵众禽长㉞；狐威不假，

hǔ yě zhēn bǎi shòu zūn
虎也真百兽尊㉟。

注 解

① **四辅** 古代天子身边的四个辅佐大臣。《尚书大传》称左辅、右弼、前疑、后承为"四辅"。 **三军** 春秋时期大国多设三军，有的叫中军、上军、下军，以中军之将为统帅。有的叫中军、左军、右军，以中军为主力。

② **九经** 九部儒家经典。陆德明《经典释文》指《易》《书》《诗》《周礼》《仪礼》《礼记》《春秋》《孝经》《论语》。《初学记》卷二一所引九经，与《经典释文》略异，有《左传》《公羊传》《穀梁传》，无《春秋》《孝经》《论语》。 **三史** 通常是指《史记》《汉书》和东汉刘珍等写的《东观汉记》。《后汉书》出现后，取代了《东观汉记》，被列为"三史"之一。"三史"加上《三国志》，称为"前四史"。

③ **菊馥兰芬** 亦作"兰芬菊馥"、"芬馥兰菊"，形容兰菊芳香。芬馥：香气浓郁。[唐]李白《感时留别从兄徐王延年从弟延陵》诗云："清英神仙骨，芬馥茝（香草）兰蕤（向下垂的花）。"

④ **歌北鄙** 北鄙：本指北方边境地区。此处指"帅延为纣王所作之靡靡之音"，亦称"亡国之音"。《史记·乐书》云："纣为朝歌北鄙之音，身死国亡……[纣]与万国殊心，诸侯不附，百姓不亲，天下畔（叛）之，故身死国亡。"《礼记·乐记》云："桑间（今河南濮阳之南）濮上之音，亡国之音也。其政散，其民流。"

⑤ **咏南熏** 指虞舜的《南风歌》所表现的太平盛世。歌词曰："南风之熏（香气）兮，可解吾民之愠（忧郁）兮；南风之时（季节）兮，可阜（丰盛）吾民之财兮。"（见《孔子家语·辨乐篇》）

⑥ **召公周太保** 周代燕国始祖姬奭，曾辅佐周武王灭商，被封为燕王。周成王时任太保，与周公旦分治陕地。他治理陕之西部，巡行乡邑，深得民心。（见《尚书·召诰》）

⑦ **李广汉将军** 西汉名将李广，善骑射，前后与匈奴作战七十余次，勇敢善战，匈奴称其为飞将军。（见《汉书·李将军传》）[唐]王昌龄《出塞》诗云："但使龙城飞将在，不教胡马度阴山。"

⑧ **闻化蜀民皆草偃** 西汉蜀郡太守文翁，善于教化百姓。他派小吏至长安从博士受业，学成后皆回蜀郡任要职。又设学校，入学者免徭役；学优者

为郡县吏。蜀民风气大振，"［百姓］服（佩服）文翁之化（教化）若草随风偃（低头敬意）"。（见《汉书·循吏列传》）

⑨ **争权晋土已瓜分** 春秋晚期，晋国由赵、韩、魏、智、范、中行六卿专权。后范、中行、智三卿先后被赵、韩、魏三强所灭，遂成赵、韩、魏三家分晋局面，晋君实成附庸。（见《战国策·赵策》）

⑩ **巫峡夜深，猿啸苦哀巴地月** 长江三峡之巫峡两岸，高山连绵，重岩叠嶂，林木茂盛，猿鸣凄清。［北魏］郦道元《水经注·江水》云："巴东三峡巫峡长，猿鸣三声泪沾裳。"

⑪ **衡峰秋早，雁飞高贴楚天云** 南岳衡山有回雁峰，高插入云。秋天北雁南飞，到此便停下来。"衡阳雁断"的典故，即指鸿雁至此不再南飞，向南音信阻隔。［元］高则诚《官邸忧思》云："湘浦鱼沈（沉），衡阳雁断，音书要寄无方便。"

⑫ **偃武修文** 停止征战，修明文教。周武王灭商后，西返周都丰邑（今西安附近），"乃偃武修文，倒载干戈，包以虎皮，示不用；行礼射，设庠序（学校），修文教。"（见《尚书·武成》）

⑬ **羊车** 羊拉的小车。《晋书·胡贵嫔传》载：晋武帝宠妃很多，夜寝不知道该去找谁好，常乘羊拉车，任羊所往，"至便宴请。宫人乃取竹叶插户，盐汁洒地，以引帝车。"   **鹤驾** 太子的车驾。［汉］刘向《列仙传·王子乔》载："王子乔者，周灵王太子晋也。好吹笙，作凤凰鸣，游伊洛之间。道士浮丘公接以上嵩高山。三十余年后……［王子乔］乘白鹤驻山头，望之不可到，举手谢时人，数日而去。"后人因称太子的车驾为"鹤驾"。

⑭ **朝旭** 初升的太阳。［唐］韦承庆《灵台赋》云："怒则烈火扇于衡飙，喜则春露融于朝旭。"   **晚曛** 落日的余光。［宋］裘万顷《松斋秋咏吹黄存之韵》诗云："据梧枝策事纷纭，楼上看山对晚曛。"

⑮ **花有艳** 花有艳丽之期。［元］董嗣杲《百花集·月季花》诗云："相看谁有长春艳，莫道花无百日红。"

⑯ **竹成文** 指"斑竹"。文：通"纹"。神话传说，舜帝南巡，久出不归，娥皇、女英两个妃子寻夫来到洞庭湖湖心的君山岛。此时舜帝崩殂南巡，葬于苍梧（今湖南九嶷山）的噩耗传来，二妃肝肠寸断，恸哭不已，眼泪洒在君山岛的竹子上，化成"斑竹"。二妃殉情，溺身洞庭，葬于君山，化为"湘水之神"。（见［南朝梁］任昉《述异记》）

⑰ **马燧** 唐代大将，少年攻兵书战策，善谋略，官至侍中（宰相）。（见《唐书·马燧传》）   **羊欣** 南朝宋书法家羊欣，十二岁即为王羲之所器重。官至中散大夫、新安太守。后称病归里，兼善医术。（见《宋书·羊欣传》）

⑱ **山中梁宰相** 南朝陶弘景，博学多能，初为齐国左卫殿中将军。后弃官入梁，隐居句曲山。梁武帝即位，屡次礼聘，他仍不出山。但国家每有吉凶、征讨大事，梁武帝就去向他请教，故称他是"山中宰相"。（见《南史·陶弘景传》）

⑲ **树下汉将军** 东汉初，颍川冯异在刘秀起事时任偏将军。他性好谦让，不夸耀己功，"诸将并坐论功，异常独屏树下"，故军中誉他为"树下将军"。（见《后汉书·冯异传》）

⑳ **施帐解围嘉道韫** 一天，东晋书法家王献之与宾客争论问题，困于词穷。其兄王凝之之妻谢道韫在绫帐后边替王献之出言解围，众宾无言以对。后以"施帐解围"为颂扬才女之典故。（见《晋书·列女传》）

㉑ **当炉沽酒叹文君** 西汉才女卓文君，善鼓琴。丧夫后，留居四川临邛娘家。后与辞赋大家司马相如相爱，一同逃婚到成都。不久又一同返回娘家，相如"尽卖其车骑，买一酒舍酤（通'沽'）酒，而令文君当垆（亦作'当炉'，站柜台卖酒）"。（见《史记·司马相如列传》）

文君当垆

㉒ **好景有期，北岭几枝梅似雪**　北岭：指山岭的北面，即"阴岭"，通常是指秦岭终南山的北面。那里终年积雪不化。唐代诗人祖咏在《终南望余雪》中留有"终南阴岭秀，积雪浮云端"的名句。唐朝诗人张说的《幽州新岁作》诗云："去岁荆南梅似雪，今年蓟北雪如梅。"

㉓ **丰年先兆，西郊千顷稼如云**　稼：已开花结实之稻谷，"禾（稻谷）之秀实（开花结实）而在野，曰稼"。（见《集传》）稼如云：即"稻云"，形容长势茂盛，预示着丰收在望。〔宋〕范成大《田舍》云："乐哉今岁事，天末（天边。形容田亩辽阔）稻云黄（稻子熟了）。"〔三国魏〕李康《运命论》云："褰裳而涉汶阳之丘，则天下之稼如云矣。"后因用"云稼"形容茂盛的庄稼。

㉔ **尧舜**　指古代两位圣贤君主唐尧和虞舜。《礼记·中庸》云："仲尼（指孔子）祖述尧舜（遵循尧舜之道），宪章文武（效法周文王、周武王之制）。"

㉕ **夏殷**　指古代两个残暴君主夏桀王和殷纣王。〔宋〕释普济《五灯会元》云："遇文王兴礼乐，遇桀纣呈干戈。"

㉖ **蔡惠**　汉代蔡惠做梦"得禾复失"。郭乔卜算后说："禾、失结合为'秩'，秩是官阶品位，你要升官晋爵了。"（见《汉书·蔡惠传》）　　**刘蕡**　唐代进士，博学善文，尤精《左氏春秋》。他崇尚王霸，有澄世（廓清世事）之志，憎恨太监干政专权。早在他考进士应"对策"时，因斥责宦官祸国，考官不敢录取他。同场应试的李郃则说："刘蕡下第，我辈登科，能无厚颜！"（见《唐书·刘蕡传》）

㉗ **五典三坟**　指我国最古老的书籍。〔西汉〕孔安国《尚书序》云："伏羲、神农、黄帝之书，谓之'三坟'，言大道也；少昊、颛顼、高辛、唐（尧）、虞（舜）之书，谓之'五典'，言常道也。"

㉘ **唐李杜**　唐代诗仙李白与诗圣杜甫。

㉙ **晋机云**　西晋文学家陆机和陆云两兄弟。

㉚ **雨晴鸠呼妇**　天将下雨时，雄鸠就把雌鸠逐出窝去；雨过天晴，雄鸠又唤其妇（雌鸠）快回巢。〔宋〕欧阳修《鸣鸠》云："天雨止，鸠呼妇归鸣且喜，妇不亟归呼不已。"

㉛ **霜冷雁呼群**　霜雁南飞时，相互呼叫不可离群。这是宋朝赵蕃《口占三首》中"雁雁呼其群"和黄庭坚《次韵答少章闻雁听鸡》中"霜雁叫群倾半枕"诗句的化用。

㉜ **酒量洪深周仆射** 晋朝大将周颛，幼年即有名望，官至尚书左仆射。他嗜酒成癖，常误政事，一月少有几日清醒，人称"三日仆射"。（见《晋书·周颛传》）

㉝ **诗才俊逸鲍参军** 南朝宋文学家鲍照，出身贫寒，曾任临海王刘子顼的前军参军。他的诗作风格俊逸，对李白、岑参颇有影响。（见《南史·鲍照传》）[唐] 杜甫《春日忆李白》诗云："清新庾（北周庾信的诗风清新）开府（庾信升任骠骑大将军），俊逸鲍（南朝宋鲍照的诗风俊逸）参军。"

㉞ **鸟翼长随，凤兮洵众禽长** 凤凰是传说中的瑞鸟，众禽之长。洵：确实；诚然。《大戴礼记·易本命》云："有翼之虫（泛指飞禽）三百六十，而凤凰为之长。"

㉟ **狐威不假，虎也真百兽尊** 假：凭借。尊：尊长；至尊。《战国策·楚策一》载：老虎抓到一只狐狸，欲食。狐狸说："你不能吃我。我是百兽之王，百兽都怕我。不信，你跟在我后边看着，百兽见我都会被吓跑。"百兽见之，果如狐言。其实，百兽是看到狐狸身后的老虎才逃跑的，狐狸是借着老虎的威风而自夸，老虎才是真正的百兽之王。[汉] 许慎《说文解字》云："虎，山兽之君。"东汉《风俗通义·祀典》云："虎者，阳物，百兽之长也，能执搏挫锐，噬食鬼魅。"

十三 元

幽对显，寂对喧。柳岸对桃源①。莺朋对燕友②，早暮对寒暄。鱼跃沼③，鹤乘轩④。醉胆对吟魂⑤。轻尘生范甑⑥，积雪拥袁门⑦。缕缕轻烟芳草渡⑧，丝丝微雨杏花村⑨。诣阙王通，献太平十二策⑩；出关老子，著道德五千言⑪。

儿对女，子对孙。药圃对花村。高楼对邃阁⑫，赤豹对玄猿。妃子骑⑬，夫人轩⑭。旷野对平原⑮。匏巴能鼓瑟⑯，伯氏善吹埙⑰。馥馥早梅思驿使⑱，萋萋芳草怨王孙⑲。秋夕月明，苏子黄岗游赤壁⑳；春朝花发，石家金谷启芳园㉑。

歌对舞，德对恩。犬马对鸡豚㉒。龙池对凤沼㉓，雨骤对云屯。刘向阁㉔，李膺门㉕。唳鹤对啼猿。柳摇春白昼㉖，梅弄月黄昏㉗。岁冷松筠皆有节㉘，春暄桃李本无言㉙。噪晚齐蝉，岁岁秋来泣恨㉚；啼宵蜀鸟，年年春去伤魂㉛。

① **柳岸** 植柳的水岸。唐宪宗时，柳宗元被贬为柳州刺史（太守），他在柳江岸边广植柳树，并作《种柳戏题》一文。后来，柳州百姓为歌颂柳宗元治理柳州的功绩，编出民谣《种柳柳江边》广泛传播："柳州柳太守，种柳柳江边。柳馆依然在，千秋柳拂天。" **桃源** 指晋代陶渊明所作《桃花源记》。传说，晋太元中，有武陵人以捕鱼为业，缘溪（武陵溪）而行，忽逢桃花林。林尽水源，得一山口入，仿佛有光，便弃舟登陆。土地平旷，屋舍俨然，有良田美池，其男女衣着悉如外人，黄发垂髫，怡然自乐。见渔人大惊，互相问讯。他们自云先世避秦之乱，率妻子邑人来此绝境，遂与外人隔绝。问今是何世，竟不知有汉（汉朝），更不要说魏晋。

② **莺朋燕友** 成群结伴的莺燕。[元] 不忽木《点绛唇·辞朝》曲云："谁待似落花般莺朋燕友，谁待似转灯般龙争虎斗。"

③ **鱼跃沼** 鱼在池中自由自在地跳跃。这是唐代诗人温庭筠《鸡鸣埭曲》中"鱼跃莲东荡宫沼"诗句的化用。

④ **鹤乘轩** 轩：古代高官坐的车。春秋时期，卫懿公爱鹤，外出也让鹤鸟乘豪华车子。后来，卫军要出征，将士们说："让鹤鸟去征战吧，鹤能坐豪华车，我们怎么会比仙鹤还能打仗呢？"（见《左传·闵公二年》）

⑤ **醉胆** 醉酒后的胆量。形容有豪气。[金] 元好问《过希颜故居》云："缺壶（破酒壶）声里《短歌行》（曲名），星斗阑干（醉眼泪痕像天上纵横的星斗。阑干，形容纵横交错）醉胆横（横眉怒目）。"[宋] 陆游《观大散关图有感》诗云："志大浩无期，醉胆空满躯。" **吟魂** 诗人的梦魂或诗兴。[唐] 齐己《经贾岛旧居》诗云："若有吟魂在，应随夜魄回。"[宋] 苏舜钦《师黯以彭甘五子为寄》诗云："枕畔冷香通醉梦，齿边余味涤吟魂。"

⑥ **轻尘生范甑** 东汉范冉（一作范丹），字史云。他精通五经。汉桓帝封他当莱芜令，他拒绝任官。他生活极苦，有时断炊，炊具生尘。乡邻们作歌称："甑（炊具）中生尘范史云，釜中生鱼范莱芜。"（见《后汉书·范冉传》）

⑦ **积雪拥袁门** 东汉袁安为人严谨，知礼厚道，是个贤士，州里敬重。洛阳郡下大雪，人多外出乞食，他为避免与民争食，掩门卧床不出，积雪拥

门。为后任高官时，为政严明，不避权贵。（见《后汉书·袁安传》）

⑧ **缕缕轻烟芳草渡** 芳草渡：岸边长满花草的野外渡口，多指渔夫、隐士活动的地方。[宋]洪适《满江红》词云："渡口青烟藏叠巘，岸旁红蓼翻轻浪。"

⑨ **丝丝微雨杏花村** 杏花村：常指卖酒处。[唐]杜牧《清明》诗云："清明时节雨纷纷，路上行人欲断魂。借问酒家何处有？牧童遥指杏花村。"

⑩ **诣阙王通，献太平十二策** 诣阙：进王宫。隋朝哲学家王通，曾向朝廷献太平策，不被接纳，遂退居河（黄河）、汾（汾水）地区从教，授徒自立。（见《隋书·王通传》）

⑪ **出关老子，著道德五千言** 春秋时期，思想家老子欲出函谷关隐居，函谷关令尹喜说："子将隐矣，强为我著书。"老子遂著书上下篇，言道德之意五千言。最后，尹喜也随老子出关西去。（见《史记·老子列传》）

⑫ **高楼邃阁** 深宅大院中的楼阁。《新刊大宋宣和遗事》云："高楼邃（深）阁，不可胜计。"

⑬ **妃子骑** 据宋代吴曾《方物志》载：四川涪陵县产荔枝。杨贵妃爱吃鲜荔枝，就用驿骑向长安传递。自涪陵到长安，有便路，不到七天即可到达。因此有人把给杨贵妃运鲜荔枝的驿骑称作"妃子骑"。

紫气东来

［唐］杜牧《过华清宫绝句》云："一骑红尘妃子笑，无人知是荔枝来。"

⑭ **夫人轩** 亦作"鱼轩"。古代贵族夫人所乘用鱼兽皮为饰的车子。也是夫人的代称。《左传·闵公二年》云："归夫人鱼轩。"

⑮ **旷野平原** 辽阔空旷的平原田野。［宋］无名氏《新编五代史平话·唐史》云："若平原旷野相逢，契丹抄掠我军粮。"

⑯ **匏巴能鼓瑟** 匏巴：善于鼓瑟的音乐人。《列子·问汤》云："匏巴鼓瑟，而鸟舞鱼跃。"

⑰ **伯氏善吹埙** 《诗经·何人斯》云："伯氏（兄长）吹埙（古土制乐器），仲氏（弟弟）吹篪（古竹制管乐器）。"

⑱ **馥馥早梅思驿使** 南朝宋国陆凯与范晔友善，自江南寄梅花一枝，送给远在长安的范晔，并赠诗一首："折花逢驿使，寄与陇头人。江南无所有，聊赠一枝春。"（见《太平御览·荆州记》）

⑲ **萋萋芳草怨王孙** 春天花草繁茂，公子出游忘返，佳人既惦念又埋怨。《楚辞·招隐士》云："王孙（泛指贵族官僚子弟）游兮不归，春草生兮萋萋（草木茂盛）。"

⑳ **秋夕月明，苏子黄岗游赤壁** 苏轼在黄州做官，曾与客月夜泛舟游赤壁。他在《前赤壁赋》中写道："壬戌之秋，七月既望（月圆之日），苏子（苏轼自称）与客泛舟，游于赤壁之下。"

赤壁夜游图

㉑ **春朝花发，石家金谷启芳园** 西晋巨富石崇，好摆阔气，生活奢靡。他在都城洛阳附近建有豪宅"金谷园"，常在园中宴饮宾客，"遂各赋诗，以叙中怀，或（有人）不能者，罚酒三斗。"（见《晋书·石崇传》）

㉒ **犬马** 狗和马。旧时臣子在君主前的自卑之称或卑幼者在尊长前的自谦之称。［南朝宋］鲍照《从临海王上荆初发新渚》诗云："狐兔怀窟志，犬

马恋主情。"　　**鸡豚**　鸡和猪。豚：小猪。〔唐〕刘禹锡《武陵书怀五十韵》诗云："来（当官上任）忧御（侍奉）魑魅，归（回乡）愿牧鸡豚。"鸡豚，又指平民之家的微贱琐事。《礼记·大学》云："畜马乘（能养四匹马的大夫），不察于鸡豚（不在乎鸡豚小利）；伐冰之家（指卿大夫以上高官），不畜（养）牛羊。"《孟子·梁惠王上》云："鸡豚狗彘之畜，无失其时。"

㉓ **龙池**　迷信传说，唐玄宗李隆基登基前住的旧宅兴庆宫东侧，有一口井，忽然涌为小池，常有云气，或见黄龙出其中。唐中宗年间，这个小池水面扩大，被命名为"龙池"。（见《唐六典七·兴庆宫注》）　　**凤沼**　亦作"凤凰池"，禁苑中的池沼。魏晋南北朝时设中书省于禁苑，掌管机要，接近皇帝，故称中书省为"凤凰池"。唐代宰相称同中书门下平章事，故又多以"凤凰池"指宰相职位。

㉔ **刘向阁**　即长安未央宫内的天禄阁，藏典籍之所。西汉经学家、文学家、光禄大夫刘向曾在此校阅群书，故又称"刘向阁"。（见《汉书·刘向传》）

㉕ **李膺门**　东汉司隶校尉李膺，名望极高，到他家做客是难得的荣誉，人称"登龙门"。"李膺门"更成为德高望重之家的代称。（见《后汉书·李膺传》）

㉖ **柳摇春白昼**　白天春风摇柳。这是唐代诗人孟郊《摇柳》中"因风似醉舞，尽日（自早至晚）不能正（挺直）"诗意的化用。

㉗ **梅弄月黄昏**　晚上月移梅影。这是北宋诗人林逋《山园小梅》中"疏影横斜水清浅，暗香浮动月黄昏"诗意的化用。

㉘ **岁冷松筠皆有节**　松竹材质坚韧，比喻人的坚贞。这是《隋书·刘庄传》中"而今已（通'以'）后，方见松筠之节"和宋代女诗人朱淑真《咏竹》中"凌冬不改青坚节，冒雪何妨色更苍"诗意的化用。

㉙ **春暄桃李本无言**　桃李从不说话，比喻人不自夸。这是宋朝诗人辛弃疾《一剪梅》中"桃李无言，下自成蹊（桃李不夸耀自己，因其花实佳美，人们争来观赏，树下自然踏成路径）"词意的化用。

㉚ **噪晚齐蝉，岁岁秋来泣恨**　晋朝诗人崔豹《古今注·问答释义》载：昔日，齐王宠爱妃子，王后怨恨而死，尸化为蝉，年年登王宫树上噪鸣泣恨，故世人把蝉称为"齐女"，亦称"齐蝉"。

㉛ **啼宵蜀鸟，年年春去伤魂**　蜀鸟：即杜鹃，又名子规。此句指"杜鹃伤魂"故事。（参见本卷"八齐"注㉔）

duō duì shǎo　yì duì nán　hǔ jù duì lóng pán　lóng zhōu duì fèng niǎn　bái
多对少，易对难。虎踞对龙蟠①。龙舟对凤辇②，白

hè duì qīng luán　fēng xī xī　lù tuán tuán　xiù gǔ duì diāo ān　yú yóu hé
鹤对青鸾。风淅淅③，露溥溥④。绣毂对雕鞍⑤。鱼游荷

yè zhǎo　lù lì liǎo huā tān　yǒu jiǔ ruǎn diāo xī yòng jiě　wú yú féng jiá bì
叶沼⑥，鹭立蓼花滩⑦。有酒阮貂奚用解⑧，无鱼冯铗必

xū tán　dīng gù mèng sōng　kē yè hū rán shēng fù shàng　wén tóng huà zhú　zhī
须弹⑨。丁固梦松，柯叶忽然生腹上⑩；文同画竹，枝

shāo shū ěr zhǎng háo duān
梢倏尔长毫端⑪。

hán duì shǔ　shī duì gān　lǔ yǐn duì qí huán　hán zhān duì nuǎn xí　yè
寒对暑，湿对干。鲁隐对齐桓⑫。寒毡对暖席⑬，夜

yǐn duì chén cān　shū zǐ dài　zhòng yóu guān　jiá rǔ duì hán dān　jiā hé yōu
饮对晨餐。叔子带⑭，仲由冠⑮。郏鄏对邯郸⑯。嘉禾忧

xià hàn　shuāi liǔ nài qiū hán　yáng liǔ lǜ zhē yuán liàng zhái　xìng huā hóng yìng
夏旱⑰，衰柳耐秋寒⑱。杨柳绿遮元亮宅⑲，杏花红映

zhòng ní tán　jiāng shuǐ liú cháng　huán rào sì qīng luó dài　hǎi chán lún mǎn　chéng
仲尼坛⑳。江水流长，环绕似青罗带㉑；海蟾轮满，澄

míng rú bái yù pán
明如白玉盘㉒。

héng duì shù　zhǎi duì kuān　hēi zhì duì dàn wán　zhū lián duì huà dòng　cǎi
横对竖，窄对宽。黑志对弹丸㉓。朱帘对画栋㉔，彩

jiàn duì diāo lán　chūn jì lǎo　yè jiāng lán　bǎi pì duì qiān guān　huái rén
槛对雕栏㉕。春既老㉖，夜将阑㉗。百辟对千官㉘。怀仁

chēng zú zú　bào yì měi bān bān　hào mǎ jūn wáng céng shì gǔ　shí zhū chǔ
称足足㉙，抱义美般般㉚。好马君王曾市骨㉛，食猪处

shì jǐn sī gān　shì yǎng shuāng xiān　yuán lǐ zhōu zhōng xié guō tài　rén chēng lián
士仅思肝㉜。世仰双仙，元礼舟中携郭泰㉝；人称连

bì　xià hóu chē shàng bìng pān ān
璧，夏侯车上并潘安㉞。

注 解

① **虎踞龙蟠** 虎踞卧，龙蟠曲。〔唐〕李白《永王东巡歌》诗云："龙蟠虎踞帝王州，帝王金陵（今南京）访古丘。"

② **龙舟** 帝王所乘之船。《隋书·怀帝纪》云："上（指隋炀帝）御龙舟，幸（亲临）江都（扬州）。"端午节民间竞渡之船也称龙舟。 **凤辇** 皇帝、皇后坐的车，顶篷有金凤，两壁刻有龟纹、金凤翅，很华丽。〔唐〕钱起《和李员外扈驾幸温泉宫》诗云："未央月晓度疏钟，凤辇时巡出九重（宫禁）。"

③ **风淅淅** 形容风声。淅淅：象声词。〔唐〕杜甫《秋风》诗云："秋风淅淅吹我衣，东流之外西日微。"

④ **露泫泫** 形容露重。〔唐〕许浑《酬康州韦侍御同年》诗云："桂楫美人歌木兰，西风袅袅露泫泫。"

⑤ **绣毂雕鞍** 华丽的车辇与马鞍。毂：车轮，泛指车辇。〔宋〕秦观《水龙吟》词云："小楼连苑横空，下窥绣毂雕鞍骤。"

⑥ **鱼游荷叶沼** 鱼在荷塘里嬉戏。《乐府诗集·江南》云："江南可采莲，莲叶何田田。鱼戏莲叶间。"

⑦ **鹭立蓼花滩** 鹭在蓼花滩食息。这是唐代诗人陶岘《西塞山下回舟作》中"鹭立芦花秋水明"和宋朝诗人苏庠《临江仙》中"蓼花滩上白鸥明"词句的化用。

⑧ **有酒阮貂奚用解** 晋朝名士阮孚，做官不经心政务，蓬头乱发，饮酒成癖，甚至以金貂（高官朝服）换酒，被有司弹劾。但晋元帝对他却屡次优容（宽容），不断提拔重用。后以"金貂换酒"作为名士旷达不羁、恣意纵酒之典故。（见《晋书·阮孚传》）

⑨ **无鱼冯铗必须弹** 战国时期，齐人冯谖，家贫如洗。他携剑到孟尝君家当门客，却说自己"既无才也无能"。佣人就给他安排很坏的饭菜。不久，冯谖敲剑把，且唱为何不给鱼吃。孟尝君让人给他送鱼。又不久，冯谖又敲剑把，且唱外出为何不给车坐。孟尝君让人给他备车。再不久，冯谖还敲剑把，且唱为何不给养家钱物。孟尝君问他："冯公家有亲人吗？"谖说："有老母。"孟尝君命佣人给谖母送衣食。孟尝君满足了冯谖的各种要求。一次，孟尝君派冯谖去其老家薛地收债，并购些家中所缺之物。冯谖把欠债人叫来，

当众将欠债凭证全烧了，还说："孟尝君说了，你们欠的债全免了！"众皆呼"万岁"。向孟尝君回报时，冯谖说："我没收债，我'市义'（邀买人心）为您买来了人心。"后来，孟尝君被齐王驱回老家薛地，薛地人民夹道热烈欢迎。孟尝君激动地对冯谖说："感谢你为我'市义'！"（见《战国策·齐策四》）

⑩ **丁固梦松，柯叶忽然生腹上** 三国时期，吴国尚书丁固做一梦，梦见自己肚子上长出一棵松树。卜者（算命先生）说："松字拆开，十八公也。您十八年后将晋公卿。"后来，丁固果然当了吴国三公之一的司徒。（见《三国志·吴志·孙皓传》）

⑪ **文同画竹，枝梢倏尔长毫端** 北宋画家、诗人文同，字与可，擅长诗文书画，墨竹尤工，画笔一挥，枝梢神现。他主张画竹必须先"胸有成竹"。［宋］苏轼《文与可画筼筜谷偃竹记》云："故画竹，必先得成竹于胸中，执笔熟视，乃见其所欲画者。"［宋］晁补之《赠文潜甥杨克一学与可画竹求诗》云："与可画竹时，胸中有成竹。"

⑫ **鲁隐** 春秋鲁国隐公姬息姑。春秋时期，始丁鲁隐公元年。鲁国是西周功臣周公的封地，是周朝最有地位的诸侯国。周平王串通犬戎弑昏君父亲周幽王，首都东迁洛阳。鲁国从一开始就不承认周平王的领导地位，东周威仪不振，开启了春秋诸侯称霸的乱局。 **齐桓** 春秋齐国桓公姜小白，是春秋五霸之首。《史记·屈原贾生列传》云："上称帝喾，下道齐桓，中述汤、武，以刺世争。"

⑬ **寒毡** 唐代画家郑虔，少年家贫，睡卧只有一条寒毡。他苦学博通，享有"诗书画三绝"之誉，与李白、杜甫为诗酒朋友。（见《唐书·郑虔传》）［唐］杜甫《赠郑虔》诗云："才名四十年，座客寒无毡。" **暖席** 东汉江夏（今湖北安陆）人黄香，九岁丧母，尽力事父，"夏则扇枕，冬则以身暖席，乡人称其至孝。"（见《后汉书·黄香传》）

⑭ **叔子带** 西晋名将羊祜，字叔子，都督荆州军事驻镇襄阳时，常"轻裘缓带，身不披甲"，故有"叔子带"之誉。（参见本卷"四支"注⑪）

⑮ **仲由冠** 孔子弟子仲由（子路），冠插鸡翎，言谈粗陋，而人品刚直勇猛。他当卫国大夫孔悝的家宰时，孔悝之母孔姬勾结家臣浑良夫逼孔悝和他们结盟作乱，迫使卫出公让位。子路不从，在与叛军作战中，子路的帽带子被碰断。子路说："君子死，冠不免。结缨（系好帽带）而死。"后用"结缨"表示从容就义。（见《左传·哀公十五年》）

⑯ 郏鄏　周朝国都。周公旦于周成王时期所建，在今洛阳王城公园一带。《左传·宣公三年》载："成王定鼎于郏鄏。"

⑰ 嘉禾忧夏旱　苗壮多穗的禾稻怕干旱。［唐］白居易《夏旱》诗云："旱日与炎风，枯焦我田亩。金石欲销烁（熔化），况兹禾与黍。"

⑱ 衰柳耐秋寒　飒飒秋风绿颜去，唯独衰柳耐秋寒。衰柳：暮秋之柳。［明］李青《玉笛柳》诗云："雁冷霜寒秋欲尽，偏能吹出柳枝新。"

⑲ 杨柳绿遮元亮宅　晋朝文学家陶渊明，字元亮。他辞去彭泽令隐居时，于宅旁植五棵柳树遮掩宅院，自号"五柳先生"。（见《晋书·陶潜传》）

⑳ 杏花红映仲尼坛　据《庄子·渔父》载："孔子（字仲尼）游于缁帷（树林茂密，暗如天幕）之林，休坐乎（于）杏坛之上。弟子读书，孔子弦歌鼓琴。"仲尼坛，即指孔子率弟子活动于此的杏坛，其址难以考究。清代学者顾炎武《日知录·杏坛》载："今之杏坛，乃宋乾兴间四十五代孙孔道辅增修祖庙，移大殿于后，因以讲堂旧基，甃（砌井砖）石为坛，环（周围）植以杏，取杏坛之名名之耳。"

㉑ 江水流长，环绕似青罗带　广西桂林的象鼻山和漓江，是世界闻名的岩溶山水风景区。唐代诗人韩愈在《送桂州严大夫》诗作中赞美道："江作青罗带，山如碧玉簪。"

㉒ 海蟾轮满，澄明如白玉盘　海蟾：大而圆的月亮。海，作"大"讲。在神话中，月亮上有蟾蜍，故把蟾蜍作月亮的代称。关于月亮，有许多动人的神话传说。被誉为"诗仙"的唐代大诗人李白在其诗作《古朗月行》中，把月亮的典故写了多处："小时不识月，呼作白玉盘。又疑瑶台镜，飞在青云端。仙人（嫦娥故事）垂两足，桂树（吴刚故事）何团团。白兔捣药成，问言与谁餐？"

㉓ 黑志弹丸　形容地域狭小。［北周］庾信《哀江南赋》云："地惟黑子（即'黑痣'，亦称'黑志'），域犹弹丸。"

㉔ 朱帘画栋　形容富贵人家的房舍富丽堂皇。朱帘：亦作"珠帘"，用珍珠缀成的或饰有珍珠的门窗帘子。画栋，装饰华丽的房子。［唐］王勃《滕王阁序》云："画栋朝飞南浦云，珠帘暮卷西山雨。"

㉕ 彩槛雕栏　有彩绘和雕刻的栏杆。［明］许仲琳（一说陆西星）《封神演义》云："此台高四丈九尺，造琼楼玉宇，碧槛雕栏，工程浩大。"

㉖ 春既老　春天即将结束。［唐］岑参《喜韩樽相过》诗云："三月灞

陵春已老，故人相逢耐醉倒。"［宋］陆游《一春风雨太半有感》诗云："忽忽春将老，寒暄尚未齐。"

㉗ **夜将阑** 黑夜即将到头。［前蜀］牛峤《更漏子》词云："春夜阑（将尽），更漏（古代夜用计时器）促，金烬暗挑残烛。"

㉘ **百辟** 辟：诸侯国之国君，泛指官吏。《诗经·大雅·假乐》云："百辟卿士，媚于天子。"［明］沈德符《貂帽腰舆》云："宰相为百辟之师表。" **千官** ［唐］王维《敕赠百官樱桃》云："芙蓉阙下（帝王宫殿）会千官，紫禁（指紫禁城）朱樱（樱桃花）出上阑。"

㉙ **怀仁称足足** 瑞鸟凤凰鸣叫声。《宋书·符瑞志》："凤凰者，仁鸟也。"［汉］王充《论衡·讲瑞》云："雄曰凤，雌曰凰；雄鸣曰即即，雌鸣曰足足。"此处用"足足"代指凤凰。

㉚ **抱义美般般** 世称麒麟为仁义之兽，象征吉祥。［汉］司马相如《封禅文》云："般般（斑斑，兽毛美丽）之兽，乐我君囿（帝王畜养禽兽的园林）。"《文选》云："般般抱义，足足怀仁。""般般"代指麒麟。

㉛ **好马君王曾市骨** 《战国策·燕策一》载：郭槐劝燕昭王真心求贤。他说，过去有个君王悬赏千金买千里马，许久不得。三年后，找到一匹已死的千里马，用五百金买下马骨。此后不到一年，又得到三匹千里马。故事说明，只要有真心求贤的措施，贤士就会闻风而至。

㉜ **食猪处士仅思肝** 东汉闵仲叔很注重节操。他家很穷，买不起肉，每次只买一片猪肝。安邑县令下令每天供他猪肝吃，但他却说："吾岂能以己口腹累人呢？"甘愿守贫不受。（见《后汉书·周黄徐姜申屠传》）

㉝ **世仰双仙，元礼舟中携郭泰** 东汉颍川人李鹰，字元礼。他反对宦官专权，与太学生首领郭泰很友善。郭泰不接受官府征召，回乡施教，生徒以千计。二人常同舟游览，世人誉为"仙舟"。（见《后汉书·郭泰传》）

㉞ **人称连璧，夏侯车上并潘安** 连璧：两块美玉相连，又比喻两个美貌人物在一起。西晋文学家潘岳（字安仁，故又称潘安）和文学家夏侯湛文学才能皆极高，工诗赋，善辞章，且貌美而友善，常同车并肩外出，京都人称其为"连璧"。（见《世说新语·容止》）

十五　删

兴对废，附对攀。露草对霜菅。歌廉对借寇①，习孔对希颜②。山垒垒③，水潺潺④。奉璧对探镮⑤。礼由公旦作⑥，诗本仲尼删⑦。驴困客方经灞水⑧，鸡鸣人已出函关⑨。几夜霜飞，已有苍鸿辞北塞⑩；数朝雾暗，岂无元豹隐南山⑪。

犹对尚，侈对悭。雾鬓对烟鬟⑫。莺啼对鹊噪，独鹤对双鹇。黄牛峡⑬，金马山⑭。结草对衔环⑮。昆山惟玉集⑯，合浦有珠还⑰。阮籍旧能为眼白⑱，老莱新爱着衣斑⑲。栖迟避世人，草衣木食⑳；窈窕倾城女，云鬓花颜㉑。

姚对宋㉒，柳对颜㉓。赏善对惩奸。愁中对梦里㉔，巧慧对痴顽㉕。孔北海㉖，谢东山㉗。使越对征蛮㉘。淫声闻濮上㉙，离曲听阳关㉚。骁将袍披仁贵白㉛，小儿衣着老莱斑㉜。茅舍无人，难却尘埃生榻上㉝；竹亭有客，尚留风月在窗间㉞。

注 解

① **歌廉** 歌颂廉范。东汉廉范，字叔度，早年于京师受业，服侍博士薛汉。明帝时，薛汉因事被诛，故旧（旧友）皆远避，廉范独往收殓，因此以义侠闻名于世。后任云中太守，匈奴不敢犯境。任武威、蜀郡太守时，随俗治政，废除旧令，让百姓储水防火，掌灯夜作，生活富裕，百姓称颂，歌谣曰："廉叔度，来何暮，不禁火，民安作，昔无襦，今五襦。"（见《后汉书·廉范传》）　　**借寇** 挽留寇恂。东汉寇恂，字子翼，历任河内（今河南武陟）、颍川、汝南太守。任颍川太守时，平寇治政，百姓欢迎。后入朝任执金吾（官名）。当寇恂随光武帝南巡时，路过颍川，正值颍川寇贼又起。百姓拦道，请求皇帝再借寇恂一年治理颍川。因此"借寇"成为挽留地方官的代称。（见《后汉书·寇恂传》）

② **习孔希颜** 学习孔子，效仿颜回。习、希：都是学习和效仿的意思。国学大师钱穆说："宋人习孔颜乐处，舍藏间，在野却有立心天地、立命生民之愿。"东汉学者赵壹在《非草书》一文中非难一些文人学士迷恋草书，说："慕（崇拜）张生（张芝）之草书，过于（胜过）希孔颜（指学习儒家人格理想与道德境界）焉。"

③ **山垒垒** 垒垒：重叠。［明］何景明《雁门太守行》诗云："垒垒高山，莽莽代谷。"也常用"垒垒"来形容坟墓丛列。［晋］张载《七哀诗》云："北芒（洛阳北之邙山，王公贵族多葬于此）何垒垒？高陵有四五。"

④ **水潺潺** 溪水徐徐流动。［三国］曹丕《丹霞蔽日行》云："谷水潺潺，木落翩翩。"

⑤ **奉璧** 即蔺相如"完璧归赵"典故。（参见本卷"六鱼"注⑦）
探镮 亦作"探环"。迷信传说，西晋大臣羊祜五岁时，叫乳母把他玩过的金环取来，乳母说："你没有这种玩具呀！"羊祜就自己爬到邻居李家的树上，从树洞中取出一个金环。邻居李氏惊叫道："这不是我死去的儿子常要的玩具吗！"原来李氏之子就是羊祜的前身。后人以"探环"借指人的转世。（见《晋书·羊祜传》）

⑥ **礼由公旦作** 西周政治家周公旦，辅佐武王伐纣，建立周朝，并制礼作乐，建立"明德慎罚"的典章制度。（见《史记·鲁周公世家》）

⑦ **诗本仲尼删** 《诗经》是我国古代第一部诗歌总集。周朝王室保存有大量诗歌，据《史记·孔子世家》记载，传至孔子之时，尚有三千余首，孔子删为三百零五篇，称"诗三百"。但自唐代起，就有人怀疑"孔子删诗"之说，因为《左传·襄公二十九年》就提到"诗三百"，那时孔子才十三岁，不可能删修诗经。（编者细查《春秋左传》，襄公二十九年虽有风、小雅、大雅和颂之内容，但并无"诗三百"字样，因此，否定"孔子删诗"的理由不足。）

⑧ **驴困客方经灞水** 据《韵府》载：孟浩然曾骑驴踏雪到灞水寻梅。〔元〕周德清《塞鸿秋·浔阳即景》曲云："灞桥雪拥驴难跨，剡溪冰冻船难驾。"（参见本卷"六鱼"注④）

⑨ **鸡鸣人已出函关** 战国时期，齐国贵族孟尝君曾被秦国任为宰相，后又被囚而差点被杀。孟尝君在门人护卫下逃离，夜至函谷关，出关大门夜间不开。门人中有会仿鸡鸣报晓的，学报五更，骗开关门，孟尝君脱逃。（见《史记·孟尝君列传》）

⑩ **几夜霜飞，已有苍鸿辞北塞** 苍鸿即鸿雁，也叫"大雁"。每年霜降前十天，一种比鸿雁体小的"白雁"往南飞时，人们则知要下霜了，故称白雁为"霜信"。霜降之后五天，鸿雁也离开北塞南飞。

⑪ **数朝雾暗，岂无元豹隐南山** 元豹即玄豹，黑豹。春秋时期，陶答子治理陶地，"贪富务大，不顾后害"，三年，家产猛增三倍，名声很坏。其妻说，传说"南山有玄豹，雾雨七日不出洞觅食，以光泽其毛，藏身避害"，你也应学玄豹自爱，收敛一些。陶答子不听劝告，其妻与子女均离他而去。不久，陶答子家财被盗，人身遭害。（见《列女传·陶答子妻》）

⑫ **雾髻烟鬟** 亦作"云髻雾鬟"。形容妇女发髻蓬松，状如云雾。〔宋〕辛弃疾《游武夷，作棹歌呈晦翁十首》诗云："玉女峰前一棹歌，烟鬟雾髻动清波。"

⑬ **黄牛峡** 即湖北宜昌西陵峡中的黄牛山。山崖间有石，如人负刀牵牛。〔南朝宋〕盛弘之《荆州记》云："宜都（宜昌）西陵峡中有黄牛山，江湍迂回，途经信宿犹望见之，行者语曰：朝发黄牛，暮宿黄牛，三日三暮，黄牛如故。"

⑭ **金马山** 云南昆明市东有金马山，西对碧鸡山，相距五十余里，中

间是滇池。《读史方舆纪要》载：金马山、碧鸡山，"金，形似马；碧，形似鸡"。

⑮ **结草** 春秋时期，晋国大夫魏武子之宠妾无子。魏武子初病时，对其子魏颗说："我死后，一定要把爱妾嫁出去。"到魏武子病危时，又对魏颗说："我真死了，一定要爱妾为我殉葬。"魏武子死后，魏颗将其爱妾嫁了出去。有人指责魏颗违父遗言，不孝。魏颗说："父临死神志不清，我是照他先前清醒时的话办。"公元前594年秋，魏颗领兵与秦国大将杜回交战，二人厮杀之际，一个老者用草绳绊倒杜回，杜回被俘。当晚，魏颗梦见老者对他说："我是你改嫁出去的女子的亡父，为报你的恩德，结草俘杜回。"（见《左传·宣公十五年》）

衔环 传说中，东汉太尉杨震之父杨宝，救活了一只黄雀，并将它放飞。当晚，杨宝梦见一个口衔四枚白环的黄衣童子对他说："我是西王母的使者，感谢您的救命之恩，特赠四枚白环，愿您的子孙'洁白如环，荣登高科'。"后来，杨宝之子杨震位居太尉，其孙杨秉位居尚书，其曾孙杨赐等皆扬名当世。（见《后汉书·杨震传》）

⑯ **昆山惟玉集** 昆山：即新疆"昆仑山"，产软玉和岫玉。人们常以美玉比喻人品高洁。［南朝］刘孝标《辨命论》云："琎（刘琎）则志烈秋霜，心贞昆玉。"

⑰ **合浦有珠还** 合浦（广东广西交界地）产珠无谷，合浦人常以北海珍珠与交趾（今越南）人通商换粮。可是，东汉顺帝时，贪婪的原合浦太守垄断珠宝，移到交趾郡界交易，合浦穷人无珠无粮，饿死很多。孟尝接任合浦太守后，革除旧弊，合浦珠还，百姓重操旧业，商贸兴隆。（见《后汉书·孟尝传》）

⑱ **阮籍旧能为眼白** 三国魏文学家、思想家阮籍，不畏权贵，藐视礼俗，总是以"白眼"斜视自己厌恶的"礼俗之士"，以青眼（黑眼珠居中直视对方）善待喜交之友。籍母丧，刺史嵇喜来吊，籍作白眼，喜不悦而归。当"竹林七贤"之首嵇康（嵇喜之弟）来祭时，阮籍大悦，以青眼相迎。（见《晋书·阮籍传》）

⑲ **老莱新爱着衣斑** 春秋末期，楚国老莱子（相传即老子）隐居于蒙山之阳，自耕而食。他很孝道，年逾七十，还常穿五色彩衣，扮成婴儿状，游戏啼哭，以娱父母。楚王召其出仕，不就，偕妻迁居江南。（见《高士传》）

戏彩娱亲

⑳ **栖迟避世人，草衣木食**　栖迟：隐遁。山中隐士结野草为衣，采野果为食。《晋书·庾衮传》云："庾贤绝尘避地，超然远迹，固穷安陋，木食山栖，不与世同荣，不与人争利。"〔宋〕僧文珦《草衣木食》诗云："草衣而木食，老子乐在内；身似玄空云，踪迹了无碍。"

㉑ **窈窕倾城女，云鬟花颜**　善歌善舞的李延年，且舞且唱，向汉武帝夸耀其妹（歌舞杂技艺人）说："北方有佳人，绝世而独立，一顾倾人城，再顾倾人国。宁不知倾城与倾国，佳人难再得。"汉武帝遂召见其妹，一见倾心，尊其为李夫人，封号"孝武皇后"。（见《汉书·外戚传·李夫人》）

㉒ **姚**　唐代大臣姚崇。历任武则天、睿宗、玄宗三朝宰相。后举荐宋璟代己任相，开启了盛世"开元之治"。（见《唐书·姚崇宋璟传》）　　**宋**　宋璟。睿宗时即任过宰相，后被贬职。玄宗时又受姚崇举荐任宰相，开启了"开元之治"时代，史称"姚宋"。（见《唐书·姚崇宋璟传》）

㉓ **柳颜**　唐代大书法家柳公权和唐代大书法家颜真卿，颜柳齐名，史称"颜柳"。

㉔ **愁中**　周朝杞国有个人，忧天地崩坠，吃不好饭，睡不好觉，也不知道该往哪里躲身，整天唉声叹气，愁闷不已。这就是"杞人忧天"的寓言故

事。（见《列子·天瑞》） **梦里** 古时有个叫淳于棼的，一天，做梦到了槐安国，娶其公主，任南柯太守，享尽荣华富贵。后带兵出征战败，公主也死了，遂被国王罢官遣归，美梦结束。醒后，他在庭院的槐树下发现一个蚂蚁洞，就是梦中的槐安国。槐树南枝下边另一个蚁穴，便是他任太守的南柯郡。这就是"南柯太守"的寓言故事。（见李公佐《南柯记》）

㉕ **巧慧** 聪明灵巧。[明] 凌濛初《初刻拍案惊奇》云："[文实] 生来心思慧巧，做着便能，学着便会。"《淮南子·主术训》云："仁以为质，智以行之。两者为本，而加之以勇力辩慧，捷疾劬录（勤劳），巧敏迟利（即'犀利'。迟，通'犀'），聪明审察，尽众益也。" **痴顽** 愚笨无知。[宋] 林光朝《痴顽不识字》诗云："年头月尾无一是，咄咄痴顽不识字。"

㉖ **孔北海** 汉朝末年的文学家孔融能诗善文，为人恃才负气。曾任北海郡太守，时称"孔北海"。（见《汉书·孔融传》）

㉗ **谢东山** 晋朝宰相谢安，字安石，号东山。曾居今南京城东钟山半山，今存有"谢公墩"故址。（见《晋书·谢安传》）

㉘ **使越征蛮** 这是指诸葛亮平定南中的故事。越：指我国古代越人居住的浙、闽、粤、桂等地，古称"百越"。蛮：指居住在闽、粤、桂、云、贵地区的少数民族。三国蜀汉刘备死后，牂牁（今贵州、广西、云南部分地区）太守朱褒、益州（今昆明滇池南）郡统帅雍闿、越嶲（今四川西昌东南）酋长高定发动叛变，南方少数民族豪强孟获也参与。公元225年蜀汉丞相诸葛亮亲率大军南下，从成都出发平越嶲，伐牂牁，征益州，七擒七纵孟获，南中平定。

㉙ **淫声闻濮上** 春秋时期，濮水一带（今晋冀鲁豫交界处）流行一种与帝王祭祀、朝贺、宴饮所用之"雅乐"不同的"新声"（俗乐）。有人就骂它是"淫荡之声"、"亡国之音"。晋国乐师师旷说："此亡国之声，系师延为纣（殷纣王）所作靡靡之乐。武王伐纣，师延东走，自投濮水之中，故于濮水闻此声。"（见《史记·乐书》）

㉚ **离曲听阳关** "离曲阳关"即琴曲"阳关曲"。写汉代人送客至灞桥折柳伤别。琴谱以唐代诗人王维《送元二使安西》诗"劝君更尽一杯酒，西出阳关无故人"为主要歌词，并引申诗意，增添词句，抒发离别情绪。因全曲分三段，原诗反复三次，故又称"阳关三叠"。

㉛ **骁将袍披仁贵白** 唐代名将薛仁贵常穿白袍征战，号称"白袍将军"。显庆年间，他领兵去天山击九姓突厥作乱，突厥骁将数十人逆来挑战，仁贵

发三箭，射杀三人，余将皆下马请降，边患遂平。世人用"将军三箭定天山"赞誉他的西征伟功。（见《新唐书·薛仁贵传》）

㉜ **小儿衣着老莱斑**　（参见本韵注⑲）

㉝ **茅舍无人，难却尘埃生榻上**　茅舍久无人，尘埃污垢积榻上。这是宋朝诗人陆游《村居即事》中"炊甑生尘榻长苔，柴门日晏（日暮，白天晚上）未曾开"诗句的化用。

㉞ **竹亭有客，尚留风月在窗间**　竹亭有来客，清风明月满窗间。这是唐代诗人钱起《酬王维春夜竹亭赠别》中"山月随客来，主人兴不浅。今宵竹林下，谁觉花源远"诗意的化用。

声律启蒙

一　先

风对雨，地对天。天地对山川。山川对草木，赤壁对青田①。郏鄏鼎②，武城弦③。木笔对苔钱④。金城三月柳⑤，玉井九秋莲⑥。何处春朝风景好⑦，谁家秋夜月华圆⑧。珠缀花梢，千点蔷薇香露⑨；练横树杪，几丝杨柳残烟⑩。

前对后，后对先。众丑对孤妍。莺簧对蝶板⑪，虎穴对龙渊。击石磬⑫，观韦编⑬。鼠目对鸢肩⑭。春园花柳地⑮，秋沼芰荷天⑯。白羽频挥闲客坐，乌纱半坠醉翁眠⑰。野店几家，羊角风摇沽酒旆⑱；长川一带，鸭头波泛打鱼船⑲。

离对坎⑳，震对乾㉑。一日对千年。尧天对舜日㉒，蜀水对秦川。苏武节㉓，郑虔毡㉔。涧壑对林泉。挥戈能退日㉕，持管莫窥天㉖。寒食芳辰花烂漫㉗，中秋佳节月婵娟㉘。梦里荣华，飘忽枕中之客㉙；壶中日月，安闲市上之仙㉚。

注 解

①**赤壁** 山名，位于今湖北赤壁市西北部，也有人说是湖北武汉市的赤矶山。东汉末赤壁之战就是发生在这里。[宋] 黄庭坚《次韵文潜》诗云："武昌赤壁吊周郎，寒溪西山寻漫浪。" **青田** 山名，在浙江青田县西北。有泉石之胜景。传说青田产鹤，名曰"青田鹤"。[南朝宋] 郑缉之《永嘉郡记》载："有洙沐溪，去青田九里。此中有一双白鹤，年年生子，长大便去，只惟余父母一双在耳，精白可爱，多云神仙所养。"

②**郏鄏鼎** 周成王时期，周公建周都于郏鄏，故址在今河南洛阳市王城公园一带。《左传·宣公三年》载："成王定鼎（传国之宝，代表王位与帝业）于郏鄏。"

③**武城弦** 孔子的弟子子游任武城宰（县令）时，用弦歌（以琴瑟歌咏）教化百姓。孔了到了武城，"闻弦歌之声"，对子游说："割鸡焉用牛刀（意思是教化小县百姓，何须用琴瑟歌咏）。"子游说："您说过，君子学礼乐就会爱百姓；百姓学礼乐就明理好管。"孔子说："你说的对。刚才是和你开玩笑。"（见《论语·阳货》）

④**木笔** 花名，亦称"木兰"，其苞有毛，尖如笔头，故名。花蕾干燥后入药，叫"辛夷"。[宋] 陆游《幽居初夏》诗云："箨龙（笋的别名）已过头番笋，木笔犹开第一花。" **苔钱** 伏在地上的青苔形如铜钱，故名。[南朝] 刘孝威《怨诗》云："丹庭斜草径，素壁点苔钱。"

⑤**金城三月柳** 东晋太和四年，权贵桓温领兵自姑孰（今江苏当涂）出发，第三次北伐中原，攻打前燕。路过金城（今江苏句容境内，东晋置琅玡郡治）时，看到他任琅邪内史时所植的柳树，都已长到十围之粗，慨然叹道："木（树）犹如此，人何以堪？"感叹岁月流逝，人老不可抗拒。（见《晋书·桓温传》）

⑥**玉井九秋莲** 传说西岳华山主峰太华山上有玉井，产白莲，形大如船。[唐] 韩愈《古意》诗云："太华峰头玉井莲，开花十丈藕如船。" 九秋：九月深秋。

⑦**何处春朝风景好** 春天风光明媚，繁花似锦。国内外游人都盛赞杭州西湖风景优美。[明] 杨周《苏堤春晓》诗云："柳暗花明春正好，重湖雾散

分林沙。何处黄鹤破暝烟，一声啼过苏堤晓。"但诗人刘禹锡在《秋词》中却说："自古逢秋悲寂寥，我言秋日胜春朝。晴空一鹤排云上，便引诗情到碧霄。"

⑧ **谁家秋夜月华圆** 月华：月亮。秋季天高气爽，八月十五的月亮圆而明朗。这是唐代诗人王建《十五夜望月》中"今夜月明人尽望，不知秋思落谁家"诗意的化用。

⑨ **珠缀花梢，千点蔷薇香露** 滴滴露水，像珍珠一样点缀在蔷薇花顶。[明] 刘基《绝句漫兴》诗云："池面新荷贴小钱，荷心点点露珠圆。"

⑩ **练横树杪，几丝杨柳残烟** 淡淡烟雾，像丝线一样横挂在杨柳树梢。描述春天杨柳青青，空气湿润，柳树上笼罩了一层雾气，形似淡烟。四川青城山"翠光亭"有古联曰："云横树梢峰如黛，雨过岚光翠欲流。"

⑪ **莺簧** 黄莺叫声像笙簧奏出的声音一样悦耳。[宋] 华岳《瑞鹧鸪》词云："鸳被半闲才子恨，莺簧初转（啭）史君夸。" **蝶板** 蝶翅。蝴蝶身体虽小，翅膀大而宽，形如拍板、手扇。[元] 王和卿《醉中天·咏大蝴蝶》云："挣破庄周梦，两翅驾东风。三百座名园一采一个空。谁道风流种？唬杀寻芳的蜜蜂。轻轻的飞动，把卖花人扇过桥东。"

⑫ **击石磬** 《论语·宪问》载："[孔子] 击磬（用玉石制成的一种打击乐器）于卫（卫国）。"

⑬ **观韦编** 《史记·孔子世家》载："[孔子] 读易（易经），韦编（用皮绳连缀的竹简，用来写书，泛指古籍）三绝（串竹简的皮绳多次断裂）。"

⑭ **鼠目** 比喻眼光短浅，没有远见，有成语叫"鼠目寸光"。[金] 元好问《送奉先从军》诗云："虎头食肉无不可，鼠目求官空自忙。" **鸢肩** 鸢鸟栖止时，两肩上耸，比喻人的形象凶残。《后汉书·梁统传附梁冀》云："[冀] 为人鸢肩豺目。"

⑮ **春园花柳地** 春天的园林是鲜花和绿柳争春的舞台。[宋] 陆游《马上作》诗云："杨柳不遮春色断（遮不住春天的景色），一枝红杏出墙头。"[唐] 杨巨源《城东早春》诗云："诗家清景（清新景色）在新春，绿柳才黄半（过半的树）未匀（参差不齐）；若待上林（御花园）花似锦，出门俱是看花人。"

⑯ **秋沼芰荷天** 秋天的荷塘是采摘菱角和莲子的季节。汉昭帝《淋池歌》诗云："秋素景兮泛洪波，挥纤手（女子柔美的手）兮折芰（菱角）荷

（莲子）。"

⑰ **白羽频挥闲客坐，乌纱半坠醉翁眠** 这两句引自宋代诗人杨万里《对莲》中的"白羽频挥闲客坐，乌纱半坠醉翁眠"。

前一句是说文人谋士坐着挥羽毛扇指挥三军。诸葛亮与司马懿战于渭水之滨，"亮（诸葛亮）乘素车，葛巾，白羽扇，指挥三军，三军皆随其进止。"（见晋裴启《语林》）又如《晋书·陈敏传》载："敏率万余人将与甘卓战，未获济（陈敏军队尚未过河），顾荣以白羽扇挥之，敏众溃散。"

后一句是说三国魏文学家阮籍特别贪酒。他的邻居开着一家酒店，老板娘长得很漂亮。阮籍常到这里喝酒，喝醉了就以乌纱帽掩脸，倒在老板娘身边酣睡。起初，老板娘的丈夫犯疑，紧盯着阮籍有何动向。只见阮籍死死酣睡，"终无他意"。（见《世说新语·任诞》）

⑱ **野店几家，羊角风摇沽酒斾** 风摇野店卖酒旗。野店：乡村店铺。沽酒斾：酒店门前挂的招揽顾客的酒旗。〔宋〕柳永《夜半乐》词云："望中（视野之中）酒斾闪闪，一簇烟村，数行霜树。"

⑲ **长川一带，鸭头波泛打鱼船** 江水波涌打鱼船。鸭头波：水色绿如鸭头颜色，故名"鸭头波"。〔宋〕范仲淹《江上渔者》诗云："君看一叶舟，出没风波里。"

⑳ **离** 《易经》八卦之一，卦形是☲，象征火。　　**坎** 《易经》八卦之一，卦形是☵，象征水。

㉑ **震** 《易经》八卦之一，卦形是☳，象征雷。　　**乾** 《易经》八卦之一，卦形是☰，象征天。

㉒ **尧天舜日** 亦作"舜日尧年"，颂扬古代帝王唐尧虞舜的盛德，也比喻太平盛世。〔南朝梁〕沈约《四时白纻歌·春白纻》诗云："佩服瑶草驻容色，舜日尧年欢无极。"

㉓ **苏武节** 汉武帝天汉元年，中郎将苏武手持汉使符节（使者身份凭证）出使匈奴。匈奴单于背汉，逼苏武投降匈奴。苏武拒降，被放逐北海放羊。苏武坚贞不屈，餐雪茹毛，抱符节牧羊十九年，符节上的毛绒球全磨掉了，他仍抱节竿不离身，直至匈奴又与汉朝和好，才回汉朝。（见《史记·苏武传》）

㉔ **郑虔毡** 唐代文人郑虔，河南荥阳人。曾任协律郎、水部郎中。他的诗、书、画被唐玄宗誉为"郑虔三绝"。见（《唐书·郑虔传》）他为官清廉，

生活俭朴，杜甫在《戏简郑广文虔，兼呈苏司业源明》诗作中夸他："才名四十年，坐客寒无毡。赖有苏司业，时时与酒钱。"

㉕ **挥戈能退日**　传说春秋时期，楚国鲁阳公与韩国有仇而开战。战至日将落，阳公持戈挥日，太阳随即倒退三舍（一舍三十里），天又大亮了，继续对战。（见《淮南子·览冥训》）

㉖ **持管莫窥天**　用管状物窥天，看不到天的全貌。《汉书·东方朔传》云："以管窥天，以蠡（瓢）测海。"讽刺一些人见识狭小浅薄。

㉗ **寒食芳辰花烂漫**　寒食：春秋时期，齐国人介之推跟随重耳（晋文公）逃难时，偷割自己的腿肉给饥饿的重耳吃。重耳回国执政后，介之推与其母隐居绵山（今山西介休县内）。重耳烧山逼介之推出来从政，介之推与母亲抱树不出，直至被烧死。重耳为纪念介之推，在其殉难日（清明节前一两日）禁止全国烧火煮饭，只吃冷食。这就是"寒食禁火"的来源。寒食节前后正是红花烂漫时节。（见《史记·晋世家》）

㉘ **中秋佳节月婵娟**　农历八月十五日，月亮最圆最美，是全家人团聚赏月的传统节日。〔宋〕苏轼《水调歌头》词云："明月几时有……人有悲欢离合，月有阴晴圆缺，此事古难全。但愿人长久，千里共婵娟（月亮）。"

㉙ **梦里荣华，飘忽枕中之客**　唐代卢生在邯郸客店自叹穷困，道士吕翁从囊中取出一个枕头给卢生。卢生入睡后，做梦娶了美丽而富有的崔氏为妻，又中了进士，为相十年，有五子十孙，皆婚姻美满，官运亨通，成了世间一大望族。卢生享尽荣华富贵，年逾八十，临终时惊醒了。睡梦时间竟不及店家煮一顿黄粱饭的工夫，故有"黄粱梦"之典故。（见《枕中记》）〔宋〕杨万里《对莲》诗云："堪笑荣华枕中客，对莲（赏荷花）余（我）做世外仙。"

㉚ **壶中日月，安闲市上之仙**　神话传说，东汉小吏费长房，在自家楼上看到街市上一卖药老翁，把一只空壶悬挂于座头。日落，老翁即跳入壶中。费长房看出老翁不是凡人，遂提食物拜访老翁。老翁知长房想成神仙，约他市罢无人时再来。日落，长房如翁言来见，随翁跳入壶中。壶境豁然开朗，琼楼玉宇，重门阁道，真乃仙宫世界。翁对长房说："我是天上仙人，某日当去，你愿去否？"长房表示愿往。（见《后汉书·费长房传》、葛洪《神仙传》）

二　萧

恭对慢，吝对骄。水远对山遥。松轩对竹槛，雪赋对风谣①。乘五马②，贯双雕③。烛灭对香消④。明蟾常彻夜⑤，骤雨不终朝⑥。楼阁天凉风飒飒⑦，关河地隔雨潇潇⑧。几点鹭鸶，日暮常飞红蓼岸⑨；一双鸂鶒，春朝频泛绿杨桥⑩。

开对落，暗对昭。赵瑟对虞韶⑪。辌车对驿骑⑫，锦绣对琼瑶。羞攘臂⑬，懒折腰⑭。范甑对颜瓢⑮。寒天鸳帐酒⑯，夜月凤台箫⑰。舞女腰肢杨柳软⑱，佳人颜貌海棠娇⑲。豪客寻春，南陌草青香阵阵⑳；闲人避暑，东堂蕉绿影摇摇㉑。

班对马㉒，董对晁㉓。夏昼对春宵。雷声对电影㉔，麦穗对禾苗。八千路㉕，廿四桥㉖。总角对垂髫㉗。露桃匀嫩脸㉘，风柳舞纤腰㉙。贾谊赋成伤鵩鸟㉚，周公诗就托鸱鸮㉛。幽寺寻僧，逸兴岂知俄尔尽㉜；长亭送客，离魂不觉黯然消㉝。

注 解

① **雪赋** 文章篇名。南朝宋文学家谢惠连，幼年即能诗善赋，以"高丽见奇"，犹以《雪赋》最著名，从酝酿降雪写到雪霁天晴，展现了素净而奇丽的画面。（见谢惠连《雪赋》）　**风谣** 民间风俗歌谣。《后汉书·方术传上·李郃》云："和帝即位，分遣使者，皆微服单行，各至州县，观采风谣。"［南朝宋］谢惠连《雪赋》云："曹风以麻衣比色，楚谣以幽兰俪（同'丽'）曲。"

② **乘五马** 古代高官乘坐四匹马拉的高篷车，谓之"驷马高车"。汉代太守乘坐由五匹马拉的车子，故"乘五马"即为太守的代称。汉乐府诗《陌上桑》云："使君从南来，五马立踟蹰（徘徊；犹豫）。"

罗敷采桑

③ **贯双雕** 一箭双雕。贯：射穿。隋代长孙晟、唐代高骈都有一箭双雕的传说。《慧海仪禅师》诗云："万人胆破沙场上，一箭双雕落碧空。"

④ **烛灭香消** 形容人生到了尽头。［元］曾瑞《集贤宾·宫词》曲云：

"香消烛灭冷清清，唯嫦娥与人无世情。"［元］王实甫《西厢记》云："烛影风摇，香霭云飘；贪看莺莺，烛灭香消。"

⑤ **明蟾常彻夜** 圆月常常通宵明亮。［明］刘基《次韵和十六夜月再次韵》："永夜（整夜）凉风吹碧落（指绿色渐衰），深秋白露洗明蟾（古代神话，月中有蟾蜍，故称月亮为'明蟾'）。"

⑥ **骤雨不终朝** 暴雨不会整天狂洒。朝：白天。《老子》二十三章云："飘风（旋风；狂风）不终朝（刮不了一早晨。此'朝'指早晨），骤雨不终日（下不了一整天）。"

⑦ **楼阁天凉风飒飒** 飒飒：形容秋风疾响。这种词语多用于写夫妻离别、思念远方亲人的闺怨类诗词。［唐］孟郊《古怨别》诗云："飒飒秋风生，愁人怨离别。含情两相向，欲语气先咽。"［唐］刘希夷《从军行》诗云："秋天风飒飒，群胡马行疾。"

⑧ **关河地隔雨潇潇** 潇潇：形容风雨急骤。宋朝爱国名将岳飞《满江红》中的"怒发冲冠，凭栏处、潇潇雨歇。抬望眼，仰天长啸，壮怀激烈。三十功名尘与土，八千里路云和月。莫等闲、白了少年头，空悲切"，写他雨后凭栏远眺中原失地引发的激荡怒潮。他把三十年披星戴月、转战南北漫长征程的功名藐视为尘土，以此激励自己与部下珍惜时光，倍加奋勉，匡复大业。

⑨ **几点鹭鸶，日暮常飞红蓼岸** 这是对唐代诗人齐己《鹭鸶二首》"忽从红蓼岸，飞出白鸥群"诗句的化用。

⑩ **一双鸂鶒，春潮频泛绿杨桥** 宋朝诗人苏轼贬谪黄州期间，春夜行蕲水（今浠水）中，过酒家饮酒。酒醉，乘月至一溪桥上，解鞍，曲肱醉卧休息。此时春水上涨，"弥弥浅浪（水满流动的波浪）"拍打溪桥，醒来已晓，甚觉此地超越尘世。遂在桥柱上书《西江月》一首，中有"解鞍欹枕绿杨桥"句。

⑪ **赵瑟** 战国时期，秦昭王约赵惠文王会于渑池。蔺相如随赵王赴会。饮酒间，恃强凌弱的秦王令赵王鼓赵瑟。赵王忍辱弹瑟。秦国御史大夫立即命秦御史写下："某年月日，秦王与赵王会饮，令赵王鼓瑟。"蔺相如则趋前说："赵王窃闻秦王善为秦声，请秦王奏盆缻（瓦罐），以相娱乐。"秦王怒，不许。蔺相如上前捧缻，跪请秦王说："五步之内，相如请得以颈血溅大王矣！"秦王左右欲杀相如，相如张目呵斥，左右皆退。秦王只好不高兴地敲了

一下瓦罐。蔺相如令赵御史写下："某年月日，秦王为赵王击缶。"接着，秦之群臣请以赵之十五城为秦王拜寿，相如则请秦以咸阳为赵王祝寿。蔺相如始终未向强秦屈服。（见《史记·廉颇蔺相如列传》）　　**虞韶**　指古代帝王虞舜所作之五弦琴《南风歌》："南风之熏（和暖）兮，可解吾民之愠（忧郁）兮；南风之时（应时）兮，可阜（丰富）吾民之财兮。"虞韶"言舜能承继尧之德"，反映了当时的太平盛世。《论语·述而》云："［孔子］在齐（齐国）闻韶，三月不知肉味。"

⑫ **轺车**　一匹马驾的轻便军用车。《晋书·舆服志》："［轺车］，古之时军车也。一马曰轺车，二马曰轺传。"　　**驿骑**　古代传递信息的驿站所用之马。［宋］苏辙《次韵子瞻和渊明饮酒》诗云："边候失晨夜，驿骑驰中涂。"

⑬ **羞攘臂**　讥笑振臂搏虎的勇士冯妇。羞：讥笑。一天，一群人追赶一只老虎，虎逃到山下转弯处，无人敢于靠近它。这时，冯妇驾车走来，卷袖挥臂，下车与虎搏斗，众人称赞冯妇的勇敢，而个别读书人却讥笑他鲁莽。（见《孟子·尽心下》）

⑭ **懒折腰**　陶渊明任彭泽令时，郡府派督邮来巡察。下属建议陶渊明束带出迎，陶渊明说："吾不能为五斗米折腰，拳拳事乡里小人。"随后便辞去县令而隐居"五柳宅"。（见《晋书·陶潜传》）

⑮ **范甑**　范冉的炊具。东汉范冉（一作范丹），字史云，精通五经。汉桓帝封他当莱芜长，拒受。他生活贫苦，有时绝粮，多日断炊，炊具生尘。时人谣传："甑（古代煮食用的炊具）中生尘范史云，釜中生鱼范莱芜。"（见《汉书·范冉传》）　　**颜瓢**　颜回的饮具。孔子弟子颜回生活十分俭朴，"一箪（盛饭竹器）食，一瓢饮，在陋巷，人不堪其忧，回也不改其乐"。（见《论语·雍也》）

⑯ **寒天鸳帐酒**　宋代学士陶谷之妾，原是党进（太尉）的家姬。一天下雪，陶谷取雪水煮茶给其妾吃，并问妾："在党家享受过这种快乐吗？"妾曰："党进是个粗人武夫，怎知给此乐；但能在销金帐（用金线装饰的帐子）底下逍遥，浅斟低唱，饮羊羔美酒。"陶谷自愧无此豪华。（见《书言故事·奢豪》）

⑰ **夜月凤台箫**　神话传说，春秋时期，有个叫萧史的人，善吹箫，能吹鸾凤之音。秦穆公之女弄玉也爱吹箫，穆公便把弄玉嫁给了萧史，并筑凤台给他们居住。萧史遂教弄玉作凤鸣。许久，竟引来凤凰至其屋。数十年后，

萧史乘龙，弄玉乘凤，一起随凤凰升天而去。（见《列仙传》）

⑱ **舞女腰肢杨柳软** 形容舞女身段柔软。唐代诗人白居易曾写诗夸他善歌的樊素和善舞的小蛮两个女伎："樱桃樊素口，杨柳小蛮腰。"［元］张可久《梧叶儿》曲云："芙蓉面，杨柳腰，无物比妖娆。"

⑲ **佳人颜貌海棠娇** 形容女子相貌美丽。［清］洪升《长生殿》中的《贺新郎》词："你看鱼钥闭，龙帷掩，那杨妃呵，似海棠睡足增娇艳。"

⑳ **豪客寻春，南陌草青香阵阵** 这是写春日郊游，名曰"踏青"或"游春"。南陌：南郊道路。［宋］欧阳修《丰乐亭游春》诗云："红树青山日欲斜，长郊草色绿无涯。游人不管春将老，来往亭前踏落花。"［宋］苏辙《踏青》诗云："江上冰消岸草青，三三五五踏青行。"

虢国夫人游春图

㉑ **闲人避暑，东堂蕉绿影摇摇** 这是写帮闲食客、清闲少事的人盛夏避暑之景象。东堂：古代多指皇宫或官舍。［唐］高骈《山亭夏日》诗云："绿树荫浓夏日长，楼台倒影入池塘，水晶帘动微风起，满架蔷薇一院香。"

㉒ **班马** 班：指东汉史学家、文学家班固，《汉书》的作者。马：指西汉史学家、文学家司马迁，《史记》的作者。

㉓ **董晁** 董：指西汉哲学家董仲舒。晁：指西汉政论家晁错。

㉔ **雷声电影** 电闪雷鸣。［宋］楼锷《浣溪沙·双桧堂》词云："夏半阳乌景最长，小池不断藕花香。电影雷声催急雨，十分凉。"［唐］宋之问《内题赋得巫山雨》诗云："电影江前落，雷声峡外长。"

㉕ **八千路** 历程遥远而艰辛。宋代名将岳飞《满江红》词云："三十功名尘与土，八千里路云和月。"

㉖ **廿四桥** 传说古时扬州有二十四位美女在一座桥上吹箫，因此命名该桥为"廿四桥"，即今之吴家砖桥。［唐］杜牧《寄扬州韩绰判官》诗云：

"二十四桥明月夜，玉人何处教吹箫。"

㉗ **总角** 幼童头发分两边向上扎成形状如羊角的发辫。《诗经·齐风·甫田》云："婉兮娈兮（婉娈，样子美好）；总角丱兮。" **垂髫** 幼童发辫下垂。[晋] 陶渊明《桃花源记》云："黄发垂髫，并怡然自乐。"

㉘ **露桃匀嫩脸** 粉饰的脸蛋像桃花一样娇嫩。露桃：桃树、桃花。[宋] 欧阳修《醉蓬莱》词云："见羞容敛翠，嫩脸匀红。"

㉙ **风柳舞纤腰** 起舞的细腰像摇柳一样柔软。[宋] 柳永《柳腰轻》词云："英英妙舞腰肢软。章台柳（战国长安有章台宫，此指长安艳女柳氏）、昭阳燕（汉成帝宠舞女赵飞燕，为其建昭阳宫）。"唐代诗人贺知章写有一首著名的春风摇柳丝拟人化《咏柳》诗作，全诗二十八字："碧玉妆成一树高，万条垂下绿丝绦。不知细叶谁裁出，二月春风似剪刀。"

㉚ **贾谊赋成伤鹏鸟** 西汉太中大夫贾谊在朝中受排挤，被贬任长沙王太傅。后来，有鹏鸟（像猫头鹰）飞入他的屋内，以为不祥之兆。贾谊感伤身世不顺，遂作《鹏鸟赋》抒怀。（见《汉书·贾谊传》）

㉛ **周公诗就托鸱鸮** 周武王死后，周公旦辅佐成王摄政，殷纣王的儿子武庚拉拢管叔、蔡叔叛乱。周公出兵东征，平定了叛乱，成王不解周公之志，周公遂作《鸱鸮》一文，假借鸱鸮鸟语，表达自己对周室的忠心。（见《诗经·豳风·鸱鸮》）

㉜ **幽寺寻僧，逸兴岂知俄尔尽** 访僧心满意足，放逸兴致遂退。逸兴：超逸豪放的兴致。[唐] 杨凝《寻僧元皎因病》诗云："话尽山中事，归当月上时。"[宋] 翁卷《寻僧》诗云："秋净日晖晖，间行风满衣。寻僧虽不遇，折得菊花归。"

㉝ **长亭送客，离魂不觉黯然消** 送客情谊话尽，离别伤怀难消。离魂：离别的思绪。[唐] 刘禹锡《别苏州二首》诗云："流水阊门外，秋风吹柳条。从来送客处，今日自魂销（通'消'）。"古时，四川简阳境内有座迎送客人的"情尽桥"。唐代诗人雍陶任简州刺史时，认为"情尽"不妥，遂作《题情尽桥》诗一首，曰："从来只有情难尽，何事（凭什么）名（命名）为情尽桥？自此改名为折柳（'折柳桥'，类似西安东灞桥折柳送客的'销魂桥'），任他离恨一条条。"

三　肴

fēng duì yǎ　xiàng duì yáo　　jù mǎng duì cháng jiāo　tiān wén duì dì lǐ　xī
风 对 雅 ①， 象 对 爻 ②。 巨 蟒 对 长 蛟。 天 文 对 地 理， 蟋

shuài duì piāo xiāo　lóng yāo jiǎo　hǔ páo xiào　běi xué duì dōng jiāo　zhù tái xū
蟀 对 螵 蛸 ③。 龙 天 矫 ④， 虎 咆 哮 ⑤。 北 学 对 东 胶 ⑥。 筑 台 须

lěi tǔ　chéng wū bì zhū máo　pān yuè bú wàng qiū xìng fù　biān sháo cháng bèi
垒 土 ⑦， 成 屋 必 诛 茅 ⑧。 潘 岳 不 忘 秋 兴 赋 ⑨， 边 韶 常 被

zhòu mián cháo　fǔ yǎng qún lí　yǐ jiàn guó jiā lóng zhì　zī shēng wàn wù fāng
昼 眠 嘲 ⑩。 抚 养 群 黎， 已 见 国 家 隆 治 ⑪； 滋 生 万 物， 方

zhī tiān dì tài jiāo
知 天 地 泰 交 ⑫。

shé duì huī　shèn duì jiāo　lín sǒu duì què cháo　fēng shēng duì yuè sè
蛇 对 虺 ⑬， 蜃 对 蛟 ⑭。 麟 薮 对 鹊 巢 ⑮。 风 声 对 月 色，

mài suì duì sāng bāo　hé tuǒ nàn　zǐ yún cháo　chǔ diàn duì shāng jiāo　wǔ
麦 穗 对 桑 苞 ⑯。 何 妥 难 ⑰， 子 云 嘲 ⑱。 楚 甸 对 商 郊 ⑲。 五

yīn wéi ěr tīng　wàn lǜ zài xīn bāo　gě bèi tāng zhēng yīn chóu xiǎng　chǔ zāo
音 惟 耳 听 ⑳， 万 虑 在 心 包 ㉑。 葛 被 汤 征 因 仇 饷 ㉒， 楚 遭

qí fá zé bāo máo　gāo yǐ ruò tiān　xún shì shèng rén dà dào　dàn ér rú shuǐ
齐 伐 责 包 茅 ㉓。 高 矣 若 天， 洵 是 圣 人 大 道 ㉔； 淡 而 如 水，

shí wéi jūn zǐ shén jiāo
实 为 君 子 神 交 ㉕。

niú duì mǎ　quǎn duì māo　zhǐ jiǔ duì jiā yáo　táo hóng duì liǔ lǜ zhú yè
牛 对 马， 犬 对 猫。 旨 酒 对 嘉 肴。 桃 红 对 柳 绿， 竹 叶

duì sōng shāo　lí zhàng sǒu　bù yī qiáo　běi yě duì dōng jiāo　bái jū xíng jiǎo
对 松 梢。 藜 杖 叟 ㉖， 布 衣 樵 ㉗。 北 野 对 东 郊。 白 驹 形 皎

jiǎo　huáng niǎo yǔ jiāo jiāo　huā pǔ chūn cán wú kè dào　chái mén yè yǒng yǒu
皎 ㉘， 黄 鸟 语 交 交 ㉙。 花 圃 春 残 无 客 到 ㉚， 柴 门 夜 永 有

sēng qiāo　qiáng pàn jiā rén piāo yáng jìng bǎ qiū qiān wǔ　lóu qián gōng zǐ xiào yǔ
僧 敲 ㉛。 墙 畔 佳 人， 飘 扬 竞 把 秋 千 舞 ㉜； 楼 前 公 子， 笑 语

zhēng jiāng cù jū pāo
争 将 蹴 鞠 抛 ㉝。

注 解

① **风雅** 《诗经》一书内容分风、大雅、小雅和颂四个部分,谓之"四诗"。

② **象爻** 《周易》中组成每卦的长短符号,谓之"爻"。"**—**"叫"阳爻",用"九"表示;"**- -**"叫"阴爻",用"六"表示。每三爻组成一卦,共可组成八卦。每卦所表示的象征意义谓之"象"。总论一卦之象的叫"卦象",又叫"大象";只论一爻之象的叫"爻象",又叫"小象"。

③ **螵蛸** 螳螂的卵房。《本草纲目·虫部一》云:"〔螳螂〕深秋乳子作房粘着枝上,即螵蛸也。房长寸许,大如拇指,其内重重有隔房,每房有子如蛆。"

④ **龙夭矫** 形容蛟龙伸展屈曲姿态有气势。〔汉〕高诱《淮南鸿烈解·修务》云:"龙夭矫,燕枝拘(固守)。"〔唐〕白居易《和微之春日投简阳明洞天》诗云:"船头龙夭矫,桥脚兽睢盱。"

⑤ **虎咆哮** 猛虎怒吼。〔唐〕刘锡禹《壮士行》诗云:"阴风振寒郊,猛虎正咆哮。"

⑥ **北学** 夏商周三朝的最高学府分东、西、南、北学和太学五类。〔清〕许宗彦《记南北学》云:"经学自东晋后,分为南北。自唐以后,则有南学而无北学。" **东胶** 西周时期,大学称"东胶",亦称"东序",位于国中王宫之东。《礼记·王制》云:"周人养国老于东胶,养庶老于虞庠(西周的小学称'虞庠',位于国中之西)。"

⑦ **筑台须垒土** 筑台:建筑高台。《老子》六十四章云:"九层之台,起于累(通'垒',堆积)土。"

⑧ **成屋必诛茅** 诛茅:剪茅草造房子。〔唐〕杜甫《楠树为风雨所拔叹》诗云:"诛茅卜居(择地居住)总为此,五月仿佛闻寒蝉。"

⑨ **潘岳不忘秋兴赋** 西晋文学家潘岳,又名潘安,字安仁。曾任河阳令、著作郎。善写辞赋,与陆机齐名,辞藻华丽。因秋日而感怀,著作《秋兴赋》。(见《晋书·潘安传》)

⑩ **边韶常被昼眠嘲** 东汉经学家边韶,字孝先,利口善辩,白天好眠。其弟子偷笑他:"边孝先,腹便便,懒读书,但欲眠。"边韶闻听嘲笑后,对

曰："边为姓，孝为字，腹便便，五经笥（肚大如袋是因装五经多）；但欲眠，思经事，寐与周公通梦，静与孔子同意；师而可嘲，出何典记？"嘲者大惭。（见《后汉书·边韶传》）

⑪ **抚养群黎，已见国家隆治** ［汉］班固《东都赋》云："迁都改邑，有殷宗中兴之则焉（商汤第九代孙盘庚，他即位后，把商都从奄，即今山东曲阜迁到殷，即今河南安阳，使商复兴，诸侯来朝）；即土之中，有周成隆平之制焉（周公旦辅佐周成王，营建东都洛阳，建立'明德慎罚'的典章制度，发展农业，国家兴盛）。"

⑫ **滋生万物，方知天地泰交** 《周易·泰》云："天地交，泰（天地阴阳二气相交，万物滋生，天下太平）。"

⑬ **虺** 毒蛇。《楚辞·天问》云："雄虺九首，倏忽（极快）焉在？"

⑭ **蜃** 传说是一种能吐气成海市蜃楼的蛟。［唐］王维《送秘书晁监还日本国序》云："黄雀之风动地，黑蜃之气成云。"

⑮ **麟薮** 麒麟场。《礼记·礼运》云："凤凰麒麟，皆在郊椒（同'薮'，长野草的沼泽）；龟龙在宫沼。"

⑯ **麦穗** 麦茎顶端的花或果实部分。比喻摇摆不定。［唐］张谓《别睢阳故人》诗云："夏雨桑条绿，秋风麦穗黄。" **桑苞** 即苞桑，根深蒂固的桑树。比喻安稳牢固。孔颖达《易·否》注疏云："苞，本也。凡物系于桑之苞本则牢固也。"

⑰ **何妥难** 隋代经学家何妥，八岁入国子学，后任国子博士。好议论别人的是非。国子祭酒（国子监之主管）元善，"通涉五经，尤明左氏传"，名望虽"在何妥之下"，但风度宽容有涵养，后生听顺。一次，元善给众儒讲《春秋》，何妥当场援引古今难解之题向元善发问，元善有多题答不出来。二人从此产生隔阂。（见《隋书·元善传》）

⑱ **子云嘲** 汉哀帝时，哲学家扬雄（字子云）撰写《太玄》，有人嘲笑他不懂玄学，竟要撰《太玄》。因此，扬雄又写《解嘲》一书，予以反驳。（见扬雄《解嘲》）

⑲ **楚甸商郊** 古代在城外加筑一道城墙谓之"郭"，也叫"外城"。郭外一百里内的地域称为"郊"，郊外一百里内的地域称为"甸"。 **楚甸** 楚地。有个典故叫"楚甸供王"。春秋时期，齐桓公灭掉蔡国以后，又来伐楚。楚王说："齐处北海，楚在南海，风马牛不相及，为何来犯我？"齐国大臣管仲

说："从前，召康公（周武王亲弟）命我楚国先君辅佐周室，五侯九伯，谁不听话就讨伐他。而今楚国不按规定向齐国提供包茅，齐国无法滤酒供周王室作祭祀用，所以征讨楚地。"（见《左传·僖公四年》） **商郊** 商朝都城朝歌的远郊。公元前1066年二月，周武王统率各路诸侯大军，在商朝都城朝歌（今河南淇县）以南七十里的牧野大战殷纣王，一次决战，灭了殷王朝。

⑳ **五音惟耳听** 五音：亦作"五声"，即宫、商、角、徵、羽。《吕氏春秋·孝行》："正大律，和五声，杂八音，养耳之道也。"

㉑ **万虑在心包** 古时人们认为考虑问题的思维器官是心包。心包是包裹心脏的膜性囊，位于两肺之间，膈的上面。《礼记·大学疏》："总包万虑谓之心。"［隋］杨上善《黄帝内经太素》注："心外有脂包裹其心，名曰心包。"

㉒ **葛被汤征因仇饷** 商朝都城在亳（今河南商丘），与葛国为邻。葛伯（国君）放纵，不祭祀祖先。商汤王问其原因，葛伯说没有牛羊祭品。商汤赠给葛伯一些牛羊，但葛伯偷着把牛羊自食了，并说还没有谷米祭品呢。商汤又派人去葛地帮种谷物，派弱小儿童给耕者送饭。但葛伯竟派人去抢粮，并杀死送饭儿童。于是商汤王出兵灭掉了葛国。这就是《尚书》上说的"葛伯仇饷"。（见《孟子·滕文公下》）

㉓ **楚遭齐伐责包茅** 此即"楚甸供王"典故。（参见本韵注⑲）

㉔ **高矣若天，洵是圣人大道** 孟子列举了君子教导别人的五种方法，学生公孙丑捉出疑问："道则高矣，美矣，宜若登天然，似不可及也。何不使彼为可几及而日孳孳也（您的主张确实很高明、美善，但就像登天一样难以做到。为何不把它稍微降低得可以做到，而让人们天天努力实现它呢)？"（见《孟子·尽心上》）

㉕ **淡而如水，实为君子神交** 《庄子·山木》云："君子之交淡若水，小人之交甘若醴（甜酒）；君子淡以亲（君子以淡泊名利交谊，心地亲近），小人甘以绝（小人以物质利益交往，利断义绝）。"

㉖ **藜杖叟** 拄拐杖的老人。汉成帝时刘向校书于天禄阁，专精覃思（深思），有黄衣老人拄藜杖叩阁而进，刘向暗中独坐诵书，老人吹燃藜杖照之，授五行洪范之文。（见《汉书·刘向传》）《晋书·山涛传》载：魏帝（曹芳）尝赐给景帝（司马师）一件春服，景帝又把春服赐给山涛，并以涛母老迈，赐给藜杖（用藜木老茎制成的手杖）一根。

㉗ **布衣樵** 穿布衣的樵夫。布衣：麻布衣服，古代平民不能衣锦绣。［宋］虞俦《赋雪》诗云："朱门酒肉嗟遗臭，蓝缕（破烂布衣）樵夫不掩肌。"

㉘ **白驹形皎皎**　语出《诗经·小雅·白驹》："皎皎白驹（骏马），食我场苗。"皎皎：洁白有光泽的样子。

㉙ **黄鸟语交交**　语出《诗经·秦风·黄鸟》："交交黄鸟（黄莺），止于桑。"交交：鸟鸣声。

㉚ **花圃春残无客到**　春尽花圃花落无人赏。〔唐〕白居易《微之宅残牡丹》诗云："残红（落花）零落无人赏，雨打风吹花不全。"

㉛ **柴门夜永有僧敲**　夜深柴门紧掩僧敲门。夜永：即永夜，长夜。唐代诗人贾岛进京参加科举考试，在驴背上想出两句诗："鸟宿池边树，僧敲月下门。"起初想用"推"字，又觉"敲"字较好，并聚精会神地不断做"推"和"敲"的手势斟酌，拿不定主意。到京后，请教京兆尹韩愈，韩愈说："作'敲'字佳矣。"后人们以"推敲"作为斟酌、研究问题的代称。（见《刘公嘉话》）

㉜ **墙畔佳人，飘扬竞把秋千舞**　秋千：传统游戏器械。〔宋〕洪觉范《秋千》云："画架（彩画的秋千架）双裁翠络（绿色绳子）偏（来回偏向一边摆动），佳人春戏小楼前。飘扬血色裙拖地，断送（打发；引逗）玉容人上天。"

㉝ **楼前公子，笑语争将蹴踘抛**　蹴踘即蹴鞠，中国古代的足球运动。〔元〕施耐庵《水浒传》第二回载：破落户浮浪公子高俅，善踢气球（足球类）。一天，他替王都尉去端王宫送玉玩器，恰遇端王（宋哲宗之弟赵佶）正由三五个小黄门（官名）相伴在厅门外蹴气球。气球飞向端王，端王没接着，旁观的高俅使个"鸳鸯拐"，踢给端王。端王惊叹高俅的球技，遂收为亲随。端王即帝位（宋徽宗）后，抬举高俅为"殿帅府太尉"。

蹴鞠图

四 豪

琴对瑟①，剑对刀。地迥对天高。峨冠对博带②，紫绶对绯袍③。煎异茗④，酌香醪⑤。虎兕对猿猱⑥。武夫攻骑射⑦，野妇务蚕缲⑧。秋雨一川淇澳竹⑨，春风两岸武陵桃⑩。螺髻青浓，楼外晚山千仞⑪；鸭头绿腻，溪中春水半篙⑫。

刑对赏，贬对褒。钺斧对征袍。梧桐对橘柚，枳棘对蓬蒿。雷焕剑⑬，吕虔刀⑭。橄榄对葡萄。一椽书舍小⑮，百尺酒楼高⑯。李白能诗时秉笔⑰，刘伶爱酒每衔糟⑱。礼别尊卑，拱北众星常灿灿⑲；势分高下，朝东万水自滔滔⑳。

瓜对果，李对桃。犬子对羊羔。春分对夏至，谷水对山涛。双凤翼㉑，九牛毛㉒。主逸对臣劳㉓。水流无限阔㉔，山耸有余高㉕。雨打村童新牧笠㉖，尘生边将旧征袍㉗。俊士居官，荣列鹓鸿之序㉘；忠臣报国，誓殚犬马之劳㉙。

注　解

① **琴瑟**　两种弹奏乐器名。《诗经·小雅·鹿鸣》云："我有嘉宾，鼓瑟鼓琴。"人们常用"琴瑟"比喻兄弟、朋友间的情谊融洽。［晋］潘岳《夏侯常侍诔》云："子之友悌（兄弟友爱），和如琴瑟。"

② **峨冠博带**　高帽子和阔衣带，是古代士大夫的装束。峨：高。博：宽阔。［元］关汉卿《谢天香》曲云："好觑谢氏，必定是峨冠博带一个名士大夫。"

③ **紫绶**　古代丞相服上系有印章或玉石的紫色丝带。《汉书·百官公卿表》云："相国、丞相，皆秦官，皆金印紫绶。"　　**绯袍**　红色官袍。唐代文武官员，三品以上者服紫袍，束金玉带；四品服深绯色；五品服浅绯色，并束金带。（见《旧唐书·舆服志》）

④ **煎异茗**　煮优质茶。茗：茶。［唐］孙淑《对茶》诗云："小阁烹香茗，疏帘下玉沟。灯光翻出鼎（炉），钗影倒沉瓯（杯）。"

⑤ **酌香醪**　喝香浊酒。醪：带糟的酒。［宋］虞俦《用韵酬翟曾二倅和章》诗云："试呵冻笔还搜句，浅酌香醪未计巡。"

⑥ **虎兕**　虎与犀牛。比喻凶恶残暴的人。《论语·季氏》云："虎兕出于柙（笼子），龟玉毁于椟（匣子）中，是谁之过（过错）与？"［汉］王逸《九思·逢忧》云："虎兕争兮于廷中，豺狼斗兮我之隅（旁边）。"　　**猿猱**　两种猿类。比喻动作敏捷的人。［唐］李白《蜀道难》云："黄鹤之飞尚不得过，猿猱（猱，身体便捷，善攀援的猿）欲度愁攀援。"［宋］刘克庄《同郑君瑞出濑溪即事十首》诗云："老奴昔逐我西东，捷似猿猱跳绝峰。今日道旁扶一拐，汝公安得不龙钟？"

⑦ **武夫攻骑射**　将士从事骑马射箭。《战国策·赵策二》云："今吾（赵武灵王）将胡服（穿北方民族的服饰）骑射以教百姓。"《礼记·月令》云："孟冬之月……天子乃命将帅讲武习射、御，角力。"

⑧ **野妇务蚕缫**　农妇致力养蚕缫丝。［明］无名氏《鸣凤记·桑林奇遇》云："奴家幼习纺绩之勤，颇识蚕缫之务。"［明］高季迪《养蚕词》诗云："新妇守箔（养蚕用竹器）女执筐，头髻（垂发）不梳一月忙……檐前缫车急作丝，又见夏税相催讨。"

⑨ **秋雨一川淇澳竹** 淇水岸边的绿竹。《诗经·卫风·淇奥》云："瞻彼淇（淇水，古为黄河支流，位于河南省北部）奥（通'澳'，水边弯曲处），绿竹猗猗（茂盛而美观）。"

⑩ **春风两岸武陵桃** 指陶渊明《桃花源记》中武陵溪两岸盛开的桃花。另据志怪小说《述异记·武陵桃》载："武陵源在吴中，山中无他木，尽生桃李，俗呼为桃李原。原上有石洞，洞中有乳水。世传秦乱，吴人于此避难，食桃李实者，皆得仙去。"

⑪ **螺髻青浓，楼外晚山千仞** 形容高山青翠，宛如发髻一样浓腻。千仞：形容极高或极深。古以八尺为仞。〔明〕刘基《彭泽阻风》诗云："两峰对拥青螺髻，孤月初生白玉钩。"〔宋〕辛弃疾《水龙吟》词云："遥岑（远处的陡崖）远目，献愁供恨，玉簪螺髻。"

⑫ **鸭头绿腻，溪中春水半篙** 形容溪映青山，水像鸭头一样浓绿。〔宋〕苏辙《泛溴水》诗云："半篙春水花千片，八尺轻船酒一壶。"〔宋〕苏轼《清远舟中寄耘老》诗云："觉（醒）来满眼是湖山，鸭绿波（绿色水波）摇凤凰影。"

⑬ **雷焕剑** 据传说，晋代雷焕在豫章丰城监狱的屋基下挖出龙泉、太阿两把宝剑，一把赠张华，一把留自用。后来，张华被诛，剑也丢失。雷焕死后，其子佩着父剑过延平津（今福建南平市东南）时，宝剑忽从腰间跃出坠入水中。入水寻时，见二剑化为二龙。（见《晋书·张华传》）

⑭ **吕虔刀** 据传说，三国魏徐州刺史吕虔有一宝刀，铸匠观看后说，佩此宝刀者，必当三公。吕虔把刀赠给了王祥，王祥累迁大司农、司空、太尉，晋爵为公。王祥临终，把刀转授其弟王览，王览连任清河太守、太中大夫，荣登三公之位。（见《晋书·王览传》）

⑮ **一椽书舍小** 一椽舍：形容屋子很小，屋顶上只架一根椽。《魏书·任城王传》云："居无一椽之室，家阙（同'缺'）儋石之粮。"

⑯ **百尺酒楼高** 百尺楼：泛指高楼。〔唐〕李白《夜宿山寺》诗云："危楼高百尺，手可摘星辰。"〔明〕陈汝元《金莲记·量移》诗云："身凭百尺楼，目断千山秀。"

⑰ **李白能诗时秉笔** 秉笔：执笔写文章。唐代大诗人李白，触景生情，挥笔成诗。诗风雄奇豪放，想象丰富多彩，语言流转自然，音律和谐多变，达到了盛唐时期诗歌艺术的巅峰。（见《唐书·李白传》）〔唐〕杜甫《寄李

十二白二十韵》诗云："昔年有狂客，号尔谪仙人。笔落惊风雨，诗成泣鬼神。声名从此大，汨没（埋没）一朝伸。文采承殊渥，流传必绝伦。"

⑱ **刘伶爱酒每铺糟** 西晋"竹林七贤"之一的刘伶，曾任建威将军，他性情放荡，不受拘束，主张无为而治，被认为无能而罢官。他嗜酒成性，每次饮酒，连酒糟一起吃掉，酩酊大醉方休。（见《晋书·刘伶传》）

⑲ **礼别尊卑，拱北众星常灿灿** 古人认为北极星为众星之尊，故众星围绕北极星转。《论语·为政》云："为政以德，譬如北辰，居其所，而众星共（通'拱'，环卫）之。"

⑳ **势分高下，万水朝东自滔滔** 我国地势大抵是西高东低，万条河流尽管弯弯曲曲，都将东流入海。［宋］陈著《小学识愧》诗云："定知第一番开说，万水朝宗是正东。"［唐］杜甫《石犀行》云："天生江水向东流。"

㉑ **双凤翼** 凤凰的两只翅膀。［唐］李商隐《无题》诗云："身无彩凤双飞翼，心有灵犀一点通。"

㉒ **九牛毛** "九牛毛"与"九牛一毛"仅差一字，却是含义不同的两个成语。"九牛毛"是说，九条牛的重量与一根牛毛的重量差别太大，不可相比。［宋］苏轼《赵阅道高斋》诗云："乃知贤达与愚陋，岂直（只；止）相去九牛毛？""九牛一毛"是说，九牛身上掉一根毛，无损轻重，无关大局。《史记》作者司马迁，祖上世代无权无势，自己也只是个"为世俗之人所轻视"的文史、历法小官，统治者随时可以把自己当蝼蚁一样捻死，"假令仆（司马迁自谦）伏法受诛，若九牛亡一毛，与蝼蚁何异？"（见《汉书·司马迁传》）

㉓ **主逸臣劳** 君主安逸，臣民辛劳。开明君主则与臣民共劳逸。《左传·哀公元年》云："勤恤其民，以与之劳逸。"

㉔ **水流无限阔** 水流无边无际，比喻路程遥远而艰难。［宋］万俟咏《诉衷情》词云："山不尽，水无涯，望中赊（回望一路艰难跋涉的迢迢归程和浩阔风尘。赊，远而阔）。"诗人常用"水流无限"比喻失意女子无限伤感的情怀。［唐］刘禹锡《竹枝调》云："山桃红花满上头，蜀江春水拍山流。花红易衰似郎意，水流无限似侬愁。"

㉕ **山耸有余高** 高山之外山更高。［宋］林升《题临安邸》诗云："山外青山楼外楼，西湖歌舞几时休？"

㉖ **雨打村童新牧笠** 雨水连绵不断，牧童的斗笠经常换新。这是唐代诗

人李涉《牧童词》中"荷笠出林春雨细，芦管卧吹莎草绿"诗句的化用。

㉗ **尘生边将旧征袍**　边防久无战事，搁置的征袍落满灰尘。这是〔明〕汤显祖《牡丹亭》中"胡尘（北方胡地战场扬起的沙尘）染惹征袍"句意的化用。

㉘ **俊士居官，荣列鹓鸿之序**　鹓鸿之序：鹓鸿群飞排列成行，很有次序，比喻朝臣之行列，也比喻有的朝官在列，却惶恐不安。〔唐〕张九龄《出为豫章郡途次庐山东岩下》诗云："多谢周身防，常恐横议侵，岂匪鹓鸿列，惕如泉壑临。"

㉙ **忠臣报国，誓殚犬马之劳**　旧时的臣仆把自己比作君王的犬马，甘愿终身效劳。《三国志·魏志·华歆传》云："臣备位宰相，老病日笃，犬马之命将尽。"

岳母刺字

五 歌

山对水，海对河。雪竹对烟萝。新欢对旧恨①，痛饮对高歌。琴再抚②，剑重磨③。媚柳对枯荷④。荷盘从雨洗⑤，柳线任风搓⑥。饮酒岂知歌醉帽⑦，观棋不觉烂樵柯⑧。山寺清幽，直踞千寻云岭⑨；江楼宏敞，遥临万顷烟波⑩。

繁对简，少对多。里咏对途歌⑪。宦情对旅况⑫，银鹿对铜驼⑬。刺史鸭⑭，将军鹅⑮。玉律对金科⑯。古堤垂罤柳⑰，曲沼长新荷⑱。命驾吕因思叔夜⑲，引车蔺为避廉颇⑳。千尺水帘，古今无人能手卷㉑；一轮月镜，乾坤何匠用功磨㉒？

霜对露，浪对波。径菊对池荷。酒阑对歌罢㉓，日暖对风和。梁父咏㉔，楚狂歌㉕。放鹤对观鹅㉖。史才推永叔㉗，刀笔仰萧何㉘。种橘犹嫌千树少㉙，寄梅谁信一枝多㉚。林下风生，黄发村童推牧笠㉛；江头日出，皓眉溪叟晒渔蓑㉜。

注 解

① **新欢** 新交的恋人。［明］何景明《悼往》诗云："何能眷新欢，弃掷故所怀？" **旧恨** 旧有的仇恨。［宋］柳永《内家娇》词云："奈少年，自有新仇旧恨，消遣无计。"

② **琴再抚** 春秋时期，晋国乐师师旷，目盲，精于辨音，尤善弹琴。抚奏清角（琴曲名），"一奏而有玄云从西北方起；再奏之，大风至，大雨随之……"（见《韩非子·十过篇》）［宋］赵彦端《新荷叶》词云："鸣琴再抚，将清恨、都入金徽（指琴）。"

③ **剑重磨** 宝剑反复磨砺。［元］马谦斋《柳营曲·叹世》曲云："手自搓，剑频磨，古来丈夫天下多。"

④ **媚柳** 比喻女子娇娆妩媚。［清］褚人获《隋唐演义》云："［炀帝］又选三百二十名风流潇洒、柳娇花媚的，充作美人。" **枯荷** 比喻女子容颜衰老。［元］刘秉忠《干荷叶》曲云："干荷叶，色苍苍，老柄风摇荡。减了清香，越添黄。"

⑤ **荷盘从雨洗** 如圆盘的荷叶任由风吹雨打。这是［金］元好问《骤雨打新荷》中"骤雨过，琼珠（比喻雨点）乱撒，打遍新荷"文意的化用。

⑥ **柳线任风搓** 如线绳的柳条任凭风搓雨揉。［唐］韩偓《有诗呈吴越王》诗云："绿搓杨柳绵初软，红晕樱桃粉未干。"［唐］孟郊《春日有感》诗云："风吹柳线垂，一枝连一枝。"

⑦ **饮酒岂知敧醉帽** 敧：斜；倾侧。阮籍到邻居酒店饮酒，喝醉后，就乌纱帽盖头，躺在老板娘身边酣睡。（参见本卷"一先"注⑰）

⑧ **观棋不觉烂樵柯** 神话传说，晋人王质到石室山砍柴，看到几个童子在下棋、唱歌，便放下斧头视听。童子送给王质一枚似枣核的东西，含于口中，不觉饥饿。未久，童子对王质说："你为何还不回家？"王质起身欲归，看斧，已经腐烂；回到村里，与己同龄者都已过世。（见任昉《述异记》）

⑨ **山寺清幽，直踞千寻云岭** 清静的寺院坐落在直插云霄的高山上。千寻，原文误为"千层"。千寻：古代以八尺为一寻，千寻是形容极高。云岭：泛指直插云霄的高山。诗仙李白《夜宿山寺》诗云："危楼高百尺，手可摘星辰，不敢高声语，恐惊天上人。"

⑩ **江楼宏敞，遥临万顷烟波**　宏敞的江楼建筑在水面辽阔的江岸上。万顷烟波：形容雾霭苍茫的水面极为广阔。〔唐〕崔颢《黄鹤楼》诗云："日暮乡关何处是？烟波江上使人愁。"〔元〕钱彦隽《富春江·桐庐》诗云："桐君山下望层城，万顷烟波一叶轻。"

⑪ **里咏途歌**　形容国泰民安、百姓欢乐的景象。里咏：亦作"俚歌"，乡里民歌。途歌：大路歌；民歌。〔南朝梁〕沈约《齐故安陆昭王碑》云："老安少怀，涂歌里咏；莫不懽（同'欢'）若亲戚，芬若椒兰（芳香之物）。"〔唐〕刘禹锡《武陵书怀五十韵》诗云："照山畬火动，踏月俚歌喧。"另有民间传说，夏禹三十岁还未婚，在涂山（一说是今浙江绍兴涂山；一说是今重庆巴县涂山）遇到九尾白狐，涂山百姓认为是吉兆，作歌颂扬，名为"涂山歌"。夏禹便娶涂山之女女娇为妻。（见《吴越春秋·越王无余外传》）

⑫ **宦情**　做官的欲望，原文误为"官情"。〔南朝〕谢灵运《拟魏太子邺中集·徐干序》云："少无宦情，有箕颍（箕山和颍水，是隐士居住地的代称）之心事，故仕世多素辞。"　　**旅况**　旅途的景况。〔明〕高启《送丁孝廉之钱塘就简张著作方员外》诗云："若见故人询旅况，知君解说不烦书。"

⑬ **银鹿**　本指宫门前的银色铸像。唐代大书法家颜真卿的家童名"银鹿"，服侍颜真卿终生，后人以"银鹿"泛称仆人。　　**铜驼**　置于宫门寝殿前的铜铸骆驼。〔宋〕陆游《囚山》诗云："此生终遣英雄笑，棘没铜驼六十年。"

⑭ **刺史鸭**　唐代诗人韦应物，以写田园景物著名，寄情悠远，语言简淡。曾任江州、苏州刺史。喜爱养鸭，称鸭子为"绿头公子"。（见《唐书·韦应物传》）

⑮ **将军鹅**　东晋书法家王羲之，出身贵族，官至右军将军，生性爱鹅。一次，去参观山阴道士养的好鹅。观后，要求买鹅。道士说："请为我观（道院）写《道德经》（经查证，王羲之写给道士的是《黄庭经》，并非《道德经》），将以群鹅相赠。"羲之欣然写毕，提笼鹅而归。皆甚高兴。（见《晋书·王羲之传》）

⑯ **玉律金科**　亦作"金科玉条"，形容科条法令的完美，是不可变更的信条。〔前蜀〕杜光庭《胡常侍修黄箓斋词》："金科玉律，云篆瑶章，先万法以垂文。"〔汉〕扬雄《剧秦美新》："懿律嘉量，金科玉条。"

⑰ **古堤垂鞳柳**　鞳柳：垂柳。这是宋朝汪元量《鹧鸪天》中"苏堤（杭州西湖苏堤）十里柳丝垂"词意的化用。

⑱ **曲沼长新荷**　曲沼：曲折迂回的池塘。这是宋朝司马光《和子骏新

荷》中"新荷满沼密"诗意的化用。

　　⑲ **命驾吕因思叔夜**　晋代吕安与文学家嵇康（字叔夜）友善，每一相思，便千里驾访。一次，吕安上门造访嵇康，嵇康不在家，其兄嵇喜出迎，吕安不入，在其门上题一"鳳（凤）"字而返，嵇喜不明其意，还以为吕安是因为高兴而题字。"鳳"由"凡"、"鳥"二字组成，意在讽刺嵇喜是"凡鸟"（比喻庸才）而非"凤"。（见《世说新语·简傲》）

　　⑳ **引车蔺为避廉颇**　战国时期，赵国大夫蔺相如不畏强秦，完璧归赵，有大功，被封为宰相，位在大将军廉颇之上。廉颇不服，屡次阻拦相如车驾示威。蔺相如为维护赵国将相团结，以防外侵，一再改道回避廉颇。廉颇得知相如真意后，负荆向蔺相如请罪，传为"将相和"的著名史话。（见《史记·廉颇蔺相如列传》）

　　㉑ **千尺水帘，古今无人能手卷**　宋朝朱熹（字元晦，号文公）写了一首《游水帘洞》诗云："水帘幽谷我来游，拂面飞泉最醒眸。一片水帘遮洞口，何人卷得上帘钩？"他的好友石墩写了一首《和文公韵》诗云："洞门千尺挂飞流，碎玉联珠冷喷湫。万古无人能手卷，紫萝为带月为钩。"

　　㉒ **一轮月镜，乾坤何匠用功磨**　宋朝词人辛弃疾写了一首《太常引·建康中秋夜为吕叔潜赋》词云："一轮秋影转金波（月亮），飞镜又重磨。"元朝诗人张养浩和宋方壶也分别用发问句写诗，说明月亮光明不是人工磨出来的，是自然现象："一轮飞镜谁磨？照彻乾坤，印透山河。"（见张养浩《折桂令·中秋》）"一天蟾影（月亮）映婆娑（盘旋），万古谁将此镜磨？"（见宋方壶《水仙子·居庸关中秋对月》）

　　㉓ **酒阑歌罢**　酒已喝完，歌亦唱罢。阑：残尽。［五代］毛文锡《恋情深》云："酒阑歌罢两沉沉，一笑动君心。"

　　㉔ **梁父咏**　一作"梁甫吟"。梁甫：山名，在泰山下。"梁甫吟"是诸葛亮所写"二桃杀三士"的故事。春秋时期，齐景公手下有三个勇士，名叫公孙接、田开疆和古冶子。齐相晏婴对景公说，这三个人不忠不义，是"危国之器，不若去之"。并出主意，让景公以二桃赠与这三个人，令他们论功食桃。公孙接和田开疆各取一桃，古冶子说："难道我的功劳不如你们？"公孙接、田开疆悔恨，说："取桃不让，是为贪；不死，无勇。"二人退桃，自刎而死。古冶子则说："吾不死，则不仁。"也拔剑自刎。（见《晏子春秋·谏下》）三勇士葬于梁甫山，故诸葛亮作《梁甫吟》（亦称《葬歌》）："一朝被谗

言，二桃杀三士。"

㉕ **楚狂歌**　春秋末期，楚国政令无常，楚人陆通（字接舆）宁愿隐居，拒当朝官。他蓬头乱发，佯装疯狂，时人称其为"楚狂"。他责备孔子明知其道行不通，还要到处游说，并劝孔子隐居。《论语·微子》载："楚狂接舆在孔子身旁边走边唱道："凤（比喻孔子。凤凰盛世才现，世衰则隐）呀！凤呀！你的德行怎么如此衰落了？现在的国君不听劝，就等将来再说呗。退隐吧，现在的执政者太危险了。"（见［晋］皇甫谧《高士传·陆通》）

㉖ **放鹤**　宋代张天骥有两只训鹤，"旦放暮归"，筑亭于山下。苏轼为其作《放鹤亭记》（放鹤亭，在江苏铜山县南云龙山下）。（见《东坡文集·事略》）　**观鹅**　即王羲之赠字换鹅。（参见本韵注⑮）

㉗ **史才推永叔**　北宋史学家、文学家欧阳修，字永叔，工书法，擅文章，是北宋古文运动领袖，"唐宋八大家"之一。他文史知识水平很高，曾与宋祁合修《新唐书》，独撰《新五代史》。（见《宋史·欧阳修传》）

㉘ **刀笔仰萧何**　刀笔："刀笔吏"的简称，形容其笔力犹如能杀伤人的利刃。西汉重臣萧何，曾任秦朝文书小吏，后来辅佐刘邦推翻秦朝。楚汉战争中，推荐韩信与刘邦合攻项羽，灭了西楚。为巩固汉朝政权，萧何依据秦法制定汉法"九章律"。（见《史记·萧相国世家》）

㉙ **种橘犹嫌千树少**　三国时期，吴国丹阳太守李衡，派人在武陵龙阳（今湖南汉寿）泛洲上建宅，种柑橘千株。临死，他对儿子说："当初，你母亲厌烦我治家，所以我们家很穷。不过，泛洲上尚有千头木奴（指橘树），足够你吃用了。"（见《三国志·吴志·孙休传》）

㉚ **寄梅谁言一枝多**　南北朝时期，宋国陆凯与范晔友善，曾自江南寄梅花一枝给远在长安的范晔，并赠诗一首："折花逢驿使，寄与陇头人。江南无所有，聊赠一枝春。"（见［南朝宋］盛弘之《荆州记》）

㉛ **林下风生，黄发村童推牧笠**　风起雨来，林中黄发牧童急忙扶斗笠。林下：树林之下，泛指草木丛生的野外。这是唐代崔道融《牧竖》中"牧竖（牧童）持蓑笠，逢人气傲然"诗意的化用。

㉜ **江头日出，皓眉溪叟晒渔蓑**　雨过天晴，江岸白眉渔翁赶快晒蓑衣。江头：江岸。皓眉：白眉。这是宋朝黄庭坚《次韵高子勉》中"鸬鹚西照处，相并晒渔蓑"和明朝钱谦益编辑的《列朝诗集·渔景》中"篷背晴曦晒蓑笠"诗意的化用。

六　麻

松对柏，缕对麻。蚁阵对蜂衙①。赪鳞对白鹭，冻雀对昏鸦。白堕酒②，碧沉茶③。品笛对吹笳。秋凉梧堕叶④，春暖杏开花⑤。雨长苔痕侵壁砌⑥，月移梅影上窗纱⑦。飒飒秋风，度城头之筚篥⑧；迟迟晚照，动江上之琵琶⑨。

优对劣，凸对窊⑩。翠竹对黄花。松杉对杞梓⑪，菽麦对桑麻。山不断⑫，水无涯⑬。煮酒对烹茶。鱼游池面水⑭，鹭立岸头沙⑮。百亩风翻陶令秫⑯，一畦雨熟邵平瓜⑰。闲捧竹根，饮李白一壶之酒⑱；偶擎桐叶，啜卢仝七碗之茶⑲。

吴对楚⑳，蜀对巴㉑。落日对流霞。酒钱对诗债㉒，柏叶对松花㉓。驰驿骑㉔，泛仙槎㉕。碧玉对丹砂。设桥偏送笋㉖，开道竟还瓜㉗。楚国大夫沉汨水㉘，洛阳才子谪长沙㉙。书簏琴囊，乃士流活计㉚；药炉茶鼎，实闲客生涯㉛。

注 解

① **蚁阵蜂衙**　蚁阵：蚂蚁战斗时的阵势；蜂衙：蜜蜂成群结队。比喻人们追逐名利，像蚂蚁群集，蜂拥而至，不知疲倦。[元] 马致远《陈抟高卧》曲云："看蚁阵蜂衙，虎争龙斗，燕去鸿来，兔走鸟飞。"[宋] 陆游《睡起至园中》诗云："更欲世间同省事，勾回蚁阵放蜂衙。"

② **白堕酒**　北魏河东（今山西）人刘白堕，善酿酒。其酒味香美，暴晒一旬不变味；醉后一月醒不来。京师朝贵骑驴千里来享，故又称"骑驴酒"。（见杨衒之《洛阳伽蓝记》）

③ **碧沉茶**　绿茶。[唐] 曹邺《故人寄茶》诗云："碧沉霞脚碎，香泛乳花轻。六腑睡神去，数朝诗思清。"江苏宜兴是历史上著名的阳羡贡茶产地。太湖的"碧螺春"本采至洞庭山碧螺峰上的野茶树，其叶得热气，发异香，采者呼为"吓杀人香"。康熙南巡至太湖，饮此茶，以"吓杀人香"名不雅，改称"碧螺春"。（见王应奎《柳南随笔》）

④ **秋凉梧堕叶**　梧桐落叶最早，立秋之日，一叶先落，固有"一叶知秋"的典故。明朝民谣云："梧桐一叶落，天下尽知秋。"[宋] 杨泽民《四园竹》词云："井梧堕叶，寒砧叫蛩，秋满屏帏。"（见《广群芳谱·木谱·桐》）

⑤ **春暖杏花开**　[宋] 杨万里《春游》诗云："老子今晨偶然出，李花全落杏花开。"[前蜀] 牛峤《酒泉子》词云："烟暖杏园花正发，雪飘香。"

⑥ **雨长苔痕侵壁砌**　这是唐代诗人刘禹锡《陋室铭》中"苔痕上阶绿，草色入帘青"诗意的化用。壁砌：门前台阶。

⑦ **月移梅影上窗纱**　这是元朝诗人刘秉忠《焚胜梅香》中"檐外杏花横素月，恰如梅影在西窗"诗意的化用。

⑧ **飒飒秋风，度城头之筚篥**　城头上的筚篥声，乘着飒飒秋风远扬。筚篥：又称"悲篥"。出于边疆，类似胡笳的一种簧管乐器。[宋] 庄季裕《鸡肋编》云："筚篥本名悲篥，出于边地（指今新疆），其声悲亦然，边人吹之，以惊中国马云。"

⑨ **迟迟晚照，动江上之琵琶**　江流中的琵琶声，随着缓缓落日起音。晚照：夕阳余晖。[宋] 刘敞《琵琶亭》诗云："江头明月琵琶亭，一曲悲个万

古情。欲识当时断肠处，只应江水是遗声。"〔唐〕刘商《胡笳十八拍》诗云："龟兹筚篥愁中听，碎叶琵琶夜深怨。"

⑩ **凸窊** 凹进凸出；低下高起。〔汉〕东方朔《神异经》云："大荒石湖，千里无凸凹（窊），平满无高下。"〔唐〕元结《杯樽铭序》："石有窊颠（低高）者，因修之以藏酒。"

⑪ **松杉** 指松树、杉树或竹子。因其枝干直而耐寒，常用来比喻人品坚贞。《隋书·刘庄传》云："而今以后，方见松筠之节。" **杞梓** 两种优质木材，常用来比喻优秀人才。《晋书·陆机陆云传论》云："观夫陆机、陆云，实荆衡之杞梓，挺珪璋于秀实，驰英华于早年。"

⑫ **山不断** 山根（山脚）不断，山山相连。〔唐〕杜甫《蜀道画图》诗云："剑阁星桥北，松州雪岭东；华夷山不断，吴蜀水相通。"

⑬ **水无涯** 水流无边无际。〔唐〕唐彦谦《中秋夜玩月》诗云："一夜高楼万景齐，碧天无际水无涯。"〔宋〕万俟咏《诉衷情》词云："山不尽，水无涯，望中赊（高；远）。"

⑭ **鱼游池面水** 鱼在池边水面戏游。〔宋〕晏殊《渔家傲》词云："嫩绿堪裁红欲绽，蜻蜓点水鱼游畔。"

⑮ **鹭立岸头沙** 鹭在沙洲岸头独立。〔唐〕李白《白鹭鸶》诗云："心闲且未去，独立沙洲傍。"

⑯ **百亩风翻陶令秫** 陶渊明（陶潜）任彭泽县令时，下令公田都种秫（酿酒用的黏高粱），以供酿酒。他说："吾常得醉于酒矣。"（见《晋书·陶潜传》）

⑰ **一畦雨熟邵平瓜** 亦称"东陵瓜"。秦朝东陵侯邵平，秦亡以后成为平民，种瓜于长安城东青门外。其瓜味甜美，时人谓之"东陵瓜"。（见《三辅黄图》）〔明〕刘基《绝句漫兴》诗云："寒暑又随风日转，东陵谁种邵平瓜？"

⑱ **闲捧竹根，饮李白一壶之酒** 竹根：用竹根制作的酒具。〔唐〕李白《月下独酌》诗云："花间一壶酒，独酌无相亲。举杯邀明月，对影成三人。"

⑲ **偶擎桐叶，啜卢仝七碗之茶** 桐叶：以桐叶代茶杯捧饮。唐代诗人卢仝在其《走笔谢孟谏议寄新茶》诗中描述了连喝七碗新茶的感受：一碗喉吻润，两碗破孤闷，三碗搜枯肠，四碗发轻汗，五碗肌骨清，六碗通仙灵，"七碗吃不得也，唯觉两腋习习清风生"，简直是要飘飘欲仙了。

⑳ **吴** 此指春秋时期，江浙皖地区的吴国。东汉末期，孙权在今江苏南京称吴王，是三国时期的吴国，亦称"孙吴"。　　**楚** 指春秋战国时期，湖北湖南地区的楚国，战国时期发展为"七雄"之一。

㉑ **蜀** 西周中期以后，居在四川的氏族首领蚕丛自称"蜀王"。公元前316年被秦所灭，置为"蜀郡"。公元221年刘备在成都称汉帝，这是三国时期的蜀国，亦称"蜀汉"。　　**巴** 相传商朝末年，以廪君为首领的氏族，在湖北、四川交界地带不断发展。周武王克商后，被封为子国，称"巴子国"。公元前316年被秦所灭，置为"巴郡"。

㉒ **酒钱** 买酒钱。[宋]苏轼《小儿》诗云："大胜刘伶妇，区区为酒钱。"酒钱与诗债对应，当指酒债，欠人家的酒钱。[唐]杜甫《曲江》诗云："酒债寻常行处有，人生七十古来稀。"　　**诗债** 别人索诗或要求和诗，尚未酬答，有如负债，故称"诗债"。[唐]白居易《晚春携酒寻沈四著作先以六韵寄之》诗云："顾我酒狂久，负君诗债多。"

㉓ **柏叶** 指柏叶酒。因柏叶后凋而耐久，古代人取其叶泡酒，元旦共饮，以祝长寿。[南朝梁]庾肩吾《岁尽》诗云："聊开柏叶酒，试奠五辛盘（盛有葱、蒜等五种辛味的盘子）。"　　**松花** 指松花酒，用松花浸的酒。[唐]岑参《题井陉双溪李道士所居》诗云："五粒松花酒，双溪道士家。"

㉔ **驰驿骑** 亦作"驰驿"。旧时官吏急召人进京或奉差外出，由沿途驿站供应差夫、马匹和粮草，兼程而行，不按站止息，叫"驰驿"。[明]何景明《鲥鱼》诗云："白日风尘驰驿骑，炎天冰雪护江船。"

㉕ **泛仙槎** 古代神话中能往来于海上与天河之间的木筏。[晋]张华《博物志·杂说下》云："旧说云天河与海通，近世有人居海渚者，年年八月有浮槎去来不失期。"

㉖ **设桥偏送笋** 南朝齐国范元琰，家贫，以种菜为生。一天夜间，他发现有人进其菜园偷笋，他怕小偷过沟跌伤，就砍树架木桥，以方便偷者出入。为此，小偷感到惭愧，把偷来的笋又送了回去。（见《南史·范元琰传》）

㉗ **开道竟还瓜** 晋朝的桑虞为人仁厚，其宅北有瓜园，有人越篱笆偷瓜，他怕篱笆有刺伤人，就开出篱道，便于出入。偷瓜人抱瓜出来时，发现开道，感悟，竟送回瓜，叩头请罪。桑虞乃尽送其瓜。（见《晋书·桑虞传》）

㉘ **楚国大夫沉汨水** 战国末期，楚国贵族、大诗人屈原，学识渊博，官

至三闾大夫。他主张彰明法度，举贤授能，东联齐国，西抗强秦。后遭佞臣谗害而去职。楚都郢城被秦国攻破后，他自感自己无力挽救楚国危亡，又感自己的政治主张无法实现，遂投汨罗江而死。（见《史记·屈原贾生列传》）

㉙ **洛阳才子谪长沙**　西汉政治家、文学家贾谊，少年即博学才深。汉文帝召为博士，不久迁为太中大夫。他好议论国家大事，遭重臣周勃、灌婴排挤，被贬任长沙王的太傅。（见《汉书·贾谊传》）

㉚ **书篋琴囊，乃士流活计**　知识分子以读书抚琴为生活乐趣。书篋：书箱。琴囊：琴套。不为五斗米折腰而辞官归隐的陶渊明，断绝与世俗的往来交游，以与亲友说知心话取欢乐，以读书抚琴解闷愁。他在《归去来兮辞》中写道："悦亲戚之情话，乐琴书以消忧。"

㉛ **药炉茶鼎，实闲客生涯**　清闲雅士以药膳茶道为生活追求。〔宋〕赵师秀《龟峰寺》诗云："野蔬僧饭洁，山葛道衣轻。扫叶烧茶鼎，标题记药瓶。"〔宋〕苏轼《朝云诗》："经卷药炉新活计，舞衫歌板旧因缘。丹成逐我三山去，不作巫山云雨仙。"

七 阳

gāo duì xià　duǎn duì cháng　liǔ yǐng duì huā xiāng　cí rén duì fù kè　wǔ dì
高对下，短对长。柳影对花香①。词人对赋客，五帝
duì sān wáng　　shēn yuàn luò　xiǎo chí táng　wǎn tiào duì chén zhuāng　jiàng xiāo táng
对三王②。深院落③，小池塘④。晚眺对晨妆。绛霄唐
dì diàn　　lǜ yě jìn gōng táng　hán jí xiè zhuāng yī shàng xuě　qiū tiān pān yuè
帝殿⑤，绿野晋公堂⑥。寒集谢庄衣上雪⑦，秋添潘岳
bìn biān shuāng　rén yù lán tāng　shì bú wàng yú duān wǔ　kè zhēn jú jiǔ　xìng
鬓边霜⑧。人浴兰汤，事不忘于端午⑨；客斟菊酒，兴
cháng jì yú chóng yáng
常记于重阳⑩。

yáo duì shùn　　yǔ duì tāng　jìn sòng duì suí táng　qí huā duì yì cǎo　xià
尧对舜⑪，禹对汤⑫。晋宋对隋唐⑬。奇花对异草，夏
rì duì qiū shuāng　bā chā shǒu　　jiǔ huí cháng　　dì jiǔ duì tiān cháng　yì dī
日对秋霜。八叉手⑭，九回肠⑮。地久对天长⑯。一堤
yáng liǔ lǜ　　sān jìng jú huā huáng　wén gǔ sài bīng fāng zhàn dòu　tīng zhōng gōng
杨柳绿⑰，三径菊花黄⑱。闻鼓塞兵方战斗⑲，听钟宫
nǚ zhèng shū zhuāng　chūn yǐn fāng guī　shā mào bàn yān lín shè jiǔ　zǎo cháo chū
女正梳妆⑳。春饮方归，纱帽半淹邻舍酒㉑；早朝初
tuì　gǔn yī wēi rě yù lú xiāng
退，衮衣微惹御炉香㉒。

xún duì mèng　lǎo duì zhuāng　duǒ liǔ duì chuí yáng　xiān gōng duì fàn yǔ
荀对孟㉓，老对庄㉔。嚲柳对垂杨㉕。仙宫对梵宇㉖，
xiǎo gé duì cháng láng　fēng yuè kū　shuǐ yún xiāng　　xī shuài duì táng láng　nuǎn yān xiāng ǎi
小阁对长廊。风月窟，水云乡㉗。蟋蟀对螳螂。暖烟香霭
ǎi　hán zhú yǐng huáng huáng　wǔ zǐ yù chóu yú fù jiàn　hán shēng cháng qiè jiǎ gōng
霭㉘，寒烛影煌煌㉙。伍子欲酬渔父剑㉚，韩生尝窃贾公
xiāng　sān yuè sháo guāng　cháng yì huā míng liǔ mèi　yì nián hǎo jǐng　nán wàng jú lǜ
香㉛。三月韶光，常忆花明柳媚㉜；一年好景，难忘橘绿
chéng huáng
橙黄㉝。

注 解

① **柳影花香** 柳影：柳条舞动的影子。［明］司守谦《训蒙骈句·三江》联云："北苑春回，一路花香随着屐；西湖水满，六桥柳影照飞艋（快速行驶的船）"。

② **五帝** 传说中的上古帝王，都是原始社会末期部落或部落联盟的首领。但所指的人物，说法有出入。《史记·五帝本纪》指：黄帝、颛顼、帝喾、唐尧、虞舜。 **三王** 指夏商周三朝的贤明帝王夏禹、商汤、周文王。一说指夏商周三朝的夏禹、商汤、周文王和周武王。也有说指夏禹、商汤、周武王。

③ **深院落** ［宋］陈亮《最高楼·咏梅》词云："春乍透，香早暗偷传。深院落，斗清妍。紫檀枝似流苏带，黄金须胜辟寒钿。"

④ **小池塘** ［宋］周邦彦《风流子·新绿小池塘》词云："新绿小池塘，风帘动、碎影舞斜阳。"

⑤ **绛霄唐帝殿** 建都洛阳的五代后唐开国皇帝李存勖，军事上英勇善战，政治上昏庸无知，即位后宠幸伶人，不理朝政。同光四年（926），武臣郭从谦兵变打进宫城，近臣宿将全都逃遁，唯有辅将全斌纠集十余人拼死抵抗。李存勖身中乱箭，全斌不顾个人安危将其扶至绛霄殿，直至李存勖气绝，才大哭而去。

⑥ **绿野晋公堂** 唐朝宰相兼节度使裴度，对削除藩镇割据有功，被封为晋国公。他为官清正，举贤任能。晚年为避宦官当政，他退居东都洛阳，于午桥建别墅，名曰"绿野堂"，与诗人白居易、刘禹锡酣宴终日，高歌放言，以诗酒琴书自娱，不问政事。（见《新唐书·裴度传》）

⑦ **寒集谢庄衣上雪** 南朝宋孝武帝大明五年（461）正月初一，"花雪降殿庭。时右卫将军谢庄下殿，雪集衣。还白（回殿告诉皇上），上以为瑞（祥瑞）。于是公卿并作花雪诗。"（见《宋书·志·符瑞》）

⑧ **秋添潘岳鬓边霜** 西晋文学家潘岳曾任河阳（河南孟津）县令，勤政善治。他相貌俊美，但中年即鬓发初白。（见《晋书·潘岳传》）

⑨ **人浴兰汤，事不忘于端午** 五月五日端午节，人们争洗兰汤浴。《楚辞·九歌·云中君》云："浴兰汤（芳香的热水）兮沐芳，华采衣兮若英（杜

若花)。"

⑩ **客斟菊酒，兴常记于重阳**　农历九月九日，九为阳数，月、日均为九，故称重阳。民间有重阳登高饮菊花酒的习俗。[唐] 崔曙《九日登望仙台呈刘明府》诗云："且欲近寻彭泽宰（曾任彭泽县令的隐士陶渊明），陶然共醉菊花杯。"

⑪ **尧舜**　远古部落联盟的首领唐尧和虞舜，古史传说中的圣明君主。[唐] 杜甫《奉赠韦左丞丈二十二韵》："自谓颇挺出（杰出），立登要路津（如立即被重用）。致君尧舜上（能使帝业超尧舜），再使风俗淳（使风俗复淳厚）。"

⑫ **禹汤**　夏朝开国君主夏禹和商朝开国君主商汤的并称，后世视为贤明君主的典范。《左传·庄公十一年》云："禹汤罪己（责罪自己），其兴也勃焉；桀纣（夏桀和殷纣）罪人，其亡也忽（瞬间）焉。"

⑬ **晋宋**　晋朝和宋国。晋：指司马懿之孙司马炎取三国魏帝曹奂而代之为晋的东晋。宋：指公元420年刘裕代东晋称帝所建南朝之刘宋。[唐] 陈子昂《修竹篇序》云："汉魏风骨，晋宋莫传。"　　**隋唐**　隋朝和唐朝。隋：公元581年，北朝的北周静帝以随国公杨坚众望有归，下诏宣布禅让，杨坚即皇帝位，定国号为大隋。唐：公元618年，唐王李渊逼隋恭帝禅让，自己称帝，国号唐，是为唐高祖。

⑭ **八叉手**　叉手：两手手指相互交叉。唐代诗人温庭筠，文思敏捷，能诗善赋。写文章运笔前，叉手专心构思，叉八次就吟成八韵，时人称他为"温八叉"或"温八吟"、"温八韵"。其诗词与李商隐齐名，时称"温李"。（见 [宋] 孙光宪《北梦琐言·温李齐名》）

⑮ **九回肠**　内心忧伤悲痛，犹如肠在腹中回转。[南朝陈] 徐陵《在北齐与杨仆射书》诗云："朝千悲而掩泣，夜万绪而回肠。" [西汉] 司马迁《报任少卿书》云："肠一日而九回。"

⑯ **地久天长**　形容历时悠久，也形容爱情永远不变。《老子》第七章："天长地久，天地所以能长且久者，以其不自生，故能长生。"[唐] 白居易《长恨歌》诗云："天长地久有时尽，此恨绵绵无绝期。"

⑰ **一堤杨柳绿**　苏轼任杭州知府时，在西湖中筑堤，把湖分成内外两湖，人称"苏公堤"。堤上建桥六座，夹堤杂植花柳，故有"六桥烟柳"之称。（见《宋史·河渠志》）

⑱ **三径菊花黄**　陶渊明辞官隐居老宅后，在其《归去来兮辞》一文中写道："三径（隐士居处的代称）就荒，松菊犹存。"宋代张逢辰在其《菊花百咏·渊明菊》中写道："三径黄花纵可凭，东篱（指种菊之处）独此号渊明；对花如对渊明面，何必他求处士名。"

⑲ **闻鼓塞兵方战斗**　边防将士听到战鼓声，便展开勇猛厮杀。塞兵：边防军。[唐]岑参《轮台歌奉送封大夫出师西征》诗云："四边伐鼓雪海涌，三军大呼阴山（河套以北、大漠以南诸山的统称）动。虏塞兵气连云屯，战场白骨缠草根。"

⑳ **听钟宫女正梳妆**　宫中嫔妃听见晨钟响，即起身忙于梳妆。据《南齐书》载：

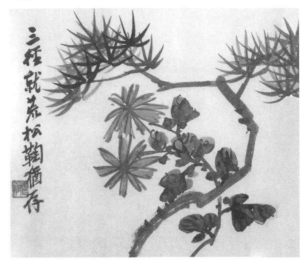

三径就荒，松菊犹存

齐武帝萧赜在景阳楼设钟，晨钟鸣响，宫中嫔妃即起而梳妆。

㉑ **春饮方归，纱帽半淹邻舍酒**　半淹：一作"半掩"。阮籍的邻居开着一家酒店，阮籍和好友王安丰常到该酒店饮酒。饮毕，歪戴着乌纱帽，醉醺醺地回家。（见《世说新语·任诞》）

㉒ **早朝初退，衮衣微惹御炉香**　衮衣：古代帝王或公侯的绣有龙图的礼服。[唐]岑参《寄左省杜拾遗》诗云："晓随天仗（皇帝驾前的仪仗）入（上朝），暮惹（沾染）御香（宫中御案上火炉的香气）归。"[唐]贾至《早朝大明宫》诗云："剑佩身随玉墀（铺砌玉石的台阶）步，衣冠犹惹御炉香。"

㉓ **荀孟**　荀子和孟子。二人都是儒家大师，但荀子主性恶，孟子主性善。荀孟的不同不在于儒家"仁"的思想的差异。

㉔ **老庄**　老子和庄子。春秋战国时道家的主要思想家。老子是道家的创始人，庄子继承和发展了老子的思想，故把"老庄"并称。

㉕ **鬒柳**　垂柳。鬒：柳条下垂。[唐]岑参《送郭乂杂言》云："朝歌（今河南淇县，殷商的都城）城边柳鬒（垂）地，邯郸道上花扑人。"

㉖ **仙宫**　本指上帝或仙人居住之处。神话传说中嫦娥仙子居住在月亮

上，因称月亮为"仙宫"。此处"仙宫"当指以成仙得道为追求的道家所居之"仙馆"（亦称"道观"），恰与"佛寺"对应。《晋书·许迈传》云："立精舍于悬溜（指高山陡崖有水的地方），而往来于茅岭之洞室，放绝（脱离）世务，以寻仙馆。"　　**梵宇**　佛寺。［南朝陈］江总《摄山栖霞寺山房夜坐》云："梵宇调心易，禅庭数息（佛教的静修方法。数自己呼吸的次数，从一到十，循环往复，去除杂念，恬静宁一）难。"

㉗ **风月窟，水云乡**　风月窟：亦作"风月场"，情场。多指妓院。［元］关汉卿《谢天香》楔子云："老天生我多才思，风月场中肯让人。"水云乡：水云弥漫，风景清幽的地方。多指隐者游居之地。［宋］苏轼《南歌子·别润守许仲途》词云："一时分散水云乡，惟有落花芳草断人肠。"

㉘ **暖烟香霭霭**　寺院焚香之暖烟云雾缭绕。［宋］陆游《送佛照光老赴径山》诗云："御香霭霭云共布，法音浩浩潮收声。"

㉙ **寒烛影煌煌**　寒夜灯烛之亮光闪闪晃动。［宋］王诜《忆故人》词云："烛影摇红向夜阑，乍酒醒，心情懒。"［唐］陈羽《同韦中丞花下夜饮赠歌人》诗云："银烛煌煌半醉人，娇歌宛转动朱唇。"

㉚ **伍子欲酬渔父剑**　战国时期，楚兵追捕誓为父兄报仇的伍子胥。子胥逃至鄂渚（长江），渔父帮他渡过。子胥用三世传家之宝七星剑酬谢渔父，渔父不受。子胥遂逃往吴国。后借吴兵打回楚国，并掘墓鞭打楚平王之尸。（见《东周列国志》）

㉛ **韩生尝窃贾公香**　西晋大臣贾充，三国时期即成为司马氏的心腹，后参与司马氏代魏立晋的密谋。其女贾午与韩寿私通，并偷走晋武帝赠给贾充的西域奇香送给韩寿。贾充发现他们的私通关系后，不得已把女儿许给韩寿为妻。后来人们以"偷香"比喻男女私通。（见《晋书·贾充传·附贾谧》）

㉜ **三月韶光，常忆花明柳媚**　三月春光美好，人们常忆花明柳媚。［元］张养浩《双调·胡十八》曲云："正值花明柳媚人寒食（三月三日寒食节），齐歌着寿词，满斟着玉杯，愿合堂诸贵宾，都一般满千岁。"［唐］温庭筠《春洲曲》："韶光染色如娥翠，绿湿红鲜水容媚。"

㉝ **一年好景，难忘橘绿橙黄**　秋天硕果丰收，人们难忘橘绿橙黄。［宋］苏轼《赠刘景文》诗云："一年好景君须记，最是橙黄桔（橘）绿时。"［宋］吕声之《桂花》诗云："独占三秋压众芳，何夸橘绿与橙黄。"

八　庚

shēn duì qiǎn　zhòng duì qīng　yǒu yǐng duì wú shēng　fēng yāo duì dié chì　sù zuì
深对浅，重对轻。有影对无声①。蜂腰对蝶翅②，宿醉
duì yú chéng　tiān běi quē　rì dōng shēng　dú wò duì tóng xíng　hán bīng sān chǐ
对余酲③。天北缺④，日东生⑤。独卧对同行。寒冰三尺
hòu　qiū yuè shí fēn míng　wàn juàn shū róng xián kè lǎn　yì zūn jiǔ dài gù rén
厚⑥，秋月十分明⑦。万卷书容闲客览⑧，一樽酒待故人
qīng　xīn chǐ táng yuán　yàn kàn ní cháng zhī qǔ　yì jiāo chén zhǔ　bǎo wén yù shù
倾⑨。心侈唐元，厌看霓裳之曲⑩；意骄陈主，饱闻玉树
zhī gēng
之赓⑪。

xū duì shí　sòng duì yíng　hòu jiǎ duì xiān gēng　gǔ qín duì shě sè　bó hǔ
虚对实，送对迎。后甲对先庚⑫。鼓琴对舍瑟⑬，搏虎
duì qí jīng　jīn kē zā　yù yǔ duì jīn jīng　huā jiān shuāng fěn
对骑鲸⑭。金匼匝⑮，玉玑琤⑯。玉宇对金茎⑰。花间双粉
dié　liǔ nèi jǐ huáng yīng　pín lǐ měi gān lí huò wèi　zuì zhōng yàn tīng guǎn xián
蝶⑱，柳内几黄莺⑲。贫里每甘藜藿味⑳，醉中厌听管弦
shēng　cháng duàn qiū guī　liáng chuī yǐ qīn chóng bèi lěng　mèng jīng xiǎo zhěn　cán chán
声㉑。肠断秋闺，凉吹已侵重被冷㉒；梦惊晓枕，残蟾
yóu zhào bàn chuāng míng
犹照半窗明㉓。

yú duì liè　diào duì gēng　yù zhèn duì jīn shēng　zhì chéng duì yàn sài　liǔ niǎo
渔对猎，钓对耕。玉振对金声㉔。雉城对雁塞㉕，柳袅
duì kuí qīng　chuī yù dí　nòng yín shēng　ruǎn zhàng duì huán zhēng　mò hū sōng chǔ
对葵倾。吹玉笛㉖，弄银笙㉗。阮杖对桓筝㉘。墨呼松处
shì　zhǐ hào chǔ xiān shēng　lù yì hǎo huā pān yuè xiàn　fēng cuō xì liǔ yà fū
士㉙，纸号楮先生㉚。露浥好花潘岳县㉛，风搓细柳亚夫
yíng　fǔ dòng qín xián　jù jué zuò zhōng fēng yǔ zhì　é chéng shī jù　yīng zhī chuāng
营㉜。抚动琴弦，遽觉座中风雨至㉝；哦成诗句，应知窗
wài guǐ shén jīng
外鬼神惊㉞。

注解

① **有影无声** 诗人赏月好写明月有影、月移无声。［宋］苏轼《中秋月》："暮云收尽溢清寒，银汉无声转玉盘（月亮）。"［元］杨载《景阳宫望月》："大地山河微有影，九天风露寂无声。"

② **蜂腰** 蜂腰很细，常用来比喻最差弱处。［宋］苏轼《和流杯石上草书》诗云："蜂腰鹤膝（诗词声律'八病'中的两种毛病）嘲希逸（南朝宋谢庄，字希逸，善词赋），春蚓秋蛇（比喻书法拙劣）病子云（南朝萧梁，字子云，善草书隶书）。" **蝶翅** 蝴蝶身子虽小，翅膀大如花板、手扇。［元］王和卿《醉中天·咏大蝴蝶》曲云："两翅驾东风，三百座名园一采一个空。谁道风流种？唬杀寻芳的蜜蜂。轻轻的飞动，把卖花人扇过桥东。"

③ **宿醉** 酒后隔夜仍有醉意。［唐］白居易《洛桥寒食作》诗云："宿醉头仍重，晨游眼乍明。" **余酲** 犹宿醉。喝醉后仍神志不清。［唐］刘禹锡《和牛相公题姑苏所寄太湖石兼寄李苏州》诗云："烦热近还散，余酲见便醒"。

④ **天北缺** 神话传说，共工氏与颛顼（一说与祝融）争夺帝位，共工怒触不周山，天柱折，地维绝；天倾西北，地不满东南。女娲炼五色石以补天，断鳌足以立四极。（见《淮南子》）

⑤ **日东生** 《三国志·蜀志》云："日生于东，而没于西。"［南朝梁］江淹《石劫赋》云："日照水而东升。"

⑥ **寒冰三尺厚** 形容某事情的发生绝非偶然，是长期积累的结果。［明］朱有炖《赛娇容》云："中原天气十分冷，冰厚三尺，非一日之寒。"［汉］王充《论衡·状留》云："河冰结合，非一日之寒；积土成山，非斯须（短时间）之作。"

⑦ **秋月十分明** 中秋月亮圆而明。［唐］季朴《中秋》诗云："皓魄（明月）当空宝镜（形容圆月）升，云间仙籁（仙界的音响）寂无声。平分秋色一轮满，长伴云衢（云路）千里明。"

⑧ **万卷书容闲客览** 这是鼓励苦读的言。［唐］杜甫《柏学士茅屋》诗云："古人已用三冬足，年少今开万卷余……富贵必从勤苦得，男儿须读五车书。"

⑨ **一樽酒待故人倾** 这是热情待客的行。［唐］王维《送元二使安西》诗云："劝君更尽一杯酒，西出阳关无故人。"［唐］于武陵《劝酒》诗云：

"劝君金屈卮（名贵酒器），满酌不须辞。"［唐］李贺《致酒行》诗云："零落栖迟（潦倒游息）一杯酒，主人奉觞客长寿。"

⑩ **心侈唐元，厌看霓裳之曲** 唐元：本为"唐玄"，即唐玄宗。霓裳之曲：即"霓裳羽衣曲"。传说唐玄宗开元年间，西凉节度使杨敬述把西凉的名曲"婆罗门曲"献给唐玄宗，经玄宗润色并加歌词，改名为"霓裳羽衣曲"。杨贵妃善跳"霓裳羽衣舞"，着力表现虚无缥缈的仙境和仙女形象，讨玄宗喜爱。安史之乱时，玄宗逃到马嵬驿，妻兄杨国忠被士兵杀死，杨贵妃缢死，心侈的玄宗已无兴趣欣赏"霓裳羽衣曲"，此曲随之散失。（见《唐会要·诸乐》）另有《天宝遗事》说法是："明皇尝游月宫，见霓裳羽衣之曲，归而选宫娥数十人习之。"

⑪ **意骄陈主，饱闻玉树之赓** 赓：继续。南朝陈后主陈叔宝，在位时大建宫室，生活奢侈，天天与妃嫔、文臣游宴，制作《玉树后庭花》《临春乐》等艳词取乐。隋朝兵马逼近江岸时，恃长江天险，不以为意，继续娱乐侈靡。不久，隋军攻入建康（今南京），陈后主被俘，陈朝灭亡。（见《南史·陈后主纪》）

⑫ **后甲先庚** 《易经·蛊》有"先甲三日，后甲三日"说；《易经·巽》有"先庚三日，后庚三日"说。对它们的解释，说法不一。但唐代孔颖达编的《五经正义》用三国魏玄学家王弼之说，认为甲、庚都指"命令"，即先后申令各三次，使众人都知道。

⑬ **鼓琴** 弹琴。《诗经·小雅·鹿鸣》云："我有嘉宾，鼓瑟鼓琴。"春秋战国时期晋国的上大夫、著名的琴师伯牙，善鼓琴，钟子期善听。每有曲子弹奏，钟子期总能寻根究源，道出它的情趣。伯牙乃舍（放下）琴感叹地说："您听曲子，想象真像我的心意啊。我的琴声哪能逃过你的耳朵呢？"（见《吕氏春秋·伯牙鼓琴》） **舍瑟** 舍：放下。孔子听完学生子路、冉求、公西赤三人谈了自己的治国志向后，又问曾点（曾参之父）的想法。曾点正在弹瑟，听到老师发问，"舍瑟而作"（放下瑟站起来），说："我愿在春末时节，带几个青少年到沂水洗洗澡，在祈雨台上吹吹风，然后唱着歌快乐地回家去。"孔子说："好！"（见《论语·先进》）

⑭ **搏虎** 春秋时期，晋国勇士冯妇善于搏虎。（参见上卷"二冬"注③）《水浒传》里也有武松酒后上景阳冈乱拳打死猛虎、为民除害的故事，旷世流传。 **骑鲸** 唐代诗人李白与族人李阳冰泛舟游览采石矶，边观山水边饮酒。不久，李白大醉，看见水中月影，疯狂叫喊："捉住它！捉住

它！"纵身跃入水中，结束其生命。传说他于水中骑鲸上了西天。后以"骑鲸"作为文人隐遁或死亡的代称。李白曾自称为"海上骑鲸客"。陆游在《长歌行》中写道："人生不作安期生（传说曾习黄老学说，在东海边卖药，后成居海上之神仙），醉入东海骑长鲸。"

⑮ **金叵匜** 金马笼头。[唐] 杜甫《送蔡希鲁都尉还陇右》诗云："马头金叵匜，驼背锦模糊。"

⑯ **玉玜玲** 玉石相击声。[唐] 殷文圭《玉仙道中》诗云："山势北蟠龙偃蹇，泉声东漱玉玲玜。"

⑰ **玉宇** 传说中神仙的住所，也指华丽宏伟的宫殿。[唐] 李华《含元殿赋》云："玉宇璇阶，云门露阙。" **金茎** 汉武帝所建承露盘的铜柱。[西汉] 班固《西都赋》诗云："抗仙掌以承露，擢双立之金茎。"

⑱ **花间双粉蝶** 蝴蝶在花丛中飞舞。[南朝梁] 简文帝《咏蛱蝶》诗云："复此从凤蝶，双双花上飞。"《水浒传·三十七回》诗云："枝上子规啼夜月，园中粉蝶宿花丛。"

⑲ **柳内几黄莺** 黄莺在柳林间穿梭。[宋] 陈允平《六丑》词云："自清明过了，渐柳底（柳林内），莺梭慵掷（黄莺懒得穿梭）。"

⑳ **贫里每甘藜藿味** 贫困时，天天吃粗劣的食物也觉得味道甜美。藜藿：藜草和豆叶，泛指粗劣的食物。[北宋] 欧阳修《送秘书丞宋君归太学序》云："陋巷之士，甘藜藿而修仁义。"

㉑ **醉中厌听管弦声** 酒醉时，想睡觉而厌听管弦声。[北宋] 周邦彦《满庭芳·风老莺雏》词云："憔悴江南倦客，不堪听、急管繁弦。歌筵畔，先安簟枕（竹枕头），容我醉时眠。"[唐] 李白《山中与幽人对酌》诗云："我醉欲眠卿且去，明朝有意抱琴来。"

㉒ **肠断秋闺，凉吹已侵重被冷** 秋闺：秋日的闺房，指易引秋思之所。凉吹：冷

秋思

风；秋风。〔南北朝〕阴铿《秋闺怨》诗云："独眠虽已惯，秋来只自愁。火笼恒暖脚，行障镇床头。眉含黛俱敛，啼将粉共流。谁能无别恨，惟守一空楼。"

㉓ **梦惊晓枕，残蟾犹照半窗明** 残蟾：黎明的月亮。本句是宋朝葛长庚《瑞鹤仙·残蟾明远照》词作内容的化用。葛长庚原词云："残蟾明远照。正一番霜讯，四山秋老……念归期相近，梦魂无奈，不为罗轻寒悄。"

㉔ **玉振金声** 金钟、玉磬响声远扬。《晋书·卫玠传》诗云："吐金声于中朝，复玉振于江表。"也常用来比喻圣贤功名远扬。《孟子·万章下》云："孔子之谓集大成。集大成也者，金声而玉振之也。"

㉕ **雉城** 犹雉堞。泛指城墙。古代以雉鸟飞一次之距离为计算城墙面积的单位，长三丈、高一丈为一雉。〔宋〕秦观《望海潮·越州怀古》词云："鸳瓦雉城，谯门画戟，蓬莱燕阁三休。" **雁塞** 山名。〔南朝齐〕刘澄《梁州记》云："梁州县（今陕西汉中一带）界有雁塞山，传云此山有大池水，雁栖集之，故因名曰'雁塞'。"后来泛指北方边塞为"雁塞"。

㉖ **吹玉笛** 古乐府歌曲中之"笛中曲"。历代名家多有吹玉笛之作。〔唐〕李白《与史郎中钦听黄鹤楼上吹笛》诗云："黄鹤楼（在武汉）中吹玉笛，江城（指武汉）五月落梅花。"落梅花：指黄鹤楼上吹奏《梅花落》曲的笛声，而非指寒冬才开放的梅花。

㉗ **弄银笙** 吹笙。神话传说，周灵王的太子王子乔爱吹笙作凤鸣声，被浮丘公引往嵩山修炼。三十多年后，他在缑氏山顶上向世人挥手告别，升天而去。〔唐〕刘希夷《嵩岳闻笙》诗云："仙人不可见，乘月近吹笙。绛唇吸灵气，玉指调真声。"

㉘ **阮杖** 西晋阮籍之侄阮脩，精通《易经》《老子》，善清谈，不求做官，不注重人情世故。常肩头负杖步行，以百钱挂于杖头，至酒店，入内独饮。（见《晋书·阮籍传》） **桓筝** 亦作"桓笛"。西晋重臣谢安，功高位显，佞臣忌恨，屡有谗言，晋武帝也对谢起疑。江州（今九江）刺史桓伊，善弹琴吹笛。一天，晋武帝召桓伊饮宴，谢安在坐。武帝邀桓伊吹笛，又请弹琴。桓伊边弹边歌《怨诗》："为君既不易，为臣良独难。忠信事不显，乃有见疑患。"声节慷慨，谢安感动而哭泣，武帝亦有愧色，对谢安不再猜疑。（见《晋书·桓伊传》）

㉙ **墨呼松处士** 文房四宝之墨，多用松材不完全燃烧凝结而成的墨色烟

灰制成，故称"松烟墨"，文人称其为"松处士"。〔三国魏〕曹植《乐府诗》云："墨出青松烟，笔出狡兔翰（长而硬的鸟兽毛）。"〔宋〕赵必象《和朱水乡韵》诗云："已落渊明后，归轪寂寞滨。旧交松处士，新宠竹夫人。"

㉚ **纸号楮先生** 楮：构树，皮可制桑皮纸，故为纸的代称。唐代诗人韩愈在《毛颖传》中称楮为"会稽楮先生"。〔宋〕裘万顷《皖山纸帐送宋居士》诗云："翦裁不惜楮先生，要护高人雪屋眠。"

㉛ **露浥好花潘岳县** 露浥：像甘露一样润泽。西晋潘岳任河阳（今河南孟津）县令时，在全县广植桃李，好花绚烂，万民称赞，并称河阳为"潘岳县"。（见《晋书·潘岳传》）

㉜ **风搓细柳亚夫营** 细柳：地名，即"细柳营"，在今陕西咸阳西南。西汉文帝时，匈奴犯汉，文帝派河内太守周勃之子周亚夫为将军，屯兵于细柳御敌，军纪严整。（见《汉书·周亚夫传》）

㉝ **抚动琴弦，遽觉座中风雨至** 春秋时期，晋国乐师师旷，目盲，善弹琴，精于辨音。晋平公问他："乐调没有比清徵更悲凉的吗？"他说："清徵不如清角。"平公让他奏清角，他说："君德薄，听之会遭灾祸。"平公执意要听，帅旷乃奏。"一奏而有玄云从西北方起；再奏之，大风至，大雨随之，裂帷幕，破俎豆，隳廊瓦。"平公吓得伏于廊下。随之，晋国大旱三年，平公病倒。（见《韩非子·十过》）

㉞ **哦成诗句，应知窗外鬼神惊** 唐代大诗人李白的《乌栖曲》诗，借描写吴王夫差由奋发图强、振兴吴国，到兴建姑苏台、迷恋西施导致亡国的史鉴，暗讽唐玄宗早期励精图治，后期宠爱杨贵妃，荒淫废政。诗人贺知章读了《乌栖曲》，不禁赞叹说："此诗可以泣鬼神矣！"（见〔唐〕孟棨《本事诗》）〔唐〕杜甫在《寄李十二白二十韵》诗中赞李白时，也说："笔落惊风雨，诗成泣鬼神。"

九　青

红对紫，白对青。渔火对禅灯①。唐诗对汉史②，释典对仙经③。龟曳尾④，鹤梳翎⑤。月榭对风亭⑥。一轮秋夜月⑦，几点晓天星⑧。晋士只知山简醉⑨，楚人谁识屈原醒⑩。绣倦佳人，慵把鸳鸯文作枕⑪；呿毫画者，思将孔雀写为屏⑫。

行对坐，醉对醒。佩紫对纡青⑬。棋枰对笔架，雨雪对雷霆。狂蛱蝶，小蜻蜓⑭。水岸对沙汀。天台孙绰赋⑮，剑阁孟阳铭⑯。传信子卿千里雁⑰，照书车胤一囊萤⑱。冉冉白云，夜半高遮千里月⑲；澄澄碧水，宵中寒映一天星⑳。

书对画，传对经。鹦鹉对鹡鸰㉑。黄茅对白荻，绿草对青萍。风绕铎㉒，雨淋铃㉓。水阁对山亭。渚莲千朵白㉔，岸柳两行青㉕。汉代宫中生秀柞㉖，尧时阶畔长祥蓂㉗。一枰决胜，棋子分黑白㉘；半幅通灵，画色间丹青㉙。

注 解

① **渔火**　渔家船上的灯火。[唐] 张继《枫桥夜泊》诗云："月落乌啼霜满天，江枫渔火对愁眠。"　　**禅灯**　佛寺中的灯火。[唐] 贾岛《送慈恩寺霄韵法师》诗云："清磬先寒角，禅灯彻晓烽（举火）。"

② **唐诗**　唐代是我国诗作最盛、名家最多的时期。　　**汉史**　汉代是我国史学最旺、名家最著的时期。

③ **释典**　亦称"佛经"，佛教的经典书籍。《梁书·庚承先传》云："玄经（亦称'仙经'，道家经典）释典，靡（无）不该（尽；皆）悉；九流七略，咸所精练。"[唐] 韩愈《华山女》诗云："街东街西讲佛经，撞钟吹螺闹宫庭。"　　**仙经**　道教的经典书籍。道家追求修行成仙。《隋书·经籍志》云："道经者，云有元始天尊，生于太元之先，禀自然之气，冲虚凝远，莫知其极，所以说天地沦坏劫数终尽，略与佛经同。"[唐] 吕岩《七言》诗云："仙经已读三千卷，古法曾持十二科。"

④ **龟曳尾**　楚王欲委庄子以重任。庄子对楚王的使者说："听说楚国有只神龟，已死三千年，楚王还把它珍藏在宗庙里供着。这只龟是愿意留下骨骸显示尊贵呢，还是愿意拖着尾巴活在泥水里？"使者说："情愿活着在烂泥里摇尾巴。"庄子说："吾将曳尾（拖着尾巴）于涂（泥水）中。"说完便头也不回地继续垂钓于濮水。（见《庄子·秋水》）

⑤ **鹤梳翎**　白鹤梳理自身的羽毛。[唐] 郑颢《续梦中十韵》诗云：

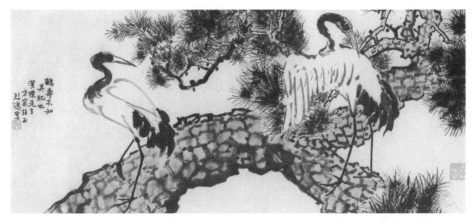

松鹤

"日斜乌敛翠，风动鹤梳翎。"鹤：亦作"白鸟"。〔唐〕温庭筠《游南塘寄知者》诗云："白鸟梳翎立岸莎，藻花菱刺泛微波。"

⑥ **月榭风亭** 月光下的水榭，清风中的凉亭。〔唐〕冯翊《桂苑丛谈·赏心亭》云："风亭月榭既已荒凉，花圃钓台未惬深旨。"

⑦ **一轮秋夜月** 中秋月亮圆如车轮。〔宋〕辛弃疾《中秋月》词云："一轮秋影转金波，飞镜又重磨。"

⑧ **几点晓天星** 天欲晓星星只几颗。〔宋〕朱长文《春晚遣怀》诗云："春华急似晓天星，谁得年年鬓发青。"晓天星，亦称"曙星"。〔唐〕刘禹锡《送张盥赴举》云："落落（零落；稀疏）如曙星之相望。"

⑨ **晋士只知山简醉** 西晋名将山简，嗜酒成癖，人称"醉山翁"。任征南将军时，镇守襄阳，常赴高阳池纵酒，烂醉方休。有童谣说："山公时一醉，径造（直接去）高阳池。日暮倒载（躺倒在车上）归，酩酊无所知。复能乘骏马，倒着白接篱（古代一种头巾）。"（见《世说新语·任诞》）

⑩ **楚人谁识屈原醒** 醒：古音为平声，读"星"。我国最早的爱国诗人屈原，对楚国统治集团的昏庸腐败极端痛恨。他在《楚辞·渔父》一文中更悲叹："举世皆浊我独清，众人皆醉我独醒。"

⑪ **绣倦佳人，慵把鸳鸯文作枕** 思夫佳人懒绣鸳鸯枕。〔唐〕温庭筠《南歌子》词云："懒拂鸳鸯枕，休缝翡翠裙，罗帐罢炉熏。近来心更切，为思君。"

⑫ **吮毫画者，思将孔雀写为屏** 吮毫：唇润毛笔，构思为文或绘画。〔清〕李绿园《歧路灯》云："各生童磨墨吮毫，发笔快的，早已有了破题、承题、小讲。"

⑬ **佩紫纡青** 亦作"纡青拖紫"，腰挂紫色或青色印绶。比喻官爵显贵。《隋书·卢思道传》云："外呈厚貌，内蕴百心，繇是则纡青佩紫，牧州典郡。"《晋书·儒林传序》云："莫不纡青拖紫，服冕乘轩。"

⑭ **狂蛱蝶** 〔唐〕元稹《酬乐天东南行诗一百韵》诗云："祖竹丛新笋，孙枝压旧梧。晚花狂蛱蝶，残蒂宿茱萸。" **小蜻蜓** 〔唐〕卢延让《句》诗云："凉雨打低残菡萏，急风吹散小蜻蜓。"

⑮ **天台孙绰赋** 东晋文学家孙绰，原籍山西平遥，后迁于会稽。以文才著称，能文能赋，尤以《游天台山赋》最著名。（见《晋书·孙绰传》）

⑯ **剑阁孟阳铭** 西晋文学家张载，字孟阳。当年，他去四川探望父亲

（在蜀郡做官），路过广元"一夫当关，万夫莫开"的天险剑阁关时，写铭文一篇，告诫川民不可凭险作乱。益州刺史将此文呈给晋武帝，武帝令将铭文刻在剑阁山上，谓之"剑阁铭"。（见《晋书·张载传》）

⑰ **传信子卿千里雁** 西汉使者苏武，字子卿，传说他被匈奴单于放逐北海牧羊时，曾借鸿雁南飞，把信绑在雁足上，给汉武帝传信，透露自己的遭遇。

⑱ **照书车胤一囊萤** 晋人车胤，幼年好学，家贫，无钱买油点灯，夏天就用薄口袋装些萤火虫，照书苦读。及长，功成名就，官至尚书郎。（见《晋书·车胤传》）

⑲ **冉冉白云，夜半高遮千里月** 千里明月被慢慢飘移的白云遮掩。这是唐代诗人李朴《中秋》中"皓魄当空宝镜升，云间仙籁寂无声。平分秋色一轮满，长伴云衢千里明"诗意的化用。

⑳ **澄澄碧水，宵中寒映一天星** 满天繁星的倒影在清澈池水中闪烁。这是宋朝词人秦观《临江仙》中"微波澄不动，冷浸一天星"词意的化用。词意是：俯视水中星星的倒影，似乎星星也是寒而湿润的。诗圣杜甫在《水会渡》中写道："迥眺（远望）积水外，始知众星干。"诗意是：仰望天空，才知道众星都是干的。

㉑ **鹦鹉** 经训练，能模仿人言的鸟。人云亦云的人，常被人们讥为"鹦鹉学舌"。《景德传灯录二八·药山惟俨和尚》云："鹦鹉学人语话，自话不得，由无智慧故。" **鹡鸰** 亦称"脊令"，鸟名。人们常以"脊令"作为兄弟的代称。《诗经·小雅·常棣》云："脊令在原（困在原野上），兄弟急难。"

㉒ **风绕铎** 殿塔的风铎响声迂回不绝。铎：风铎，悬挂于殿、塔檐下的铃铛，遇风即响。［唐］白居易《游悟真寺诗》云："前对多宝塔，风铎鸣四端。"［唐］南卓《羯鼓录》云："闻塔上风铎声，倾听久之，朝回复至寺舍。"

㉓ **雨淋铃** 亦作"雨霖铃"。传说唐玄宗因安史之乱逃往蜀（四川）地，入邪谷时，连日淋雨，栈道中闻铃声与山相应，玄宗为悼念杨贵妃，遂以雨淋和铃声作"雨淋铃"乐曲。（见《明皇杂录》）

另，北宋词人柳永参加科举考试失意，离开京都汴梁（今开封）时作《雨霖铃》词一篇。上片写清秋送别时的凄凉悲切，下片想象别后的愁苦。

全篇诉说委婉，情意深切。

㉔ **渚莲千朵白** 渚莲：水洲上的荷花。这是明朝邵宝《寄题东林寺壁》中"莲花开时千万朵，江南君臣不疑我"诗句的化用。

㉕ **岸柳两行青** 岸柳：堤岸上的柳树。这是宋朝程珌《朱生论天》中"今日重来桥上望，依然杨柳两行青"诗句的化用。

㉖ **汉代宫中生秀柞** 秀柞：指秀丽的汉代离宫"五柞宫"。《汉书·武帝纪》云："二月，行幸（帝王驾临）盩厔（今陕西周至）五柞宫（因宫内有五棵柞树，故名）。"

㉗ **尧时阶畔长祥蓂** 蓂：蓂荚，传说是一种祥瑞草的果实。〔汉〕班固《白虎通·符瑞》载：蓂草生长在宫室出入的台阶两旁。蓂荚果每月初一开始生，一日生一个，十五天生完；从十六日开始，一天落一个，到三十日落完。传说古帝唐尧时代就是按蓂荚果生、落的时间计算日月的。

㉘ **一枰决胜，棋子分黑白** 枰：围棋盘。东晋宰相王导的次子王恬，字仲豫，少年好武，秉性放诞，不拘礼法。但多技艺，善弈棋，号称"中兴第一"。（见《晋书·王导传》）〔唐〕韩愈《送灵师》诗云："围棋斗白黑，生死随机权。"〔宋〕欧阳修《新开棋轩呈元珍表臣》诗云："独收万虑心，于此一枰竞。"

㉙ **半幅灵通，画色间丹青** 半幅灵通：指画作奇妙，与神灵相通。丹青：中国古代绘画常用红、青两色，故称画为"丹青"。晋代画家顾恺之，博学多能，"尤好丹青，妙绝于时。曾以一厨（柜）画寄（存放）桓玄……玄乃发（开）厨后取之，好加理复（把原封条封好）。恺之见封题（封条）如初，而画并不存，直云（说）'妙画通灵，变化而去，如人之登仙矣'。"（见〔南朝宋〕檀道鸾《续晋阳秋》）

十　蒸

新对旧，降对升。白犬对苍鹰①。葛巾对藜杖，涧水对池冰。张兔网，挂鱼罾②。燕雀对鲲鹏③。炉中煎药火④，窗下读书灯⑤。织锦逐梭成舞凤⑥，画屏误笔作飞蝇⑦。宴客刘公，座上满斟三雅爵⑧；迎仙汉帝，宫中高插九光灯⑨。

儒对士，佛对僧。面友对心朋⑩。春残对夏老⑪，夜寝对晨兴⑫。千里马⑬，九霄鹏⑭。霞蔚对云蒸⑮。寒堆阴岭雪⑯，春泮水池冰⑰。亚父愤生撞玉斗⑱，周公誓死作金縢⑲。将军元晖，莫怪人讥为饿虎；侍中卢昶，难逃世号作饥鹰⑳。

规对矩㉑，墨对绳㉒。独步对同登。吟哦对讽咏㉓，访友对寻僧㉔。风绕屋㉕，水襄陵㉖。紫鹄对苍鹰。鸟寒惊夜月㉗，鱼暖上春冰㉘。扬子口中飞白凤㉙，何郎鼻上集青蝇㉚。巨鲤跃池，翻几重之密藻㉛；颠猿饮涧，挂百尺之垂藤㉜。

注 解

① **白犬** 亦作"苍狗"。此处指白狗抓汉皇后吕雉腋下的故事。迷信传说，汉高祖皇后吕雉之子惠帝即位后，吕雉掌握了实际政权，便杀害戚夫人及其子赵王如意。惠帝死后，她临朝称制。她猜忌多疑又迷信鬼神。一天，她带着随从出宫敬神，恍惚之中看见一只白犬向她扑来，抓她腋下，她大惊失色，卧病不起。卜算一卦，卦象是赵如意泄愤报复。从此，吕雉病势日日加重。（见《中华帝王全传·吕雉轶事》）　　**苍鹰** 猛禽。此处指汉代敢斗权贵的郅都。西汉雁门太守、中尉郅都，敢直谏，"行法不避贵戚，列侯宗室见之，侧目而视，号曰'苍鹰'。""苍鹰郅都"的大名匈奴人早有耳闻，对其也是十分忌惮，得知郅都竟然要来做雁门太守，匈奴人惊恐不已，连夜将骑兵后撤，远远地离开了雁门，一直到郅都死去，匈奴人都没能跨过雁门关。（见《史记·酷吏传》）

② **张兔网** 张开捉兔网。［唐］李白《送韩准裴政孔巢父还山》诗云："猎客张兔罝（网），不能挂龙虎。"　　**挂鱼罾** 挂起捕鱼网。罾：捕鱼和禽兽的网。［明］徐勃《送人之燕》诗云："故园稀钓侣，秋浦挂鱼罾。"

③ **燕雀** 家燕和麻雀。常用来比喻无足轻重的小人物。《史记·陈涉世家》："燕雀安（怎能）知鸿鹄（天鹅）之志。"　　**鲲鹏** 古代传说中的大鱼和大鸟。也指鲲化成的大鹏鸟。常用来比喻奋发有为的人。原文为"鹍鹏"。《庄子·逍遥游》载："北冥有鱼，其名为鲲，鲲之大，不知其几千里也。化而为鸟，其名为鹏。鹏之背，不知其几千里也。"

④ **炉中煎药火** 指道士炼制丹药。［晋］葛洪《神仙传·李少君》云："少君于安期生（传说是东海边卖药的仙人）得神丹炉火之方。"

⑤ **窗下读书灯** 指书生夜间窗下苦读。［唐］王禹偁《清明》诗云："昨日邻家乞新火，晓窗分与读书灯。"［宋］史伯疆《题刘唐叟西山书窗》诗云："白发书生夜不眠，窗下青灯半明灭。"

⑥ **织锦逐梭成舞凤** 织锦是以缎纹为底的彩花丝织品，织有龙凤鸟兽图案。［宋］丁谓《锦》诗云："灿灿冰蚕缕，翩翩舞凤文（纹）。"

⑦ **画屏误笔作飞蝇** 三国时，吴国曹弗兴以绘画名冠一时。孙权请曹弗兴画屏风，曹弗兴误把墨汁滴在画屏上，成苍蝇状，孙权以为是真蝇落在画

屏上，用手指弹之。（见《图绘宝鉴·吴》）

⑧ **宴客刘公，座上满斟三雅爵** 雅爵：高雅酒杯。三国时，刘表占据南方，好饮酒。他有三枚"雅爵"：大者称"伯雅"，能装七升酒；次者称"仲雅"，能装六升酒；三者称"季雅"，能装五升酒。宴客时，各自随量取饮。（见曹丕《典论》）

⑨ **迎仙汉帝，宫中高插九光灯** 汉武帝欲成仙，七月七日于宫中"燃九光之灯，列玉门之枣"，迎西王母临宫，望她向自己传授长生不老之术。（见班固《武帝内传》）

⑩ **面友** 表面上的朋友，交情不深，貌合神离。[汉]扬雄《法言·学行》云："朋而不心，面朋也；友而不心，面友也。" **心朋** 心意投合、相知有素的朋友。[宋]蔡襄《春夜亭待月有怀》诗云："心朋隔万里，独坐起忧叹。"

⑪ **春残** 残春。[宋]陆游《春残》诗云："石镜山前送落晖，春残回首倍依依。" **夏老** 晚夏。[唐]骆宾王《送吴七游蜀》诗云："夏老兰犹茂，秋深柳尚繁。"

⑫ **夜寝** 晚睡。《管子·乘马》云："是故夜寝早起，父子兄弟不忘其功，为之不倦，民不惮劳苦。" **晨兴** 早起。[晋]陶渊明《归园田居》诗云："晨兴理荒秽，带月荷锄归。"

⑬ **千里马** 骏马，日行千里，形容速度极快。《战国策·燕策》："臣闻古之君人，有以千金求千里马者，三年不能得。"

⑭ **九霄鹏** 即鹍鹏。（参见本韵注③）

⑮ **霞蔚云蒸** 亦作"云兴霞蔚"，形容云气升腾，景色绚烂。[宋]楼钥《兰亭别丁杲卿》诗云："龙盘凤翥无奇画，霞蔚云蒸有旧山。"《世说新语·言语》云："千岩竞秀，万壑争流，草木蒙笼其上，若云兴霞蔚。"

⑯ **寒堆阴岭雪** 大寒阴岭积雪不化。阴岭：山岭的北面，特指秦岭终南山北面。这是唐代诗人祖咏《终南望余雪》中"终南阴岭秀，积雪浮云端"诗句的化用。

⑰ **春泮水池冰** 春暖池冰慢慢消融。这是南朝宋诗人谢灵运《折杨柳行》中"未觉泮（溶化）春冰，已复谢秋节"诗句的化用。

⑱ **亚父愤生撞玉斗** 刘邦攻占秦都咸阳，欲称王关中，项羽决计破刘邦。刘邦亲临鸿门向项羽谢罪，项羽留刘邦宴饮。宴会上，项庄舞剑欲刺刘

邦，刘邦借口去厕所逃走，并托张良代向项羽赠白璧一双，向亚父范增赠玉斗一双。项羽欣然受璧，置于座上；而亚父受玉斗，置之地上，拔剑撞而破之，愤怒地说："夺项王天下者，必沛公（刘邦）也。"（见《史记·项羽本纪》）

⑲ **周公誓死作金縢** 周武王灭商第二年，患了重病。周公旦设祭坛向先祖发誓，愿代武王去死，以留武王继续治理天下。祈祷毕，命史官把誓词典册封存于"金縢之柜"中。武王死后，周公辅佐年幼的成王摄政，管叔、蔡叔放流言蜚语，说周公欲夺天下，成王亦起疑虑。周公遂避居于东都不出。后来，成王打开"金縢柜"，览誓词，方知周公之忠勤，执书而泣，遂迎周公归成周。（见《尚书·金縢》）

⑳ **将军元晖，莫怪人讥为饿虎；侍中卢昶，难逃世号作饥鹰** 北朝时，北魏侍中、右卫将军元晖，无德无才，却深受北魏宣武帝元恪的亲宠，凡宫中机要之事，全交元晖藏于密柜，其他大臣无有知者。侍中卢昶也深受宣武帝器重。他俩专横贪纵，时人称之为"饿虎将军，饥鹰侍中"。（见《魏书·常山王尊传附拓跋晖》）

㉑ **规矩** 校正方圆的器具。《荀子·儒效》云："设规矩，陈方圆，便备用，君子不如工人。"人们常用"规矩"比喻法度、准则。《史记·礼书》云："人道经纬万端，规矩无所不贯。" **墨绳** 木匠画直线用的工具。《庄子·逍遥游》云："吾有大树，人谓之樗（臭椿），其大本（树干）臃肿（弯曲又疙瘩）而不中（符合）绳墨。"人们也常用"绳墨"比喻法度、准则。

㉒ **独步** 独自步行。《汉书·李陵传》云："昏后，陵便衣独步出营。"又比喻人才无与伦比。东汉戴良，字叔鸾，有高才，而隐居不做官。议论奇特，多骇（惊扰）流俗。同郡谢季孝问他："子自视天下孰（谁）为比？"戴良说："我若（就像）仲尼长东鲁，大禹出西羌，独步天下，谁与为偶？"（见《后汉书·戴良传》） **同登** 一同攀登。[唐]郑谷《为户部李郎中与令季端公寓止渠》诗云："轻舟共泛花边水，野屐同登竹外山。"又比喻古时科举考试同榜登科，或同时做官。[明]谢谠《四喜记·怡情旅邸》诗云："题名共列黄金榜，献策同登白玉墀（宫殿前的石阶，借指朝廷）。"

㉓ **吟哦** 有节奏地诵读。[宋]虞俦《护客高邮道中舟中读简斋十月诗因和其韵》诗云："蓬底吟哦诗有味，胸中磊魂酒无欢。" **讽咏** 背诵朗读。[晋]张华《博物志》云："听诵诗书讽咏之音，不听淫声，不视邪色。"

㉔ **寻僧** 寻找僧人。[宋] 陆游《物外杂题》诗云："送客停山步，寻僧立寺门。"[宋] 翁卷《寻僧》诗云："秋净日晖晖，间行风满衣。寻僧虽不遇，折得菊花归。"特指"寻唐僧"，是古时一种三人抓阄的酒令游戏。用纸阄分别写上唐僧、孙悟空和妖精之名，各抓一纸。抓到孙悟空者，寻谁是唐僧，猜对时，唐僧饮酒一杯；猜错时，与妖精拇战（猜拳），输者，饮酒一杯。（见 [明] 王征福《拇战谱》）

㉕ **风绕屋** 风绕屋子旋转。[明] 王朗《浣溪沙·春愁》词云："抱月怀风绕夜堂（屋）。看花写影上纱窗。"

㉖ **水襄陵** 大水漫上丘陵。《尚书·尧典》云："汤汤洪水方割（祸害四方），荡荡怀（包围）山襄陵（漫淹丘陵），浩浩滔天。"

㉗ **乌寒惊夜月** 乌寒，即寒乌，诗人指的是寒秋的乌鸦和喜鹊。乌鹊对光线极敏感，日出日落、月出月落，甚至日蚀月蚀时，都会惊动不安，乱飞乱叫。[宋] 辛弃疾《西江月·夜行黄沙道中》词云："明月别枝（指明月落了，告别了树枝）惊鹊。"这是月亮落时惊鹊。[宋] 周邦彦《蝶恋花·早行》词云："月皎惊乌栖不定。"这是月亮出时惊乌。

㉘ **鱼暖上春冰** 春暖冰溶，鱼儿跳上水面的薄冰。《礼记·月令》云："孟春（春季第一月）之月……东风解冻，蛰虫始振，鱼上冰，獭祭鱼，鸿雁来。"

㉙ **扬子口中飞白凤** 西汉哲学家扬雄，说话口吃，以文章著名。早年曾模仿司马相如文风，作《长杨》《甘泉》《羽猎》等名赋。后来转而主张一切应以"五经"为准则，自己还仿《论语》作《法言》，仿《易经》作《太玄》，而把辞赋视为"雕虫小技"。有人讽刺他玄学尚不通，竟写《太玄》。但他极为欣赏自己的《太玄》，说："著《太玄》，梦自己口中吐凤凰，集于《太玄》之上，顷而灭。"（见《西京杂记·卷二》）

㉚ **何郎鼻上集青蝇** 三国魏玄学家何晏，少年即以貌美而出名，"美姿仪，面至白"，人称"傅粉何郎"。及长，娶魏公主，官至侍中尚书。一天，何晏求相面师管辂卜卦，说："我连日做梦，几十头青蝇聚集于我的鼻子上，这意味着什么？我能升任三公（太尉、司徒、司空）吗？"管辂说："鼻是天中之山，高而不危，所以能长守富，而恶臭的苍蝇集聚鼻上，是灾祸、衰败的征兆，不可不警惕。希望你上追文王之旨，下行为民之义，然后，三公可当，青蝇可退。"管辂的舅父说他说话太直爽，会得罪何晏。管辂说："与死人

语,有何可畏?"十多天后,何晏即被司马懿杀死。(见《三国志·魏志·何晏传》)

㉛ **巨鲤跃池,翻几重之密藻**　　[唐]杜牧《石池》诗云:"惊鱼翻藻叶,浴鸟上松根。"

㉜ **颠猿饮涧,挂百尺之垂藤**　　[唐]李洞《岁暮自广江至新兴往复中题峡山寺》诗云:"鹭巢行卧柳,猿饮倒垂藤。"[唐]代萧诠《猿》诗云:"隔岩还啸侣,临潭自响空。挂藤疑取饮,吟枝似避弓。"

松猿图

十一　尤

róng duì rǔ　xǐ duì yōu　yè yàn duì chūn yóu　yān guān duì chǔ shuǐ　shǔ quǎn
荣对辱，喜对忧。夜宴对春游。燕关对楚水[1]，蜀犬
duì wú niú　chá dí shuì　jiǔ xiāo chóu　qīng yǎn duì bái tóu　mǎ qiān xiū shǐ
对吴牛[2]。茶敌睡[3]，酒消愁[4]。青眼对白头[5]。马迁修史
jì　kǒng zǐ zuò chūn qiū　shì xìng zǐ yóu cháng fàn zhào　sī guī wáng càn qiǎng
记[6]，孔子作春秋[7]。适兴子猷常泛棹[8]，思归王粲强
dēng lóu　chuāng xià jiā rén　zhuāng bà chóng jiāng jīn chā bìn　yán qián wǔ jì
登楼[9]。窗下佳人，妆罢重将金插鬓[10]；筵前舞妓，
qǔ zhōng hái yào jǐn chán tóu
曲终还要锦缠头[11]。

chún duì chǐ　jiǎo duì tóu　cè mǎ duì qí niú　háo jiān duì bǐ dǐ　qǐ
唇对齿，角对头。策马对骑牛[12]。毫尖对笔底[13]，绮
gé duì diāo lóu　yáng liǔ àn　dí lú zhōu　yǔ yàn duì tí jiū　kè chéng jīn
阁对雕楼。杨柳岸[14]，荻芦州[15]。语燕对啼鸠。客乘金
luò mǎ　rén fàn mù lán zhōu　lǜ yě gēng fū chūn jǔ sì　bì chí yú fù wǎn
络马[16]，人泛木兰舟[17]。绿野耕夫春举耜[18]，碧池渔父晚
chuí gōu　bō làng qiān céng　xǐ jiàn jiāo lóng dé shuǐ　yún xiāo wàn lǐ　jīng kàn diāo
垂钩[19]。波浪千层，喜见蛟龙得水；云霄万里，惊看雕
è héng qiū
鹗横秋[20]。

ān duì sì　diàn duì lóu　jiǔ tǐng duì yú zhōu　jīn lóng duì cǎi fèng　fén shǐ
庵对寺，殿对楼。酒艇对渔舟。金龙对彩凤，豮豕[21]
duì tóng niú　wáng láng mào　sū zǐ qiú　sì jì duì sān qiū　fēng luán fú dì
对童牛。王郎帽[22]，苏子裘[23]。四季对三秋。峰峦扶地
xiù　jiāng hàn jiē tiān liú　yì wān lǜ shuǐ yú cūn xiǎo　wàn lǐ qīng shān fó sì
秀[24]，江汉接天流[25]。一湾绿水渔村小[26]，万里青山佛寺
yōu　lóng mǎ chéng hé　xī shèng chǎn wēi ér huà guà　shén guī chū luò　yǔ wáng
幽[27]。龙马呈河，羲圣阐微而画卦[28]；神龟出洛，禹王
qǔ fǎ yǐ chén chóu
取法以陈畴[29]。

注 解

①**燕关** 泛指古燕国地域的关口、要塞，即今之京、冀、辽等部分地区。特指今之山海关。[元] 周伯琦《野狐岭》诗云："其阴控朔部，其阳接燕关。" **楚水** 泛指古楚国地域的江河湖泽，即今之湘、鄂、豫等部分地区，特指今陕西商县西乳河（一名"乳水"）。[北魏] 郦道元《水经注·丹水》云："楚水注之，水源出上洛县西南楚山。昔四皓（即'商山四皓'）隐于楚山，即此山也。其水……北转入丹水。"

②**蜀犬** 古蜀国地区，多雨雾，见日少，日出，蜀地之犬就对着太阳狂吠，故有"蜀犬吠日"之典。比喻少见多怪。[唐] 柳宗元《答韦中立论师道书》云："仆（柳宗元自谦）往闻庸、蜀之南，恒雨少日，日出则犬吠。"

吴牛 古吴国地区，暑天湿热，耕牛遇热即喘气。它们见了月亮，也以为是日照，则大喘，故有"吴牛喘月"之典。（见《太平御览》）晋代满奋怕风，晋武帝召见他，坐在似透风实密封的琉璃窗前，满奋有受风不安的难色，引起武帝发笑。满奋不好意思地说："臣犹吴牛，见月而喘。"（见《世说新语·言语》）

③**茶敌睡** 敌：抵抗。[宋] 陆游《残春无几述意》诗云："试笔书盈纸，烹茶睡解围。"另一首《诗茶》诗云："北窗高卧鼾如雷，谁遣茶香挽梦回？"

④**酒消愁** 曹操有"何以解忧？唯有杜康"之名句。（见《短歌行》）陆游有"闲愁如飞雪，入酒即消融"的佳话。（见《对酒》）更妙的"酒消愁"说，是古代无名氏的《四不如酒》："刀不能剪心愁，锥不能解肠结，线不能穿泪珠，火不能销鬓雪。不如饮此神圣杯，万念千忧一时歇。"（见《诗渊》）

⑤**青眼** 看人时黑眼珠在眼球的中间叫"青眼"，青眼看人表示对人的喜爱、重视。三国魏文学家阮籍，以青眼善待神交，以白眼蔑视"礼俗之士"。（见《晋书·阮籍传》） **白头** 西晋文学家潘岳，字安仁，才高，善政，相貌美，但中年即生白发。他曾赠诗给好友石崇："投分寄石友，白首同所归。"后来，二人因都得罪过中书令孙秀，被同场行刑。石崇问他："安仁你也遭此难了？"潘岳幽默地说："这就叫'白首同所归'嘛。"（见《晋

书·潘岳传》）

⑥ **马迁修史记**　西汉史学家、文学家、思想家司马迁的巨著《史记》，是我国最早的一部通史，开创了纪传体史书形式。（见《汉书·司马迁传》）

⑦ **孔子作春秋**　春秋末思想家、政治家、教育家孔子据鲁史修订的《春秋》，是我国第一部编年体史书，其文笔曲折而意含褒贬，人称"春秋笔法"。（见《史记·孔子世家》）

⑧ **适兴子猷常泛棹**　适兴：满足兴致要求。东晋黄门侍郎王徽之，字子猷，生性爱竹，与学者、画家、雕刻家戴逵（字安道）友善，家居会稽。一天夜间下大雪，他忽然想念远在剡溪的老友戴安道，便乘夜坐小船去访，一夜方到。但至戴家门口未入而返。人问其故，子猷说："吾本乘兴而行，兴尽而返，何必见戴。"（见《世说新语·任诞》）

⑨ **思归王粲强登楼**　东汉末年文学家王粲，"建安七子"之一，少有才名。汉献帝初平三年（192），因关中骚乱，王粲南下荆州投靠刘表。但客居荆州十余年，终未被刘表重用。建安九年（204），郁郁不得志的王粲久客思归，登上湖北当阳东南的麦城城楼，纵目四望，百感交集，写下了传世名篇《登楼赋》。王粲后转归曹操。

⑩ **窗下佳人，妆罢重将金插鬓**　［唐］王维《扶南曲歌词》诗云："朝日照绮窗，佳人坐临镜。散黛恨犹轻，插钗嫌未正。"

倚窗仕女

⑪ **筵前舞妓，曲终还要锦缠头** 这是唐代杜牧《赠妓》中"笑时花近眼，舞罢锦缠头"诗句的化用。

⑫ **策马** 驱马使行。[唐]韩愈《送侯参谋赴河中幕》诗云："策马谁可适，晤言谁为应。"春秋鲁国大夫孟之反，英勇而不夸功。一次，战败退兵时，他骑马殿后挡敌。部下让他快退，他"策其马曰：非敢后（不是我敢殿后挡敌）也，马不进（快跑）也"。（见《论语·雍也》） **骑牛** 指"骑牛觅牛"故事。骑着牛的人却到处寻牛。《景德传灯录九·福州大安禅师》载：大安禅师自己已成佛还要到处找佛。"师（大安禅师）即造（去访）百丈（唐代大智禅师怀海），礼而问曰：'学人欲求识佛，何者即是？'百丈曰：'大似（你真像）骑牛觅牛'。"

⑬ **毫尖** 毛笔尖。[宋]梅尧臣《水苔》诗云："深苔何所若，苦咏费毫尖。" **笔底** 笔底下，即下笔写作文章。[唐]刘禹锡《答乐天见忆》诗云："笔底心无毒，杯前胆不豞（顽劣）。"

⑭ **杨柳岸** 隋炀帝开凿通济渠（古大运河），两岸广植杨柳。[唐]白居易《隋堤柳》诗云："大业年中炀天子，种柳成行夹流水。西自黄河东至淮，绿影一千三百里。"

⑮ **荻芦州** 亦作"芦荻洲"。州，同"洲"。安徽繁昌县西北有荻港，以江岸多长芦荻而得名。[唐]杜甫《秋兴八首》诗云："请看石上藤萝月，已映洲前芦荻花。"

⑯ **客乘金络马** 金络：亦作"金匼匝"，金饰马络头。[唐]胡曾《寒食都门作》诗云："金络马衔原上草，玉颜人折路傍花。"[唐]杜甫《送蔡希鲁都尉还陇右》诗云："马头金匼匝，驼背锦模糊。"

⑰ **人泛木兰舟** 木兰舟：用木兰树木材造的船，泛指漂亮的船。[宋]晏几道《生查子》："长恨涉江遥，移近溪头住。闲荡木兰舟，误入双鸳浦。"

荷塘倩影

⑱ **绿野耕夫春举耜**　春来，农夫在田野里耕地。清初戏剧家李渔的《笠翁对韵》中有"莘野耕夫闲举耜"诗句，是写传说中商朝大臣伊尹本为商汤妻之陪嫁奴隶，后佐汤讨伐夏桀，被尊为宰相。老年，隐耕于有莘（国名）之原野。《孟子·万章上》云："伊尹耕于有莘之野，而乐尧舜之道焉。"

⑲ **碧池渔父晚垂钩**　日落，渔父在池塘边钓鱼。这是唐代诗人柳宗元《江雪》"千山鸟飞绝，万径人踪灭。孤舟蓑笠翁，独钓寒江雪"诗意的化用。

⑳ **波浪千层，喜见蛟龙得水；云霄万里，惊看雕鹗横秋**　这是唐代诗圣杜甫《奉赠严八阁老》中"蛟龙得云雨（蛟龙到水里，能翻千层波浪），雕鹗在秋天（雕鹗在秋天，可腾万里云霄）"诗句的化用。《管子·形势》云："蛟龙，水虫之神也。乘于水，则神立；失于水，则神废……故曰：蛟龙得水，而神可立也。"有了施展才能的机会和环境，则威力方现。《三国志·吴志·周瑜传》载：周瑜向孙权上疏，说："刘备以枭雄之姿，而有关羽张飞熊虎之将，必非久屈为人用者……今猥割土地以资业之，聚此三人，俱在疆场，恐蛟龙得云雨，终非池中物也。"

㉑ **豮豕**　阉割过的小猪。《周易·大畜》云："豮豕之牙，吉。"

㉒ **王郎帽**　东晋司徒左长史王濛，少年时放荡不羁，长大后克己厉行。他貌美且有才，人人喜爱。一天，他驾车上街，女人们见他的帽子破了，纷纷投给他新帽。（见《晋书·外戚传·王濛》）

㉓ **苏子裘**　战国时期，东晋纵横家苏秦，先后向秦惠王上书十次，献对付东方六国之策，以求官职。惠王嫌他平庸，不用。苏秦因久居秦国，钱财早已用尽，便穿着破烂的黑貂皮裘回到洛阳家中。家人也都冷落他，妻子不来迎接，嫂子不给他饭吃，父母也不理睬他。苏秦下决心苦读进取，誓成良才。后周游东方六国，献连横之策，终于佩上了六国相印。（见《战国策·秦策一》）

㉔ **峰峦扶地秀**　连绵的山峰将大地衬托得更加秀丽。峰峦：连绵的山峰。这是唐代僧贯休《怀武夷红石子》中"乳香诸洞滴，地秀众峰朝"诗句的化用。

㉕ **江汉接天流**　江汉：指长江与汉水。这是唐代李白《黄鹤楼送孟浩然之广陵》中"孤帆远影碧空尽，唯见长江天际流"诗句的化用。

㉖ **一湾绿水渔村小**　这是诗圣杜甫《江村》中"清江一曲抱村流，长夏

江村事事幽"诗句的化用，是描写成都郊外浣花溪畔的"杜甫草堂"之幽静田园美景。

㉗ **万里青山佛寺幽**　这是唐代张文昌《使行望悟真寺》中"采玉峰连佛寺幽，高高斜对驿门楼"和周贺《入隐静寺途中作》中"乱云遥远寺，入路认青松……更问樵人院（寺院），犹言过数峰"诗句的化用，是描写幽静的佛寺掩映在深山茂林之中。

㉘ **龙马呈河，羲圣阐微而画卦**　传说中，上古伏羲氏时期有龙马背负"河图"出现在黄河水面，又有神龟背负"洛书"出现在洛水水面。伏羲氏根据河图洛书画成八卦，这就是《易经》的来源。（见《易经·系辞上》）

㉙ **神龟出洛，禹王取法以陈畴**　传说夏禹治理洪水时，神龟负文（背驮洛书，即"洪范九畴"）出现于洛水，夏禹据此文定出九条办法，作为治国之道。（见《尚书·洪范》）

眉对目，口对心。锦瑟对瑶琴。晓耕对寒钓①，晚笛对秋砧②。松郁郁③，竹森森④。闵损对曾参⑤。秦王亲击缶⑥，虞帝自挥琴⑦。三献卞和尝泣玉⑧，四知杨震固辞金⑨。寂寂秋朝，庭叶因霜摧嫩色⑩；沉沉春夜，砌花随月转清阴⑪。

前对后，古对今。野兽对山禽⑫。犍牛对牝马⑬，水浅对山深。曾点瑟⑭，戴逵琴⑮。璞玉对浑金⑯。艳红花弄色⑰，浓绿柳敷阴⑱。不雨汤王方剪爪⑲，有风楚子正披襟⑳。书生惜壮岁韶华，寸阴尺璧㉑；游子爱良宵光景，一刻千金㉒。

丝对竹㉓，剑对琴。素志对丹心㉔。千愁对一醉㉕，虎啸对龙吟㉖。子罕玉㉗，不疑金㉘。往古对来今㉙。天寒邹吹律㉚，岁旱傅为霖㉛。渠说子规为帝魄㉜，侬知孔雀是家禽㉝？屈子沉江，处处舟中争系粽㉞；牛郎渡渚，家家台上竞穿针㉟。

注 解

① **晓耕** ［唐］颜仁郁《农家》诗云："半夜呼儿趁晓耕，羸牛无力渐艰行，时人不识农家苦，将谓田中谷自生。" **寒钓** ［唐］柳宗元《江雪》诗云："孤舟蓑笠翁，独钓寒江雪。"

② **晚笛** 夜晚笛声。［明］徐渭《题风鸢图》诗云："春风语燕泼堤翻，晚笛归牛稳背眠。" **秋砧** 寒秋砧声。砧，捣衣石。［北周］庾信《夜听捣衣》诗云："秋砧调急节，乱杵变新声。"

③ **松郁郁** ［唐］李峤《松》诗云："郁郁高岩表，森森幽涧垂。"

④ **竹森森** ［宋］梅圣俞《细竹》诗云："森森汉宫竹，托本异孤生。"

⑤ **闵损** 孔子的早期弟子，字子骞，以孝著称。少时受继母虐待，寒冬时节，继母给其亲生子穿棉衣，而给闵损穿不保暖的芦花。损父知情后，欲休继母，闵损向父亲跪下为继母求情，说："继母在，我一人寒冷；继母去，我兄弟二人受冻。"父亲遂罢休，继母亦悔悟，从此，全家和睦。（见《史记·仲尼弟子列传》） **曾参** 即曾子，名参，字子舆，孔子的学生，以孝著称。他提出了"吾日三省吾身"的修养方法。传说他是《大学》一书的作者。后世尊他为"宗圣"。（见《史记·仲尼弟子列传》）

⑥ **秦王亲击缶** 在秦昭王约赵惠文王的渑池会上，蔺相如强逼秦昭王敲缶（秦国瓦盆），以娱赵王。（参见本卷"二萧"韵注⑪）

⑦ **虞帝自挥琴** 上古帝王虞舜，恭谨孝顺，躬行无为而治，曾作《南风歌》，弹五弦琴，祈求风调雨顺，五谷丰登。（参见上卷"十二文"注⑤）

⑧ **三献卞和尝泣玉** 春秋时期，楚国人卞和在荆山寻得一块璞玉，献给楚厉王熊眴，厉王使玉匠检验，玉匠说是石头，以欺君之罪砍断卞和的左足。楚武王熊通即位，卞和又把璞玉献给武王，武王仍以欺君之罪砍掉卞和的右足。到楚文王熊赀继位后，卞和抱玉哭于荆山之下，文王派人问其故，卞和说："吾非悲刖（断足）也，悲宝玉被视为石，贞士被认作诳人。"文王使工匠剖璞检验，果是一块宝玉，因此命名为"和氏璧"。（见《韩非子·和氏》）

⑨ **四知杨震固辞金** 东汉太尉杨震，字伯起，今陕西华阴人。他博学通经，时称"关西孔子杨伯起"。他为官清廉，憎恶贪侈骄横。昌邑令王密，夜间怀金十斤给杨震送礼，杨震说："故人（杨震自称）知君（指王密），君不

知故人，何也?"王密说:"暮夜无知者。"杨震说:"天知，神知，我知，子（你）知，何谓无知者?"王密羞愧地抱金回去了。（见《后汉书·杨震传》）

⑩ **寂寂秋朝，庭叶因霜摧嫩色**　冷清的秋天，庭院里的绿色因霜打而凋零。《史记·李斯列传》:"秋霜降者草花落，水摇动者万物作，此必然之效也。"［明］陈汝言《兰》诗云:"冬寒霜雪零，绿叶恐雕伤。"

⑪ **沉沉春夜，砌花随月转清阴**　沉静的春夜，石阶上的花影随月移而转动。清阴:清静的阴影。这是宋朝王安石《春夜》中"春色恼人眠不得，月移花影上栏杆"诗句的化用。

⑫ **野兽山禽**　非人工饲养的野生禽兽。裴松之注引三国魏鱼豢《魏略》云:"树松竹杂木善草于其上，捕山禽杂兽置其中。"

⑬ **犍牛**　阉割过的牛。［汉］许慎《说文解字》云:"犍，犗（阉割）牛也。"　　**牝马**　母马。《列子·说符》云:"秦穆公问九方皋:'何马也?'对曰:'牝（雌性鸟兽）而黄。'"

⑭ **曾点瑟**　孔子听完学生子路、冉求、公西赤三人谈了自己的志向后，又问曾点（曾参之父）的想法。曾点正在弹瑟，听到老师发问，把瑟放下，站起来说:"我愿在春末时节，带几个青少年到沂水洗洗澡，在祈雨台上吹吹风，然后唱着歌快乐地回家去。"孔子说:"好!"（见《论语·先进》）

⑮ **戴逵琴**　东晋乐师、画家戴逵，字安道，少年博学，各种巧艺无所不能，尤善弹琴瑟。他蔑视权贵，常以书画鼓瑟自乐。太宰、武陵王司马晞派人来召他弹琴，他当着来人摔碎其琴，说:"戴安道不能为王门伶人（艺人）!"（见《晋书·戴逵传》）

⑯ **璞玉浑金**　未琢的玉，未炼的金，质性天然纯美，常用以比喻人的品质纯厚。《世说新语·赏誉》:西晋吏部尚书山涛，字巨源，任用人才谨慎，不随意取舍。善于鉴识和评论人的尚书令王戎说:"目（看出）山巨源如璞玉浑金，人皆钦其宝，莫知名其器。"

⑰ **艳红花弄色**　百花弄色红艳艳。［元］马致远《赏花时弄花香满衣》曲云:"万紫千红妖弄色，娇态难禁风力摆（摇摆）。"

⑱ **浓绿柳敷阴**　柳枝扩荫绿浓浓。［宋］吴仲孚《柳》诗云:"灞桥烟水碧沉沉，万缕（柳条）低垂结翠阴（绿色树阴）。"

⑲ **不雨汤王方剪爪**　传说，商汤王时期，中原连续七年大旱，商汤王剪爪（手指甲），以己身之物为祭品，祈祷于桑林之野，求上天"无以余（我）

一人不敏（勤勉），伤民之命。"并举出六件错误自责。祷告未了，方圆数千里即下大雨。（见金履祥《通鉴前编》）

⑳ **有风楚子正披襟** 战国时期，楚顷襄王游历兰台宫时，忽然凉风吹起，楚王顿觉浑身舒适，说："快哉！庆幸寡人（自称）能与庶人（百姓）共享此风。"侍从一旁的辞赋大家宋玉说："这是送给大王独有之风，士庶人怎能共享？"楚王说："风者，天地之气，不分贵贱高下，将刮到每个人的身上，你说仅是刮给我的，有何根据？"宋玉说，风有雌雄之分，刮到宫中来的是雄风，您感到舒适；刮到穷街陋巷的是雌风，雌风"动沙堁，吹死灰，骇溷浊（污浊），扬腐余（腐烂脏脏之物）"，威胁庶人的健康和生命。宋玉的话，表面是在奉承楚王，实际是借风分雌雄而讽刺事事贵贱有别。（见宋玉《风赋》）

㉑ **书生惜壮岁韶华，寸阴尺璧** 读书学人爱惜时光，视光阴为珍贵黄金，苦读上进。韶华：美好的时光。寸阴尺璧：一寸光阴重于直径一尺的宝玉。《淮南子·原道》："圣人不贵尺之璧，而重寸之阴；时（光阴）难得而易失也。"〔三国魏〕曹丕《典论》云："古人贱尺璧而重寸阴，惧乎时之过已。"隋朝李密从小发奋读书，下决心做个有学问的人。他骑牛外出也把书挂在牛角上，抓紧时间在牛背上读书。

㉒ **游子爱良宵光景，一刻千金** 浪荡公子沉溺于享乐，视春宵比黄金贵重，尽情欢乐。一刻千金：一刻时光价值千金。〔宋〕苏轼《春宵》诗云："春宵一刻值千金，花有清香月有阴。"

㉓ **丝竹** 指我国古代八类乐器中的两类，丝类如琴瑟，竹类如管钥（笛箫）。〔唐〕陆龟蒙《大子夜歌》诗云："丝竹发歌响，假器扬清音。不知歌谣妙，声势出口心。"

㉔ **素志** 平素的心愿。〔宋〕曾巩《授中书舍人谢启》云："惟殚许国之诚，弥坚素志。" **丹心** 赤诚的忠心。〔宋〕文天祥《过零丁洋》诗云："人生自古谁无死，留取丹心照汗青（指史册）。"

㉕ **千愁一醉** 一醉解千愁。〔唐〕杜甫《落日》诗云："浊醪谁造汝？一酌散千愁。"

㉖ **虎啸龙吟** 虎哮龙鸣。〔南朝梁〕刘孝标《辩命论》云："夫虎啸风驰，龙兴云属。"形容歌声雄壮而嘹亮。〔明〕沈鲸《双珠记·风鉴通神》云："礼乐致中和，愿鼓舞于虎啸龙吟之地。"〔南朝〕刘孝先《咏竹》诗云："谁能制长笛，当为作龙吟。"

㉗ **子罕玉** 春秋时期，宋国有人拿美玉想送给孔子的弟子子罕，子罕不受。送玉人说："此玉是一块宝玉。"子罕说："你以玉为宝，我以不贪婪为宝；我如收了你的玉，你就失了'美玉'之宝，我也失了'不贪'之宝。"（见《左传·襄公十六年》）

㉘ **不疑金** 西汉御史大夫直不疑，侍从文帝时，同舍人告假回乡，误把同舍郎之金当成自己的金拿去。失金者以为是直不疑所窃，不疑没有争辩，买金给失者。误拿金者归来，把金还给失者，失者大为惭愧，尊称直不疑为"长者"。（见《汉书·直不疑传》）

㉙ **往古来今** 亦作"古往今来"，从古至今。［晋］潘岳《西征赋》云："古往今来，邈（久远）矣悠哉！"

㉚ **天寒邹吹律** 迷信传说，战国齐人邹衍精于音律，吹奏的音律能使气温变暖。《列子·汤问》云："北方有地，美而寒，不生五谷。邹子吹律暖之，而禾黍滋（生长）也。"

㉛ **岁旱傅为霖** 商朝高宗武丁，任命傅岩地方的筑墙奴隶傅说为宰相，治理国家。高宗说："若岁（就像年景）大旱，用汝（你）作霖雨。"（见《尚书·说命上》）

㉜ **渠说子规为帝魄** 子规说自己是故望帝杜宇的化身。渠，他。子规，杜鹃。（参见上卷"八齐"注⑭）

㉝ **侬知孔雀是家禽** 你认为孔雀是孔夫子家养的家禽吗？侬：你。［清］张玉书《佩文韵府》载："杨德祖年九岁，孔君平诣（去；来）其家，设果有杨梅，孔指之曰：'此君家果也。'杨（杨德祖）应声答曰：'未闻孔雀是夫子（孔子）家禽。'"

㉞ **屈子沉江，处处舟中争系粽** 楚国爱国诗人屈原，五月五日投汨罗江而死，"楚人哀其忠，贮米为粽，以吊之，相沿至今。"（见《荆楚岁时记》）时至今日，端午节这一天，很多地方还组织龙舟赛，悼念屈原。（见吴均《续齐谐记》）

㉟ **牛郎渡渚，家家台上竞穿针** 神话传说，织女是天帝的孙女，她不在天上织锦，自主下凡嫁给牛郎，生儿育女。天帝得息，大怒，强行把织女收回天庭，只许牛郎带着子女，在每年七月七日骑牛上天，由喜鹊架桥，渡天河与织女会面一次。人间女子也在这天晚上于庭院穿针引线，向织女求智巧，故称"乞巧"。（见《古诗十九首·迢迢织女星》）

十三 覃

qiān duì bǎi　liǎng duì sān　dì běi duì tiān nán　fó táng duì xiān dòng　dào yuàn

千对百，两对三。地北对天南。佛堂对仙洞①，道院

duì chán ān　shān pō dài　shuǐ fú lán　xuě lǐng duì yún tán　fèng fēi fāng huì

对禅庵②。山泼黛③，水浮蓝④。雪岭对云潭⑤。凤飞方翙

huì　hǔ shì yǐ dān dān　chuāng xià shū shēng shí fěng yǒng　yán qián jiǔ kè rì

翙⑥，虎视已眈眈⑦。窗下书生时讽咏⑧，筵前酒客日

xūn hān　bái cǎo mǎn jiāo　qiū rì mù zhēng rén zhī mǎ　lǜ sāng yíng mǔ　chūn

醺酣⑨。白草满郊，秋日牧征人之马⑩；绿桑盈亩，春

shí gōng nóng fù zhī cán

时供农妇之蚕⑪。

jiāng duì yù　kě duì kān　dé bèi duì ēn tán　quán héng duì chǐ dù　xuě

将对欲，可对堪。德被对恩覃⑫。权衡对尺度⑬，雪

sì duì yún ān　ān yì zǎo　dòng tíng gān　bú kuì duì wú cán　wèi zhēng néng

寺对云庵。安邑枣⑭，洞庭柑⑮。不愧对无惭。魏征能

zhí jiàn　wáng yǎn shàn qīng tán　zǐ lí zhāi qù cóng shān běi　dān lì chuán lái

直谏⑯，王衍善清谈⑰。紫梨摘去从山北⑱，丹荔传来

zì hǎi nán　rǎng jī fēi jūn zǐ suǒ wéi　dàn dāng yuè yī　yǎng jū shì shān gōng

自海南⑲。攘鸡非君子所为，但当月一⑳；养狙是山公

zhī zhì　zhǐ yòng zhāo sān

之智，止用朝三㉑。

zhōng duì wài　běi duì nán　bèi mǔ duì yí nán　xiū chí duì jùn jǐng　jiàn kǔ

中对外，北对南。贝母对宜男㉒。修池对浚井，谏苦

duì yán gān　qiān qǔ bǎi　èr wéi sān　wèi shàng duì zhōu kān　hǎi mén fān xī

对言甘㉓。千取百㉔，二为三㉕。魏尚对周堪㉖。海门翻夕

làng　shān shì yōng qíng lán　xīn dì zhí tóu gōng zǐ zhù　jiù jiāo yóu tuō guǎn rén

浪㉗，山市拥晴岚㉘。新缔直投公子纻㉙，旧交犹脱馆人

cān　wén dá yān tōng　yǐ tàn bīng xǐ hán guò shuǐ　yǒng hé bó yǎ　kě zhī qīng

骖㉚。文达淹通，已叹冰分寒过水㉛；永和博雅，可知青

zhě shèng yú lán

者胜于蓝㉜。

注 解

① **仙洞** 仙人居住的地方。道家追求洞中修行成仙。道家传说王屋山（在今河南济源境内）、泰山等有十大洞天、三十六小洞天。传说黄帝曾在仙都山（今浙江缙云山）第二十九洞天炼丹。（见《元和郡县志·洞天福地》）

② **道院** 道人所居之处所。[宋] 王禹偁《牡丹十六韵》诗云："仙娥喧道院，魔女逼禅庵。" **禅庵** 僧尼奉佛之寺院。[唐] 白居易《题清头陀》寺院："头陀独宿寺西峰，百尺禅庵半夜钟。"

③ **山泼黛** 泼黛，一片墨绿。[宋] 黄庭坚《诉衷情》词云："山泼黛，水挼（搓揉）蓝。"

④ **水浮蓝** 水面呈蓝色。[元] 张养浩《普天乐》词云："水挼蓝（水像揉入兰草一样，呈深青色），山横黛，水光山色，掩映书斋。"

⑤ **雪岭** 泛指雪山。云南丽江西北有雪山，又名"玉龙山"、"云岭"，山峰上插云霄，积雪终年不化。传说佛祖释迦牟尼曾在雪山修菩萨行，法号"雪山大士"，或曰"雪山童子"。《涅槃经·圣行品》云："我于尔时作婆罗门修菩萨行……住于雪山。" **云潭** 温泉潭。上有蒸气如云，故称。[宋] 鲍照《苦热行》诗云："汤泉发云潭，焦烟（热气）起石圻（曲折的石岸）。"

⑥ **凤飞方翙翙** 语出《诗经·大雅·卷阿》："凤凰于飞，翙翙（鸟飞展翅的声音）其羽。"

⑦ **虎视已眈眈** 语出《易经·颐》："虎视眈眈，其欲逐逐（接连不断）。"

⑧ **窗下书生时讽咏** 讽咏：亦作"讽诵"，朗读背诵。[唐] 隔窗鬼《题窗上》诗云："何人窗下读书声，南斗阑干北斗横。"

⑨ **筵前酒客日醺酣** 醺酣：酣醉。[宋] 范仲淹《览秀亭》诗云："开樽揖明月，席上皆应刘。敏速迭唱和，醺酣争献酬。"[元] 高文秀《遇上皇》云："微臣最小胆，则待逐日醺酣。"

⑩ **白草满郊，秋日牧征人之马** 秋季旷野里满地干熟的白草，供征人养马。《汉书·西域传》[唐] 颜师古注云：[白草]，"牛马所嗜也"。

⑪ **绿桑盈亩，春时供农妇之蚕** 春天田野里遍地碧绿的桑叶，供农妇养

蚕。[元] 黄叔美《桑间行》诗云："大姑蚕初忙，桑叶如发绿。大姑蚕已熟，桑叶如发秃。"

⑫ **德被** 普施德教。《汉书·董仲舒传》云："虐政（暴政）用于天下，而欲德教之被（遍及）四海，故难成也。" **恩覃** 广布恩泽。亦作"覃恩"，多指帝王诏令封赏或赦免。《旧唐书·王承宗传》云："顺阳和而布泽，因雷雨以覃恩。"

⑬ **权衡** 称重量用的秤。权：秤锤；衡：秤杆。《礼记·深衣》云："下齐（衣裳的下摆要高低一样）如权衡以应平。"

⑭ **安邑枣** 古时安邑（今山西运城）出产的枣子。《史记·货殖传》云："安邑千树枣，燕秦千树栗。"魏文帝说："凡枣味，莫若安邑御枣也。"

⑮ **洞庭柑** 源于洞庭山的柑子。[宋] 韩彦直《橘录》云："洞庭柑皮细而味美……熟最早，藏之至来岁之春，其色如丹。乡人谓其种自洞庭山来，故以得名。"

⑯ **魏征能直谏** 唐初政治家魏征，太宗时任谏议大夫，前后陈谏二百余事，并提出"兼听则明，偏信则暗"，力劝太宗要"居安思危，戒奢以俭"，要"任贤受谏"，要爱民。他说："君为舟，民为水；水能载舟，亦能覆舟。"（见《唐书·魏征传》）

⑰ **王衍善清谈** 西晋大臣王衍，喜谈老庄学，所发议论觉有不妥，就会像用雌黄（黄色颜料）涂改错别字一样，随口更改，时人讥笑他是"口中雌黄"。后人称言语轻率、反复多变为"信口雌黄"。（见《晋书·王衍传》）

⑱ **紫梨摘去从山北** 神话传说，涂山之北产梨，大如斗，紫色，千年一花。（见郭宪《汉武洞冥记》）

⑲ **丹荔传来自海南** 传说，唐玄宗的爱妃杨玉环爱吃鲜荔枝，海南与四川的荔枝最好，就派人骑快马从两地运到长安。（参见上卷"十三元"注⑬）[唐] 杜牧《过华清宫绝句》诗云："一骑红尘妃子笑，无人知是荔枝来。"

⑳ **攘鸡非君子所为，但当月一** 东周时期，有个小偷每天都要偷邻居家的鸡。有人劝他："这不是君子应有的行为，不要偷了。"小偷说："那请允许我每月偷一只，到明年彻底罢手。"孟子评论道："既已知道这是不义行为，应速改正，为何要等到明年？"（见《孟子·滕文公下》）

㉑ **养狙是山公之智，止用朝三** 有个养猕猴的老人，给猴子分橡子吃，每天早上三个，晚上四个，众猴均怒而不食。养猴老人就改为早上四个，晚

上三个，众猴皆悦。这就是"朝三暮四"典故的来源。（见《庄子·齐物论》）

㉒ **贝母** 多年生草本植物，百合科。这是借"百合"，祝愿新婚夫妇"百年和好"。（见《中华本草》） **宜男** 萱草的别名。传说，怀孕妇女佩戴萱草花，宜于生男孩，故称"宜男"。（见《本草纲目·草部五》）

㉓ **谏苦言甘** 谏苦：即"苦言"，逆耳的劝诫。言甘：即"甘言"，谄媚奉承的话。《史记·商君列传》云："商君曰：'语有之矣。貌言华也，至言实也；苦言药也，甘言疾也。'"

㉔ **千取百** 《孟子·梁惠王上》云："万取千焉，千取百焉，不为不多矣。苟为后义而先利，不夺不餍（文意是：在一个拥有万辆或千辆兵车的国家里，一个大臣已经占有千辆或百辆，这不能说不多吧。但这个大臣如果把贪利放在守义之上，那么，他不篡夺君位就满足不了他的贪心）。"

㉕ **二为三** 《庄子·齐物论》云："一与（加；添）言（客观存在之外的评论者）为二，二与一为三（文意是：客观存在为一体，加上我的评论，就成了二；二再加上一个评论者，就成了三。）。"

㉖ **魏尚** 西汉云中（北方地区）太守魏尚，守卫北方，军纪严明，官兵和谐，"匈奴不敢近云中"。（见《汉书·张冯汲郑传》） **周堪** 西汉名儒周堪，汉文帝时任光禄大夫，与萧望之齐名，并领尚书事，曾在未央宫石渠阁讲经。（见《汉书·周堪传》）

㉗ **海门翻夕浪** 海口晚潮波浪滚。海门：海口，内河通海之处。夕浪：夜晚的江浪。这是唐代诗人杜甫《泊岳阳城下》中"岸风翻夕浪，舟雪洒寒灯"诗句的化用。[唐]刘禹锡《杂曲歌辞·浪淘沙》诗云："八月涛声吼地来，头高数丈触山回。须臾却入海门去，卷起沙堆似雪堆。"

㉘ **山市拥晴岚** 山市日朗雾气稀。山市：山中市镇。晴岚：晴日山中的雾气。湖南潇水湘水合流处有著名的"潇湘八景"游览区，"山市晴岚"是八景之一。[宋]米芾《山市晴岚》云："乱峰空翠晴犹湿，山市岚昏近觉遥。"

㉙ **新缔直投公子纻** 春秋时期，吴国公子季札访问郑国，会见郑国宰相子产，二人一见如故，季札赠子产以缟带，子产回赠季札以纻衣。后人以"缟纻"比喻友谊深厚。（见《左转·襄公二十九年》）

㉚ **旧交犹脱馆人骖** 骖：古代三匹或四匹马拉的车子，中间的马叫"服

马"，两边的两匹马叫"骖马"。孔子再游卫国时，恰遇旧馆人办丧事，便悲痛地去吊唁，并让学生子贡解下自己车上的骖马，资助丧用。（见《礼记·檀公上》）

㉛ **文达淹通，已叹冰兮寒过水**　淹通：学问精深通达。唐代经学家盖文达，少时从大儒刘焯为师。他博学通经，尤明春秋三传。刺史窦抗召集名儒论经，盖文达依经辩举，诸儒叹服。窦抗惊奇，问："他是跟谁学的?"刘焯说："若（这个）人奇巇（幼年聪慧），出自天然……焯为之（他的）师。"窦抗说："冰生于水而寒于水，其为此邪?"比喻后人超过前人。（见《新唐书·盖文达传》）

㉜ **永和博雅，可知青者胜于蓝**　博雅：知识渊博典雅。《荀子·劝学》云："青，取之于蓝而青于蓝；冰，水为之而寒于水。"北朝魏人李谧，字永和，起初拜小学博士孔璠为师读经书，数年后，孔璠反而向李谧请业。为此，同门生说："青成蓝，蓝谢青，师何常（老师为何必然永远是老师）？在明经（谁最精通经学谁就是老师）。"（见《北史·李谧传》）

十四　盐

悲对乐，爱对嫌。玉兔对银蟾①。醉侯对诗史②，眼底对眉尖③。风习习④，雨绵绵⑤。李苦对瓜甜。画堂施锦帐⑥，酒市舞青帘⑦。横槊赋诗传孟德⑧，引壶酌酒尚陶潜⑨。两曜迭明⑩，日东生而月西出⑪；五行式序⑫，水下润而火上炎⑬。

如对似，减对添。绣幕对朱帘⑭。探珠对献玉⑮，鹭立对鱼潜。玉屑饭⑯，水晶盐⑰。手剑对腰镰。燕窠依邃阁⑱，蛛网挂虚檐⑲。夺槊至三唐敬德⑳，奕棋第一晋王恬㉑。南浦客归，湛湛春波千顷净㉒；西楼人悄，弯弯夜月一钩纤㉓。

逢对遇，仰对瞻。市井对闾阎㉔。投簪对结绶㉕，握发对掀髯㉖。张绣幕㉗，卷珠帘㉘。石碏对江淹㉙。宵征方肃肃㉚，夜饮已厌厌㉛。心褊小人长戚戚㉜，礼多君子屡谦谦㉝。美刺殊文，备三百五篇诗咏㉞；吉凶异画，变六十四卦爻占㉟。

注 解

①**玉兔** 月亮。神话传说，月亮中有白兔，故用为月亮的代称。〔晋〕傅咸《拟问天》云："月中何有？玉兔捣药。" **银蟾** 月亮。神话传说，月亮中有蟾蜍，故用为月亮的代称。〔唐〕徐寅《寺中偶题》云："银蟾未出金乌（太阳）在，更上层楼眺海涛。"

②**醉侯** 西晋"竹林七贤"之一的刘伶，字伯伦，一生嗜酒，宣扬纵酒放诞生活，曾作《酒德颂》，人称"醉侯"。〔唐〕皮日休《夏景冲澹偶然作》诗云："他年谒帝言何事？请赠刘伶作醉侯。" **诗史** 唐代诗人杜甫，字子美，自幼好学，知识渊博，有政治抱负。善诗好赋，其诗歌创作对历代文人产生了巨大影响，宋代以后被尊为"诗圣"。他的许多优秀诗作显示了唐朝从开元天宝盛世，转向分裂衰微的历史过程，因此被称作"诗史"。《新唐书·杜甫传》云："甫（杜甫）又善陈时事，律切精深，至千言不少衰，世号诗史。"

③**眼底** 眼中。〔唐〕白居易《自问行何迟》诗云："眼底一无事，心中百不知。" **眉尖** 眉头。〔宋〕张先《江城子》词云："夜厌厌，下重帘，曲屏斜烛，心事入眉尖。"〔元〕马致远《汉宫秋》曲云："眉头一纵，计上心来。"

④**风习习** 春风和暖。《楚辞·九思·伤时》云："风习习兮和暖，百草萌兮花荣。"

⑤**雨绵绵** 细雨绵绵。陈维嵩《甜字昭君怨》词云："今朝细雨太绵绵，且高眠。"

⑥**画堂施锦帐** 画堂：彩绘华丽的屋宇。锦帐：华美的帷帐。〔宋〕张纲《浣溪沙》词云："罗绮争春拥画堂，翠帷深处按笙簧。"

⑦**酒市舞青帘** 酒帘：酒店门前挂的酒旗，亦称"望子"，用以招引顾客。〔唐〕郑谷《旅寓洛南村舍》诗云："白鸟窥鱼网，青帘认酒家。"

⑧**横槊赋诗传孟德** 三国时期，赤壁大战在即，曹操（字孟德）大军集于长江北岸，恃其兵多将广，自信定能获胜。日落月上，他在船上置酒设乐宴饮诸将，立于船头，洒酒祭江。自己满饮三爵已醉，横槊（长矛）对其诸将说："我持此槊，纵横天下，颇不负大丈夫之志。今对此景，甚为慷慨。我

当作歌，汝等和之。"遂赋诗曰："对酒当歌，人生几何……"（见《三国演义》）

⑨ **引壶酌酒尚陶潜**　东晋文学家陶潜（陶渊明），辞彭泽令归乡隐居后，在其《归去来兮辞》一文中写道："引壶觞以自酌，眄庭柯以怡颜，倚南窗以寄傲，审容膝之易安。"反映了他悠然自得的心境。（参见上卷"十灰"注㉙）

⑩ **两曜迭明**　太阳和月亮日夜轮流照明。［南朝梁］元帝《纂要》云："日月谓之两曜。"［南朝梁］任昉《为齐宣德皇后重敦劝梁王令》云："四时等契，两曜齐明。"

⑪ **日东生而月西出**　《礼记·礼器》云："大明（太阳）生于东，月生于西。"

⑫ **五行式序**　式序：按次第各显其功能。古人认为构成万物的五种元素水、火、金、木、土，既相生，又相克。相生，意味着相互促进，即"木生火，火生土，土生金，金生水，水生木"。相克，意味着相互排斥，即"水胜火，火胜金，金胜木，木胜土，土胜水"。（见《孙子·虚实》）

⑬ **水下润而火上炎**　下润：向下浸润。上炎：向上燃烧。《尚书·洪范》云："水曰润下，火上炎。"

⑭ **绣幕朱帘**　亦作"珠帘绣幕"，门窗上饰有珠玉的帘子和绣花的罗幕。形容女子住房华丽。［宋］黄庭坚《诉衷情·珠帘绣幕卷轻霜》："珠帘绣幕卷轻霜。呵手试梅妆。"

⑮ **探珠**　即"探骊得珠"。黄河边上有个贫穷老人，靠编织苇席为生。一天，他的儿子潜入深潭，得到一枚价值千金的宝珠。老人认为这是冒生命危险而得来的，于是生气地对儿子说："取石来锻之！夫千金之珠，必在九重之渊而骊龙颔下，子能得珠者，必遭其睡也。使骊龙而寤，子尚奚微之有哉？"（见《庄子·列御寇》）　**献玉**　即"卞和献玉"。（参见本卷"十二侵"注⑧）

⑯ **玉屑饭**　据《古事苑》载：唐代的郑仁本游嵩山时，遇见一人对他说："日月乃七宝合成者，其缺处有三万人修之，我就是其中的一个。"接着，他用斧凿嵩山之石得玉屑，既而取玉屑饭给郑仁本，说："食此，可以延年。"又据《酉阳杂俎·天咫》之说，食玉屑饭，"虽不足长生，可一生无疾"。

⑰ **水晶盐**　亦作"水精盐"，一种晶莹明澈如水晶的盐。［明］陆容《菽园杂记》云："环庆之墟有盐池，产盐皆方块，如骰子，色莹然明彻，盖

即所谓水晶盐也。"［唐］李白《题东溪公幽居》诗云："客到但知留一醉，盘中只有水精盐。"

⑱ **燕窠依邃阁**　燕子爱在高楼邃阁内巢居。燕窠：燕巢。这是唐代杜荀鹤《春来燕》"我屋汝嫌低不住，雕梁画阁也知宽。大须稳择安巢处，莫道巢成却不安"诗意的化用。

⑲ **蛛网挂虚檐**　蜘蛛爱在凌空的房檐结网。这是宋朝胡仲参《寄竹院方丈孚师》中"虚檐破处悬蛛网，落叶空中见鸟窠"诗句的化用。

⑳ **夺槊至三唐敬德**　唐朝大将尉迟敬德，善于挥槊（长矛）避槊。齐王元吉也善于弓矛，但与敬德比试，总刺不着敬德。对打中最难的是夺下对方的槊，唐太宗命敬德夺元吉的槊。尽管元吉极力挥槊护槊，还是被敬德连夺三次。（见《旧唐书·尉迟敬德传》）

㉑ **奕棋第一晋王恬**　奕：通"弈"。东晋宰相王导的次子王恬，字仲豫，少年好武，秉性放诞，不拘礼法。但多技艺，善弈棋，号称"中兴第一"。（见《晋书·王导传》）

㉒ **南浦客归，湛湛春波千顷净**　这是写春天在辽阔的湖水岸边与客人告别的情景。南浦：泛指南面的水边，诗人常以南浦为送别客人之地。［宋］戴复古《代人送别》诗云："南浦春波碧，东风送客船。"［宋］范仲淹《忆杭州西湖》诗云："长忆西湖胜鉴湖，春波千顷绿如铺。"

㉓ **西楼人悄，弯弯夜月一钩纤**　这是五代南唐国王李煜降金后，抒发他亡国为虏的孤独感受。他在其《相见欢》词中写道："无言独上西楼，月如钩、寂寞梧桐深院锁清秋。"［宋］陆游《倚楼·初三日》诗云："暮云细细鳞千叠，新月纤纤玉一钩。"

㉔ **市井**　市场，做买卖的地方。《管子·小匡》云："处商必就市井。"也用来称商人。《史记·平准书》云："市井之子孙，亦不得仕宦为吏。"

闾阎　里巷住宅。也用来称平民。《史记·苏秦列传论》云："苏秦起（出身）闾阎（民间），连六国从亲，此其智有过人者。"

㉕ **投簪**　辞去官位。古代人用簪把帽子牢扎在头发上，投簪即弃掉官帽。［晋］陶渊明《辛丑岁七月赴假还江陵夜行途中作》诗云："投冠旋旧墟（回故里），不为好爵萦（牵挂）。"　　**结绶**　往官服上系结印带，比喻出仕做官。［南朝宋］颜延之《秋胡》诗云："脱巾（脱下平民头巾）千里外，结绶登王畿（进京做官）。"

㉖ **握发** 周成王封周公旦的儿子伯禽为鲁王，周公告诫伯禽说："我现在任宰相辅佐成王，责任不轻，一沐三握发（洗头时三次握发停洗以接待来客），一饭三吐哺（吃饭时三次吐出口中饭停餐以接待来客），犹恐失天下之士。"（见《韩诗外传》）　　**掀髯** 发笑时开口张须的样子。[元] 王冕《绿水》诗云："掀髯一长笑，不负壮年游。"

㉗ **张绣幕** 张挂绣花罗幕。[南北朝] 刘孝威《望雨》诗云："琼绡挂绣幕，象簟列华床。"

㉘ **卷珠帘** 卷起珍珠帘子。[唐] 杜牧《赠别》诗云："春风十里扬州路，卷上珠帘总不如。"这是杜牧赴长安恋扬州美的诗。

㉙ **石碏** 春秋时期，卫国大夫石碏的儿子石厚与卫庄公嬖妾所生子州吁合谋，杀死卫桓公，州吁取代哥哥自立为君。为此，石碏把州吁和石厚诱骗到陈国斩首，并迎立公子晋为卫君。时人盛赞石碏大义灭亲之举。（见《左传·隐公三年》）　　**江淹** 南朝梁文学家江淹，字文通，自幼孤贫好学，早年即以文章著名，晚年诗文则不如前期，人谓"江郎才尽"。（见《南史·江淹传》）

㉚ **宵征方肃肃** 形容夜间行走很急速。语出《诗经·召南·小星》："肃肃宵征（急速夜奔），夙夜在公（早晚都在为官家忙碌）。"

㉛ **夜饮已厌厌** 形容夜间饮酒很痛快。语出《诗经·小雅·湛露》："厌厌（通'餍'，饱；满足）夜饮，不醉无归。"

㉜ **心褊小人长戚戚** 心褊：即"褊心"，心地狭窄。这是《论语·述而》中"君子坦荡荡，小人长戚戚（忧惧）"文句的化用。

㉝ **礼多君子屡谦谦** 谦谦：很谦逊。这是《易经·谦》中"谦谦君子，卑（谦卑）以自牧（自修）"文句的化用。

㉞ **美刺殊文，备三百五篇诗咏** 美刺：有赞美有讽刺。孔子删修的诗经三百零五篇，扬善抑恶，内容全面，开创了有褒有贬的特殊文风。

㉟ **吉凶异画，变六十四卦爻占** 伏羲氏画八卦，每卦由三爻重叠而成；以八卦中的两卦交换重叠组合，演化出六十四卦，以此占卜吉凶祸福。（见《周易》）

十五　咸

qīng duì zhuó　kǔ duì xián　　yì qǐ duì sān jiān　　yān suō duì yǔ lì　yuè
清对浊，苦对咸。一启对三缄①。烟蓑对雨笠②，月

bàng duì fēng fān　　yīng xiàn huǎn　yàn ní nán　liǔ qǐ duì sōng shān　qíng shēn bēi
榜对风帆③。莺睍睆④，燕呢喃⑤。柳杞对松杉。情深悲

sù shàn　　lèi tòng shī qīng shān　hàn shì jì néng fēn sì xìng　zhōu cháo hé yòng pàn
素扇⑥，泪痛湿青衫⑦。汉室既能分四姓⑧，周朝何用叛

sān jiān　　pò dì ér tàn niú xīn　háo jīn wáng jì　shù gān yǐ guà dú bí　pín
三监⑨。破的而探牛心，豪矜王济⑩；竖竿以挂犊鼻，贫

xiào ruǎn xián
笑阮咸⑪。

néng duì fǒu　shèng duì fán　　wèi guàn duì hún jiān　　què luó duì yú wǎng　cuì
能对否，圣对凡。卫瓘对浑瑊⑫。雀罗对鱼网⑬，翠

yǎn duì cāng yán　hóng luó zhàng　bái bù shān　bǐ gé duì shū hán　ruǐ xiāng fēng
嵼对苍岩。红罗帐⑭，白布衫⑮。笔格对书函⑯。蕊香蜂

jìng cǎi　ní ruǎn yàn zhēng xián　xiōng niè shì qīng wén zǔ tì　wáng jiā néng yì
竞采⑰，泥软燕争衔⑱。凶孽誓清闻祖逖⑲，王家能义

yǒu wū xián　xī sǒu xīn jū　yú shè qīng yōu lín shuǐ àn　shān sēng jiǔ yǐn fàn
有巫咸⑳。溪叟新居，渔舍清幽临水岸㉑；山僧久隐，梵

gōng jì mò yǐ yún yán
宫寂寞倚云岩㉒。

guān duì dài　mào duì shān　　yì gěng duì yán chán　　xíng zhōu duì yù mǎ　sú
冠对带，帽对衫。议鲠对言馋㉓。行舟对御马，俗

bì duì mín yán　shǔ qiě shuò　tù duō chán　shǐ cè duì shū jiān　sài chéng wén
弊对民岩㉔。鼠且硕㉕，兔多毚㉖。史册对书缄㉗。塞城闻

zòu jiǎo　jiāng pǔ rèn guī fān　hé shuǐ yì yuán xíng mǐ mǐ　tài shān wàn rèn shì
奏角㉘，江浦认归帆㉙。河水一源形弥弥㉚，泰山万仞势

yán yán　zhèng wèi wǔ gōng　fù zī yī ér měi dé　zhōu yīn xiàng bó　gē bèi
岩岩㉛。郑为武公，赋缁衣而美德㉜；周因巷伯，歌贝

jǐn yǐ shāng chán
锦以伤谗㉝。

注 解

① **一启** 启齿；开口说话。〔唐〕柳宗元《乞巧文》云："抃唈似傲，贵者启齿。" **三缄** 闭口；封嘴三重。〔汉〕刘向《说苑·敬慎》云："孔子之（到）周，观于太庙，右陛之前有金人焉，三缄其口，而铭其背曰：'古之慎言人也。'"

② **烟蓑雨笠** 隐士穿戴的蓑衣和斗笠。〔宋〕苏轼《书晁说之考牧图后》诗云："烟蓑雨笠长林下，老去而今空见画。"

③ **月榜** 月下划船。榜：同"搒"，摇橹使船前进。〔宋〕苏轼《至秀州赠钱端公》诗云："鸳鸯湖边月如水，孤舟夜榜鸳鸯起。" **风帆** 乘风行船。〔唐〕韩愈《岳阳楼别窦司之》诗云："严程迫风帆，劈箭入高浪。"

④ **莺睍睆** 黄莺鸣叫声。语出《诗经·邶风·凯风》："睍睆黄鸟（黄莺），载好其音。"

⑤ **燕呢喃** 燕子鸣叫声。〔唐〕刘兼《春燕》诗云："多时窗外语呢喃，只要佳人卷绣帘。"

⑥ **情深悲素扇** 西汉女文学家班婕妤，是班固的祖姑，幼有才学，极善诗歌。汉成帝时被选入宫，封为婕妤（妃嫔）。后来赵飞燕得宠，班婕妤退于长信宫侍候王皇太后。传说，班婕妤失宠后，心忧郁郁，遂作《怨歌行》（一名《团扇歌》）一篇。据《文选》载，《怨歌行》词为："裁为合欢扇，团团似明月……常悲秋节至，凉飙夺炎热，弃捐箧笥（竹箱）中，恩情中道绝。"一说《怨歌行》是春秋楚国卞和因献玉遭断足刑而作。一说《团扇歌》是南朝宋中书令王珉因与嫂子的婢女有情而作。

⑦ **泪痛湿青衫** 白居易在唐宪宗元和年间，因得罪权贵，被贬为江州（今江西九江）司马，遂作长篇叙事诗《琵琶行》，借写昔日长安歌伎弹奏琵琶诉说身世，哀叹沦落，抒发自己在政治上的失意之感。诗中有"坐中泣下谁最多？江州司马青衫湿"之名句。

⑧ **汉室既能分四姓** 据东汉荀悦《汉纪》载：东汉官员按等级分为四姓：尚书以上为甲姓；九卿、方伯为乙姓；散骑常侍、太中大夫为丙姓；吏部正员外郎为丁姓。此外，东汉各区域多爱突出本域内四大名门显贵之姓，合称"四姓"。汉明帝时，外戚有樊、郭、阴、马四姓；其子弟称"四姓小

侯",为四姓小侯开立学校,配置五经师。

⑨ **周朝何用叛三监** 周武王灭商后,封殷纣王的儿子武庚为商朝故都朝歌之方伯(诸侯之长),并以朝歌以东为卫诸侯国,由武王之弟管叔监之;朝歌以西为墉诸侯国,由武王之弟蔡叔监之;朝歌以北为邶诸侯国,由武王之弟霍叔监之,合称"三监"。武王死后,管、蔡、霍三叔(三监)反而与武庚谋反,背叛周朝,周公旦出师平叛,处死管蔡。(见《礼记·王制》)

⑩ **破的而探牛心,豪矜王济** 西晋巨富王恺有一头自称能超八百里骏马的快牛,号称"马癖"的中书郎王济愿以千万钱币作赌,与王恺比赛射箭,以换牛。王济先射,一发破的(射中靶心)。王济喝令左右,说:"速探牛心来!"割下牛心便走了。(见《晋书·王恺传》)

⑪ **竖竿以挂犊鼻,贫笑阮咸** 西晋阮咸,字仲容,性情放荡,不拘礼法,善弹琵琶。在阮姓村里,家居道南。居住道南者家贫,居住道北者家富。七月七日,此地流行晒衣,道北人皆晒纱罗锦绮,独有道南阮咸竖竿晒犊鼻(粗布短裤),嘲弄世道不公。(见《晋书·阮咸传》)

⑫ **卫瓘** 西晋名将卫瓘,字伯玉,魏末任廷尉卿(主管刑狱),监督邓艾、钟会的军队攻蜀。蜀被平后,钟邓在蜀反叛,卫瓘纠集诸将平定,斩杀钟、邓。晋武帝时,出任乌桓校尉,北方安宁。(见《晋书·卫瓘传》)
浑瑊 唐代名将浑瑊,本名进,十一岁入朔方军,以勇武著称,御敌平乱,屡立战功。(见《唐书·浑瑊传》)

⑬ **雀罗** 捕雀的网罗。古有"门可罗雀"的故事。西汉下邽(今陕西渭南东北)人翟公任廷尉时,宾客盈门。后被贬废,"门外可设雀罗",无客来访。(见司马迁《史记·汲郑列传》) **鱼网** 捕鱼的网。古有"鱼网鸿离"的故事。《诗经·邶风·新台》:"鱼网之设,鸿则离(通'雁',遭难)之。"设网本为捕鱼,结果鸿雁也被网住。

⑭ **红罗帐** 富家女子用的红丝帐子。[汉]班婕妤《长信秋词五首》诗云:"白露堂中细草迹,红罗帐里不胜情。"

⑮ **白布衫** 平民百姓穿的白布单衣。[明]施耐庵《水浒传》云:"张顺上穿一领白布衫,腰系一条绢搭膊。"

⑯ **笔格** 笔架。[唐]陆龟蒙《和江南道中怀茅山广文南阳博士》诗云:"自拂烟霞安笔格,独开封检试砂床。" **书函** 书封套为函,书一套、信一封皆称"书函"。《后汉书·祭祀志》:"以吉日刻玉牒、书函,藏金

匮，玺印封之。"

⑰ **蕊香蜂竞采** 这是唐代温庭筠《惜春祠》中"蜂争粉蕊（花心）蝶分香，不似垂杨惜金缕"诗句的化用。

⑱ **泥软燕争衔** 这是宋朝苏轼《浣溪沙》中"风压轻云贴水飞，乍晴池馆燕争泥"词意的化用。

⑲ **凶孽誓清闻祖逖** 西晋末年，羯人首领石勒作乱，攻陷洛阳。西晋名将祖逖，率河北涞水亲党（乡党）数百家南迁京口（今江苏镇江）。晋元帝时，中原大乱，元帝封祖逖为奋威将军兼豫州刺史渡江北伐。渡至江心，祖逖以楫（船桨）击水发誓说："不清中原而复济（回渡）者，有如此水。"表达了恢复中原失土的决心。（见《晋书·祖逖传》）

⑳ **王家能乂有巫咸** 传说，商朝中宗太戊的大臣巫咸，是鼓的发明者，是用筮占卜的创始人，又是占星家。他辅佐中宗"大修成汤之政，商道复兴"。《尚书·君奭》有"巫咸乂（治理）王家"的记载。

㉑ **溪叟新居，渔舍清幽临水岸** 渔父新搬进河边清静的渔舍内。〔宋〕陆游《鹧鸪天》词云："逢人问道归何处，笑指船儿此是家。"〔宋〕陆游《鹊桥仙》词云："酒徒一一取封侯，独去作江边渔父。"

㉒ **山僧久隐，梵宫寂寞倚云岩** 山僧隐居在云崖幽静的佛寺中。〔唐〕独孤及《登山谷寺上方答皇甫侍御卧疾阙》诗云："梵宫（佛寺）香阁攀霞上（天空云层之上），天柱孤峰指掌看。"

㉓ **议鲠** 鲠言；直言。《新唐书·韩愈传》云："操行坚正，鲠言无所忌。" **言谗** 谗言，说别人的坏话。《楚辞·离骚》云："荃（暗指下令囚禁屈原的楚怀王）不察余之中情兮，反信谗而齌怒发（怒）。"

㉔ **俗弊** 平庸人的弊病。《荀子·儒效》云："不学问，无正义，以富利为隆，是俗人者也。" **民岩** 民众意见不同，难管理。《尚书·召诰》云："王不敢后（怠慢），用（因为）顾畏（担心）于民岩。"

㉕ **鼠且硕** 大老鼠。人们常把贪官喻为硕鼠。《诗序》云："蚕食于民，不修其政，贪而畏人，若大鼠也。"

㉖ **兔多毚** 贪婪的大肥兔。〔汉〕扬雄《法言·问明》云："不慕由（许由。尧拟让位给许由，由不受，逃至箕山下，农耕而食），即夷（伯夷，商末孤竹君的长子。孤竹君让次子叔齐继位。孤竹君死后，叔齐要让位给兄，伯夷不受）矣，何毚（贪婪）欲之有？"

㉗ **史册** 史书。[宋] 苏轼《谢张太保撰先人墓碣书》云："先朝载之史册，今虽容布（布衣平民）不知，后世决不可没。" **书缄** 书信。《水浒传》云："李应教请门馆先生来商议，修了一封书缄。"

㉘ **塞城闻奏角** 边城闻听战斗号角。塞城：边城。奏角：吹号角声。[唐] 李贺《雁门太守行》诗云："角声满天秋色里，塞上燕脂凝夜紫。"

㉙ **江浦认归帆** 江边迎接亲人归来。[唐] 刘采春《望夫歌》诗云："朝朝江口望，错认几人船。"[宋] 某子发《锦石岩》诗云："一段画图奇绝处，夕阳天际认归帆。"

㉚ **河水一源形弥弥** 语出《诗经·邶风·新台》"新台（卫宣公所筑台名）有泚（敞亮），河水弥弥（深且满）。"

㉛ **泰山万仞势岩岩** 语出《诗经·鲁颂·閟宫》"泰山岩岩（雄伟高大），鲁邦（鲁国）所詹（通'瞻'，仰望）。"

㉜ **郑为武公，赋缁衣而美德** 《诗经·郑风·缁衣》载：郑武公任周王室司徒时，治理郑国功高德望，周王室以缁衣嘉奖其美德。另一说是，郑武公"爱贤"，他以缁衣赏给郑国贤者当朝服。

㉝ **周因巷伯，歌贝锦以伤谗** 《诗经·小雅·巷伯》载：春秋时期，周幽王听信谗言，对巷伯（亦称"寺人"，官名，类似宦官，掌宫内之事）孟子（人名）施以宫刑（割掉生殖器）。孟子伤于谗言，愤而作《贝锦》诗，以自伤悼。贝锦：本指像贝的文采一样美丽的织锦。此喻诬陷他人、罗织成罪的谗言。《礼记·缁衣》云："子（孔子）曰：'好贤如《缁衣》，恶恶如《巷伯》。'"

笠翁对韵

一 东

天对地，雨对风。大陆对长空①。山花对海树②，赤日对苍穹③。雷隐隐④，雾蒙蒙⑤。日下对天中⑥。风高秋月白⑦，雨霁晚霞红⑧。牛女二星河左右⑨，参商两曜斗西东⑩。十月塞边，飒飒寒霜惊戍旅⑪；三冬江上，漫漫朔雪冷渔翁⑫。

河对汉⑬，绿对红。雨伯对雷公⑭。烟楼对雪洞⑮，月殿对天宫⑯。云叆叇⑰，日曈曚⑱。蜡屐对渔篷⑲。过天星似箭⑳，吐魄月如弓㉑。驿旅客逢梅子雨㉒，池亭人把藕花风㉓。茅店村前，皓月坠林鸡唱韵；板桥路上，青霜锁道马行踪㉔。

山对海，华对嵩㉕。四岳对三公㉖。宫花对禁柳㉗，塞雁对江龙。清暑殿㉘，广寒宫㉙。拾翠对题红㉚。庄周梦化蝶㉛，吕望兆飞熊㉜。北牖当风停夏扇，南檐曝日省冬烘㉝。鹤舞楼头，玉笛弄残仙子月㉞；凤翔台上，紫箫吹断美人风㉟。

注 解

① **大陆** 广大的陆地。[宋]沈括《梦溪笔谈》云："今东距海已近千里，所谓大陆者，皆浊泥所湮耳。" **长空** 辽阔的天空。[宋]辛弃疾《太常引·建康中秋夜为吕叔潜赋》词曰："乘风好去，长空万里，直下看山河。"

② **山花** 山间野花。[唐]杜甫《早花》诗云："腊口巴江曲，山花已自开。" **海树** 海边树木。[唐]陈子昂《感遇》诗云："朔风（北风）吹海树，萧条边已秋。"海底生长的状似树枝的珊瑚，通常也被称为"海树"。唐代诗人韦应物在《咏珊瑚》诗中描写珊瑚是："绛树（红珊瑚）无花叶，非石亦非琼（美玉）。"

③ **赤日** 红日。[唐]杜甫《题玄武禅师屋壁》诗云："赤日石林气，青天江海流。"《水浒传》云："赤日炎炎似火烧，野田禾稻半枯焦。" **苍穹** 青天。[唐]杜甫《冬狩行》诗云："禽兽已毙十七八，杀声落日回苍穹。"[唐]李白《门有车马客行》诗云："大运且如此，苍穹宁匪仁。"

④ **雷隐隐** 雷声隐隐约约。[汉]司马相如《长门赋》云："雷隐隐而响起兮，象（像）君主之车音。"《后汉书·天文志上》云："须臾有声，隐隐如雷。"

⑤ **雾蒙蒙** 雾气迷茫模糊。[元]邵亨贞《六州歌头·雨中望邻墙桃花》词曰："春冉冉，花可可，雾蒙蒙。"

⑥ **日下** 日照之下。指京都。封建社会以帝王比日，故以帝王所在之地为"日下"。[唐]钱起《送薛判官赴蜀》诗云："边陲劳帝念，日下降才杰。" **天中** 天的正中。古以北斗星所在为天中，众星拱卫。《晋书·天文志》云："北斗七星……运乎天中，而临制四方，以建四时而均五行也。"

⑦ **风高秋月白** 这是唐代诗人白居易《琵琶行》中"唯见江心秋月白"和北宋诗人欧阳修《沧浪亭》中"风高月白最宜夜"诗句的化用。风高：高处之风，即秋风。

⑧ **雨霁晚霞红** 这是北宋词人苏轼《江城子》中"凤凰山下雨初晴。水风清。晚霞明"和南宋音乐家姜夔"夕阳西下晚霞红"名句的化用。雨霁：雨止天晴；霁：凡雨雪止、云雾散，皆谓之"霁"。晚霞：日落时出现的赤色彩云。

⑨ **牛女二星河左右** 牛女：指牛郎、织女二星。河：指银河。神话传

说，织女星是天帝的孙女，她中断织锦，下到人间，自嫁牛郎为妻，生儿育女。天帝大怒，拘拿织女回到天宫，只准牛郎每年七月七日携儿女上天隔银河与织女相会。被感动的乌鹊飞集于天河，相连成桥，使牛郎、织女渡河相会。（见《风俗通义·佚文十四》）

⑩ **参商两曜斗西东**　参商两曜：指参星（水星）和商星（亦称"辰星"、"火星"）。参星居北斗星之西方；商星居北斗星之东方。两星此出彼没，永不相见。故以参商比喻彼此隔绝。神话传说，高辛氏（即帝喾）有二子，长子叫阏伯，次子叫实沈，居于旷林，互斗不睦。阏伯被帝尧迁于商丘（今河南商丘），主祀辰星；实沈被迁于大夏（今山西太原），主祀参星。后以参商比喻兄弟不和睦。（见《左传·昭公元年》）[唐] 杜甫《赠卫八处士》诗云："人生不相见，动如参与商。"

⑪ **十月塞边，飒飒寒霜惊戍旅**　这是南宋诗人陆游《十一月四日风雨大作》中"僵卧孤村不自哀，尚思为国戍轮台（今新疆轮台县南）"和北宋词人范仲淹《渔家傲》中"塞下秋来风景异（气候恶劣）……羌管悠悠霜满地（羌笛悲鸣，处境荒凉）。人不寐，将军白发征夫泪"词意的化用。反映卫边将士处境的恶劣。戍旅：守卫边疆的将士。

⑫ **三冬江上，漫漫朔雪冷渔翁**　这是唐代诗人柳宗元《江雪》中"孤舟蓑笠翁，独钓寒江雪"诗意的化用。反映捕鱼笠翁作业的艰苦。三冬：指深冬。朔雪：北方的风雪。

⑬ **河汉**　通常指黄河与汉水。又特指天上之银河。[宋] 苏轼《洞仙歌》云："庭户无声，时见疏星渡河汉。"

⑭ **雨伯雷公**　司雨之神和司雷之神。雨伯，亦作"雨师"。[战国楚] 屈原《楚辞·远游》云："左雨师使径侍兮，右雷公以为卫。"[明] 何景明《忧旱赋》云："云师逝而安征乎，怨雨伯之无功。"

⑮ **烟楼**　耸入云雾的高楼。[唐] 李峤《奉和幸韦嗣立山庄侍宴应制》诗云："石磴（石头台阶）平黄陆，烟楼半紫虚（天空）。"　**雪洞**　华丽洁净的屋宇。战国时期，赵武灵王在河北邯郸建筑丛台，上有天桥、雪洞、妆阁、花苑诸景，结构奇特，装饰美妙，名扬列国。古人曾用"天桥接汉若长虹，雪洞迷离如银海"的诗句来描写丛台的壮观。[清] 石玉昆《三侠五义》云："好体面屋子，雪洞儿似的，俺就是住不起。"

⑯ **月殿天宫**　均为神话传说或宗教中所指天神居住的宫殿。传说唐明皇

李隆基，曾由方士陪同梦游月宫。[唐]李咸用《雪》诗云："高楼四望吟魂敛，却忆明皇月殿归。"（参见《广寒清虚之府》）《宋书·诃罗陀国传》记载：天上"台殿罗列，状若众山，庄严微妙，犹如天宫"。

⑰ **云暧靆**　形容浓云蔽日的景观。[宋]黄庭坚《醉蓬莱》词云："朝云暧靆，暮雨霏微，乱峰相依。"

⑱ **日曈曨**　红日初露的景观。[唐]纥干俞《登天坛山望海日初出赋》："浩渺无涯，曈曨在望。"

⑲ **蜡屐**　往木屐上涂蜡。[晋]阮孚（字遥集）很爱穿木屐，并爱涂蜡维护。一天，有人到他家来，见他正在"吹火蜡屐"，还自言自语："未知一生当着（穿）几量（多少）屐！"（见《世说新语·雅量》）　　**渔篷**　渔船上遮风蔽雨的篷盖。[宋]贺铸《留别黄材昆仲》诗云："渔篷衔尾来，愧尔故人情。"

⑳ **过天星似箭**　流星降落快似箭。过天星：即流星（陨星）。《新编五代史平话·汉史》云："走马似逐电追风，放箭若流星赶月。"

㉑ **吐魄月如弓**　初生月亮形如弓。古人以为月里有只蟾蜍，月出月没是蟾蜍反复吞吐造成的。吐魄月就是刚被吐出的月牙，似弯弓。[唐]高适《塞下曲》云："日轮驻霜戈，月魄悬雕弓。"

㉒ **驿旅客逢梅子雨**　驿站传书客路逢梅子雨。驿旅客：住在驿舍的旅客。梅子雨：我国南方五六月份雨水充沛，正是梅子成熟的时节，故称为"梅子雨"或"黄梅雨"。这是唐代诗人李中《宿临江驿》中"候馆寥寥辍棹过，酒醒无奈旅愁何。雨昏郊郭行人少，苇暗汀洲宿雁多"诗意的化用。

㉓ **池亭人挹藕花风**　池亭赏花人享尽藕花风。挹：牵引；汲取。藕花风：荷花开放时带有香气的凉风。这是北宋诗人韩维《范公新池》中"便欲与君从此适，藕花风外一披襟"诗句的化用。[清]黄慎《维扬竹枝词》云："水阁无人冰簟冷，鸳鸯深入藕花风。"

㉔ **茅店村前，皓月坠林鸡唱韵；板桥路上，青霜锁道马行踪**　这两句是唐代诗人温庭筠《商山早行》中"鸡声茅店月，人迹板桥霜"诗句的化用。

㉕ **华嵩**　指西岳华山和中岳嵩山。[唐]权德舆《大言》诗云："华嵩为佩河为带，南交北朔跬步内。"

㉖ **四岳三公**　四岳：古时分掌四时、方岳的官名。方岳，即四方之山岳。古指东岳泰山、西岳华山、南岳衡山、北岳恒山。[南朝宋]裴骃《史记集解》引郑玄之说："四岳，四时官，主方岳之事。"三公：古代辅助国君

掌握军政大权的最高官员。周朝称太师、太傅、太保为三公；西汉称大司马、大司徒、大司空为三公；东汉称太尉、司徒、司空为三公。

㉗ **宫花** 宫苑中的花木。[唐] 元稹《行宫》诗云："寥落古行宫，宫花寂寞红。"　　**禁柳** 宫廷中的杨柳。禁：禁宫，古代皇宫禁止百姓出入，故称禁宫。[唐] 罗隐《寒食日早春城东》诗云："禁柳疏风细，墙花拆露鲜。"

㉘ **清暑殿** 清暑殿在今南京市鸡鸣山南，晋孝武帝司马曜太元二十一年（397）建造。"殿前重楼复道，通华林园，爽垲奇丽，天下无比；虽暑月，常有清风，故以为名。"（见王琦《景定建康志》）

㉙ **广寒宫** 神话传说，唐明皇李隆基八月十五日受道人罗公远引导，梦游月宫，"见一大宫府，榜曰'广寒清虚之府'"，故称月亮为"广寒宫"。（见柳宗元《明皇梦游广寒宫》）[明] 司守谦《训蒙骈句》云："清暑殿，广寒宫。"

㉚ **拾翠** 拾找像翡翠一样的羽毛当头饰。[三国魏] 曹植《洛神赋》云："或采明珠，或拾翠羽。"后来把青年妇女春日采集鲜花野草也称作拾翠。[唐] 杜甫《秋兴》诗云："佳人拾翠春相问，仙侣同舟晚更移。"

题红 旧时，居于深宫的御妃婢女，常题诗于红叶之上，借御沟向外寄情思。唐僖宗时，于佑在御沟拾一红叶，上题诗句曰："流水何太急，深宫尽日闲。殷勤谢红叶，好去到人间。"于佑亦题诗于其上云："曾闻叶上题红怨，叶上题诗寄阿谁？"将红叶置于上流，流入宫内，为宫女韩氏所得，韩亦题诗云："一联佳句随流水，十载幽思满素怀。今日却成鸾凤友，方知红叶是良媒。"后二人结为夫妇。（见宋代传奇小说《流红记》）

㉛ **庄周梦化蝶** 《庄子·齐物论》载：庄周（庄子）梦见自己化为蝴蝶，在空中快乐自在地飞翔，不知自己原本是庄周。突然醒来，才知自己还是本来

梦蝶图

不会飞的庄周。[唐]李白《古风》诗云："庄周梦蝴蝶，蝴蝶为庄周。"

㉜**吕望兆飞熊**　飞熊：即"非熊"，飞：通"非"。《宋书·符瑞志》云："[周文王]将畋（打猎），史遍卜之，曰：'将大获，非熊非罴（所获既不是熊也不是罴），天遗汝师（军师）以佐昌（姬昌，即周文王）。'"文王果然得吕望（姜子牙）于渭水之阳。《史记·齐太公世家》作"[文王]所获非龙非螭，非虎非罴（熊的一种，也叫'马熊'或'人熊'），所获霸王之辅。"

㉝**北牖当风停夏扇，南檐曝日省冬烘**　夏天从北窗刮进的风凉爽，扇凉用的夏扇可以停用；冬天从南檐射来的光温暖，取暖用的冬炉可以省去。这是适应季节变化的必然举措。然而生活中常有做"夏进炉，冬送扇"之蠢事的。[汉]王充《论衡·逢遇》云："作无益之能，纳无补之说，以夏进炉，以冬奏扇，为所不欲得之事，献所不欲闻之语，其不遇祸，幸矣。"

㉞**鹤舞楼头，玉笛弄残仙子月**　神话传说。从前，一位身材魁伟、衣着褴褛的仙人，来到武汉蛇山辛氏酒店，想讨一杯酒喝。辛氏急忙盛了一大杯酒奉上。如此半年，仙人告诉辛氏说：我欠你酒债这么多，没钱给你，赠你一张画吧。于是从篮子里拿出橘子皮，在墙上画了一只黄鹤，接着以手打拍，一边唱歌，墙上的黄鹤也随着歌声、节拍翩跹起舞。从此辛氏酒店宾客盈门，生意兴隆。又过了十年，衣着褴褛的仙人又来到辛氏酒店喝酒，"忽取笛吹数弄（吹了几首曲子）"，不一会儿，白云自天而降，墙上黄鹤也随云飞到仙人跟前，仙人便跨鹤乘云升天而去。辛氏为纪念这位帮她致富的仙人，便把酒店扩建为楼，取名"黄鹤楼"。（见《极恩录》）[唐]崔颢《黄鹤楼》诗云："昔人已乘黄鹤去，此地空余黄鹤楼。黄鹤一去不复返，白云千载空悠悠。"[唐]李白《与史郎中钦听黄鹤楼上吹笛》诗云："黄鹤楼中吹玉笛，江城（今武汉市）五月落梅花（即'梅花落'曲）。"

㉟**凤翔台上，紫箫吹断美人风**　秦穆公之女弄玉爱吹箫，穆公把她嫁给了吹箫名人萧史，并为他们筑了一所凤台。萧史教弄玉学吹鸾凤鸣，数年后，吹似凤声，凤凰竟聚止其屋。数十年后，萧史乘龙，弄玉跨凤，升仙而去。（见[汉]刘向《列仙传》）[唐]李白《凤台曲》诗云："尝闻秦帝女，传得凤凰声……曲在身不返，空余弄玉名。"

晨对午，夏对冬。下饷对高舂①。青春对白昼，古柏对苍松。垂钓客②，荷锄翁③。仙鹤对神龙④。凤冠珠闪烁⑤，螭带玉玲珑⑥。三元及第才千顷⑦，一品当朝禄万钟⑧。花萼楼间，仙李盘根调国脉⑨；沉香亭畔，娇杨擅宠起边风⑩。

清对淡，薄对浓。暮鼓对晨钟⑪。山茶对石菊⑫，烟锁对云封⑬。金菡萏⑭，玉芙蓉⑮。绿绮对青锋⑯。早汤先宿酒，晚食继朝饔⑰。唐库金钱能化蝶⑱，延津宝剑会成龙⑲。巫峡浪传，云雨荒唐神女庙⑳；岱宗遥望，儿孙罗列丈人峰㉑。

繁对简，叠对重。意懒对心慵㉒。仙翁对释伴㉓，道范对儒宗㉔。花灼灼㉕，草茸茸㉖。浪蝶对狂蜂㉗。数竿君子竹㉘，五树大夫松㉙。高皇灭项凭三杰㉚，虞帝承尧殛四凶㉛。内苑佳人，满地风光愁不尽㉜；边关过客，连天烟草憾无穷㉝。

注 解

① **下饷** 中午十二时以后。饷：通"晌"，正午。[唐] 戴叔纶《女耕田行》诗云："无人无牛不及犁，持刀斫地翻作泥……日正南冈下饷归，可怜朝雉扰惊飞。" **高舂** 傍晚时分。《淮南子·天文》云："日出于旸谷（又叫汤谷，古代神话传说中的日出的地方）……至于渊虞（申时，下午三至五时），是谓高舂。至于连石（西北山，即日落天黑），是谓下舂。"

② **垂钓客** 后汉严光，字子陵，会稽余姚人。少与光武帝刘秀同学，有高名。刘秀称帝，严光改姓名隐遁。刘秀召光到京，授谏议大夫，不受，退隐于浙江富春山，以农耕、钓鱼自乐。后人名其垂钓处为"严陵濑"，亦称"严滩"。（见《后汉书·隐逸传》）

③ **荷锄翁** 东晋诗人陶潜（渊明）辞去彭泽县令后，隐姓埋名，归故里种菊农耕，过隐居生活。其《归园田居》诗作中有"晨兴（早起）理荒秽（杂草），带月荷锄归"、《羁旅去旧乡》诗作中有"虽有荷锄倦，浊酒聊自适"的自娱句。

④ **仙鹤** 神话传说中仙人骑乘和饲养的鹤。[唐] 王勃《还冀州别洛下知己序》云："仙鹤随云，直去千年之后。"《古今小说·张古老种瓜娶文女》云："[张公] 道罢，用手一招，叫两只仙鹤。申公与张古老各乘白鹤，腾空而去。" **神龙** 旧时以龙为神物，因其变化莫测，故称其为"神龙"。《史记·三皇纪》云："有娲氏之女，为少典妃，感神龙而生炎帝。"[唐] 玄奘《大唐西域记·乌仗那国》云："我所仗剑，神龙见授，以诛后伏，以斩不臣。"

⑤ **凤冠珠闪烁** 凤冠上的宝珠光耀闪烁。凤冠：古代贵妇所戴用贵金属和宝石等做成的有凤凰形的礼冠。[元] 孟汉卿《魔合罗》曲云："我与你曲弯弯画翠眉，宽绰绰穿绛衣，明晃晃凤冠霞帔。"

⑥ **螭带玉玲珑** 螭带上的玉饰洁白晶莹。螭：传说中的无角龙。螭带：带扣上雕有无角龙纹的玉带。玉玲珑：形容物体洁白晶莹。[宋] 杨万里《残雪》诗："残雪堆成山数重，悬崖幽窦玉玲珑。"

⑦ **三元及第才千顷** 旧时参加科举考试，乡试第一名称解元、会试第一名称会元、殿试第一名称状元，连中三个第一名的称为三元及第。三元及

俸禄赐千顷（一百亩地为一顷）。

⑧ **一品当朝禄万钟** 自三国以后，官分九品，最高者为一品，当朝宰相为一品官爵。一品官俸禄最高，为万钟（钟，古时容量单位，六斛四斗为一钟）。〔宋〕陆游《五更读书示子》诗云："吾儿虽戆素业存，颇能伴翁饱菜根。万钟一品不足论，时来出手苏元元（帮平民百姓过好生活）。"

⑨ **花萼楼间，仙李盘根调国脉** 本句反映唐玄宗开元盛世年间，于花萼楼尊奉"圣祖"老子的活动。调国脉：掌握国家命脉。据《老子内传》云：老子是其母七十二岁时于陈（今河南鹿邑）涡水李树下剖左腋而生，故姓李，名耳，字伯阳，世称"太上老君"，呼为"仙李"，是道教鼻祖，著有《道德经》。《史记》未把老子载于"世家"。唐高宗尊老子为"玄元皇帝"。开元二十一年（733），唐玄宗亲注《道德经》令学者研习，二十三年（735）诏升老子、庄子为史书"列传"之首，居伯夷之上。〔唐〕杜甫在《冬日洛城北谒玄元皇帝庙》中写道："仙李盘根大（唐帝奉李耳为圣祖，故言李氏家族根深叶茂），猗兰（汉武帝生于猗兰殿）奕叶光。世家遗旧史（《史记》未把老子载于世家），道德付今王（唐玄宗注《道德经》，尊崇老子）。"

⑩ **沉香亭畔，娇杨擅宠起边风** 唐禁苑中牡丹（木芍药）花开，唐玄宗李隆基和杨贵妃在沉香亭赏花，心有感触，玄宗叫杨贵妃捧砚，命李白作《清平调》三章，由梨园弟子抚丝竹，玄宗调玉笛伴奏，李龟年歌唱，盛赞贵妃与牡丹之美，博得玄宗的喜欢。第三章词是："名花（指牡丹）倾国（指杨贵妃）两相欢，长得君王

老子授经图

（指玄宗）带笑看。解释（化解）春风（当指玄宗）无限恨，沉香亭北倚栏杆。"玄宗沉醉于花艳女色，不理国政，朝中日益腐败，藩镇割据势力相继而起。天宝十四年（755），突厥族出身的节度使安禄山和同乡史思明，以诛杨国忠为名起兵叛乱。（见《唐诗纪事·李白》《新唐书·安禄山传》）

⑪ **暮鼓晨钟** 佛寺晨撞钟、暮击鼓以报时的钟鼓。亦形容僧尼孤寂单调的生活。[宋] 陆游《短歌行》诗云："百年鼎鼎世共悲，晨钟暮鼓无休时。"[元] 无名氏《来生债》诗云："我愁的是更筹漏箭（古代滴漏计时器），我怕的是暮鼓晨钟。"

⑫ **石菊** 福建山上产有一种带苦味的"石菊茶"，喝一小口也会让人感觉到苦，但很快，这苦味就转化成一种淡淡的甜。再后，就是喝白开水也会感到甜。

⑬ **烟锁云封** 或作"云迷雾锁"，云雾浓厚，看不清景物。广州白云山景泰寺有一副古联："烟锁断桥留客立，云封古寺待僧归。"[元] 无名氏《朱砂担》曲云："巴的到绿杨渡口，早则是云迷雾锁黄昏后。"

⑭ **金菡萏** 用金属雕成的荷花。菡萏：荷花的别名，又称"莲花"。荷花未开的花苞古称"菡萏"。[明] 杨慎《初寒拥炉欣而成咏》诗云："焰腾金菡萏，灰聚玉麒麟。"

⑮ **玉芙蓉** 用玉石雕成的荷花。芙蓉：荷花的别名。[唐] 王建《宫词》云："金殿当头紫阁重，仙人掌上玉芙蓉。"

⑯ **绿绮** 古琴名。[晋] 傅玄《琴赋序》云："楚庄王有鸣琴曰绕梁，司马相如有琴曰绿绮，蔡邕有琴曰焦尾，皆名器也。"[唐] 徐铉《赋得有所思》诗云："忘情好醉青田酒，寄恨宜调绿绮琴。" **青锋** 锋利宝剑名，剑身寒光闪烁，锋芒毕露，故称。[明] 沈采《千金记·遇仙》诗云："青锋剑可磨，古史书堪读。"

⑰ **早汤先宿酒；晚食继朝饔** 早晨喝汤解头天晚上的余醉；早饭之后吃晚餐。这两句反映人处盛世，酒足饭饱，生活安逸。早汤：早点。宿酒：即"宿醉"，酒后隔夜犹存的余醉。朝饔：早饭。[唐] 白居易《洛桥寒食作》诗云："宿醉头仍重，晨游眼乍明。"《孟子·滕文公上》云："贤者与民并耕而食，饔飧而治。"[汉] 赵歧注云："朝曰饔，夕曰飧。"

⑱ **唐库金钱能化蝶** 唐穆宗时，殿前种千株牡丹，开放时香气袭人。穆宗夜宴，有无数黄白蝴蝶飞集花间，天明即飞去。人们张网捕捉数百只，天

明都变成了金玉。后来打开宝橱，发现蝴蝶皆库中金银所化。（见《杜阳杂编》）

⑲ **延津宝剑会成龙**　迷信传说，晋代雷焕在豫章丰城监狱的屋基挖出龙泉、太阿两把宝剑，一把赠张华，一把留自用。后来，张华被诛，剑也丢失。雷焕死后，其子佩着父剑过延平津（今福建南平市东南）时，宝剑忽从腰间跃出坠入水中。入水寻时，见龙泉、太阿两剑化为二龙。　（见《晋书·张华传》）

⑳ **巫峡浪传，云雨荒唐神女庙**　这是诗圣杜甫《咏怀古迹五首》中"江山故宅空文藻，云雨荒台岂梦思"诗意的化用。浪传：即空传。传说赤帝之女瑶姬，未行（出嫁）而死，葬于巫山之阳。楚怀王（一说是襄王）游高唐云梦台馆，梦与"巫山之女"相遇，二人"且为朝云，暮为行雨"于阳台之下。楚王并于巫山南置"朝云观"作神女庙。（见楚国宋玉《高唐赋》）后世附会其事，建"神女庙"以祀之。

㉑ **岱宗遥望，儿孙罗列丈人峰**　这是诗圣杜甫《望岳》中"诸峰罗列似儿孙"诗句的化用。岱宗是"五岳独尊"的泰山的别称。丈人峰是泰山最高处的山峰名，因其形状像偃偻老人，故名。杜甫在咏泰山《望岳》中写道："会当凌绝顶，一览众山小。"是说在丈人峰遥望群山，皆很矮小。他在咏华山《望岳》中则说："西岳崚嶒（高峻突兀）竦（高耸）处尊，诸峰罗列似儿孙。"

㉒ **意懒心慵**　心情怠倦消沉，精神萎靡不振。慵：困倦；懒。〔元〕季子安《粉蝶儿·题情》曲云："这些时意懒心慵，闷恹恹似痴如梦。"〔明〕沈采《千金记》云："出乎无奈，每日做生活，做得心慵意懒。"

㉓ **仙翁**　男神仙。有时是对掌道教之官的敬称。〔明〕屠隆《彩毫记·仙翁指教》云："仙翁拜揖，念小生与仙翁素乏平生，何以见顾？"泛指神仙老寿星。〔宋〕何薳《春渚纪闻·郑魁铭研诗》云："仙翁种玉芝，耕得紫玻璃。"　　**释伴**　犹"释侣"，同修一道的伙伴。〔宋〕朱熹《夏日》诗云："望山怀释侣，盥（洗）手阅仙经。"

㉔ **道范**　道家典范。〔明〕无名氏《鸣凤记·献首祭告》诗云："自违道范信音稀，为传旌久淹蛮地。"　　**儒宗**　儒家宗师。《史记·刘敬叔孙通列传》云："叔孙通希世度务，制礼进退，与时变化，卒为汉家儒宗。"

㉕ **花灼灼**　鲜花盛开。〔宋〕许当《小桃溪》云："桃溪一何清，想象

武陵水。所爱春风时，灼灼花数里。"

㉖ 草茸茸　嫩草纤细柔软貌。［唐］韩翃《宴杨驸马山池》诗云："垂杨拂岸草茸茸，绣户帘前花影重。"［唐］白居易《天津桥》诗云："柳丝袅袅风缲出，草缕茸茸雨剪齐。"

㉗ 浪蝶狂蜂　纵横飞舞的蝴蝶和蜜蜂。［明］梁辰鱼《浣纱记·效颦》云："风景晴和，翩翩浪蝶狂蜂，阵阵游丝飞絮。"亦比喻寻花问柳的浪荡子弟。《西湖佳话·雷峰怪迹》云："心猿意马驰千里，浪蝶狂蜂闹五更。"

㉘ 数竿君子竹　东晋黄门侍郎王徽之（王羲之之子），字子猷，今山东临沂人。性爱竹，以竹为友。他曾暂寄人空宅住，便令种竹，说："何可一日无此君！"

㉙ 五树大夫松　秦始皇登泰山，立石、祠祀。下山，至五棵松树时，"风雨暴至，休于树下，因封其树为'五大夫'。"（见《史记·秦始皇本纪》）

㉚ 高皇灭项凭三杰　汉高祖刘邦在楚汉战争中，依靠萧何、韩信、张良三位杰出政治家、军事家的辅佐，灭了西楚霸王项羽的争权势力，建立了西汉王朝。（见《史记·高祖本纪》）

㉛ 虞帝承尧殛四凶　传说唐尧禅位于虞舜以后，浑敦、穷奇、梼杌、饕餮四个部族首领不服从舜的控制，皆被舜流放。（见《左传·文公十八年》）据《尚书·舜典》载："［舜］流共工于幽州，放驩兜于崇山，窜三苗于三危，殛鲧于羽山，四罪（被治罪）而天下咸服。"与《左传》记载有别。但有人认为，浑敦即驩兜，穷奇即共工，饕餮即三苗，梼杌即鲧。

㉜ 内苑佳人，满地风光愁不尽　封建时代，帝王宫内园庭风光满地，被囚禁于内的佳人却愁思满怀、盼归人间。唐玄宗时，顾况于苑中流水上捡一梧桐叶，上题诗云："一入深宫里，年年不见春。聊题一片叶，寄与有情人。"顾况也于叶上题诗和之。（见［唐］孟棨《本事诗》）文人称其为"红叶题诗"。宫外人拾得，因而与题诗佳人结为夫妻的有之。（参见本卷"一东"注㉚）

㉝ 边关过客，连天烟草憾无穷　戍边将士冻死战死沙场，留下无穷遗憾。［唐］张泌《边上》诗云："戍楼吹角起征鸿，猎猎寒旌背晚风。千里暮烟愁不尽，一川（平川）秋草恨无穷。"

三　江

奇对偶，只对双。大海对长江。金盘对玉盏，宝烛对银釭。朱漆槛①，碧纱窗②。舞调对歌腔。兴汉推马武③，谏夏著龙逄④。四收列国群王伏⑤，三筑高城众敌降⑥。跨凤登台，潇洒仙姬秦弄玉⑦；斩蛇当道，英雄天子汉刘邦⑧。

颜对貌，像对庞。步辇对徒杠⑨。停针对搁笔⑩，意懒对心降。灯闪闪⑪，月幢幢⑫。揽辔对飞舡⑬。柳堤驰骏马⑭，花院吠村尨⑮。酒量微酣琼杏颊⑯，香尘浅印玉莲躜⑰。诗写丹枫，韩女幽怀流御水⑱；泪弹斑竹，舜妃遗憾积湘江⑲。

注 解

① **朱漆槛** 红漆栏杆。［唐］白居易《白花亭》诗云："朱槛在空虚，凉风八月初。"

② **碧纱窗** 绿色纱窗。［前蜀］李珣《酒泉子》词云："秋月婵娟，皎洁碧纱窗外照。"

③ **兴汉推马武** 东汉马武，字子张，今河南唐河南人。王莽新朝末年，参加绿林起义军。后归顺刘秀，击败河北尤来、五幡等部，奠定了东汉的建立。刘秀即位后，任侍中、骑都尉，与虎牙将军盖延等合力，击败刘永等割据势力，屡建奇功，巩固了刘秀政权。后封杨虚侯。（见《后汉书·马武传》）

④ **谏夏著龙逢** 龙逢：即关龙逢，也写作"龙逢"。夏朝末帝夏桀王荒淫无道，大臣关龙逢力谏桀王说："今君用财若无穷，杀人若不胜（没完没了），民心已去，天命不佑（保佑）。"桀王说："吾有天下，犹如天上有日，日亡吾亡。"遂杀死龙逢。（见王凤洲《纲鉴合纂》）

⑤ **四收列国群王伏** 北宋初年大将曹彬，字国华，真定灵寿人。他先后灭契丹、北汉、后蜀，开宝八年（975）攻破金陵，生俘南唐后主李煜，南唐灭亡。曹军所到之处，严禁乱烧乱杀，群王降伏。（见《宋史·曹彬传》）

⑥ **三筑高城众敌降** 唐神龙三年（707），中宗李显令大将军张仁愿在黄河以北筑中、东、西三座受降城，以拂云祠（内蒙古包头西北五原）为中城，以榆林县为东城，以丰州北（乌加河北岸）为西城，相距各四百里左右。置烽候（烽火台）一千八百所，首尾相应，巩固了唐王朝北部边疆。（见《旧唐书·张仁愿传》）

⑦ **跨凤登台，潇洒仙姬秦弄玉** 这句是化用"吹箫引凤"之典。（参见本卷"一东"注㉟）

⑧ **斩蛇当道，英雄天子汉刘邦** 传说汉高祖刘邦为沛县送劳工去骊山筑秦始皇墓，饮酒而醉，路经大泽乡泽中，有大蛇当道，前行人劝回避。刘邦醉曰："壮士行，何畏！"拔剑斩之。后有一老妇哭诉说，大蛇乃其子秦之白帝子所化，被赤帝子斩杀。后人附会为汉将代秦而兴之兆。（见《史记·高祖本纪》）

⑨ **步辇**　辇：本为载物车，秦朝，去轮为舆，改为人抬，称步辇，类似轿子，皇帝、皇后乘坐。[三国魏] 曹丕《校猎赋》云："步辇西园，闲坐玉堂。"　　**徒杠**　只可步行通过的木桥。《孟子·离娄下》云："岁十一月，徒杠成。"

⑩ **停针**　停穿针。唐宋时期，中国妇女在社日（祭祀土神的日子，分春秋两次，一般在立春、立秋后的第五个戊日）有不动针线的风俗，故曰"停针"。[唐] 张籍《吴楚歌》诗云："今朝社日停针线，起向朱樱树下（村邻们带着牲酒到樱桃树下祭神）行。"[唐] 朱绛《春女怨》诗云："欲知无限伤春意，尽在停针不语时。"　　**搁笔**　放下笔。[宋] 毕仲游《回范十七承奉书》云："旧诗数百首悉焚去，搁笔不复论诗。"[宋] 卢梅坡《雪梅》诗云："梅雪争春未肯降，骚人搁笔费评章。"

⑪ **灯闪闪**　灯光下的影子在摇晃。宋朝王安石老年罢相后，到晋朝大将军谢安（字安石）在江宁（今南京）城北居住过的谢公墩所在的钟山（又名半山）隐居，并请木匠鲁慧为他设计了一所宅院，名为"半山园"。王安石看了图纸，在设计图的院墙空白处写了四句诗："借阑干东君去也，霎时间红日西沉。灯闪闪人儿不见，闷悠悠少个知心（指谢安）。"暗示院墙上应开一道门。

⑫ **月幢幢**　月光下的影子在移动。《声律和对韵汇编·十六唐（阳平）》诗云："月影幢幢扁柏，风声飒飒修篁。"

⑬ **揽辔**　掌控马缰。辔：驭马的缰绳。[晋] 刘琨《扶风歌》诗云："揽辔命徒侣，吟啸绝岩中。"　　**飞艭**　快速小船。[明] 司守谦《训蒙骈句·三江》联云："北苑春回，一路花香随着屐；西湖水满，六桥柳影照飞艭。"

⑭ **柳堤驰骏马**　骏马：良马；千里马。[唐] 温庭筠《赠知音》诗云："景阳宫里钟初动，不语垂鞭上柳堤。"[唐] 严武《寄题杜拾遗锦江野亭》诗云："兴发会能驰骏马，应须直到使君滩。"

⑮ **花院吠村龙**　村龙：农家长毛狗。[元] 曹伯启《九日省舅氏郭西独行因书所见》诗云："田家桑梓碧幢幢，过客鞭声引吠龙。"

⑯ **酒量微酣琼杏颊**　这是宋朝杨泽民《蝶恋花》中"杏脸桃腮匀着酒，青红相映如携手"诗句的化用。酒酣：酒喝到不醒不醉，尽兴畅快。杏颊：杏腮桃颊；杏脸桃腮。形容女子白里透红的脸。

⑰ **香尘浅印玉莲躧**　这是明朝谢谠《四喜记·花亭佳偶》中"花径（花

间小路）尘芳（芳香），浅印花鞋小"和元朝王实甫《西厢记》中"若不是衬残红芳径软，怎显得步香尘底样儿浅"句意的化用。香尘：芳香的尘土。玉莲躞：小脚美女的花鞋。［晋］王嘉《拾遗记·晋时事》云："［石崇］又屑沉水之香，如尘末，布象床上，使所爱者践之。"

⑱ **诗写丹枫，韩女幽怀流御水**

旧时，幽闭于深宫的御妃婢女，常题诗红叶，借御沟向外寄情思。（参见本卷"一东"注㉚）

⑲ **泪弹斑竹，舜妃遗憾积湘江**

舜帝南巡而死，葬于苍梧之野。舜之娥皇、女英二妃追之不及，眼望苍梧尽日哭泣，泪洒竹上，致竹成斑，称为斑竹。之后，二妃投湘水而死，故称湘妃。（见南朝任昉《述异记》）

枫林秋思

四　支

泉对石，干对枝。吹竹对弹丝①。山亭对水榭②，鹦鹉对鸬鹚。五色笔③，十香词④。泼墨对传卮⑤。神奇韩干画⑥，雄浑李陵诗⑦。几处花街新夺锦⑧，有人香径淡凝脂⑨。万里烽烟，战士边头争保塞⑩；一犁膏雨，农夫村外尽乘时⑪。

菹对醢⑫，赋对诗。点漆对描脂⑬。璠簪对珠履⑭，剑客对琴师。沽酒价⑮，买山资⑯。国色对仙姿。晚霞明似锦⑰，春雨细如丝⑱。柳绊长堤千万树⑲，花横野寺两三枝⑳。紫盖黄旗，天象预占江左地㉑；青袍白马，童谣终应寿阳儿㉒。

箴对赞，缶对卮。萤炤对蚕丝㉓。轻裾对长袖㉔，瑞草对灵芝㉕。流涕策㉖，断肠诗㉗。喉舌对腰肢㉘。云中熊虎将㉙，天上凤麟儿㉚。禹庙千年垂橘柚㉛，尧阶三尺覆茅茨㉜。湘竹含烟，腰下轻纱笼玳瑁㉝；海棠经雨，脸边清泪湿胭脂㉞。

争对让，望对思。野葛对山栀㉟。仙风对道骨㊱，天造对人为。专诸剑㊲，博浪椎㊳。经纬对干支㊴。位尊民物

zhǔ　　dé zhòng dì wáng shī　　　wàng qiè bù fáng rén qù yuǎn　　xīn máng wú nài mǎ xíng chí

主^⑩，德重帝王师^⑪。望切不妨人去远^⑫，心忙无奈马行迟^⑬。

jīn wū bì lái　　fù qǐ mào líng tí zhù bǐ　　　yù lóu chéng hòu　　jì xū chāng gǔ fù náng cí

金屋闭来，赋乞茂陵题柱笔^⑭；玉楼成后，记须昌谷负囊词^⑮。

注 解

① **吹竹弹丝**　吹奏管乐，弹奏弦丝。［南朝陈］江总《宴乐修堂应令》诗云："弹丝命琴瑟，吹竹动笙簧。"

② **山亭水榭**　山亭：建在山上有顶无墙的游憩楼台。［元］程文海《扫花游·寄赠西·赴台都事》曲云："倚山亭、黯然平楚。"水榭：建在水边或水上的游憩楼台。［唐］崔湜《侍宴长宁公主东庄应制》云："水榭宜时陟（登），山楼向晚（天将黑）看。"

③ **五色笔**　南朝梁江淹，字文通，历任宋、齐、梁三代大臣，官至梁金紫光禄大夫。其诗文曾名扬天下。一日，他梦见一个叫郭璞的人对他说："我有笔在你处已经多年，应该还我了。"江淹探怀取五色笔授之。从此，江淹作诗绝无佳句。这就是"江郎才尽"典故的由来。（见《南史·江淹传》）

④ **十香词**　辽国道宗耶律洪基之皇后萧观音，善于诗赋书法，尤爱作歌词弹琵琶。她经常召伶人赵惟一进宫，陪她演奏她创作的服侍和思念君王的词曲《回心院》。佞臣耶律乙辛为陷害萧观音，收买人作《十香淫词》，送给道宗，诬告萧观音与赵惟一私通。赵惟一被屈打成招，萧观音有冤难伸，悲愤交加，含泪写下一首绝命词，自缢而死。（见《辽史·萧皇后传》）

⑤ **泼墨**　国画山水画的一种画法。画时用水墨挥洒于纸上，其势如泼，故名。泼墨画法传说始于唐代王洽，《宣和画谱》载："王洽不知何许人，能善泼墨成画，时人皆号为'王泼墨'……每欲作图画之时……先以墨泼图幛之上，乃因似其形像，或为山，或为石，或为林，或为泉者，自然天成，倏（迅疾）若造化，已而云霞卷舒，烟雨惨淡，不见其墨污之迹。"　　**传卮**　宴饮中传递酒杯劝酒。卮：古代酒杯。［唐］谢良辅《忆长安》诗云："取酒虾蟆陵下，家家守岁传卮。"

⑥ **神奇韩干画**　唐代画家韩干，长安人。初师曹霸，后独擅其能。善写人物，尤工鞍马，骨肉停匀，得其神气。传说，一天有人牵着患有足疾的马到马市就诊，巧遇韩干，韩干惊疑其马毛色骨相酷似自己所画之马。回家后，

察其所画之马，脚上果有一处墨缺，方知是自己的马画通灵。（见《宣和画谱·畜兽》）

⑦ **雄浑李陵诗**　西汉骑都尉李陵，字少卿，陇西成纪（今甘肃静宁西南）人。西汉名将李广之孙。善骑射。武帝时，率兵五千出击匈奴，被单于十万大军包围，血战到只剩百来人，终因矢（箭）尽援（后援）绝投降匈奴。汉武帝以叛汉罪，将李陵的老母、妻子、儿女全部杀死。他与苏武是好友，在其《答苏武书》中，畅叙他的悲伤情怀，说他之所以不死，是想效法"昔范蠡不殉会稽之耻，曹沫（曹刿）不死三败之辱，卒（最终）复勾践之仇，报鲁国之羞。[吾] 区区之心，窃慕此（私下仰慕范曹作为）耳"。然而，"图志未立而怨（汉朝对李陵的怨恨）已成，计（李陵的计谋）未从而骨肉（李陵的亲人）受刑。此陵所以仰天椎心而泣血也"。情调悲凉雄浑，十分感人。李陵居匈奴二十余年病死。世传李陵《答苏武书》是后人伪作。

⑧ **几处花街新夺锦**　花街：妓院聚集的地方。夺锦：竞赛中夺魁。武则天游洛阳龙门，令陪臣以"明堂火珠"为题赋诗，左史东方虬诗先成，武则天乃赐以锦袍。须臾，宋之问献诗，武则天看到宋诗有"不愁明月尽，自有夜光来"佳句，赞其词更妙，乃夺已赐给东方虬之锦袍赏与宋卿。后因称竞赛中获胜为"夺袍"，亦称"夺锦"。（见《新唐书·宋之问传》）

⑨ **有人香径淡凝脂**　淡凝脂：比喻美女的皮肤细白润泽，薄施粉黛即显娇媚。[唐] 武平一《杂曲歌辞·妾薄命》云："红脸如开莲，素肤若凝脂。"

⑩ **万里烽烟，战士边头争保塞**　烽烟：亦作"烽燧"，古代边防报警的两种信号，白天放烟叫"烽"，夜间举火叫"燧"。保塞：保卫边疆。《史记·司马相如传·喻巴蜀檄》云："夫边郡之士闻烽举燧燔，皆摄弓而驰，荷兵（扛着兵器）而走（前奔）。"

⑪ **一犁膏雨，农夫村外尽乘时**　膏雨：滋润作物的霖雨。乘时：乘机；趁势。[宋] 朱淑真《膏雨》诗云："一犁膏腴（肥沃）分春垄，只慰农桑望眼中。"[宋] 曹勋《山居杂诗》云："小圃养春色，乘时不可缓。翟锄常于于（自得），成趣须旦旦。"

⑫ **菹醢**　古代酷刑，把人剁成肉酱。[汉] 李陵《重报苏武书》云："昔萧樊囚絷，韩彭菹醢，错受戮，周魏见辜。"

⑬ **点漆描脂**　即"凝脂点漆"，形容人的皮肤白嫩，眼睛明亮。[南朝] 刘义庆《世说新语·容止》云："王右军（羲之）见杜弘治（乂），叹曰：

'面如凝脂，眼如点漆（乌黑光亮貌），此神仙中人。'"

⑭ **璠簪** 用美玉制成的簪。璠：美玉。旧时用来固定发髻或连接冠发的针形首饰。［唐］韩愈《送桂州严大夫》云："江作青罗带，山如碧玉簪。" **珠履** 用珠宝装饰的鞋。传说战国时楚公子春申君家有门客三千余人，为了向人夸富，他令其上客皆蹑珠履见赵国平原君的使者。赵使大惭。（见《史记·春申君列传》）

⑮ **沽酒价** 晋代阮修，字宣子，阮籍之侄，"竹林七贤"之一。善清言，不求仕进，安居贫困，旷达不羁，年四十尚未娶妻。常步行，以百钱挂于杖头，至酒店，便独酣畅。（见《晋书·阮籍传·附阮修》）

⑯ **买山资** 传说晋代隐士支道林隐居余杭山，他托人找深公欲买邱山，深公说："未闻巢由（古代隐士巢父与许由）买山而隐。"后以买山指归隐。（见《世说新语·排调》）［唐］顾况《送李山人还玉溪》诗云："好鸟共鸣临水树，幽人独欠买山钱。"

⑰ **晚霞明似锦** 日落彩云似锦屏。晚霞：日落时出现的彩云。这是元朝散曲家马致远《山市晴岚》中"晚霞明雨收天霁。四围山一竿残照里，锦屏风又添铺翠"文意的化用。

⑱ **春雨细如丝** 本句引自宋朝哲学家邵雍《春雨吟》中"春雨细如丝"原句。诗的全文是："春雨细如丝，如丝霡霂时。如何一霎霈，万物尽熙熙。"

⑲ **柳绊长堤千万树** 这是唐代诗人白居易《杨柳枝词》中"一树春风千万枝，嫩如金色软于丝"和宋朝诗人张道洽《梅花》中"试向园林千万树，何如篱落两三枝"诗句的化用。

⑳ **花横野寺两三枝** 这是唐代诗人李端《春晚游鹤林寺寄使府诸公》中"野寺寻春花已迟，背岩惟有两三枝"诗句的化用。

㉑ **紫盖黄旗，天象预占江左地** 紫盖、黄旗：均指云气，古人认为象征王者之气。江左：即江东，指长江下游的苏浙皖地区，古属吴地。东吴郎中令陈化使魏，魏文帝在酒酣中问陈化："吴魏对立，谁将一平海内？"陈化说："《易经》上说帝出于震（东方）。还听知天命的先哲们说，早就有说法，'紫盖黄旗，运在东南（暗指在东南方的吴国）'。"（见《三国志·吴志·孙权传》）

㉒ **青袍白马，童谣终应寿阳儿** 出生于北魏怀朔镇的侯景，是个归顺又反叛不定的人。他先后做过北魏、东魏、梁朝的高官，公元551年又起兵叛梁，

自立为皇帝。公元547年梁武帝接受侯景请降，封侯景为大将军、河南王，驻守寿阳（在山西）。素知侯景性情的平西将军周弘正不禁叹道："乱事就在眼前了！"童谣也传曰："青袍白马寿阳儿。"侯景为应童谣，便用梁武帝所赐青布制为青袍，并骑白马，示傲。不久便起兵叛梁。（见《南史·侯景传》）

㉓ **萤焫** 萤火虫腹部末端有发光器，夜间闪烁发光。晋代车胤家贫无灯油，夏日把萤火虫装入薄袋照书苦读。（见《晋书·车胤传》） **蚕丝**《淮南子·览冥训》云："东风至而酒湛溢，蚕咡丝（老蚕作丝）而商弦绝。"

㉔ **轻裾长袖** 轻裾，衣服的前后襟。〔唐〕韩愈《送李愿归盘谷序》云："飘轻裾，翳（拖着）长袖，粉白黛绿者（比喻美人），列屋而闲居，妒宠而负恃，争妍而取怜（仗着自己的才貌，互相争宠斗妍）。"

㉕ **瑞草灵芝** 瑞草：古代以为吉祥之草，如灵芝、蓂荚之类。《晋书·歌宣帝》云："神石吐瑞，灵芝自敷（开放）。"

㉖ **流涕策** 西汉政论家、文学家贾谊，也称贾生，洛阳人。少有博学能文之誉，文帝召为博士，不久迁至太中大夫。他好议国家大事，曾多次忠言上疏，批评时政。他痛陈其《治安策一》后说，这些是令人"可痛哭者"。他在其《陈政事疏》中写道："臣窃惟事势，可为痛哭者一，可为流涕者二，可为长太息者六。"

㉗ **断肠诗** 宋代女作家朱淑真，号幽栖居士，钱塘（今杭州）人。生于仕宦家庭。能绘画，通音律，工诗词，多述幽怨感伤之情，著有诗集《断肠集》、词集《断肠词》。相传因对婚嫁不满，抑郁而终。

㉘ **喉舌** 说话的器官。常比喻险要之地。《续资治通鉴·宋度宗咸淳六年》云："国家所恃者大江，襄樊其喉舌，议不容缓。" **腰肢** 腰与四肢。形容身段之美。〔唐〕李商隐《宫妓》诗云："珠箔轻明拂玉墀，披香新殿斗腰肢。"

㉙ **云中熊虎将** 古时北方有云中郡，含今山西、河北、内蒙古等地。《三国志·吴志·周瑜传》云："刘备以枭雄之姿，而有关羽（今山西临猗人）、张飞（今河北涿州人）熊虎之将，必非久屈为人用者。"

㉚ **天上凤麟儿** 或作"天上麒麟儿"。这是诗圣杜甫《徐卿二子歌》中"孔子释氏亲抱送，并是天上麒麟儿"诗句的化用。凤凰、麒麟都是传说中的吉祥鸟兽，人们常称别人的孩子为天上麒麟和凤凰。南朝陈文学家徐陵，八岁能写文章，博览史籍。幼年时，家人带他去见有道上人宝志，宝志摸着

徐陵的头说："此天上石麒麟也！"光宅惠云法师也叹称徐陵像孔子的得意弟子颜回。（见《陈书·徐陵传》）

㉛ **禹庙千年垂橘柚** 四川忠州（今忠贤）临江的山崖上有夏禹庙。唐代诗人杜甫在代宗永泰元年（765）离蜀东下，途经忠州，参谒了这座古庙，作《禹庙》诗一首，前四句是："禹庙空山里，秋风落日斜。荒庭垂橘柚，古屋画龙蛇。"

㉜ **尧阶三尺覆茅茨** 尧帝统领了天下，仍居茅屋。《韩非子·五蠹》云："尧之王天下也，茅茨不剪，采椽不斲（砍）。"《大宋宣和遗事·亨》云："便如唐尧土阶三尺，茅茨不剪。"

㉝ **湘竹含烟，腰下轻纱笼玳瑁** 玳瑁轻纱裙笼罩着的腰身，犹如烟雾环绕着的斑竹枝。湘竹：亦称"斑竹"，传说是舜帝二妃泪染青竹成斑。玳瑁：海龟科动物，背甲呈黄褐色，有黑斑，似"斑竹"。〔宋〕阮阅编《诗话总龟》云："筇枝健杖菖蒲节，笋栉（竹梳子）高簪玳瑁斑。"

㉞ **海棠经雨，脸边清泪湿胭脂** 脸边清泪水弄湿的胭脂，酷似春雨沐浴后的海棠花。这是宋朝诗人宋祁《锦缠道·燕子呢喃》中"海棠经雨胭脂透"名句的化用。

㉟ **野葛** 一年生有毒植物，俗称"断肠草"。人吃下后肠子会变黑粘连，人会腹痛不止而死。〔汉〕王充《论衡·言毒》云："草木之中，有巴豆、野葛，食之凑懑，颇多杀人。"〔唐〕白居易《有木》云："前后曾饮者，十人无一活……试问识药人，始知名野葛。" **山栀** 常绿灌木，仲夏开白花，花甚芳香，果实可入药，亦可作黄色染料。昔日，富人高价买一鞭，色黄而有光泽，给柳宗元看。柳宗元烧汤洗鞭，色泽尽退，原形枯白，原来鞭之光泽，是用栀黄上蜡为之而欺世人。（见《本草纲目·栀子》、柳宗元《鞭贾》）

㊱ **仙风道骨** 形容人的风度、神采不同凡俗。〔唐〕李白《大鹏赋序》云："余昔于江陵见天台司马子微（承祯），谓余有仙风道骨，可与神游八极之表，因著大鹏遇稀有鸟赋以自广。"

㊲ **专诸剑** 春秋时期，吴国公子光（即阖闾）阴谋刺杀吴王僚而自立，伍子胥推荐专诸给公子光当刺客。公子光备办酒宴请僚，专诸置匕首于鱼腹中，乘进献时把吴王僚刺死。专诸也当场被僚的左右所杀。公子光遂自立为王。（见《史记·刺客列传》）

㊳ **博浪椎** 秦始皇东巡至博浪沙（今河南原阳境），张良为替被秦国灭掉

的韩国报仇，请大力士操铁椎狙击秦始皇，误中副车，秦始皇幸免。（见《汉书·张良传》）

㊴ **经纬** 本指织物上的纵线和横线。亦指纲纪、法度。《左传·昭二十五年》云："礼，上下之纪，天地之经纬也。" **干支** 古人用以纪年、纪月、纪日的十天干和十二地支。干支相配，组成六十甲子。

㊵ **位尊民物主** 民物主：民众之主宰，指帝王或官吏。《尚书·多方》云："天惟时求民主（民众之主国君），乃大降显休（光荣而美好的使命）命于（赐给）成汤（商汤王）。"〔宋〕陆游《虎洞》诗云："方今上有明圣君，广爱民物怀深仁，推诚不但祝罗网，登用牧守需贤人。"

㊶ **德重帝王师** 帝王师：帝王之军师，此指姜太公（吕尚）。〔唐〕李白《赠钱征君少阳》云："如逢渭水猎，犹可帝王师。"《宋书·符瑞志上》云："〔周文王姬昌〕将畋（打猎），史遍卜之曰：'〔您〕将大获，非熊非罴，天遗（馈赠）汝师以佐昌。'"文王果于渭水边遇到近八十岁的钓翁吕尚，遂拜为军师。《史记·齐太公世家》称"霸王之辅"："所获非龙非螭，非虎非罴，所获霸王之辅。"

㊷ **望切不妨人去远** 人已远去，惦记再切也是白操心。〔唐〕何希尧《柳枝词》云："大堤杨柳雨沈沈，万缕千条惹恨深。飞絮满天人去远，东风无力系春心。"

㊸ **心忙无奈马行迟** 马不快跑，归心似箭也是干着急。〔唐〕李嘉祐《与从弟正字、从兄兵曹宴集林园》云："去路归程仍待月，垂缰不控马行迟。"

㊹ **金屋闭来，赋乞茂陵题柱笔** 汉武帝刘彻娶表妹阿娇为妻，爱甚，以金屋藏之。后来，阿娇为陈后所妒，独居长门宫。她重金请茂陵的文才司马相如作《长门赋》，以抒发她的孤愤之情，并望能感动皇上。（见班固《汉武故事》）茂陵题柱：司马相如曾居茂陵，未显达时，过成都北升仙桥，于桥柱题字曰："不乘高车驷马（指做高官），不过此桥！"

㊺ **玉楼成后，记须昌谷负囊词** 传说，唐代诗人李贺，河南昌谷人。每骑驴出游，令奴童背一古锦囊，得佳句即投入其中，后成李贺诗集《昌谷集》。李贺将死时，梦见一穿大红衣者，手持板书，对李贺说："上帝筑成白玉楼，命你去作记。"李贺以母老且病，哭泣不愿随往。但不久，气绝。（见李商隐《李贺小传》）

五　微

贤对圣，是对非。觉奥对参微①。鱼书对雁字②，草舍对柴扉③。鸡晓唱④，雉朝飞⑤。红瘦对绿肥⑥。举杯邀月饮⑦，骑马踏花归⑧。黄盖能成赤壁捷⑨，陈平善解白登危⑩。太白书堂，瀑泉垂地三千丈⑪；孔明祀庙，老柏参天四十围⑫。

戈对甲，幄对帏。荡荡对巍巍⑬。严滩对邵圃⑭，靖菊对夷薇⑮。占鸿渐⑯，卜凤飞⑰。虎榜对龙旂⑱。心中罗锦绣，口内吐珠玑⑲。宽宏豁达高皇量⑳，叱咤喑哑霸王威㉑。灭项兴刘，狡兔尽时走狗死㉒；连吴拒魏，貔貅屯处卧龙归㉓。

衰对盛，密对稀。祭服对朝衣㉔。鸡窗对雁塔㉕，秋榜对春闱㉖。乌衣巷㉗，燕子矶㉘。久别对初归㉙。天姿真窈窕㉚，圣德实光辉㉛。蟠桃紫阙来金母㉜，岭荔红尘进玉妃㉝。灞上军营，亚父丹心撞玉斗㉞；长安酒市，谪仙狂兴换银龟㉟。

注 解

① **觉奥** 领悟深奥之理。[明] 胡应麟《少室山房笔丛·九流绪论下》云："余初读尤漫然，载阅之觉其词颇质奥（朴实而深奥）。"亦作"悟奥"。休静是朝鲜李氏王朝最著名的僧人，他的门徒数以千计，其中最得意的门生叫惟政。据《慈通弘济尊者泗溟松云大师石藏碑铭并序》记载：惟政幼年聪慧，十三岁投黄岳山直指寺当和尚，"未熟已悟奥旨，诸老宿皆就质焉"。 **参微** 验证微妙之处。清代天文学家、数学家梅文鼎，安徽宣州人，毕生从事研究工作，以布衣终身。他的著作对清代影响极大。康熙皇帝南巡时，在船上接见他，畅谈甚欢，并亲题"绩学参微"四字，嘉奖他在天文历算方面的成就。

② **鱼书雁字** 前人把"鱼""雁"一并来提，往往指书信。[汉] 蔡邕《饮马长城窟行》诗云："客从远方来，遗我双鲤鱼。呼儿烹鲤鱼，中有尺素书。"雁字：本指鸿雁飞行时排成"人"字或"一"字形，此处当指"雁书"，即书信。《汉书·苏武传》云："教使者谓单于，言天子射上林中，得雁，足有素帛书。"

③ **草舍柴扉** 用柴草、树枝等做成的门户。形容居处简陋，生活困苦。[元] 无名氏《举案齐眉》曲云："住的是草舍茅庵，蓬户柴门。"[唐] 王维《送别》诗云："山中相送罢，日暮掩柴扉。"

柴门仕女

④ **鸡晓唱** 战国时，齐国孟尝君家有许多食客，各有所能。孟尝君到秦国，秦王留之不许归。随客中有能学狗盗者，盗千金之狐白裘，献给秦王宠爱的妃子，宠妃请秦王放孟尝君，王从请，孟尝君乃归。转瞬间秦王反悔，令追。孟尝君已至关，关有规矩：鸡鸣而出关。随客中有能学鸡鸣者，一鸣而群鸡尽鸣，孟尝君骗得出关。（见《史记·孟尝君传》）

⑤ **雉朝飞** 东汉文学家蔡邕《琴操》云：齐国的牧犊子，年过七十还孤独无妻。在野外打柴时，见雌雄雉鸟相随而飞，意动心悲，慨叹穷人不如鸟。乃作《雉朝飞操》乐府曲，以自伤焉。它原来的歌辞是："雉朝飞兮鸣相和，雌雄群兮于山阿，我独伤兮未有室，时将暮兮可奈何？"

⑥ **红瘦绿肥** 即"绿肥红瘦"。形容春深时节花稀而叶茂。[宋]李清照（易安）《如梦令·春晚》词云："昨夜雨疏风骤，浓睡不消残酒。试问卷帘人，却道海棠依旧。知否？知否？应是绿肥红瘦。"

⑦ **举杯邀月饮** 这是诗仙李白《月下独酌》中"举杯邀明月"诗句的化用。

⑧ **骑马踏花归** 这是唐宋时期著名诗句"踏花归去马蹄香"的化用。一说是杜甫所写，一说是苏轼所作。

⑨ **黄盖能成赤壁捷** 三国吴零陵泉陵人黄盖，字公覆，初随孙坚起义，为孙氏宿将。赤壁之战中，他建议火攻，并领满载薪草、灌有膏油的船只数十艘，投曹营诈降，乘机纵火，大破曹军，以功升任武锋中郎将。（见《三国志·黄盖传》）

⑩ **陈平善解白登危** 西汉曲逆侯陈平，今河南原阳人。先随项羽，后从刘邦。他足智多谋，曾为刘邦六出奇计。汉高祖七年（前200），匈奴冒顿单于大军围攻晋阳（今山西太原），高祖刘邦亲率军三十余万迎战，被围困于平城白登山（今大同东北），达七日之久。后用陈平计，重礼贿赂冒顿的皇后，始得突围。（见《史记·韩王信传》）

⑪ **太白书堂，瀑泉垂地三千丈** 唐代诗人李白在江西庐山建有"太白书堂"。

庐山高图

李白游香炉峰作《望庐山瀑布》诗云："日照香炉生紫烟，遥看瀑布挂前川。飞流直下三千尺，疑是银河落九天。"气势十分壮观。

⑫ **孔明祀庙，老柏参天四十围** 唐大历元年（766）杜甫谒夔州（今属重庆）武侯庙（诸葛亮庙）作《古柏行》云："孔明庙前有老柏，柯如青铜根如石。霜皮溜雨四十围，黛色参天二千尺。"

⑬ **荡荡巍巍** 伟大而崇高。《后汉书·皇后纪上》云："巍巍之业，可闻而不可及；荡荡之勋，可诵而不可名。"

⑭ **严滩** 严光钓滩，亦称"严陵濑"。后汉严光，字子陵，会稽余姚人。少与光武帝刘秀同学，有高名。刘秀称帝，光改姓名隐遁。刘秀召光到京，授谏议大夫，不受，退隐于浙江富春山，以农耕、钓鱼自乐。后人名其处为"严陵濑"，亦称"严滩"。（见《后汉书·隐逸传》）　　**邵圃** 邵平瓜园，亦称"东陵瓜"。秦朝东陵侯邵平，秦亡以后成为平民，种瓜于长安城东青门外。其瓜味甜美，时人谓之"东陵瓜"。（见《三辅黄图》）〔明〕刘基《绝句漫兴》云："寒暑又随风日转，东陵谁种邵平瓜？"

⑮ **靖菊** 晋代诗人陶潜（渊明），生性爱菊，弃官隐居故里，喜见老宅"三径就荒，松菊犹存"，留有"结庐在人境，而无车马喧……采菊东篱下，悠然见南山"的著名诗句。（见陶渊明《饮酒》）他死后，谥号"靖节先生"，故有"靖菊"之谓。　　**夷薇** 商末伯夷叔齐兄弟，因阻止武王伐纣不成，隐居首阳山，不食周粟，采薇（野菜）而食，故称"夷薇"。

⑯ **占鸿渐** 占得鸿渐卦是吉祥将临。《周易·渐》云："渐，女归（女子出嫁）吉。"又云："鸿渐于磐（大雁徐徐集于磐石上），饮食衎衎（快乐），吉（吉祥）。"

⑰ **卜凤飞** 春秋时期，陈国大夫懿氏想把女儿嫁给陈厉公之子敬仲为妻，其妻卜了一卦，说："吉，是谓'凤凰于飞，和鸣锵锵'。"比喻夫妻和谐。（见《左传·庄公二十二年》）

⑱ **虎榜** 科举考试进士榜称龙虎榜，简称"虎榜"。《新唐书·欧阳詹传》云："举进士，与韩愈李绛崔群王涯冯宿庾承宣联第，皆天下选，时称'龙虎榜'。"清朝专指武科榜为"虎榜"。　　**龙旂** 有龙图纹的旗。古时王侯作仪卫用。《史记·礼书》云："龙旂（通'旗'）九斿（旌旗上的装饰物），所以养信也。"

⑲ **心中罗锦绣，口内吐珠玑** 北宋著名文人陶谷，曾任礼部尚书，又兼

任刑部、户部二尚书。他为官清廉刚直，执法严明，对贪官污吏毫不留情。他博览经史，胸有文才，口有辩才。《宋代宫闱史》载："［陶谷］是个胸罗锦绣，腹隐珠玑的才子。"

⑳ **宽宏豁达高皇量** 汉高祖刘邦本是一平民粗汉，但胸襟开阔，宽宏大量，故能兴汉。［西晋］潘岳《西征赋》云："观夫汉高之兴也，非徒聪明神武，豁达大度而已也。"

㉑ **叱咤喑哑霸王威** 西楚霸王项羽为楚将项燕之后，好逞发怒斥喝之威。《史记·淮阴侯传》云："项王喑恶叱咤（发怒呵斥），千人皆废。"

㉒ **灭项兴刘，狡兔尽时走狗死** 春秋时期，吴吞越国。越王勾践在谋臣范蠡、文种辅佐下，卧薪尝胆，十年生聚，十年教训，终于复国灭吴。范蠡功成身退，乘舟浮海而隐，并写信给文种说"飞鸟尽，良弓藏；狡兔死，走狗烹"；越王其人"可与共患难，不可与共安乐。子何不去"？文种虽称病不朝，越王仍赐剑令文种自杀。（见《史记·越王勾践世家》）汉高祖刘邦得大将韩信帮助，平定四海，建立汉朝之后，竟擒杀韩信。韩信说："果如人（指范蠡）言：'狡兔死，走狗烹；飞鸟尽，良弓藏；敌国破，谋臣亡。'天下已定，我固当烹。"（见《史记·淮阴侯传》）

㉓ **连吴拒魏，貔貅屯处卧龙归** 貔貅：一种豹类猛兽，比喻勇猛的将士。貔貅屯处：指集聚了文臣武将的东吴。卧龙：指诸葛亮。东汉末年，曹操挟天子令诸侯，率师南下，欲灭孙权和刘备。刚被刘备三顾茅庐请出南阳不久的诸葛亮，赴东吴劝说孙权联合抗魏。在号称曹操拥兵百万的威胁下，孙权的众臣中，文臣多主降曹，诸葛亮舌战群儒，智激周瑜，终于说服群臣与孙权，促成吴蜀联师抗魏。周瑜更劝诸葛亮留下共同辅佐孙权，诸葛亮不允。周瑜妒亮之才，屡屡设计杀害诸葛亮，诸葛亮施高谋破周瑜毒计，回到刘备身边。（见《三国演义》）

㉔ **祭服** 祭祀时所穿的礼服。《礼记·曲礼下》云："无田禄者，不设祭器；有田禄者，先为祭服。" **朝衣** 朝服，君臣朝会时所穿的礼服。《史记·晁错传》云："上（指汉景帝）令晁错衣（穿）朝衣斩（被斩于）东市。"

㉕ **鸡窗** 晋代宋处宗有一只宠爱的长鸣鸡，鸡窝设在窗户上。鸡说人话，与处宗谈论，使处宗言谈技巧大增。后以"鸡窗"用作书房的代称。（见南朝宋刘义庆《幽明录》） **雁塔** 雁塔在陕西西安，有大雁塔、小雁塔之分。大雁塔在慈恩寺，建于唐高宗永徽四年（653），初名慈恩寺塔，是

玄奘藏梵本佛经的地方。圣教序碑在此塔下，是唐朝新科进士题名处。唐代韦肇及第后，偶于慈恩寺雁塔题名，后人皆效之，遂成为故事。（见宋张礼《游城南记》）

㉖ **秋榜** 科举时代在地方为选拔举人于秋季所进行的乡试发榜。[明] 唐寅《漫兴云》诗云："秋榜才名标第一，春风弦管醉千场。" **春闱** 科举时代在京城为选拔进士于春季所进行的会试考试。闱：科举考场。[唐] 姚合《别胡逸》云："记得春闱同席试，逡巡（顷刻；转眼）何啻（止）十年余。"[明] 吴承恩《贺阎双溪令翻登科障词》云："秋榜高魁，行魁春榜，喜事自然连接。"

㉗ **乌衣巷** 地名，位于今南京市东南。东晋时王导、谢安诸贵族多居此，故世称王谢子弟为"乌衣郎"。[唐] 刘禹锡《乌衣巷》诗云："朱雀桥边野草花，乌衣巷口夕阳斜。旧时王谢堂前燕，飞入寻常百姓家。"

㉘ **燕子矶** 地名，位于江苏省南京市北的直渎山（观音山）上。前临长江，形如飞燕，故名。其地势险要，有观音阁和三台洞等名胜。[明] 朱元璋《咏燕子矶》云："燕子矶兮一秤砣，长虹作竿又如何。天边弯月是持钩，称我江山有几多。"

㉙ **久别初归** [唐] 钱起《献岁归山》诗云："欲知愚谷好，久别与春还。莺暖初归树，云晴却恋山。"

㉚ **天姿真窈窕** 天姿：天生的姿色，形容女子容貌美丽。窈窕：形容女子文静而美好。《汉武帝内传》载："[西王母]，视之可年三十许，修短得中，天姿掩蔼，容颜绝世。"《诗经·周南·关雎》云："窈窕淑女，君子好逑（配偶）。"

㉛ **圣德实光辉** 盛德：品德极高尚。传说古帝圣德，舜德最著。《史记·五帝本纪》云："四海之内咸戴帝舜之功，于是禹乃兴《九招》（即'九韶'）之乐（一说是舜帝命质所作），致异物凤凰来翔。天下明德皆自虞帝（舜）始。"

㉜ **蟠桃紫阙来金母** 神话传说，七月七日，汉武帝在紫阙（帝王宫殿）迎金母（西王母）下凡。王母"乘紫云之辇，驾九色斑龙，别有五十天仙"陪同，上殿东向坐，武帝跪拜毕，面南坐。王母命侍女以玉盘盛七蟠桃，以四颗与帝，三颗自食。桃味甘美，口有盈味。帝食乃收其核，欲种之。王母说："此桃三千年一生实，中夏（中原地区）地薄，种之不生。"（见班固《汉武内传》）

㉝ **岭荔红尘进玉妃** 传说杨玉环（贵妃）爱吃鲜荔枝，唐玄宗命人从盛

产荔枝的岭南，用七日快马送至长安，以悦贵妃，故亦称荔枝为“妃子笑”。［唐］杜牧《过华清宫》诗云：“长安回望绣成堆，山顶千门次第开。一骑红尘妃子笑，无人知是荔枝来。”

㉞ **灞上军营，亚父丹心撞玉斗** 刘邦攻占秦都咸阳，欲称王关中，项羽决计破刘邦。刘邦亲临鸿门向项羽谢罪，项羽留刘邦宴饮。宴会上，项庄舞剑欲刺刘邦，刘邦以去厕所为借口乘机逃走，并托张良代向项羽赠白璧一双，向亚父范增赠玉斗一双。项羽欣然受璧，置于座上；而亚父受玉斗，置之地上，拔剑撞而破之，愤怒地说：“夺项王天下者，必沛公（刘邦）也。”（见《史记·项羽本纪》）

㉟ **长安酒市，谪仙狂兴换银龟** 这两句是说狂放的李白曾用银龟换酒。谪仙：指李白。银龟：唐代文人所佩的银饰龟袋。唐代大诗人贺知章很欣赏李白的气度和文风，称李白为“谪仙人”，并解金龟（金饰龟袋）换酒为乐。李白在《对酒忆贺监诗序》中云：“太子宾客贺公（贺知章），于长安紫极宫一见余，呼余为‘谪仙人’，因解金龟，换酒为乐。”

太白醉酒图

六 鱼

gēng duì fàn　liǔ duì yú　duǎn xiù duì cháng jū　jī guān duì fèng wěi　sháo
羹对饭，柳对榆。短袖对长裾。鸡冠对凤尾①，芍
yào duì fú qú　zhōu yǒu ruò　hàn xiàng rú　wáng wū duì kuāng lú　yuè míng
药对芙蕖②。周有若③，汉相如④。王屋对匡庐⑤。月明
shān sì yuǎn　fēng xì shuǐ tíng xū　zhuàng shì yāo jiān sān chǐ jiàn　nán ér fù
山寺远⑥，风细水亭虚⑦。壮士腰间三尺剑⑧，男儿腹
nèi wǔ chē shū　shū yǐng àn xiāng　hé jìng gū shān méi ruǐ fàng　qīng yīn qīng zhòu
内五车书⑨。疏影暗香，和靖孤山梅蕊放⑩；轻阴清昼，
yuān míng jiù zhái liǔ tiáo shū
渊明旧宅柳条舒⑪。

wú duì rǔ　ěr duì yú　xuǎn shòu duì shēng chú　shū xiāng duì yào guì　lěi
吾对汝，尔对余。选授对升除⑫。书箱对药柜，耒
sì duì yōu chú　shēn suī lǔ　huí bù yú　fá yuè duì yán lú　zhū hóu qiān
耜对耰锄⑬。参虽鲁⑭，回不愚⑮。阀阅对阎闾⑯。诸侯千
shèng guó　mìng fù qī xiāng jū　chuān yún cǎi yào wén xiān nǚ　tà xuě xún méi
乘国⑰，命妇七香车⑱。穿云采药闻仙女⑲，踏雪寻梅
cè jiǎn lú　yù tù jīn wū　èr qì jīng líng wéi rì yuè　luò guī hé mǎ　wǔ
策蹇驴⑳。玉兔金乌，二气精灵为日月㉑；洛龟河马，五
xíng shēng kè zài tú shū
行生克在图书㉒。

qī duì zhèng　mì duì shū　náng tuó duì bāo jū　luó fú duì hú qiáo　shuǐ qū duì
敧对正，密对疏。囊橐对苞苴㉓。罗浮对壶峤㉔，水曲对
shān yū　cān hè jià　shì luán yú　jié nì duì cháng jū　bó hǔ biàn zhuāng zǐ
山纡。骖鹤驾㉕，侍鸾舆㉖。桀溺对长沮㉗。搏虎卞庄子㉘，
dǎng xióng féng jié yú　nán yáng gāo shì yín liáng fù　xī shǔ cái rén fù zǐ xū　sān
当熊冯婕妤㉙。南阳高士吟梁父㉚，西蜀才人赋子虚㉛。三
jìng fēng guāng　bái shí huáng huā gòng zhàng lǚ　wǔ hú yān jǐng　qīng shān lǜ shuǐ zài
径风光，白石黄花供杖履㉜；五湖烟景，青山绿水在
qiáo yú
樵渔㉝。

注 解

① **鸡冠** 雄鸡头上的肉冠。[三国魏]曹丕《与钟大理书》云："窃见玉书称美玉，白如截肪，黑譬纯漆，赤拟鸡冠，黄侔蒸栗。" **凤尾** 凤凰的尾羽。常比喻罗绮秀美的细纹。[唐]李商隐《无题》诗云："凤尾香罗薄几重，碧文圆顶夜深缝。"

② **芍药** 多年生草本植物。初夏开花，形似牡丹，有红、白、紫等色。古时人们离别时，常赠以芍药，故亦称"可离"。 **芙蕖** 荷花的别名。《尔雅·释草》云："荷，芙蕖……其华（花）菡萏，其实莲，其根藕，其中菂（莲子）。"

③ **周有若** 东周鲁国人有若，字子有，孔子的弟子。主张"礼之用，和为贵"；"孝弟（悌）也者其为仁之本与"。（见《论语·学而》）

④ **汉相如** 西汉辞赋家司马相如，字长卿，蜀郡人。其赋多写帝王苑囿之盛景、田猎之壮观，场面宏大，文辞富丽，于篇末则寄寓讽谏。代表作如《子虚赋》《上林赋》，为武帝所赏识，因用为郎。（见《汉书·司马相如传》）

⑤ **王屋** 山名，在山西垣曲县与河南济源县交界。一说"山有三重，其状如屋，故名"。一说"山中有洞，深不可入，洞中如王者之宫，故名曰王屋也"。王屋山洞是道教所谓神仙居住的名山胜境"十大洞天"中的"第一洞天"。 **匡庐** 指江西庐山。庐：房屋。传说，商周之际，一个叫匡裕先生的人，受道于仙人，共游此山，寄崖岩为室，故时人谓其所止为神仙之庐，并以此名此山为"庐山"，也叫"匡山"。（见[南朝宋]释慧远《庐山记》）[唐]白居易《草堂记》云："匡庐奇秀，甲天下山。"

⑥ **月明山寺远** 山寺高远近明月。诗仙李白《夜宿山寺》诗云："危楼高百尺，手可摘星辰。不敢高声语，恐惊天上人。"[唐]岑参《登总持阁》诗云："高阁逼诸天，登临近日边。晴开万井树，愁看五陵烟。槛外低秦岭，窗中小渭川。早知清净理，常愿奉金仙。"

⑦ **风细水亭虚** 水亭凌空吹凉风。水亭：水阁、水榭，临水的亭阁台榭。虚：开敞虚凉。[唐]刘禹锡《刘驸马水亭避暑》诗云："千竿竹翠数莲红，水阁虚凉玉簟空。"[宋]朱淑真《夏日游水阁》："淡红衫子透肌肤，夏日初长水阁虚。独自凭栏无个事，水风凉处读文书。"

⑧ **壮士腰间三尺剑** 汉高祖刘邦，字季，沛县丰邑人。秦末任沛县泗水

亭长时，送徒往骊山筑秦始皇陵墓，经大泽，前行人报告，有大蛇当道，请求绕行。高祖说："壮士行，何畏！"拔剑斩蛇，道开。后，夜有老妇哭诉："我子，白帝子，化蛇当道，被赤帝子斩杀。"暗指刘邦为赤帝，秦主为白帝。汉王刘邦十二年，刘邦战琼布时，被流矢（箭）击中，行军途上发病，甚重。吕后请良医医治，刘邦问医，医曰："病可治。"刘邦骂曰："吾以布衣提三尺剑取天下，此非天命乎？命乃在天，虽扁鹊（古代名医）何益？"不使治病。（见《史记·高祖本纪》）

⑨ **男儿腹内五车书** 战国时期宋国学者惠施，学识渊博。其好友庄子在《庄子·天下》中称："惠施多方，其书五车。"［唐］杜甫《柏学士茅屋》云："古人已用三冬足，年少今开万卷余……富贵必从勤苦得，男儿须读五车书。"后人以"五车书"比喻知识渊博。

⑩ **疏影暗香，和靖孤山梅蕊放** 北宋隐士林逋，字君复，钱塘（今杭州）人。恬淡好古，工行书，喜作诗，隐居西湖孤山，二十年不入城市，终身不娶，以种梅养鹤自乐，世称"梅妻鹤子"。死后，谥号"和靖先生"。诗作多写隐居生活和淡泊心境，他的《梅花·山园小梅》诗写道："众芳（众花）摇落独喧妍，占尽风情向小园。疏影横斜水清浅，暗香浮动月黄昏。"留有《和靖诗集》。（见《宋史·林逋传》）

⑪ **轻阴清昼，渊明旧宅柳条舒** 东晋诗人陶潜（渊明），字元亮，号"五柳先生"，浔阳柴桑（今江西九江）人。他"不能为五斗米而折腰，拳拳事乡里小人"，毅然辞去彭泽县令，隐姓埋名，归乡过隐居生活，著《五柳先生传》一文，自称"先生不知何许人也，亦不详其姓字，宅边有五柳树，因以为号焉"。（见陶渊明《五柳先生传》）

⑫ **选授** 经过选定授以官职。［明］凌蒙初《初刻拍案惊奇》云："吏部榜出，果然选授开封县尉。" **升除** 升迁就任新的官职。［明］凌蒙初《二刻拍案惊奇》："老爹每俸薪自在县里去取，我们不管。以后升除去任，我们总不知道了。"

⑬ **耒耜** 上古翻土农具。耒：木制曲柄；耜：木石铁制起土部件。《孟子·滕文公上》云："陈良之徒陈相与其弟辛，负耒耜自宋之（去）滕（滕国）。" **耰锄** 古代平田松土的农具。［唐］唐孙华《送王涌侯之官成都》诗云："一官染指或暂试，归田便拟亲耰锄。"

⑭ **参虽鲁** 孔子弟子曾参，字舆，春秋鲁国武城（今山东费县）人。曾

点（孔子学生）之子。以孝著称，提出"吾日三省吾身"的修养方法。孔子说："柴（高柴）也愚（忠厚少聪明）；参（曾参）也鲁（鲁钝；迟钝）；师（颛孙）也辟（偏辟，玩弄手腕）；由（仲由）也喭（粗鲁；勇猛）。"（见《论语·先进》）参虽鲁，但是，相传《大学》是他所著，又著《孝经》，以其学传子思，子思传孟子。后世尊曾参为"宗圣"。（见《史记·仲尼弟子列传》）

⑮ 回不愚　孔子弟子颜回，字子渊，春秋鲁人。天资聪慧。孔子说："回也如愚（表面看很愚钝）；退而省（反省）其私（私欲），亦足以发，回也不愚。"后世尊颜回为"复圣"。（见《史记·仲尼弟子列传》）

⑯ 阀阅　古代官宦人家门前左右两边树立的两根石柱，左曰"阀"，右曰"阅"，是功劳等级的标志。［宋］秦观《王俭论》云："自晋以阀阅用人，王谢（指东晋名相王导与谢安）二氏，最为望族。"［宋］陆九渊《赠汪坚老》云："又或寿老死箦（竹席），立阀阅，蒙爵谥，以厚累世。"　　阎闾　里巷。指平民的住地。《晋书·刘颂传》云："今阎闾少名士，官司无高能，其故何也？"

⑰ 诸侯千乘国　战国时期诸侯国，小者称"千乘"，大者称"万乘"。乘：战车，一车四马谓之"一乘"。《韩非子·孤愤》云："凡法术之难行也，不独万乘，千乘亦然。"

⑱ 命妇七香车　乘七香车的命妇。命妇：受有封号的大夫之妻。七香车：用多种香料涂抹的华贵车。魏武帝（曹操）《与太尉杨彪书》云："今赠足下四望通幰七香车二乘。"［唐］卢照邻《长安古意》诗云："长安大道连狭斜，青牛白马七香车。"

⑲ 穿云采药闻仙女　仙女，原文作"仙犬"。神话传说，东汉永平年间，浙江剡县（今嵊县）人刘晨、阮肇到天台山采药迷路，遇到两个仙女，被仙女邀至家中成亲。半年后回家，子孙已过七代。后重入天台山访女，踪迹渺然。（见［南朝宋］刘义庆《幽冥录》、［宋］《太平广记·卷六十一》）

⑳ 踏雪寻梅策蹇驴　唐代诗人孟浩然曾骑瘸驴冒雪到灞桥（在今陕西长安县东）寻梅吟诗。他说："吾诗思在风雪中驴子背上。"（见《韵府》）［唐］唐彦谦《忆孟浩然》诗云："郊外凌兢（寒冷）西复东，雪晴驴背兴无穷。句搜明月梨花内，趣入春风柳絮中。"

㉑ 玉兔金乌，二气精灵为日月　古人称月亮为"玉兔"，称太阳为"金乌"。［晋］傅玄《拟问天》云："月中何有？玉兔捣药。"［三国魏］孟康《咏日》云："金乌升晓气，玉槛漾晨曦。"［唐］韩琮《春愁》诗云："金乌

长飞玉兔走，青鬓长青古无有。"　　**二气精灵**　古人认为，天地万物都是由阴阳二气变化而成的，日月则是二气的精华。

㉒ **洛龟河马，五行生克在图书**　古代神话传说，伏羲时期，黄河浮出龙马，背负图，称"河图"。伏羲氏根据河图画成了"八卦"。又传说夏禹治水成功，有神龟从洛水出现，背上有九组不同点数组成的图画，夏禹因而排列其次第，乃成治理天下的九类大法，称为"洛书"。汉儒认为洛书即《洪范》九畴。（见《尚书·九畴》）五行生克：古人认为构成万物的五种元素水、火、金、木、土，既相生，又相克。相生，意味着相互促进，即"木生火，火生土，土生金，金生水，水生木"。相克，意味着相互排斥，即："水胜火，火胜金，金胜木，木胜土，土胜水"。（见《孙子·虚实》）

㉓ **囊橐**　盛物的袋子。大者称囊，小者称橐。《诗经·大雅·公刘》云："乃裹糇粮，于橐于囊。"　　**苞苴**　包装馈赠礼物的蒲包。《庄子·列御寇》云："小夫（世俗之人）之知（智），不离苞苴竿牍（书信）。"

㉔ **罗浮壶峤**　四座仙山名。罗浮：为广东二名山，山上有洞，道教列为第七洞天。传说晋代葛洪于此得仙术。壶峤：为海上二仙山名。〔唐〕徐坚《初学记》云："罗浮二山随风雨而合离，壶峤二山逐波涛而上下。"

㉕ **骖鹤驾**　陪侍太子车驾出行。传说骑鹤升天的王子乔，乃是周灵王太子晋，好吹笙，作凤凰鸣，游于伊洛之间。后遇道士浮丘公，接他上嵩高山，留三十余年。一天，太子晋在山上见到桓良，对良说："告诉我家，七月七日候我于缑氏山。"届时，果见太子乘白鹤，停于山头，举手谢时人，数日而去。（见《列仙传》）后因称太子所乘之车为"鹤驾"。

㉖ **侍鸾舆**　陪侍天子车驾出行。鸾舆：亦作"銮舆"、"銮驾"。天子之车驾，代指皇帝。〔唐〕杜甫《得家书》诗云："二毛（发鬓斑白的老人）趋帐殿，一命（最低微的小官）侍鸾舆。"〔清〕纳兰性德《拟冬日景忠山应制》诗云："岩峣铁凤锁琳宫，亲侍銮舆度碧空。"

㉗ **桀溺长沮**　两位春秋时期的农耕隐士。《论语·微子》云："长沮桀溺耦而耕。孔子过之，使子路问津焉。"

㉘ **搏虎卞庄子**　春秋时，鲁国卞邑大夫卞庄子，以勇力驰名。《史记·张仪列传》载，卞庄子坐观两虎因争食而相斗，大者伤，小者死，卞庄子尾随伤虎而刺之，于是一举而得双虎。

㉙ **当熊冯婕妤**　汉元帝游虎圈斗兽，有熊出圈，攀槛欲登殿，众皆惊

走，独冯婕妤直前当（同"挡"）熊而立。左右杀熊。帝问婕妤："人皆惊惧，你何故向前挡熊？"冯婕妤说："妾恐熊至御座，故以身挡之。"（见《汉书·外戚传》）

婕妤挡熊图

㉚ **南阳高士吟梁父** 梁父是泰山下的一座小山名。《梁父吟》：亦作《梁甫吟》，乃乐府曲名。《梁父吟》言人死后葬于梁父山，故又称其为葬歌。今所传《梁父吟》古辞，是写齐相晏婴以二桃杀三士的故事，传说是诸葛亮隐居南阳隆中时所作。《三国志·诸葛亮传》云："玄卒，亮躬耕陇亩，好为梁父吟。"

㉛ **西蜀才人赋子虚** 西汉文学家司马相如（字长卿），蜀郡成都人，他假借子虚、乌有、亡是公三个人的相互问答，作《子虚赋》一篇，讽刺帝王的骄奢。蜀人杨得意把《子虚赋》送呈汉武帝，帝读而善之，叹曰："朕独不得与此人同时哉！"遂召问相如。相如说："子虚，虚言也；乌有，没有此事也；亡是公，无是人也。"（见《汉书·司马相如传》）

㉜ **三径风光，白石黄花供杖履** 避世老人在有白石菊花的庭院扶杖漫游。这是陶渊明辞官回乡后写自己的隐居生活。三径：泛指隐士幽居的田园。黄花：秋菊。陶渊明在《归去来兮辞》中写道："三径就荒，松菊犹存……策扶老（拄着手杖）以流憩（流连休息），时矫首而遐观（抬头远望）。"

㉝ **五湖烟景，青山绿水在樵渔** 樵夫渔翁在有青山绿水的山野过着清闲隐居生活。五湖：五湖四海，泛指各地。唐代诗人崔涂，字礼山，今浙江建德人，是唐僖宗光启四年（888）进士。他长年漂泊在外，足迹遍及巴、蜀、湘、鄂、秦、陇、豫等地。他思乡又不愿回乡，自称是"孤独异乡人"。他的羁旅离怨诗作，词情凄苦，佳句颇多。他的《春夕旅怀》诗作反映了他一生的羁旅生活："故园书动经年绝，华发春唯满镜生。自是不归归便得，五湖烟景有谁争？"

七　虞

红对白，有对无。布谷对提壶①。毛锥对羽扇②，天阙对皇都③。谢蝴蝶④，郑鹧鸪⑤。蹈海对归湖⑥。花肥春雨润⑦，竹瘦晚风疏⑧。麦饭豆糜终创汉⑨，莼羹鲈脍竟归吴⑩。琴调轻弹，杨柳月中潜去听⑪；酒旗斜挂，杏花村里共来沽⑫。

罗对绮⑬，茗对蔬。柏秀对松枯。中元对上巳⑭，返璧对还珠⑮。云梦泽⑯，洞庭湖⑰。玉烛对冰壶⑱。苍头犀角带⑲，绿鬓象牙梳⑳。松阴白鹤声相应㉑，镜里青鸾影不孤㉒。竹户半开，对牖不知人在否㉓。柴门深闭，停车还有客来无㉔。

宾对主，婢对奴。宝鸭对金凫㉕。升堂对入室㉖，鼓瑟对投壶㉗。砚合璧，颂联珠㉘。提瓮对当垆㉙。仰高红日近㉚，望远白云孤㉛。歆向秘书窥二酉㉜，机云芳誉动三吴㉝。祖饯三杯，老去常斟花下酒㉞；荒田五亩，归来独荷月中锄㉟。

君对父，魏对吴㊱。北岳对西湖㊲。菜蔬对茶荈㊳，苣

shèng duì chāng pú　　méi huā shù　　zhú yè fú　　tíng yì duì shān hū　　liǎng dū
藤 对 菖 蒲㊦。梅 花 数㊵，竹 叶 符㊶。廷 议 对 山 呼㊷。两 都
bān gù fù　　bā zhèn kǒng míng tú　　tián qìng zǐ jīng táng xià mào　　wáng póu qīng bǎi
班 固 赋㊸，八 阵 孔 明 图㊹。田 庆 紫 荆 堂 下 茂㊺，王 裒 青 柏
mù qián kū　　chū sài zhōng láng　　dī yǒu rǔ shí guī hàn shì　　zhì qín tài zǐ　　mǎ
墓 前 枯㊻。出 塞 中 郎，羝 有 乳 时 归 汉 室㊼；质 秦 太 子，马
shēng jiǎo rì fǎn yān dū
生 角 日 返 燕 都㊽。

注 解

① **布谷**　鸟名。鸣叫时正值播种时节，故称其为劝耕之鸟。［唐］杜甫《洗兵马》诗云："田家望望惜雨干，布谷处处催春种。"　　**提壶**　鸟名，即"鹈鹕"。［唐］刘禹锡《和苏郎中寻丰安里旧居寄主客张郎中》诗云："池看科斗（即'蝌蚪'，我国古代字体之一。以其笔画头圆大尾细长，状似蝌蚪而得名）成文字，鸟听提壶忆献酬。"

② **毛锥**　毛笔，以束毛为笔，形状如锥，故称。［宋］杨万里《跋徐恭仲省干近诗》诗云："仰枕槽丘俯墨池，左提大剑右毛锥。"　　**羽扇**　用羽毛制的扇子。三国蜀诸葛亮、晋朝顾荣皆有持白羽扇指挥众军之事。［南北朝］庾信《咏羽扇诗》诗云："摇风碎朝翩，拂汗落毛衣。定似回溪路，将军垂翅归。"

③ **天阙**　古代王宫门外两边高台上有楼观，称"双阙"，故称帝王所在为"天阙"，也指朝廷。［宋］岳飞《满江红》词云："待从头收拾旧山河，朝天阙（朝拜朝廷）。"　　**皇都**　京城。［唐］韩愈《早春》诗云："天街（京城长安街道）小雨润如酥，草色遥看近却无。最是一年春好处，绝胜烟柳满皇都。"

④ **谢蝴蝶**　宋代诗人谢逸，字无逸，号溪堂。他幼年丧父，家境贫寒，操履峻洁，不附权贵。多次参加进士考试不第。后绝意仕进，终身隐居，便以作诗文自娱。作有蝴蝶诗三百首，人称"谢蝴蝶"。

⑤ **郑鹧鸪**　唐代进士、诗人郑谷，字守愚，袁州人。官至都官郎中。少年即有名气，"当为一代风骚主"。其作《鹧鸪》诗闻名当时，人称"郑鹧鸪"。（见［元］辛文房《唐才子传·郑谷》）

⑥ **蹈海** 投海自杀。战国时期,秦将白起率师围困赵都邯郸,魏王派客将军新垣衍去劝说赵王,要赵王尊秦昭王为帝,换取秦国罢兵。正游邯郸的齐国高士鲁仲连闻知,当面痛斥新垣衍说:"彼秦者,弃礼义而上首功之国也,权使其士,虏使其民。即肆然而为帝,过而为政于天下,则连(仲连)有蹈东海而死耳,吾不忍为之民也。"(见《史记·鲁仲连邹阳列传》)　　**归湖** 归隐五湖。春秋越国大夫范蠡,字少伯,楚国宛(今河南南阳)人。越国败于吴国后,蠡寻得美女西施献给吴王夫差求和。随后,蠡辅佐越王勾践卧薪尝胆,刻苦图强,终灭吴国,西施归范蠡。蠡知"勾践为人可与同患难,不能共安乐",遂携西施隐姓埋名,云游五湖(各地)。入齐,更名"鸱夷子皮";入陶,改名"陶朱公",经商致富。(见《史记·货殖列传》)

⑦ **花肥春雨润** 春雨滋润肥花。润:润泽。这是诗圣杜甫《春夜喜雨》中"随风潜入夜,润物细无声……晓看红湿处,花重(鲜花肥重沉甸甸)锦官城(指成都)"诗意的化用。

⑧ **竹瘦晚风疏** 晚风缓吹瘦竹。晚风:夜晚凉风。疏:梳理。这是明朝洪自诚《菜根谭》中"风来疏竹,风过而竹不留声"句意的化用。[元]周衡之《次韵午溪竹》诗云:"瘦乃竹之形,苍乃竹之色……风来起清籁(清脆的响声),在我本恬寂(淡漠)。"

⑨ **麦饭豆糜终创汉** 更始帝刘玄派刘秀赴河北整治乱局,吃了败仗,被困于饶阳,军饷匮乏,将士生活十分艰苦。《后汉书·冯异传》载:"汉光武兵败,冯异于滹沱河进麦饭(带麦皮煮的饭),芜蒌亭进豆粥。"刘秀因此渡过难关,战势出现转机,终于创建了东汉王朝。

⑩ **莼羹鲈脍竟归吴** 晋朝吴郡吴人张翰,字季鹰。齐王司马冏召张翰为大司马东曹掾后,时政混乱,翰预感冏将败,借口"因秋风起,思吴中菰菜、莼羹、鲈鱼脍,欲归吴。"且说:"人生贵得适志(随己愿),何能羁宦数千里以要名爵乎?"遂命驾归里。后人便以"莼羹鲈脍"为辞官归乡的典故。(见《晋书·张翰传》)

⑪ **琴调轻弹,杨柳月中潜去听** 在月光笼罩的杨柳树间偷听弹琴。潜听:偷听。这是《后汉书·蔡邕传》中"客有弹琴于屏,邕至门试潜听之"句意的化用。

⑫ **酒旗斜挂,杏花村里共来沽** 结伴到酒旗高挂的杏花村买酒。酒旗:

亦作"酒帘"、"望子"，用以招引顾客。这是宋朝诗人刘过《村店》中"一坞闹红春欲动，酒帘正在杏花西"和唐代诗人杜牧《清明》中"借问酒家何处有？牧童遥指杏花村"诗句的化用。

⑬ **罗绮** 两种华丽的丝织品。多借指丝绸衣裳。［汉］张衡《西京赋》："始徐进而赢形，似不任乎罗绮。"［宋］周密《武林旧事·观潮》云："江干上下十余里间，珠翠罗绮溢目，车马塞途。"

⑭ **中元** 道家以农历七月十五日为中元节。中元节是中国的鬼节，祭祖日。这一天，道观作斋醮（祭祀），僧寺作盂兰盆斋。［唐］李商隐《中元节》诗云："绛节飘飘宫国来，中元朝拜上清回。" **上巳** 古时节日名。汉以前以农历三月上旬巳日为上巳，魏晋以后定为三月初三日，但不定为巳日。节日这天，官民聚集水滨饮宴，以祛除不祥。在水上放置酒杯，杯流行，停在谁前，当即取饮，称为"流觞曲水"。［晋］王羲之《兰亭序》云："此地有崇山峻岭，茂林修竹，又有清流激湍，映带左右，引以为流觞曲水。"

⑮ **返璧还珠** 返璧：指战国时，赵国蔺相如"完璧归赵"的故事。还珠：指东汉时，合浦太守孟尝"合浦珠还"的故事。《幼学琼林·珍宝》云："孟尝廉洁，克俾（能使）合浦还珠；相如勇忠，能使秦廷归璧。"

⑯ **云梦泽** 古说云梦为二泽，云在江北，梦在江南。秦汉所称云梦泽，大致包括湖南益阳湘阴两县以北、湖北江陵安陆两县以南、武汉市以西地区。（见《清朝通志·地理略》）

⑰ **洞庭湖** 位于湖南省北部，长江南岸，湘、资、沅、澧四水均汇流其中。湖水在岳阳城陵矶注入长江。湖中小山甚多，是游览胜地。［宋］范仲淹《岳阳楼记》云："予观夫巴陵胜状，在洞庭一湖。衔远山，吞长江，浩浩荡荡，横无际涯。"

⑱ **玉烛** 四季气候调和，比喻人君德美如玉。形容太平盛世。《尔雅·释天》云："四时和谓之玉烛。"［三国魏］何晏《瑞颂》云："通政辰修，玉烛告祥，和风播烈，景星扬光。" **冰壶** 盛冰的玉壶，比喻人品清白高洁。［南朝宋］鲍照《代白头吟》诗云："直如朱丝绳，清如玉壶冰。"［唐］王昌龄《芙蓉楼送辛渐》诗云："洛阳亲友如相问，一片冰心在玉壶。"

⑲ **苍头犀角带** 苍头：白发老人。犀角带：古代朝廷高官官服上饰有犀牛角的腰带。［明］兰陵笑笑生《金瓶梅词话》云："别的倒也罢了，自这条犀角带并鹤顶红，就是满京城拿着银子，也寻不出来。"［明］汤舜民《新小

令·春日闺思》散曲云："犀角带虎头牌，受用你翡翠衾象牙床凤毛毯。"

⑳ **绿鬓象牙梳** 绿鬓：乌黑的鬓发。象牙梳：用象牙制作的梳子。［唐］崔徽《嘲妓李端端》云："爱把象牙梳掠鬓，昆仑顶上月初生。"

㉑ **松阴白鹤声相应** 白鹤在松阴下鸣叫，它的同类声声应和。这是《周易·中孚》中"九二，鸣鹤在阴，其子和之"语句的化用。

㉒ **镜里青鸾影不孤** 寓言故事。从前，罽宾（汉代西域国名）王在峻卯山捕获一只鸾鸟，王甚爱之，乃饰以金樊，飨以珍羞。但鸾三年不鸣。其夫人说："尝闻鸟见其类而后鸣，何不悬镜以映之!"王从其言。鸾鸟睹其影，果奋鸣，哀响冲霄，一奋而绝（绝命）。（见［南朝宋］范泰《鸾鸟诗序》）后以"镜鸾"比喻失偶。

㉓ **竹户半开，对牖不知人在否** 东晋张廌家有苦竹数十顷，在竹林中为屋，常居其中。大书法家王羲之闻而往访，张廌逃避竹林中，不与相见。郡人称张廌为"竹中高士"（多指超脱世俗的隐士）。（见《浙江通志·隐逸》）

㉔ **柴门深闭，停车还有客来无** 东汉弘农华阴（今陕西）人杨震，字伯起。少好学，博览群经，时称"关西孔子杨伯起"，历任荆州刺史、涿郡太守、司徒、太尉等职。汉安帝乳母王圣及中常侍樊丰等贪侈骄横，他多次上疏切谏，被樊丰、周广诬陷，"夜遣使者策收震太尉印绶，于是柴门绝宾客（不与人往来）"。杨震被遣归原郡途中饮鸩自杀。临没前他谓诸子，以牛车薄簀（竹席）载柩归里。（见《后汉书·杨震传》）

㉕ **宝鸭** 鸭形香炉名。［唐］孙鲂《夜坐》云："划多灰杂苍虬（虬龙）迹，坐久烟消宝鸭香。" **金凫** 凫形香炉名。［唐］韦检《梦后自题》："始皇陵上千年树，银鸭金凫也变灰。"

㉖ **升堂入室** 古代宫殿，前面称堂，后面称室，要入室，必由堂进，入室才能达到见闻的最高境界。孔子说："由（仲由，即子路）也，升堂（已有所成就）矣，未入于室（造诣还不深）也。"（见《论语·先进》）

㉗ **鼓瑟** 传说舜帝死后葬在苍梧山，其妃子娥皇、女英因哀伤而投湘水自尽，变成了湘水女神；她们常常在江边鼓瑟，用瑟音表达自己的哀思。［唐］钱起《省试湘灵鼓瑟》诗云："善鼓云和瑟，常闻帝子灵。"《楚辞·远游》云："使湘灵（舜帝二妃化为湘水之神）鼓瑟兮，令海若（海神）舞冯夷（黄河之神）。" **投壶** 旧时宴饮时的娱乐游戏。设特制之壶，宾主依次投矢（箭）其中，中多者为胜，负者饮酒。（见《礼记·投壶》）

㉘ **觇合璧，颂联珠**　合璧联珠：璧玉珍珠会聚。原指日月星辰的合聚。《汉书·律历志上》云："日月如合璧，五星（水星、金星、火星、木星与土星）如连珠。"［唐］颜师古注引孟康语："太初上元甲子夜半朔旦冬至时，七曜皆会聚斗、牵牛分度，夜尽如合璧连珠也。"后比喻人才或美好事物聚集在一起。［北周］庾信《周兖州刺史广饶公宇文公神道碑》云："发源纂胄，叶派枝分；开国承家，珠联璧合。"

㉙ **提瓮**　提着瓦罐出外汲水。《后汉书·列女传·鲍宣妻》载：西汉谏议大夫鲍宣，生活一向清苦。见其妻桓少君穿羽美服饰，鲍宣不悦。桓少君于是脱掉羽服，改穿布衣，"与宣共挽鹿车归乡里。拜姑（婆母）礼毕，提瓮出汲（打水），修行妇道，乡邦称之"。［明］谢铎《汤婆次韵》诗云："提瓮未能忘出汲，抱衾空自热中肠。"　　**当垆**　亦作"当卢"，卖酒。卢：放酒坛的土台。《汉书·司马相如传》云："尽卖车骑，买酒舍，乃令文君当垆。"

㉚ **仰高红日近**　《晋书·明帝本纪》载：东晋元帝太子司马绍（明帝）幼时，元帝抱绍临朝。恰有长安（今西安）使者至（来到东晋京城今南京），元帝问绍："日与长安孰远近？"绍答："长安近。不闻'人从日边（遥远的太阳旁边）来？'"明日，帝宴群臣，大夸绍聪慧于众，而明帝又以为日近。元帝问其故，绍对曰："举头见日，不见长安。"众大奇之。唐代诗人元稹在《江陵三梦》中说："长安远于日，山川云间之。"但他在《酬李浙西先因从事见寄之作》的诗中又说："浙郡悬旌远，长安谕日遥。"

㉛ **望远白云孤**　唐朝宰相狄仁杰，字怀英，功勋卓著，且孝友绝人。起初，工部尚书阎立本举荐仁杰为并州法曹参军，其父母亲居河阳，仁杰赴并州登太行山，南望白云孤飞，对左右说："吾亲所居，在此云下。"瞻望良久，云移乃去。（见《唐书·狄仁杰传》）

㉜ **歆向秘书窥二酉**　二酉：湖南沅陵县有大酉小酉二山，秦时人于此石穴中藏书千卷，后称藏书多处为"二酉"。窥二酉：即研读藏书。汉代学者刘向、刘歆父子二人是著名的经学家、目录学家和文学家。刘向在成帝时任光禄大夫，校阅经传诸子诗赋等书籍，写成《别录》一书，为我国最早的分类目录。向子刘歆与父总校群书，向死后，歆继父业，整理六艺群书，编成《七略》。（见《汉书·刘向刘歆传》）

㉝ **机云芳誉动三吴**　三吴：泛指三国时吴地。西晋文学家陆机陆云兄弟，吴郡华亭（今上海松江）人，祖陆逊、父陆抗，均为三国吴之名将。机云

兄弟二人少时即文才出众，泰康末年，二人同至洛阳，文才倾动，声誉大震，时称"二陆"。（见《晋书·陆机陆云传》）

　　㉞ **祖饯三杯，老去常斟花下酒**　祖饯，也作"祖筵"，送别之宴。［宋］尹洙《郢州送路纶寺丞》云："今日江头送归客，苇花深处祖筵开。"［唐］赵嘏《汾上宴别》云："一尊（樽）花下酒，残日水西树。不待管弦终，摇鞭背花去。"也有"祖奠"之意，出殡前夕设奠以告亡灵。

　　㉟ **荒田五亩，归来独荷月中锄**　东晋诗人陶潜（渊明）辞去彭泽县令后，隐姓埋名，归故里种菊农耕，过隐居生活。在其《归园田居》诗作中写道："晨兴理荒秽，戴月荷锄归。"

　　㊱ **魏吴**　指三国时期的曹魏和东吴。

　　㊲ **北岳西湖**　指北岳恒山和杭州西湖。

　　㊳ **茶荈**　泛称茶。荈：茶的老叶。《三国志·吴志·韦曜传》云："或密赐茶荈以当酒。"

　　㊴ **苣藤**　胡麻的别名。［唐］曹唐《游仙诗》云："吃尽溪头苣藤花。"亦作"巨胜"，食之可以延年。（见《政和证类本草·胡麻》）　　**菖蒲**　水边草，有香气，根入药。端午节人们取菖蒲叶插在门旁，还喝菖蒲酒，以驱邪避害。［宋］朱翌《重午菊有花遂与菖蒲同采》诗云："菖蒲秀端午，黄花作重阳。万物各归行，半岁遥相望。"

　　㊵ **梅花数**　即《梅花易数》，传说是宋代邵雍所作，是古时一种占卜法。占法是：任取一字的画数，减去八，余数得卦；再取一字的画数，减去六，余数得爻。然后依《易》理，附会人事，以断吉凶。

　　㊶ **竹叶符**　亦作"竹使符"，汉代分与郡国守相的信符，右留京师，左留郡国。以竹箭五枚刻字制成。《汉书·文帝纪》云："初与郡国守相为铜虎符、竹叶符。"

　　㊷ **廷议**　在朝廷上商议大事或发表议论。《后汉书·方术传上·郭宪》云："时匈奴数犯塞，帝患之，乃召百僚廷议。"［唐］韩愈《送水陆运使韩侍御归所治序》云："公卿廷议以转运使不得其人，宜选才干之士往换之。"　　**山呼**　旧时臣民对皇帝举行颂祝仪式，叩头高呼三声万岁，谓之"山呼"。［唐］张说《大唐祀封禅颂》云："五色云起，拂马以随人。万岁山呼，从天而至地。"

　　㊸ **两都班固赋**　东汉建都洛阳后，"西土耆老"希望仍以长安为首都，

班固遂作赋驳之。他写《西都赋》，以假想人物西都宾叙述长安形势险要、物产富庶、宫廷华丽等情况，暗示建都长安的优越性。他写《东都赋》则以另一假想人物东都主人对东汉建都洛阳后的各种政治措施进行美化和歌颂，意谓洛阳的盛况已远远超过长安。

㊹ **八阵孔明图** 古代一种战斗队形及兵力部署。战国齐威王的军师孙膑所作《孙膑兵法》即有"八阵篇"，但阵图失传。三国蜀诸葛亮曾在四川的奉节（一说在陕西的沔县，一说在四川的繁县）演兵，聚石布成天、地、风、云、龙、虎、鸟、蛇八种阵势的军事操练和作战的"八阵图"。《三国志·蜀志·诸葛亮传》云："推演兵法，作八阵图。"

㊺ **田庆紫荆堂下茂** 汉代京兆田真、田庆、田广三兄弟欲分家，堂下有紫荆树一株，商定只好将树劈为三片。紫荆树闻听，突然枯萎。田庆哭着说："树知即将分身，感伤而枯萎，我们人还不如树有感情。"真、广亦被感动，决定不分家。堂下紫荆树也立即枝挺叶茂。（见《汉书·田庆传》）

㊻ **王裒青柏墓前枯** 西晋城阳营陵人王裒，字伟元，博学多能，痛父王仪被司马昭杀害，在父墓前抱柏树痛哭，柏树突然枯萎。他隐居教书、躬耕，发誓不做官侍晋。及石勒攻陷洛阳，他守祖墓不去，被害。（见《晋书·王裒传》）

㊼ **出塞中郎，羝有乳时归汉室** 汉武帝时，中郎将苏武奉节出使匈奴，匈奴逼降，苏武不屈，匈奴单于将武幽囚于大窖中，绝其饮食。天下雨雪，苏武便饮雨雪、嚼节毛强生，数日不死。匈奴以为神，又徙苏武到北海（今俄罗斯贝尔加湖）无人处牧羝（公羊），并说："到羝羊产奶了，你就可以回汉朝。"（见《汉书·苏武传》）

㊽ **质秦太子，马生角日返燕都** 战国末年，燕王喜的太子丹，作人质困于秦，不得归燕。丹求归，秦王说："如果午后太阳能再回正南，天上能下谷物，乌鸦头能变白，马头能长出角，厨房门枢能变成生肉一样的脚，就放你回燕国。"（见《史记·刺客列传》《风俗通义》）

八　齐

鸾对凤①，犬对鸡②。塞北对关西③。长生对益智④，老幼对旄倪⑤。颁竹策⑥，剪桐圭⑦。剥枣对蒸藜⑧。绵腰如弱柳⑨，嫩手似柔荑⑩。狡兔能穿三穴隐⑪，鹪鹩权借一枝栖⑫。角里先生，策杖垂绅扶少主⑬；於陵仲子，辟纑织履赖贤妻⑭。

鸣对吠⑮，泛对栖⑯。燕语对莺啼⑰。珊瑚对玛瑙，琥珀对玻璃。绛县老⑱，伯州犁⑲。测蠡对燃犀⑳。榆槐堪作荫㉑，桃李自成蹊㉒。投巫救女西门豹㉓，赁浣逢妻百里奚㉔。阙里门墙，陋巷规模原不陋㉕；隋堤基址，迷楼踪迹已全迷㉖。

越对赵㉗，楚对齐㉘。柳岸对桃蹊㉙。纱窗对绣户㉚，画楼对香闺㉛。修月斧㉜，上天梯㉝。蝃蝀对虹霓㉞。行乐游春圃㉟，工谏病夏畦㊱。李广不封空射虎㊲，魏明得立为存麑㊳。按辔徐行，细柳功成劳王敬㊴；闻声稍卧，临泾名震止儿啼㊵。

注 解

① **鸾凤** 鸾鸟与凤凰。古人常以鸾凤比喻美善贤俊。〔汉〕贾谊《吊屈原赋》云：“鸾凤伏窜兮，鸱枭（鸱是猛禽，枭食母，比喻皆为奸邪恶人）翱翔。”比喻贤俊之士。〔唐〕卢储《催妆》诗云：“今日幸为秦晋会，早教鸾凤下妆楼。”此喻美人。

② **犬鸡** 犬鸡是家畜家禽。俗语说“一人得道，鸡犬升天”，比喻一人当官，亲友也随之得势。〔汉〕王充《论衡·道虚》：“淮南王（刘安）学道招会天下有道之人……并会淮南，奇方异术莫不争出。王遂得道，举家升天，畜产皆仙，犬吠于天上，鸡鸣于云中。”

③ **塞北** 泛指我国北方地区，诗文里常与“江南”对称。〔宋〕辛弃疾《独宿博山王氏庵》云：“平生塞北江南，归来华发苍头。” **关西** 泛指河南函谷关以西之地。古有“关西出将，关东出相”之说。秦郿白起，频阳王翦；汉义渠公孙贺、傅介子，成纪李广、李蔡，上邽赵充国，狄道辛武贤，称名将，皆关西人。汉丞相萧何、曹参、魏相、丙吉、韦贤、平当、孔光、翟方进，皆起关东。（见《后汉书·虞诩传》）

④ **长生益智** 长生不老；增益智慧。《老子》云：“天地所以能长且久者，以其不自生，故能长生。”〔宋〕叶适《送赵几道邵武司户》云：“书多前益智，文古后垂名。”

长生益智，又指“续命（长生）汤”和“益智粽”。“续命汤”是指能延年益寿的汤药。“益智粽”是药用植物益智拌米做成的粽子。东晋安帝义熙元年（405），起兵反晋的广州刺史卢循，送给足智多谋的建武将军刘裕一包“益智粽”，以此讥讽刘裕已经智穷谋寡；刘裕则回赠卢循一袋“续命汤”，以此讥讽卢循已将命绝寿终。（见《艺文类聚》卷八七引《三十六国春秋》）

⑤ **旄倪** 老幼的合称。旄：通“耄”，老人。倪：小儿。《孟子·梁惠王下》云：“王速出令，反其旄倪，止其重器，谋于燕众，置君而后去之。”

⑥ **颁竹策** 颁：赏赐；颁发。竹策：竹杖。《北史·杨素传》云：“及平齐之役，素请率麾下先驱。帝从之，赐以竹策。”〔唐〕马戴《山中作》诗云：“屐齿无泥竹策轻，莓苔梯滑夜难行。”竹策，或作“简策”，指古代用竹片书写帝王任免官员等命令的简策。《三国志·蜀志·诸葛亮传》云：

"［先主刘备］策亮为丞相。"

⑦ **剪桐圭** 年幼的周成王与其弟叔虞游戏，剪桐叶为圭（古时作瑞信的玉，也作"珪"）赠与叔虞，说："余以此封若（你）！"史官请择吉日封虞时，成王说，那是游戏时的玩笑话。史官说："君子无戏言。"于是封叔虞为唐王。（见《史记·晋世家》）

⑧ **剥枣** 打枣。剥：是"扑"的古字，读 pū，打；击。《诗经·豳风·七月》云："八月剥枣，十月获稻。"［唐］杜甫《又呈吴郎》诗云："堂前扑枣任西邻，无食无儿一妇人。" **蒸藜** 蒸藜，原文为"蒸梨"，煮野菜。采藜的嫩叶蒸熟食用。后人多把"藜"误为果实之"梨"（见《辞源》）。传说孔子弟子曾参之母早亡，后母对他不好，而曾参依然孝顺后母。曾参之妻蒸藜不熟给后母吃，曾参便把妻子休了，终身不娶。（见《孔子家语·七十二弟子》）［唐］王维《积雨辋川庄作》诗云："积雨空林烟火迟，蒸藜炊黍饷东菑（村东田头）。"

⑨ **绵腰如弱柳** 形容美女腰肢细柔如柳腰。这是诗仙李白《劝酒》中"昨与美人对尊酒，朱颜如花腰似柳"诗句的化用。唐代诗人白居易曾写诗夸他的善歌的樊素和善舞的小蛮两个女伎："樱桃樊素口，杨柳小蛮腰。"意思是：美姬樊素的嘴小巧鲜艳，如同樱桃；小蛮的腰柔弱纤细，如同杨柳。（见［唐］孟棨《本事诗·事感》）

⑩ **嫩手似柔荑** 形容女子的白手如纤细的软草。柔荑：柔软而白的茅草嫩芽。这是《诗经·卫风·硕人》中"手如柔荑，肤如凝脂"诗句的化用。

⑪ **狡兔能穿三穴隐** 孟尝君被齐王罢相驱回老家薛地，薛地人民夹道热烈欢迎。孟尝君激动地对冯谖说："感谢你为我'市义'（焚债证换好名）！"冯谖说："狡兔有三窟，仅得免其死耳。君今有一窟，未得高枕而卧也，请为君复凿二窟。"于是，冯谖又游说于梁，使梁重金礼聘孟尝君；游说于齐，使齐复相孟尝君。孟尝君反复其间，身无祸患。（见《战国策·齐策四》）

⑫ **鹪鹩权借一枝栖** 鹪鹩，原文为"鹪鹊"。鹪鹩善取茅苇麻发，就树之一枝构筑窝巢，大如鸡卵，十分精巧，故又称鹪鹩为"巧妇"。《庄子·逍遥游》云："鹪鹩巢于深林，不过一枝；偃鼠（鼹鼠）饮河，不过满腹。"

⑬ **甪里先生，策杖垂绅扶少主** 汉初，商山有四位隐士，名曰东园公、绮里季、夏黄公、甪里先生。四人须眉皆白，故称"四皓"。高祖刘邦慕四皓名，欲召为汉臣，不应。高祖欲废太子刘盈而立赵王如意，大臣谏争无用。

张良应吕后请，出谋邀四皓辅太子读书。一天，四皓侍太子见高祖，高祖询明其名，大惊。高祖问自己屡诏不应，为何从太子，四皓说："太子仁孝，恭敬爱士，天下莫不延颈欲为太子死者。"高祖说："［太子］羽翼成矣！"遂辍废太子之议。（见《汉书·张良传》）

⑭ **於陵仲子，辟纑织履赖贤妻**　战国齐国人陈仲子之兄陈戴，为该地吃万石俸禄的官。仲子以兄之禄为不义之禄、室为不义之室，不食不居，携妻住到於陵，以己织履（编草鞋）、妻辟纑（纺麻线）换粮度日。（见《孟子·滕文公下》）

⑮ **鸣吠**　鸡鸣狗叫。春秋战国时期，齐国孟尝君出使秦国，被秦昭王扣留，孟尝君一食客装狗叫钻入秦营偷出狐白裘，献给昭王之妾，以说情放孟尝君。孟尝君逃至函谷关时昭王反悔，又令追捕孟尝君。另一食客装鸡叫引众鸡齐鸣，骗开城门，孟尝君得以逃回齐国。（《史记·孟尝君列传》）

⑯ **泛**　浮行。《诗经·墉风·柏舟》云："泛彼柏舟，在彼中河（河中）。"　　**栖**　停留。《史记·伍子胥列传》云："越王勾践乃以余兵五千人栖于会稽（山名）之上。"

⑰ **燕语莺啼**　亦作"莺啼燕语"。［唐］孟郊《伤春》诗云："千里无人旋风起，莺啼燕语荒城里。"［唐］皇甫冉《春思》："莺啼燕语报新年，马邑龙堆路几千。"

⑱ **绛县老**　春秋时期，晋悼公夫人慰劳杞国造车人时，绛县一位无子老人也来与食。有人问其年龄，老人说："臣小人也，不知年纪。臣生之年，正月甲子朔（初一），四百有四十五甲子矣，其季于今，三之一也（一个甲子60天，最末一个甲子至今刚二十天，故说三分之一）。"官吏问于朝，乐师师旷说："七十三岁矣。"（见《左传·襄公三十年》）

⑲ **伯州犁**　春秋时晋国贤大夫伯宗之子，吴国太宰伯嚭之祖父。伯宗受晋卿人夫却锜、却至、却犨诬陷，被晋君杀害，伯州犁逃往楚国，后任楚国太宰。伯州犁是审案作弊"暗示法（诱供）"的发明人（见《春秋左传·襄公二十六年》）。李渔用"伯州犁"这个人名与"绛县老"作对句，其意可能在取"犁"有"犁老"之义，以与"绛县老"之"老"字相呼应。

⑳ **测蠡**　用瓠瓢测量海水。比喻不知高深的浅见。［汉］东方朔《答客难》云："语曰：以管窥天，以蠡（葫芦瓢）测海，以筳（竹制的垫席）撞钟，岂能通其条贯，考其文理，发其音声哉？"　　**燃犀**　传说晋代温峤任江州都

督，上任路过牛渚矶，闻水下有音乐之声，水深不可测。人们说水下有很多怪物，温峤便燃犀牛角照水面，竟有各种奇形怪状、叫不出名堂的怪物。（见《晋书·温峤传》）后以"燃犀"比喻洞察奸邪。

㉑ **榆槐堪作荫** 榆槐树荫好乘凉。〔晋〕陶潜《归园田居》诗云："榆柳荫后檐，桃李罗（排列）堂前。"〔宋〕梅圣俞《宫槐》云："汉家宫殿荫长槐，嫩色葱葱不染埃（尘埃）。"〔唐〕王维《送邱为往唐州》有"槐色阴（荫）清昼，杨花惹暮春"句。

㉒ **桃李自成蹊** 桃李不言，下自成蹊。《史记·李将军列传论》载："谚曰：'桃李不言，下自成蹊'。"〔唐〕司马贞《史记索隐》云："桃李本不能言，但以华实感物（众人），故人不期而往，其下自成蹊径也。"

㉓ **投巫救女西门豹** 战国魏文侯时，西门豹为邺令，问民疾苦，老人说邺地三老、廷掾勾结女巫，以为河伯娶妇之名，害死民女，搜刮民财，是百姓的最大苦楚。西门豹便于为河伯娶妇之日来到河边，以为河伯所选之妇难看为由，令女巫下河求河伯缓期，另选美女送上。遂将女巫扔进河里。待一会儿，不见女巫回来，西门豹又令三老入河报信，三老、廷掾等皆叩头流血求饶，承认骗局。从此无人敢再言为河伯娶妇。（见《史记·滑稽传》）

㉔ **赁浣逢妻百里奚** 春秋战国时期，虞国百里奚，字井伯，三十余岁娶妻杜氏，生一子。家贫不遇，妻曰："妾闻'男子志在四方'，君壮年不出图仕，区区守妻坐困乎？"百里奚乃出游。晋灭虞时百里奚被俘，后作为秦穆公娶晋国伯姬之陪嫁臣送入秦国。后虽逃到楚，又被秦穆公以五张羊皮赎回，故得"五羖大夫"之名。秦穆公知百里奚之才，遂拜为相。百里奚之妻杜氏生活无着，携子寻食他乡，辗转入秦，以洗衣为活。闻夫已为秦相，便入相府洗衣，且自荐能鼓琴而到夫前弹奏，并扬声而歌："百里奚，五羊皮！夫文绣，妻浣（洗）衣。昔之日，君行而我啼；今之日，君坐而我离。"百里奚闻歌愕然，询之，正是常念之妻，不禁相拥大恸。（见〔明〕冯梦龙《东周列国志》）

㉕ **阙里门墙，陋巷规模原不陋** 阙里：相传为春秋时期孔子授徒之所，在洙、泗之间。西汉始有"阙里"之名，东汉时盛传为孔子故里。（见〔清〕阎若璩《四书释地·阙里》）传说孔子见其道在内地不能推行，想去东方边远的九夷地区教导"朴实"的当地民众。有人说，那里居住条件落后，人的素质鄙陋，怎能去呢？孔子说："君子居之，何陋之有！"意思是：君子住到

那里，就不会鄙陋了。（见《论语·子罕》）

㉖**隋堤基址，迷楼踪迹已全迷**　隋炀帝时，沿通济渠、邗沟开凿大运河，河岸修筑御道，道旁植杨柳，堤长一千三百余里，后人谓之"隋堤"。［唐］韩琮《杨柳枝》诗云："梁苑（西汉梁孝王在开封所建游赏驰猎的园林）隋堤事已空，万条犹舞旧东风。"隋炀帝还在扬州建造新宫，宫式回环四合，上下金碧，工巧弘丽，自古无有，费用金玉，帑库（国库）为之一空。人误入者虽终日不能出。隋炀帝顾左右曰："使真仙游其中，亦当自迷也，可目之曰'迷宫'。"（见《迷楼记》）

㉗**越**　国名。传说夏少康庶子无余，封于会稽，称"于越"。春秋末，一度被吴攻破，越王勾践卧薪尝胆，终灭吴国，成为"春秋五霸"之一，战国时被楚所灭。（见《史记·越王勾践世家》）　**赵**　国名。春秋时，周穆王封造父于赵，故址在今山西赵城县境。战国时，晋卿赵、韩、魏三家分晋，自立为王。赵得今河北南部、山西北部，后成为"战国七雄"之一，被秦所灭。（见《史记·赵世家》）

㉘**楚**　国名。周成王封熊绎于荆山一带，建都丹阳，后都于郢。春秋战国时，国势强盛，后被秦所灭。（见《史记·楚世家》）　**齐**　国名。周武王封太公望（姜子牙）于齐，至桓公为"春秋五霸"之一，田氏代齐后，为"战国七雄"之一，后被秦所灭。（见《史记·齐太公世家》）

㉙**柳岸**　植柳的堤岸。［宋］苏轼《好事近·黄州送君猷》云："明年春水漾桃花，柳岸临舟楫。"唐宪宗时，柳宗元被贬为柳州刺史（太守），他在柳江岸边广植柳树，并作《种柳戏题》一文。后来，柳州百姓为歌颂柳宗元治理柳州的业绩，编出《种柳柳江边》民谣，广泛传播："柳州柳太守，种柳柳江边；柳馆依然在，千秋柳拂天。"　**桃蹊**　桃林的小路。有句谚语叫"桃李不言，下自成蹊"。是说桃子李子虽不会说话，但是它们果实甜美，惹人喜爱，人们在它下面走来走去，走成了一条小路。西汉名将李广英勇善战，历经汉景帝、武帝，立下赫赫战功，对部下也很谦虚和蔼。文帝、匈奴单于都很敬佩他。但他老实厚道，不善言辞。公元前119年，他随大将军卫青率军出击匈奴迷路，被迫自杀，许多部下及不相识的人都不禁为他痛哭，司马迁称赞他是"桃李不言，下自成蹊"。

㉚**绣户**　雕绘华美的门户。多指妇女居室。［南朝宋］鲍照《拟行路难》诗云："璿闺玉墀上椒阁，文窗绣户垂罗幕。"

㉛ **香闺** 青年女子的内室。〔唐〕陶翰《柳陌听早莺》诗云："乍使香闺静，偏伤远客情（埋怨莺啼惊好梦）。"〔宋〕柳永《临江仙引》词云："香闺别来无信息，云愁雨恨难忘。"

㉜ **修月斧** 神话传说，月亮是由七宝合成，常有八万二千户修理。嵩山游客见持斧人，问做何事，答曰："君不知月乃七宝合成乎？月热如丸，其回处常有八万二千户修之，我其一也。"遂示以斧凿。（见《天中记》）

㉝ **上天梯** 〔汉〕王逸《楚辞·九思·伤时》云："缘天梯兮北上，登太一兮玉台。"原指登天之梯，后比喻高险的山路。〔唐〕李白《蜀道难》云："地崩山摧壮士死，然后天梯石栈相钩连。"

㉞ **蝃蝀** 亦作"螮蝀"，虹的别名。太阳光线与水气相映，出现在天空的彩晕，谓之"虹"。《诗经·墉风·蝃蝀》云："蝃蝀在东，莫之敢指（古人认为虹出东方，是不祥之兆）。" **虹霓** 彩虹。传说虹有雌雄之分，色鲜盛者为雄，色暗淡者为雌；雄曰"虹"，雌曰"霓"，合称"虹霓"。《淮南子·原道》云："虹霓不出，贼星不行，含德之所致也。"

㉟ **行乐游圃** 这是宋朝冯平《睢阳五老会》中"醉游春圃烟霞暖，吟听秋潭水石寒"诗意的化用。春圃：春日园圃。

㊱ **工谀病夏畦** 这是《孟子·滕文公下》中"胁肩（耸着肩）谀笑（为谄媚而强笑），病于夏畦"文意的化用。意思是耸肩装笑谄媚别人，比炎夏在田间劳作还难受。工谀：善于阿谀奉迎。病：苦，引为难受。夏畦：炎夏在地里劳作。

㊲ **李广不封空射虎** 西汉名将李广，陇西成纪（今甘肃静宁西南）人。善骑射，不善言。有一次出猎，见草中石以为虎，射之，箭没石中，人传为奇。文帝时，为

李广射石图

郎、武骑常侍。景帝、武帝时，任陇西、北地太守，未央卫尉，右北平太守。他前后与匈奴作战七十余次，以勇敢善战著称，匈奴谓之"飞将军"。他一生战功卓著，但终未封侯。（见《汉书·李广传》）

㊳ **魏明得立为存麂**　麂：幼鹿。魏文帝曹丕带十五岁的儿子曹睿出猎，山坞中奔出母子二鹿，文帝举箭射死母鹿。小鹿已跑到曹睿马前，曹丕大声喊道："快射死它！"曹睿哭着说："陛下已杀死其母，我不忍再将鹿子杀死。"曹丕听了，怦然心动，扔下弓箭，动情地说道："我儿真是仁德之主！"遂封曹睿为平原王，继而立为太子，后继位称明帝。（见《三国志·魏志·明帝纪》）

㊴ **按辔徐行，细柳功成劳王敬**　汉文帝时，大臣周勃之子周亚夫为将军，屯军细柳，防备匈奴。军营纪律严明，文帝亲往劳军，亚夫传令："［营内］御马不得驰驱。"帝与随从既入，"按辔徐行（皆牢控马缰徐徐前进）"。（见《汉书·周亚夫传》）

㊵ **闻声稍卧，临泾名震止儿啼**　唐代，吐蕃人犯我西境，大将军郝玼出任泾原节度使，破敌二万，威名远震，吐蕃不敢过临泾（今甘肃镇原）。时人也常用"快别哭，郝玼来了"吓唬小儿，使之不敢啼哭。（见《新唐书·郝玼传》）

九　佳

门对户①，陌对街②。枝叶对根荄③。斗鸡对挥麈④，凤髻对鸾钗⑤。登楚岫⑥，渡秦淮⑦。子犯对夫差⑧。石鼎龙头缩⑨，银筝雁翅排⑩。百年诗礼延余庆⑪，万里风云入壮怀⑫。能辨名伦，死矣野哉悲季路⑬；不由径窦，生乎愚也有高柴⑭。

冠对履，袜对鞋。海角对天涯⑮。鸡人对虎旅⑯，六市对三街⑰。陈俎豆⑱，戏堆埋⑲。皎皎对皑皑⑳。贤相聚东阁㉑，良朋集小斋㉒。梦里山川书越绝㉓，枕边风月记齐谐㉔。三径萧疏，彭泽高风怡五柳㉕；六朝华贵，琅琊佳气种三槐㉖。

勤对俭，巧对乖㉗。水榭对山斋㉘。冰桃对雪藕㉙，漏箭对更牌㉚。寒翠袖㉛，贵荆钗㉜。慷慨对诙谐㉝。竹径风声籁㉞，花蹊月影筛㉟。携囊佳韵随时贮㊱，荷锄沉酣到处埋㊲。江海孤踪，雪浪风涛惊旅梦㊳；乡关万里，烟峦云树切归怀㊴。

杞对梓㊵，桧对楷。水泊对山崖。舞裙对歌袖，玉陛对瑶阶[41]。风入袂[42]，月盈怀[43]。虎兕对狼豺[44]。马融堂上帐[45]，羊侃水中斋[46]。北面黉宫宜拾芥[47]，东巡岱畤定燔柴[48]。锦缆春江，横笛洞箫通碧落[49]；华灯夜月，遗簪堕翠遍香街[50]。

注解

① **门户** 古称房屋墙院出入之门，两扇为门，单扇为户。

② **陌街** 街道，大街小巷。《三辅旧事》载："长安城中，八街九陌。"形容长安城中街道纵横，市面繁华。

③ **枝叶** 树木的枝和叶。《庄子·山木》云："见大木枝叶盛茂。"
根荄 植物的根。荄：草根。〔西汉〕刘向《说苑·建本》云："树本浅，根荄不深。"〔唐〕白居易《问友》诗云："根荄相交长，茎叶相附荣。"

④ **斗鸡** 驱使公鸡互斗决胜负的游戏。《战国策·齐策一》云："临淄甚富而实，其民无不吹竽鼓瑟，击筑弹琴，斗鸡走犬，六博蹴鞠者。"《史记·袁盎传》云："袁盎病免居家，与闾里浮沉，相随行，斗鸡走狗。" **挥麈** 挥动麈尾（鹿类动物尾巴，可用其拂尘）。晋代人在聊天清谈时，爱执麈尾挥动，以示高雅，为清谈助兴。后人因此称谈论为"挥麈"。〔宋〕欧阳修《和圣俞聚蚊》诗云："抱琴不暇抚，挥麈无由停。"

⑤ **凤髻** 古代一种发型。〔唐〕宇文氏《妆台记》云："周文王于髻上加珠翠翘花，傅之铅粉，其髻高，名曰凤髻。"〔后蜀〕欧阳炯《凤楼春》词云："凤髻绿云丛，深掩房栊。" **鸾钗** 鸾形的钗子。〔唐〕李商隐《河阳》诗云："湿银注镜井口平，鸾钗映月寒铮铮。"〔明〕唐寅《题美人图》云："鸾钗压鬓髻偏新，雾湿云低别种情。"

⑥ **登楚岫** 登楚地山。岫：山。楚岫：泛指南方的山。〔唐〕韦迢《早发湘潭寄杜员外院长》诗云："楚岫千峰翠，湘潭一叶黄。"

⑦ **渡秦淮** 游秦淮河。相传秦始皇南巡至龙藏浦，发现该地有王气，于是在方山（在江苏南京市南，因山形如方印，故名）掘流，西入长江，以泄王

气，名"淮"，通称"秦淮"。历代为著名的游览胜地。〔唐〕杜牧《泊秦淮》云："烟笼寒水月笼沙，夜泊秦淮近酒家。"

⑧ **子犯** 春秋僖公二十二年，晋公子重耳出游过卫，卫文公很不礼遇。重耳向五鹿（地名）田农求食，田农给他土块吃。重耳发怒，欲鞭打田农。随臣子犯止之说："天赐也。"古以得土为有国之吉兆，故谓"天赐"。（见《左传·僖公二十二年》） **夫差** 春秋末年吴国国君，吴王阖闾之子。起初，吴国在夫椒（今江苏吴县西南太湖）大败越国，攻破越都，夫差不听伍子胥乘胜灭越之言，允许越王勾践求和。勾践卧薪尝胆，休养生息二十年。公元前482年，吴国在黄池（今河南封丘西南）会盟，与晋国争霸，越王勾践乘虚攻入吴都，灭掉吴国。夫差自杀。（见《史记·吴世家》）

⑨ **石鼎龙头缩** 壁上制有龙头状的石鼎。石鼎：烹茶器具。〔唐〕韩愈《石鼎联句》诗云："龙头缩菌蠢（如菌类短小臃肿之状），豕腹胀膨脝（胀满）。"

⑩ **银筝雁翅排** 古筝上有十三根弦，每根弦两头各有一柱，斜着排列如飞雁成行，故称"筝雁"。〔宋〕陆游《雪中感成都》云："感事镜鸾悲独舞，寄书筝雁恨慵飞。"

⑪ **百年诗礼延余庆** 这是宋朝王之道《哀周然明》中"功名到手身先死，诗礼传家道不孤。千里新封从马鬣，百年余庆萃鹓雏"诗意的化用。诗礼：指《诗经》《礼记》两部经书，这里是说"读经学礼"。余庆：即泽及后人的"余福"。

⑫ **万里风云入壮怀** 这是唐代诗人韩愈《送石处士赴河阳幕》中"风云入壮怀，泉石别幽耳"诗句的化用。〔宋〕岳飞《满江红》词云："抬望眼，仰天长啸，壮怀激烈。"壮怀：壮志。

⑬ **能辨名伦，死矣野哉悲季路** 季路懂得名分伦常，临死也伉直好勇，悲壮从容。孔子的学生子路，性格好勇，事亲孝顺，懂得伦理是非，但行为莽撞不稳。《论语·子路》："子（孔子）曰：'野哉（粗野啊），由（仲由，又名子路，字季路）也。'"春秋时期，卫灵公有宠姬名叫南子。灵公太子蒯聩得过南子，惧被诛，逃亡戚（小国）地。卫灵公死后，立蒯聩之子辄为君，是为"出公"。贵族大夫孔悝之母孔姬，是蒯聩的姐姐，她勾结家臣浑良夫逼孔悝和他们结盟作乱，让蒯聩登君位。出公辄逃往鲁国。孔悝的邑宰仲由欲保出公，毅然出面相救。孔子另一弟子子羔（名高柴）劝阻仲由，说："出公已逃走，你不要白白去送死。"仲由说："食人家的饭，不能避人家的难。"他闯进城关与叛军作战，搏斗中，仲由的缨（系帽带）被砍断，他慨然说：

"君子死，冠不免。"在他结缨整冠时被杀死。黄聩登上君位，是为"庄公"。后人以"结缨"比喻从容就义，视死如归。（见《史记·仲尼弟子传》）

⑭ **不由径窦，生乎愚也有高柴** 高柴不走邪门歪道，逃生也愚直过仁，不知变通。不由径窦：不走邪门歪道。径：小路，引申为歪道。窦：洞，旁门，引申为邪门。《论语·先进》云："子（孔子）曰：'柴（高柴，字子羔）也，愚（忠厚有余，而智慧学识不足）。'"鲁哀公十五年，卫国太子蒯聩回国与其子争位。时高柴为卫国之士师，见卫国内乱，以政不及己，乃离此是非之地。高柴逃至郭门，见受其断足之刑者守门，告知高柴某处墙有缺口可逃，高柴说"君子不逾（越过）"；守门者又指点某墙有洞可出，高柴说"君子不隧（通道）"。最后守门者为其找一密室，始逃过追杀。（见《左传》《孔子家语》）

⑮ **海角天涯** 极偏远的地方。［宋］张世南《游宦记闻》云："今之远宦（到远处做官）及远服贾（做生意）者，皆曰'天涯海角'，盖俗谈也。"

⑯ **鸡人虎旅** 鸡人：古时报晓之官。虎旅：是虎贲氏与旅贲氏的并称。两者均掌王之警卫。后因以"虎旅"为卫士之称。东汉天文学家张衡《西京赋》云："陈虎旅于飞廉，正垒壁乎上兰。"［唐］李商隐《马嵬》诗云："空闻虎旅传宵柝（巡夜梆子），无复鸡人报晓筹（拂晓的更筹，指拂晓时刻）。"

⑰ **六市三街** 原文为"六市三阶"，亦作"六街三市"，街市纵横，形容都市繁华。［金］董解元《西厢记诸宫调》云："六街三市通车马，风流人物类京华。"

⑱ **陈俎豆** 俎豆：两种祭祀宴饮用的礼器，盛牲的礼器叫"俎"；盛羹的高脚盘叫"豆"。《史记·孔子世家》云："孔子为儿嬉戏，常陈俎豆，设礼容。"

⑲ **戏堆埋** 堆埋，原文为"堆理"，埋人垒墓头。孟子小时候，家住靠坟地的地方，他就和小朋友一起玩埋人堆墓头游戏，孟母把家搬到一所学校旁边，学生入学要先祭祀孔子，后学习礼仪，孟子就照学陈设俎豆，摆供品做祭祀之礼。（见《列女传·母仪》）

⑳ **皎皎** 洁白。《诗经·小雅·白驹》云："皎皎白驹，食我场苗。"
皑皑 雪白。［汉］班彪《北征赋》云："飞云雾之杳杳，涉积雪之皑皑。"

㉑ **贤相聚东阁** 西汉宰相公孙弘，早年家贫，少年放猪，后当狱吏，四十岁读《春秋公羊传》。汉武帝任他为丞相，封平津侯。他"起客馆，开东阁（向东开的小门，以别于从正门），以延（招请）贤人，与参谋议"。后以"东阁"为宰相招致款待贤士的地方。（见《汉书·公孙弘传》）

㉒ **良朋集小斋**　唐代兵部尚书柳公绰，性耿介，举贤良方正，直言极谏。他在不上朝的日子，就到自己读书的小斋里，招他的弟弟柳公权，以及从堂兄弟们，一同会聚吃饭。晚上，点了蜡烛，自己读完了经史，就把子弟们叫进小斋来，对他们讲述居家和做官的道理。（见《礼篇·公绰小斋》）

㉓ **梦里山川书越绝**　东汉史学家袁康与吴平共著一部《越绝书》，广采传闻异说，详细记述了吴越两国的史地山川及伍子胥、子贡、范蠡、文种、计倪等人的活动，成为中国地方志之鼻祖。（见《辞海》）

㉔ **枕边风月记齐谐**　齐谐：古时记载奇闻逸事的书籍。《庄子·逍遥游》云："齐谐者，志怪者也。"唐代道教学者成玄英说："齐国有此俳谐之书也。"后世志怪之书，多用"齐谐"作书名。南朝宋东阳无疑有《齐谐记》、梁吴均有《续齐谐记》，清代袁枚有《新齐谐》，亦名《子不语》。（见《辞海》）

㉕ **三径萧疏，彭泽高风怡五柳**　东晋诗人陶潜（陶渊明），字元亮，号五柳先生。曾任江州祭酒、镇军参军、彭泽县令。因不肯"为五斗米而折腰"逢迎郡吏，辞县令回到"三径就荒，松菊犹存"的老家。从此，隐姓埋名，自号五柳先生，说自家"宅边有五棵柳树，因以为号"。他说自己"读书，废寝忘食；嗜酒，必醉而返；常著文章自娱，忘怀得失，以此自终。"（见《晋书·陶潜传》、陶渊明《五柳先生传》）

㉖ **六朝华贵，琅琊佳气种三槐**　北宋晋国公王祜（一作"祐"），是源出琅琊、世居六朝都城开封的"三槐王氏"之祖。宋太祖（赵匡胤）时，拜知制诰，因以全家百口保魏州刺史符彦卿无罪而遭贬黜。世人赞其"多阴德"。他手植三槐于庭，说："吾子孙必有为三公者。"后来，他的儿子王旦果然中了进士，做了宰相。

㉗ **巧乖**　机灵。《儒林外史》云："匡超人为人乖巧，在船上不拿强拿，不动强动，一口一声，只叫'老爹'。"

㉘ **水榭**　建筑在水边或水上的亭阁。《唐书·裴度传》云："东都立第（宅第）于集贤里，筑山穿池，竹木丛萃，有风亭水榭。"　　**山斋**　山中居室。［南朝梁］简文帝《晚春》诗云："风花落未已，山斋开夜扉。"［明］袁宏道《和王以明山居韵》诗云："山斋通夜雨，肠断子瞻诗。"

㉙ **冰桃雪藕**　神话传说中仙人所食之桃藕。［晋］王嘉《拾遗记·周穆王》云："西王母乘翠凤之辇而来……又进万岁冰桃，千常碧藕。"

㉚ **漏箭**　古时用漏壶计时间。上放播水壶，靠底部一侧凿滴水孔，播水

壶下置受水壶，壶中放浮漂，漂扎有刻度的箭，受水壶慢慢积水，浮漂则慢慢上浮，箭则从受水壶慢慢显露，刻度数字则由上而下逐一增大，以此计时。受水壶中带刻度的浮漂就叫"漏箭"，亦作"更箭"。　　**更牌**　亦作"更笺"、"更筹"，古时夜间报更的牌。[南朝梁]庾肩吾《奉和春夜应令》诗云："烧香知夜漏，刻烛验更筹。"

　　㉛ **寒翠袖**　寒凉的绿色衣袖。[唐]杜甫《佳人》诗云："天寒翠袖薄，日暮倚修竹。"[宋]苏轼《王晋叔所藏画跋尾·芍药》诗云："倚竹佳人翠袖长，天寒犹着薄罗裳。"

　　㉜ **贵金钗**　贵重的金制首饰。[南朝宋]鲍照《拟行路难》诗云："还君金钗玳瑁簪，不忍见之益愁思。"

　　㉝ **慷慨**　意气风发，情绪激昂。《三国志·魏志·臧洪传》云："洪辞气慷慨，涕泣横下，闻其言者，虽卒伍厮养（奴仆），莫不激扬，人思致节。"　　**诙谐**　谈吐幽默风趣。《汉书·东方朔传》云："其言专商鞅、韩非之语也，指意放荡，颇复诙谐。"[唐]杜甫《社日》诗云："尚想东方朔，诙谐割肉归。"

　　㉞ **竹径风声籁**　风声自竹林中传出。竹径：指竹与竹间的通道。籁：三孔管乐器。指从孔穴中发出的声音。[元]周衡之《次韵午溪竹》诗云："风来起清籁，在我本恬寂（淡漠）。"

　　㉟ **花蹊月影筛**　月光从花丛间透来。花蹊：与"竹径"对应，即"花径"，指花与花间的缝隙。月影：月光。筛：底部有小孔的筛子。指穿过孔隙。[元]王实甫《西厢记·络丝娘》云："空撇下碧澄澄苍苔露冷，明皎皎花筛月影。"

天寒翠袖薄

　　㊱ **携囊佳韵随时贮**　传说，唐代诗人李贺，每骑驴出游，令奴僮背一古锦囊，得佳句即投入其中，后成李贺诗集《昌谷集》。待李贺将死时，梦见一穿大红衣者，手持板书，对李贺说："上帝筑成白玉楼，命你去作记。"李贺以母老且病，哭泣不愿随往，不久，气绝。（见李商隐《李贺小传》）

㊲ **荷锄沉酣到处埋** 西晋建威参军刘伶,"竹林七贤"之一。纵酒放荡,乘鹿车,携一壶酒,使人荷锸(铁锹)相随,说:"死便埋我。"曾著《酒德颂》,自称"惟酒是务,焉知其余"。(见《晋书·刘伶传》)东晋诗人陶渊明《归园田居》中有"带月荷锄归"之句。

㊳ **江海孤踪,雪浪风涛惊旅梦** 清朝雍正皇帝胤禛年轻时,随父亲康熙出巡,途中给在京都的诸弟写诗《早起寄都中诸弟》云:"一雁孤鸣惊旅梦,千峰攒立(簇集竖立)动诗思。凤城诸弟应相忆,好对黄花泛酒卮。"表明他愿做群雁而不做孤雁的心意。

㊴ **乡关万里,烟峦云树切归怀** 这反映了远离家乡的思亲人切望尽快归里的心情。[唐]钱起《寄永嘉王十二》诗云:"梦里还乡不相见,天涯忆戴复谁传……愿得回风吹海雁,飞书一宿到君边。"[唐]岑参《暮春虢州东亭送李司马归扶风别庐》诗云:"到来函谷愁中月,归去磻溪梦里山……西望乡关肠欲断,对君衫袖泪痕斑。"

㊵ **杞梓** 两种优质木材。用来比喻优秀人才。《晋书·陆机陆云传》云:"陆机陆云实荆衡之杞梓,挺圭璋于秀实,驰英华于早年。"

㊶ **玉陛** 帝王殿阶。《三国志·魏志·陈思王植传》陈审举疏曰:"常愿得一奉朝觐,排金门,蹈玉陛。" **瑶阶** 玉砌的台阶,也是石阶的美称。[晋]王嘉《拾遗记·炎帝神农》云:"筑圆丘以祀朝日,饰瑶阶以揖夜光。"[唐]杜牧《秋夕》诗云:"瑶阶夜色凉如水,坐看牵牛织女星。"

㊷ **风入袂** 袂:衣袖。[清]纳兰性德《天仙子·渌水亭秋夜》词云:"水浴凉蟾(水中月亮)风入袂,鱼鳞触损金波碎(游鱼搅碎了水中月亮)。"[宋]苏轼《浣溪沙·端午》诗云:"入袂轻风不破尘,玉簪犀壁醉佳辰。"

㊸ **月盈怀** 亦作"月入怀",旧时认为日月入怀是生贵男贵女的吉兆。传说汉朝末年,孙坚之妻吴夫人,孕而梦月入其怀,继而生孙策。到孕孙权时又梦日入其怀。吴夫人以孕间日月入怀事发问孙坚,坚曰:"日月者阴阳之精,极贵之象(征兆),吾子孙其兴乎?"(见《三国志·吴志·孙破虏吴夫人传》)又传说王莽之姑政君,在其母李氏身孕时,梦月入其怀,不久政君出世,后来她成为汉元帝的皇后。(见《汉书·元后传》)"日月入怀"也比喻胸襟开朗。《世说新语·容止》云:"时人目(发现)夏侯太初(玄)朗朗如日月之入怀。"也作"明月入怀"。[南朝宋]鲍照《代淮南王之二》云:"朱城九门门九闺,愿逐明月入君怀。"

㊹ **虎兕** 两种凶猛野兽。兕：犀牛类野兽。《诗经·小雅·何草不黄》云："匪（非）兕匪虎，率彼旷野。" **狼豺** 两种野兽。《左传·襄公十四年》云："赐我南鄙之田，狐狸所居，豺狼所嗥。"常喻凶恶之人。《三国志·魏志·杜袭传》云："方今豺狼当道，而狐狸是先（先打狐狸），人将谓殿下避强攻弱。"

㊺ **马融堂上帐** 东汉学者马融，字季长，扶风茂陵（今陕西兴平东北）人。才高博识，为当世通儒，学生常以千数。常坐高堂，施绛帐，于帐前授生徒。（见《后汉书·马融传》）

㊻ **羊侃水中斋** 南朝梁国都官尚书羊侃，字祖忻，今山东泰安人。幼好文史，兼有武力。善音律，能造曲。生活奢侈，在水中结舟为斋，亭馆皆备，日事游宴。侯景之乱时，他固守京城（今南京），景不能破，苦战中病死。（见《南史·羊侃传》）

㊼ **北面黉宫宜拾芥** 入学拜师读经书，求官如拾草芥。北面：旧时君见臣、长见幼、师见徒，均面向南而坐，臣幼徒面向北而拜，故称"北面"。黉宫：古代学校名。拾芥：捡取地上的草芥。比喻取之极易。《汉书·夏侯胜传》："胜每讲授，常谓诸生曰：'士病（怕）不明经书。经书苟（如果）明，其取青紫（古时丞相太尉穿金印紫绶官服，御史大夫穿银印青绶官服），如俯拾地芥耳。"

㊽ **东巡岱峙定燔柴** 岱：泰山。峙：古代祭天地五帝之处。燔柴：烧柴烤玉及牲，腾其味以祭天。《礼记·祭法》："燔柴于泰坛，祭天地。"始皇二十八年（前225），秦始皇东巡，"上泰山，立石（颂秦德之刻石），封（设坛于泰山之巅以祭天，叫'封'），祠祀（在泰山脚下梁父小山祠祭祀）。"（见《史记·秦始皇本纪》）

㊾ **锦缆春江，横笛洞箫通碧落** 这是描写富贵人家乘彩船且歌且舞游春的景象。锦缆：精美的缆绳。春江：春天的江河。横笛：竹笛，古称"横吹"，今称"七孔笛"。洞箫：单管直吹，正面五孔、背面一孔者为"洞箫"。碧落：天空。［元］赵孟頫《溪上》诗云："锦缆牙樯非昨梦，凤笙龙管是谁家？"［唐］赵嘏《闻笛》诗云："响遏行云横碧落，清和冷月到帘栊……曲罢不知人在否，余音嘹亮尚飘空。"

㊿ **华灯夜月，遗簪堕翠遍香街** 这是描写正月十五元宵节观灯时人潮涌动的景象。［宋］刘邦彦《上元十五夜观灯》诗云："归迟不属金吾禁（金吾是掌管京城戒备、禁人夜行的官。但元宵夜开放夜禁），争觅遗簪与坠钿。"

十 灰

chūn duì xià　xǐ duì āi　　dà shǒu duì cháng cái　　fēng qīng duì yuè lǎng　dì
春 对 夏，喜 对 哀。大 手 对 长 才①。风 清 对 月 朗②，地
kuò duì tiān kāi　yóu làng yuàn　zuì péng lái　　qī zhèng duì sān tái　qīng lóng hú
阔 对 天 开。游 阆 苑③，醉 蓬 莱④。七 政 对 三 台⑤。青 龙 壶
lǎo zhàng　bái yàn yù rén chāi　xiāng fēng shí lǐ wàng xiān gé　míng yuè yì tiān
老 杖⑥，白 燕 玉 人 钗⑦。香 风 十 里 望 仙 阁⑧，明 月 一 天
sī zǐ tái　yù jú bīng táo　wáng mǔ jǐ yīn qiú dào jiàng　lián zhōu lí zhàng
思 子 台⑨。玉 橘 冰 桃，王 母 几 因 求 道 降⑩；莲 舟 藜 杖，
zhēn rén yuán wèi dú shū lái
真 人 原 为 读 书 来⑪。

zhāo duì mù　qù duì lái　shù yǐ duì kāng zāi　mǎ gān duì jī lèi　xìng
朝 对 暮，去 对 来。庶 矣 对 康 哉⑫。马 肝 对 鸡 肋⑬，杏
yǎn duì táo sāi　jiā xìng shì　hǎo huái kāi　shuò xuě duì chūn léi　yún yí zhī què
眼 对 桃 腮。佳 兴 适⑭，好 怀 开⑮。朔 雪 对 春 雷。云 移 鸑 鹊
guàn　rì shài fèng huáng tái　hé biān shū qì yíng fāng cǎo　lín xià qīng fēng dài luò
观⑯，日 晒 凤 凰 台⑰。河 边 淑 气 迎 芳 草，林 下 轻 风 待 落
méi　liǔ mèi huā míng　yàn yǔ yīng shēng hún shì xiào　sōng háo bǎi wǔ yuán tí
梅⑱。柳 媚 花 明，燕 语 莺 声 浑 是 笑⑲；松 号 柏 舞，猿 啼
hè lì zǒng chéng āi
鹤 唳 总 成 哀⑳。

zhōng duì xìn　bó duì gāi　cǔn duó duì yí cāi　xiāng xiāo duì zhú àn　què xǐ
忠 对 信，博 对 该㉑。忖 度 对 疑 猜。香 消 对 烛 暗㉒，鹊 喜
duì qióng āi　jīn huā bào　yù jìng tái　dào jiǎ duì xián bēi　yán diān héng lǎo
对 蛩 哀。金 花 报㉓，玉 镜 台㉔。倒 斝 对 衔 杯㉕。岩 巅 横 老
shù　shí dèng fù cāng tái　xuě mǎn shān zhōng gāo shì wò　yuè míng lín xià měi rén
树㉖，石 磴 覆 苍 苔㉗。雪 满 山 中 高 士 卧，月 明 林 下 美 人
lái　lǜ liǔ yán dī　jiē yīn sū zǐ lái shí zhòng　bì táo mǎn guàn　jìn shì liú
来㉘。绿 柳 沿 堤，皆 因 苏 子 来 时 种㉙；碧 桃 满 观，尽 是 刘
láng qù hòu zāi
郎 去 后 栽㉚。

注 解

① **大手** 高手，常称著名写作家为"大手笔"。［唐］僧鸾《赠李粲秀才》诗云："飒风驱雷暂不停，始向场中称大手。"《陈书·徐陵传》云："世祖、高宗之世，国家有大手笔，皆陵草之。"　　**长才** 英才。［唐］杜甫《述古》诗云："经纶中兴业，何代无长才？"

② **风清月朗** 微风清凉，月光明朗。形容夜景美好。［唐］段成式《酉阳杂俎续集·支诺皋下》云："时春季夜间，风清月朗。"

③ **游阆苑** 阆苑：本指昆仑之巅阆风山仙人所居之宫苑。唐初鲁王灵夔、滕王元婴相继镇守阆州（今四川阆中），嫌衙宇卑陋，遂修饰扩建成宫苑，谓之"隆苑"。后为避唐玄宗隆基"隆"字之讳，改为"阆苑"。（见［宋］王象之《舆地纪胜》）［宋］苏轼《和子由送将官梁左藏仲通》诗云："问羊他日到金华，应许相将游阆苑。"

④ **醉蓬莱** 蓬莱：方士传说是渤海中仙人所居之山名。汉武帝游东莱郡黄县，望渤海蓬莱山，因筑城为蓬莱。唐神龙三年（707），设蓬莱县。（见《太平寰宇记·登州·蓬莱县》）［宋］无名氏《蓦山溪》词云："正快活年时，庆新寿，万年欢，人醉蓬莱里。"宋代词人把《醉蓬莱》列为词牌名。

⑤ **七政** 指日月和金、木、水、火、土五星。（见《尚书·舜典》）。一说春、秋、冬、夏、天文、地理、人道为"七政"。（见《尚书·大传》）

三台 古有灵台、时台、囿台，合称"三台"。［汉］许慎《五经异义》云："天子有三台：灵台以观天文，时台以观四时施化，囿台以观鸟兽鱼鳖。"

⑥ **青龙壶老杖** 据道家传说，东汉费长房从壶公学仙，辞归时，壶公给他一支竹杖，说："骑着它即可到家。"费长房到家后把杖投入葛陂（地名，在今河南新蔡境），竹杖立化为青龙。（见《后汉书·费长房传》）

⑦ **白燕玉人钗** 在传说中，有神女留赠玉钗给汉武帝，武帝又赐与赵婕妤飞燕。至昭帝元凤中……打开宝匣，有白燕飞出升天，后来，宫人学做此钗，命名"玉燕钗"，象征吉祥。（见［汉］郭宪《洞冥记》）

⑧ **香风十里望仙阁** 南朝陈国末代皇帝陈后主陈叔宝，极端奢靡挥霍。为讨取贵妃、宠姬的欢心，至德二年（584），又在金陵（今南京）光照殿前

修建了临春、结绮、望仙三座楼阁，门窗栏槛皆用高级香木做成，"饰以金玉，间以珠翠"。后主自用临春阁，张贵妃独占结绮阁，龚、孔二嫔共居望仙阁。阁下积石为山，引水为池，山水间广植奇花异卉，加上贵妃嫔姬所涂脂粉之气，"每微风暂至，香闻数里"。隋兵攻入金陵，尽焚于火。（见《南史·张贵妃传》）

⑨ **明月一天思子台**　汉武帝的宠臣江充诬告太子刘据搞"巫蛊"谋反，外逃的刘据在湖县（今河南灵宝西）自杀。后，武帝知其冤，即在长安建"思子宫"，并在湖县建"归来望思之台"（即思子台）。（见《汉书·戾太子传》）

⑩ **玉橘冰桃，王母几因求道降**　《太平广记·周穆王》引《仙传拾遗》载："〔周穆王〕登群玉山（昆仑山之连麓）西王母所居……饮琬琰之膏，进甜雪之味；素莲黑枣，碧橘白藕（嫩藕，嫩而白，故又叫雪藕），皆神仙之物。"又据汉代班固所撰《汉武故事》载：七月七日西王母降汉武宫中授成仙之道。帝燃九光之灯，列玉门之枣，摆葡萄之酒，以迎王母。王母至，帝跪拜寒暄。王母带来非地上所有之丰珍之果，清香之酒，又命侍女端来三千年一结果的仙桃七颗，四颗与帝，三颗自食。

⑪ **莲舟藜杖，真人原为读书来**　汉成帝末年，刘向专心致志校书于天禄阁。一天夜里，一个着黄衣的老人（一说是太乙真人），乘莲舟、执藜杖，叩阁而进见。刘向在暗中独坐诵书，老人乃吹杖端烟然（燃），因以见向，授五行洪范之文……至天亮而去。（见《汉书·刘向传》）

⑫ **庶矣康哉**　人民安居乐业。庶：众百姓。《论语·子路》云："子（孔子）适卫（到卫国），冉有仆（随从）。子曰：'庶矣哉！'"《尚书·益稷》载舜帝君臣作歌："元首明（圣明）哉，股肱（指辅臣）良哉，庶时康（百姓安居乐业）哉。"后以"康哉"比喻太平盛世。

⑬ **马肝**　古人误传马之肝有毒，食之丧命。《史记·辕固生传》云："于是景帝曰：'食肉不食马肝，不为不知味；言学者无言汤武受命，不为愚。'"《正义》引《论衡》语："气热而毒甚，故食马肝杀人。"　　**鸡肋**　曹操攻汉中，不克。屯兵日久，是进是退，犹豫不决。适有厨官送来鸡汤，操见鸡肋，颇有感触。这时，夏侯惇来请示夜间口令，操随口说："鸡肋。"主簿杨修即令军士准备归程。夏侯惇不知何意。杨修说："所谓'鸡肋'，食之无肉，弃之有味。今进不能胜，退恐人笑，示欲还（撤军）也！"（见《三国志·魏志·武帝纪》）

⑭ **佳兴适** 兴适：兴致得到满足。晋代王徽之（字子猷）居山阴时，忽然想念居于剡地（今浙江嵊县西）的故友戴逵（字安道），便驾舟雪夜造访，一夜方至，舍舟登至戴逵之门而不入，竟乘舟而返。人问其故，子猷说："本乘兴而来，兴尽而返，何必见安道?"（见《世说新语·任诞》）［唐］王维《崔濮阳兄季重前山兴》诗云："秋色有佳兴，况君池上闲。悠悠西林下，自识门前山。"

⑮ **好怀开** 即"好开怀"，开心，内心舒畅。［宋］孙应时《答王甫抚干和荆江亭韵》诗云："乐哉新相知，开怀接谈宴。插花醉不辞，风光惜流转。"［元］刘秉忠《木兰花慢》词云："镜里不堪看鬓，尊前且好开怀。"

⑯ **云移鸧鹊观** 鸧鹊观：汉宫观名。汉武帝建元年间，建在云阳（今西安附近）甘泉宫外。（见《三辅黄图》）［汉］司马相如《上林赋》云："过鸧鹊，望露寒。"谈"鸧鹊观"，莫与"鸧鹊楼"相混。"鸧鹊楼"是南朝时的楼阁名，在今南京市。

雪夜访戴图

［唐］李白《永王东巡歌》诗云："春风试暖昭阳殿，明月还过鸧鹊楼。"

⑰ **日晒凤凰台** "弄玉吹箫"中的"凤台"是一种神话传说。实有的凤凰台，在我国有好几处：一，东晋升平年间（一说宋元嘉十四年），有鸟集于江宁（今南京市）山上，文彩如孔雀，时人传为凤凰，因谓此山为凤凰山，并于此山建凤凰台。（见《嘉庆一统志·江宁府》）唐代大诗人李白在《登金陵凤凰台》中"凤凰台上凤凰游，凤去台空江自流"的描述，就是指的南京凤凰台。二，在甘肃成县东南"凤溪中，有二石双高，其形若阙（古代宫庙及墓门所立之双柱称为'阙'）。汉世有凤凰止焉，故谓之凤凰台。"（见《水经注·漾水》）唐代诗圣杜甫在《凤凰台》中"亭亭凤凰台，北对西康州"的

描述，即此。三，传说三国时期，有凤凰出现于湖北鄂城县东，吴主孙权遂筑凤凰台于此，并令周瑜、鲁肃定建都之计。（见《嘉庆一统志·武昌府》）。四、传说周文王时期，有凤凰鸣于今陕西岐山（亦作"天柱山"），所以岐山亦称"凤凰堆"。（见《圆经》）

⑱ **河边淑气迎芳草，林下轻风待落梅** 这两句引自唐代孙逖《和左司张员外自洛使入京中路先赴长安逢立春日赠韦侍御及诸公》诗中"河边淑气迎芳草，林下轻风待落梅"。淑气：早春的温和之气。落梅：立春前后是腊梅开始凋落的时候，满地落花似雪，林下可以赏梅。另外，有一古笛曲名叫《梅花落》，有一种酒名叫"落梅清酒"。那么，坐在清风林下，一边饮"落梅酒"，一边赏雪梅花，一边听"梅花落"，一举三得，岂不快哉。

⑲ **柳媚花明，燕语莺声浑是笑** 柳媚花明，燕语莺声：形容春光明媚，喜气盎然。又比喻女子体态优美，笑声悦耳。《笠翁对韵》作者李渔在《无声戏·谭楚玉戏里传情刘藐姑曲终死节》中说："只因他学戏的时节，把那些莺啼燕语之声、柳舞花翻之态操演熟了，所以走到人面前，不消作意，自有一种云行水流（自然无拘）的光景。"

⑳ **松号柏舞，猿啼鹤唳总成哀** 松号柏舞，猿啼鹤唳：形容环境阴森，声音凄凉。东晋医药学家葛洪《抱朴子》云："周穆王南征，一军尽化（死亡），君子为猿为鹤，小人为虫为沙。"比喻战乱使将士变成了非人的猿鹤虫沙等异物。汉代经学大师郑玄注云："〔猿鹤〕鸣，其声哀。"

㉑ **博该** 博学多闻。博：丰富；众多。该：通"赅"，完备；俱全。《晋书·索靖传》云："唯靖该博经史，兼通内纬。"

㉒ **香消** 比喻美丽的女子死亡。〔唐〕刘沧《经炀帝行宫》云："香销（通'消'）南国美人尽，怨入东风芳草多。"〔明〕无名氏《寻亲记》云："玉碎香消镜台荒，绿云缭乱懒梳妆。" **烛暗** 比喻残年老人。〔宋〕莫仑《生查子》词云："衾单容易寒，烛暗相将灭。"〔宋〕赵长卿《浣溪沙》词云："五云楼阁羡刘郎，酒阑烛暗断回肠。"

㉓ **金花报** 亦作"金花笺"、"金花帖子"。唐宋时期，科举考试状元及第的报喜帖子上贴以金花，谓之"金花笺"。〔宋〕乐史《杨太真外传》云："〔上〕遽命龟年（李龟年）持金花笺，宣赐翰林学士李白，立进《清平乐》词三篇。"

㉔ **玉镜台** 玉制的镜台。晋朝温峤随刘琨北征时，得一玉镜台。温峤妻丧，从姑母刘氏有一女，甚有姿慧。姑母托峤觅婚，峤有自娶之意。少日，

峤对姑母说找到了，门第不错，是官宦家，各方面都不比峤差。顺手交给姑母玉镜台一枚为聘，姑母大喜。婚成，姑母之女抚掌大笑，说："我早就猜着是你这老东西！"（见《世说新语·假谲》）

㉕ **倒罍** 敬酒。罍：古代酒器。《诗经·大雅·行苇》云："肆筵设席，授几有缉御。或献或酢，洗爵奠罍。"［唐］韩愈《祭河南张员外文》云："哭不凭棺，奠不亲罍。" **衔杯** 饮酒。［唐］李白《广陵赠别》诗云："系马垂杨下，衔杯大道间。"

㉖ **岩巅横老树** 山顶横卧老树。这是唐朝诗圣杜甫《奉先刘少府新画山水障歌》中"能添老树巅崖里"诗句的化用。

㉗ **石磴覆苍苔** 石阶长满青苔。比喻破屋久无人居。这是唐代诗人刘沧《经无可旧居兼伤贾岛》中"苍苔封（覆盖）砌（石阶）竹成竿（枯死）"诗意的化用。石磴：用石头铺砌成的台阶。苍苔：绿色苔藓。

㉘ **雪满山中高士卧，月明林下美人来** 这两句引自明朝高启《咏梅》诗句"雪满山中高士卧，月明林下美人来"。

东汉楚郡太守袁安，字邵公，汝南汝阳人。自幼好学，生性倔强，为人严谨，受人敬重，洛阳令举为孝廉。洛阳郡下大雪，人多外出乞食。袁安为避免与贫民争食，掩门卧床不出，故有积雪拥掩其门。（见《后汉书·袁安传》）

隋朝开皇年间，赵师雄游罗浮，天将黑，卧于松林一家酒店旁休息。不一会儿，一个素服淡妆美女向他走来，交谈时，芳香袭人。二人一起进酒店共饮，师雄醉倒。醒来，见自己原来是躺在一株梅花树下，上有翠鸟啾嘈相顾，月落参横，但觉惆怅而已。（见［唐］柳宗元《龙城录》）

㉙ **绿柳沿堤，皆因苏子来时种** 宋元祐年间，苏轼（东坡）任杭州知府时，在西湖筑堤，横截湖面，用以开湖蓄水。中为六桥九亭，夹道植柳，名为"苏公堤"。（见《宋史·河渠志·东南诸水下》）

㉚ **碧桃满观，尽是刘郎去后栽** 唐代诗人刘禹锡因参加革新，被从监察御史贬为朗州司马。过了十年，朝廷想重新起用他，但他刚回长安即写《游玄都观》诗称："玄都观（在长安）里桃千树（暗指朝中爬上来的新贵），尽是刘郎（指自己）去后（被贬朗州以后）栽。"这下又得罪了新权贵，再度被挤出长安派当连州刺史。十四年后再度被召回京都任职时，他又写《再游玄都观》诗云："百亩庭中半是苔，桃花（暗指新权贵）净尽菜花开。种桃道士归何处？前度刘郎今又来。"

十一 真

lián duì jú　fèng duì lín　zhuó fù duì qīng pín　yú zhuāng duì fó shè　sōng
莲 对 菊，凤 对 麟①。浊 富 对 清 贫②。渔 庄 对 佛 舍，松
gài duì huā yīn　luó yuè sǒu　gě tiān mín　guó bǎo duì jiā zhēn　cǎo yíng jīn
盖 对 花 茵③。萝 月 叟④，葛 天 民⑤。国 宝 对 家 珍。草 迎 金
liè mǎ　huā zuì yù lóu rén　cháo yàn sān chūn cháng huàn yǒu　sài hóng bā yuè shǐ
埒 马，花 醉 玉 楼 人⑥。巢 燕 三 春 尝 唤 友⑦，塞 鸿 八 月 始
lái bīn　gǔ wǎng jīn lái　shuí jiàn tài shān céng zuò lì　tiān cháng dì jiǔ rén
来 宾⑧。古 往 今 来，谁 见 泰 山 曾 作 砺⑨；天 长 地 久，人
chuán cāng hǎi jǐ yáng chén
传 沧 海 几 扬 尘⑩。

xiōng duì dì　lì duì mín　fù zǐ duì jūn chén　gōu dīng duì fǔ jiǎ　fù mǎo
兄 对 弟，吏 对 民。父 子 对 君 臣。勾 丁 对 甫 甲⑪，赴 卯
duì tóng yín　zhé guì kè　zān huā rén　sì hào duì sān rén　wáng qiáo yún wài
对 同 寅⑫。折 桂 客⑬，簪 花 人⑭。四 皓 对 三 仁⑮。王 乔 云 外
xì　guō tài yǔ zhōng jīn　rén jiāo hǎo yǒu qiú sān yì　shì yǒu xián qī bèi wǔ
舃⑯，郭 泰 雨 中 巾⑰。人 交 好 友 求 三 益⑱，士 有 贤 妻 备 五
lún　wén jiào nán xuān　wǔ dì píng mán kāi bǎi yuè　yì qí xī zhǐ　hán hóu fú
伦⑲。文 教 南 宣，武 帝 平 蛮 开 百 越⑳；义 旗 西 指，韩 侯 扶
hàn juǎn sān qín
汉 卷 三 秦㉑。

shēn duì shì　kǎn duì yín　ā wèi duì yīn chén　chǔ lán duì xiāng zhǐ
申 对 示㉒，侃 对 訚㉓。阿 魏 对 茵 陈㉔。楚 兰 对 湘 芷㉕，
bì liǔ duì qīng yún　huā fù fù　yè zhēn zhēn　fěn jǐng duì zhū chún　cáo gōng
碧 柳 对 青 筠。花 馥 馥㉖，叶 蓁 蓁㉗。粉 颈 对 朱 唇。曹 公
jiān shì guǐ　yáo dì zhì rú shén　nán ruǎn cái láng chā běi fù　dōng shī chǒu nǚ
奸 似 鬼㉘，尧 帝 智 如 神㉙。南 阮 才 郎 差 北 富㉚，东 施 丑 女
xiào xī pín　sè yàn běi táng　cǎo hào wàng yōu yōu shèn shì　xiāng nóng nán guó　huā
效 西 颦㉛。色 艳 北 堂，草 号 忘 忧 忧 甚 事？香 浓 南 国，花
míng hán xiào xiào hé rén
名 含 笑 笑 何 人㉜？

注 解

① **凤麟** 凤凰和麒麟，古代传说中的神鸟神兽，象征祥瑞。《管子·封禅》云："今凤凰麒麟不来，嘉谷不生。"

② **浊富** 靠巧取豪夺而得的不义之富。〔唐〕姚崇《冰壶诫》诗云："与其浊富，宁比清贫。"〔明〕杨慎《佛书》诗云："宁可清贫自乐，不作浊富多忧。" **清贫** 贫寒而有节操。《后汉书·刘陶传》云："陶既清贫而耻以钱买职（买官），称疾不听政。"《三国志·魏志·华歆传》云："歆素清贫，禄赐（所受薪水）以赈施亲戚故人，家无担石（形容粮食很少）之储。"

③ **松盖** 把茂密的乔松枝叶当伞盖。唐代诗人钱起登秦岭，在半山坡遇雨，遂躲在岩崖松树下避雨，并作诗云："依岩假（借）松盖，临水羡荷衣。"（见钱起《登秦岭半崖遇雨》） **花茵** 把聚拢的树上落花当坐垫。茵：通"裀"。唐代学士许慎，字谨选，与亲友结宴于花园中，不设帷幄和坐具，使仆童辈聚树上落花当坐垫，还风趣地说："吾自有花裀，何消坐具？"（见五代后周王仁裕《开元天宝遗事上·花茵》）

④ **萝月叟** 月下藤萝间的老人。反映老人过着清静的田园生活。大诗人李白在《下终南山过斛斯山人宿置酒》诗中写了他月夜造访山中隐士的情景："暮从碧山下，山月随人归。却顾所来径，苍苍横翠微。相携及田家，童稚开荆扉。绿竹入幽径，青萝拂行衣。"

⑤ **葛天民** 葛天氏之民。传说，帝王葛天氏，在伏羲氏之前，其治世之道"不言而自信，不化而自行"，是古代理想中的自然、淳朴之世。〔晋〕陶渊明《五柳先生传》云："衔觞（把酒）赋诗，以乐其志，无怀氏（传说中的古帝名）之民与？葛天氏之民与？"〔元〕沈禧《山寺樵歌》词云："忘世虑，断尘缘。逍遥傲葛天。醒时一曲醉时眠。风清月正圆。"

⑥ **草迎金埒马，花醉玉楼人** 这是写后期的唐玄宗李隆基荒淫误国的生活。金埒：用金钱筑成的墙。西晋富豪王济（武子）、石崇好比富，竞输赢。王济善马射，买地作金埒，与石崇骑马比赛跨越。（见《世说新语·汰侈》）这里用"金埒马"一词，是比喻唐玄宗春巡马勒（金饰的带嚼口的马络头）的华贵。玉楼：华丽的楼房。诗圣杜甫在《哀江头》诗中写道："昭阳殿里第一人（指杨贵妃），同辇随君侍君侧。辇前才人（指随从女官们）带弓箭，白

马嚼啮黄金勒。"〔唐〕白居易在《长恨歌》长诗中也写道:"云鬓花颜(指杨贵妃)金步摇,芙蓉帐暖度春宵。春宵苦短日高起,从此君王(指唐玄宗)不早朝……金屋妆成娇侍夜,玉楼宴罢醉和春。"通过描述唐玄宗与杨贵妃的同辇春巡和贪淫不早朝,暗示唐明皇李隆基的荒淫误国。元代吴伯宗在《大驾春巡诗应制》中综合了杜白两位大诗人对唐玄宗的揭露:"金勒马嘶芳草地,玉楼人醉杏花天。"

⑦ **巢燕三春尝唤友**　这是《诗经·小雅·伐木》中"嘤(鸟叫声)其鸣矣,求其友声"、宋朝辛弃疾《满江红·点火樱桃》中"乳燕引雏飞力弱,流莺唤友娇声怯"和宋朝曹勋《小园午集坐间呈处和瞻明诸友》中"暖景迟迟莺唤友,落英寂寂草成茵"各诗句的化用。三春:农历三月。

⑧ **塞鸿八月始来宾**　这是《礼记·月令》中"季秋之月……鸿雁来宾(来南方作宾)"文意的化用。塞鸿:北方的鸿雁。鸿雁是候鸟,每年秋分(农历八月)后飞往南方越冬,次年春分(三月)后北返繁殖。人们把八月雁赴南方越冬视为作宾,把雁返北方繁殖视为回家。

⑨ **古往今来,谁见泰山曾作砺**

这是明朝诗人高启《缶鸣集》中"人生富贵知几时,泰山作砺徒相期"诗意的化用。意思是说,人生短暂,想等着看到泰山变成小砺石,那是徒劳的。"泰山若砺"一语,出自汉高祖刘邦之口。《史记·高祖功臣侯年表序》载:"封爵之誓曰:'使河如带,泰山若厉(通"砺"),国以永宁,爰及苗裔。'"意思是说,即使有朝一日黄河狭如衣带,泰山小若砺石,封国永存。

⑩ **天长地久,人传沧海几扬尘**

这是东晋葛洪在《神仙传》中讲

麻姑献寿图

的一个故事的化用。《神仙传》载：仙人麻姑说，历史上东海已经三次变为桑田了。现在蓬莱水又少了一半，这岂不是预示东海又要变为高山和平原了吗？仙人王远（字方平）叹息说，大海又要扬起尘土了。

⑪ **勾丁甫甲** 男子够十八岁开始当兵。勾：通"够"，达到。丁：男女十八岁以上的成年人谓之"丁"。甫：开始。甲：铠甲，引为穿铠甲的士兵。《史记·主父偃列传》云："丁男被（通'披'）甲，丁女转输（指缴税），苦不聊生。"

⑫ **赴卯** 亦作"画卯"、"应卯"。旧时官吏每日清晨卯时（早五时至七时）赴官府签到上班，叫"画卯"、"应卯"或"赴卯"。《水浒传》云："次日武松清早出去县里画卯，直到日中未归。" **同寅** 旧时称在同一处做官的同僚。〔宋〕张镃《送赵季言知抚州》诗云："同寅心契每难忘，林野投闲话最长。"

⑬ **折桂客** 科举时代俗称考试及第者为月宫折桂。折桂客指的是在朝廷科举中考中进士的人。后在各种考试或比赛中获得第一，也称"折桂"。〔唐〕白居易《和春深》诗云："折桂名惭郄（通'郤'，晋代郤诜殿试策对名列第一），收萤（萤火虫）志慕车（晋代车胤家贫无油，用萤火虫照明夜读）。官场泥铺处，最怕寸阴斜。"

⑭ **簪花人** 头上插花的美人。常用来比喻书法或诗文清新秀丽。〔南朝梁〕袁昂《古今书评》云："卫常书，如插花美人，舞笑镜台。"古时遇典礼宴会佳节，男女皆头上戴花。〔唐〕杜牧《为人题赠》诗云："有恨簪花懒，无寥斗草稀。"

⑮ **四皓** 指汉初商山的四位隐士东园公、绮里季、夏黄公、甪里先生。（参见本卷"八齐"注⑬） **三仁** 殷商末年，纣王暴虐无道，纣之庶兄微子劝谏纣王，不听，微子出走；纣之叔父箕子进谏，不听，箕子佯狂为奴；纣之叔父比干犯颜强谏，纣怒，剖其心，比干死。孔子曰："殷有三仁（指微子、箕子、比干）焉。"（见《论语·微子》）

⑯ **王乔云外舄** 舄：鞋。东汉尚书王乔，河东（在今山西）人，有神术。传说他任叶县县令时，每当初一、十五他从县里到都城洛阳参加朝会，从不乘车马。明帝很感奇怪，就密令太史暗察。太史偷窥后报告明帝说，王乔来时，总有双凫（野鸭）从东南方向飞来。张罗网之，乃是帝赐王乔穿的一双尚书官官靴。（见《后汉书·方术传》）有人说，王乔即周灵王太子晋，也就

是那个驾鹤飞天的仙人王子乔。［晋］孙绰《游天台山赋》云："王乔控鹤以冲天，应真飞锡以蹑虚。"

⑰ **郭泰雨中巾** 东汉经学家郭泰，字林宗，太原介休人。博通经典，居家教授，弟子至千人。与河南尹李膺友好。一次外出遇雨，头巾被雨压折一角，人见皆仿效折巾，称为"林宗巾"。(见《汉书·郭泰传》)

⑱ **人交好友求三益** 孔子说：交朋友，有增益的三友，有坏事的三友。友直(正直)、友谅(诚信)、友多闻(见识广博)，自己就会受益匪浅。友便辟(好谄媚)、友善柔(善奉承)、友便佞(能花言巧语)，就会坏事屡见。所以，交朋友应该求三益。(见《论语·季氏》)

⑲ **士有贤妻备五伦** 五伦：亦称"五常"，封建礼教规定的君臣、父子、兄弟、夫妻、朋友之间的人伦关系。《孟子·滕文公上》云："［舜］使契(传说是殷朝的祖先)为司徒，教以人伦：父子有亲，君臣有义，夫妇有别，长幼有序(排次序)，朋友有信。"

⑳ **文教南宣，武帝平蛮开百越** 蛮：古代对我国长江中游及其以南和西南地区各少数民族的泛称。百越：亦作"百粤"，古代对我国长江中下游以南地区众多越族部落的总称。汉武帝时期，除北攻匈奴，解除了匈奴的威胁外，又发兵平定百越，设置九郡；击西南夷、夜郎、滇等国和部落，设置八郡，为促进我国多民族的发展起了积极作用，为现代中国疆域奠定了初步基础。(见《汉书·武帝本纪》)

㉑ **义旗西指，韩侯扶汉卷三秦** 西汉大将韩信，淮阴人。初随项羽，后归刘邦，拜为大将。伐魏、举赵、降燕、破楚、定齐地，战功卓著。先后受封为齐王、楚王。项羽破秦入关后，三分秦之关中之地，封章邯为雍王、董翳为翟王、司马欣为塞王，分治关中，合称三秦。韩信领军助刘扫三秦，后与汉师会围项羽于垓下，羽走自杀。萧何、张良、韩信并称"汉兴三杰"。后来，高祖疑其背叛，伪游云梦，擒往咸阳，降封淮阴侯。终为吕后所杀。(见《史记·淮阴侯传》)

㉒ **申示** 申明表示。《后汉书·张纲传》云："求得与长老相见，申示国恩。"现在有的版本作"申对午"。

㉓ **侃訚** 言论和悦而中正。《论语·乡党》云："［孔子上］朝，与下大夫言，侃侃(和颜悦色貌)如也；与上大夫言，訚訚(正直恭敬貌)如也。"

㉔ **阿魏** 木本植物。三月生叶，无花实。断其枝，汁出如饴，装竹筒

中，日久坚凝，即成阿魏，入药。一说其汁有毒。（见《本草纲目·阿魏》）　　茵陈　草本植物。经冬不死，因旧而生，故名。有香气，入药。（见《政和证类本草·茵陈》）

㉕ 楚兰湘芷　亦作"澧兰沅芷"或"沅芷澧兰"。楚、湘：指湖南。沅、澧：指湖南境内的沅水和澧水。沅澧二水流域生长有芷兰香草，人们常以"芷兰"比喻人品高洁。[战国楚] 屈原《九歌·湘夫人》云："沅有芷兮澧有兰，思公子兮未敢言。"[东汉] 王逸注："言沅水之中有盛茂之芷，澧水之外有芬芳之兰，异于众草，以兴湘夫人美好亦异于众人。"

㉖ 花馥馥　花香浓烈。[晋] 陆机《文赋》云："播芳蕤（花下垂貌）之馥馥，发青条之森森。"

㉗ 叶蓁蓁　树叶茂盛。《诗经·周南·桃夭》云："桃之夭夭，其叶蓁蓁。"

㉘ 曹公奸似鬼　这是三国时期谋士许劭对曹操的评语。《三国志·魏志·武帝纪》载："汉末曹操尝问许劭（子远）'我何如人？'劭曰：'子治世之能臣，乱世之奸雄（富于权诈，才足欺世的野心家）。'"

㉙ 尧帝智如神　这是《史记》中颂尧的话。《史记·五帝本纪》云："帝尧者，放勋（名子）。其仁如天，其知（智）如神，就之如日，望之如云，富而不骄，贵而不舒（傲慢）。"

㉚ 南阮才郎差北富　晋代阮氏家族共居于道北和道南，故有南阮、北阮之分，北阮富，而南阮贫，贫富分明。名人阮咸与阮籍同居道南。（见《晋书·阮籍传》）[唐] 戴叔伦《旅次寄湘南张郎中》诗云："闭门茅底偶为邻，北阮那怜南阮贫。"

㉛ 东施丑女效西颦　春秋越国美女西施，因患心病而捧心而颦（皱眉）行于里巷，同里丑女东施看见觉得十分美丽，于是也仿效西施捧心皱眉走路，然其丑更甚。富人见之，闭门不出，贫人见之，携妻子而奔。（见《庄子·天运》）

㉜ 色艳北堂，草号忘忧忧甚事？香浓南国，花名含笑笑何人　这两句是宋代丁谓的《知命集》中"草解忘忧忧底（何）事，花能含笑笑何人"诗句的化用。北堂：也称"萱堂"，旧指母亲（主妇）的居室。萱：萱草，别名谖草、忘忧草、宜男草。南国：中国南部。含笑花，产于中国南部，有浓郁的香蕉气味。花不满开，如含笑，故名。

忧对喜，戚对欣①。二典对三坟②。佛经对仙语③，夏耨对春耘④。烹早韭⑤，剪春芹⑥。暮雨对朝云⑦。竹间斜白接⑧，花下醉红裙⑨。掌握灵符五岳篆⑩，腰悬宝剑七星纹⑪。金锁未开，上相趋听宫漏永⑫；珠帘半卷，群僚仰对御炉熏⑬。

词对赋，懒对勤。类聚对群分⑭。鸾箫对凤笛，带草对香芸⑮。燕许笔⑯，韩柳文⑰。旧话对新闻。赫赫周南仲⑱，翩翩晋右军⑲。六国说成苏子贵⑳，两京收复郭公勋㉑。汉阙陈书，侃侃忠言推贾谊㉒；唐廷对策，岩岩直谏有刘蕡㉓。

言对笑，绩对勋。鹿豕对羊羵㉔。星冠对月扇㉕，把袂对书裙㉖。汤事葛㉗，说兴殷㉘。萝月对松云㉙。西池青鸟使㉚，北塞黑鸦军㉛。文武成康为一代㉜，魏吴蜀汉定三分㉝。桂苑秋宵，明月三杯邀曲客㉞；松亭夏日，熏风一曲奏桐君㉟。

注 解

① **戚欣** 亦作"欣戚"。喜乐和忧戚。《魏书·孙绍传》云："奉国四世，欣戚是同。"

② **二典三坟** 二典：是《尚书》中《尧典》《舜典》的合称。[唐]孔颖达疏云："今《尧典》《舜典》，是二帝'二典'。"三坟：传说中我国最古老的书籍。[汉]孔安国《尚书序》云："伏羲、神农、黄帝之书谓之三坟，言大道也；少昊、颛顼、高辛、唐（尧）、虞（舜）之书谓之五典，言常道也。"

③ **佛经** 佛教的经典，也叫"释典"，又叫"大藏经"。佛：是佛教徒对佛祖释迦牟尼的称呼，一般教徒称为"僧"。 **仙语** 道教的经典，也叫"道经"，又叫"仙籍"。道家修行求成仙，故道家经典亦称"仙籍"。

④ **夏耨春耘** 春季耕种，夏天除草。耨、耘，均指用农具除草。

⑤ **烹早韭** 早韭：初春的韭菜芽。诗圣杜甫《赠卫八处士》诗云："夜雨剪春韭，新炊间黄粱。"

⑥ **剪春芹** 春芹：春季的嫩芹菜。[宋]苏轼《新城道中二首》诗云："西崦人家应最乐，煮芹烧笋饷春耕。"[元]仇远《食芹寄天竺山友》诗云："青青泥中芹……风味胜葱韭，煎之以牛酥……不但甘如荠（甜菜），咀嚼香溢口。"

⑦ **暮雨朝云** 亦作"朝云暮雨"。战国时期，楚怀王游高唐，梦见一妇人（女神）说："妾在巫山之阳，高丘之阻，旦为朝云，暮为行雨。"（见[战国楚]宋玉《高唐赋》）后人为该女神立庙，号曰"朝云"。[宋]陆游《三峡歌》诗云："朝云暮雨浑虚语，一夜猿啼明月中。"

⑧ **竹间斜白接** 白接：即"白接篱"，帽名。西晋"竹林七贤"山涛之幼子山简，字季伦，河内怀县（今河南武陟西）人。曾任征南将军，都督荆、湘、交、广四州诸军事，镇守襄阳。嗜酒，荆州豪族习氏有佳园酒池，山简常去嬉游，至醉倒载（烂醉倒卧在车上）而归。儿童为之歌曰："山公时一醉，径造（直往）高阳池。日暮倒载归，酩酊无所知。复能乘骏马，倒着白接篱（刚醒酒又歪戴帽子骑骏马）。"（见《世说新语·任诞》）

⑨ **花下醉红裙** 红裙：妇女穿的红彩裙，代指美女。这是唐代诗人李商

隐《花下醉》中"寻芳不觉醉流霞,倚树沉眠日已斜"和韩愈《醉赠张秘书》中"不解文字饮,惟能醉红裙"诗意的化用。

⑩ **掌握灵符五岳篆** 符篆:道家的秘密文书,道士用来召神驱鬼、治病延年的符。据道教传说,修炼到一定程度的道士,可以掌握三山五岳灵符,统领鬼神。[唐]郑綮《开天传信记》云:"道士叶法善,精于符篆之术。"

⑪ **腰悬宝剑七星纹** 古宝剑有七星图纹。战国时期,楚兵追捕誓为父兄报仇的伍子胥。子胥逃至鄂渚(长江),渔父帮他渡过。子胥用三世传家之宝七星剑酬谢渔父,渔父不受。子胥遂逃往吴国。后借吴兵打回楚国,并掘墓鞭打楚平王之尸。(见《东周列国志》)

⑫ **金锁未开,上相趋听宫漏永** 这是朝臣一大早在宫门等候上班的情形。宫漏:宫中的铜壶滴漏,古代宫中的计时器具。[宋]欧阳修《内直奉寄圣俞博士》诗云:"独直偏知宫漏永(宫漏长时间滴个没完),稍寒尤觉玉堂清。"[唐]戴叔伦《春日早朝应制》诗云:"月沉宫漏静,雨湿禁花寒。"

⑬ **珠帘半卷,群僚仰对御炉熏** 这是朝臣上朝时罗立殿侧的情形。[唐]贾至《早朝大明宫》诗云:"剑佩身随玉墀(铺砌玉石的台阶)步,衣冠犹惹御炉香。"唐代诗人岑参在《寄左省杜拾遗》中描写了退朝的情形:"晓随天仗(皇帝驾前的仪仗)入(上朝),暮惹(沾引)御香(宫中御案上火炉的香气)归。"

⑭ **类聚群分** 各种方术(某一方面的主张或学说)因种类相同而聚合,各种事物因类别不同而区分。《周易·系辞上》云:"方以类聚,物以群分。"

⑮ **带草** 草名。叶长而极其坚韧,相传汉郑玄门下取以束书,故名。《后汉书·郡国志四》东莱郡刘昭注引晋伏琛《三齐记》云:"郑玄教授不其山,山下生草大如[木],叶长一尺余,坚韧异常,土人名曰康成书带。"

香芸 草名。俗称"七里香"。有特异香气,能去蚤虱,辟蠹奇验,古来藏书家多用以防蠹。[唐]杨炯《卧读书架赋》云:"开卷则气杂香芸,挂编则色连翠竹。"[宋]刘克庄《鹊桥仙·庚申生日》词云:"香芸辟蠹,青藜烛阁,天上宝书万轴。"

⑯ **燕许笔** 唐玄宗时,燕国公张说、许国公苏颋,皆以文章显世,号称"燕许大手笔"。(见新唐书·苏颋传)

⑰ **韩柳文** 唐朝的韩愈和柳宗元,皆为一代文章大家,后世合称"韩柳"。[唐]杜枚《冬至日寄小侄阿宜》诗云:"李杜泛浩浩,韩柳摩苍苍。"

⑱ **赫赫周南仲** 周宣王派大将南仲征讨西戎（古代西北少数民族），战功显赫，名扬四海。《诗经·小雅·出车》云："王命南仲，往城于方（城防北方）……赫赫南仲，薄伐（战胜）西戎。"

⑲ **翩翩晋右军** 晋朝书法家王羲之，曾为右军将军。擅长书法，备精诸体，笔势翩翩，"飘若浮云，矫若惊龙"，世称"书圣"。（见《晋书·王羲之传》）

⑳ **六国说成苏子贵** 战国时，东周洛阳人苏秦，是著名说客。背后斜挎长剑用于防身。初说秦惠王吞并天下，不用。后游说燕赵韩魏齐楚六国，合纵抗秦，佩六国相印，为纵约之长。待纵约被张仪所破，苏秦转至齐国为客卿，与齐大夫争宠，被刺死。（见《史记·苏秦传》）

㉑ **两京收复郭公勋** 唐朝大将郭子仪，今陕西华县人。以武举累官至天德军使兼九原太守。安史叛乱时，任朔方节度使，在河北击败史思明。肃宗即位，任关内河东副元帅，配合回纥兵收复长安、洛阳两京，封汾阳王。（见《唐书·郭子仪传》）

㉒ **汉阙陈书，侃侃忠言推贾谊** 西汉政论家、文学家贾谊，时称贾生，洛阳（今河南洛阳东）人。少有"博学能文"之誉。汉文帝召为博士，不久迁至太中大夫。他好议国家大事，曾多次忠言上疏，批评时政。建议削弱诸侯势力，加强中央集权；主张重农抑商，驱民归农；力主抗击匈奴的攻掠。因遭大臣周勃、灌婴排挤，被贬为长沙王太傅，后为梁怀王太傅。他往长沙就任时，渡湘水作《吊屈原赋》，借以抒发自身的哀怨。任长沙王太傅时，有鸮（俗称"猫头鹰"，楚人叫"鵩鸟"）飞入他的舍内，以为不祥，又作《鵩鸟赋》，自伤不遇。死时只有三十三岁。（见《史记·屈原贾生列传》）

㉓ **唐廷对策，岩岩直谏有刘蕡** 唐代进士刘蕡，字去华，幽州昌平人。他沉健善谋，通晓春秋，常言古代兴亡诸事，有救世之志。文宗年间，于举贤良对策时，极力劝谏皇帝诛杀权奸、宦官，但不为皇帝赏识，遂落第。同考李邻不平地说："刘蕡不第，我辈登科，实厚颜矣！"并上书，愿以授己之官让与刘蕡。（见《新唐书·刘蕡传》）［元］关汉卿《救风尘·第一折》曲云："刘蕡下第千年恨，范丹守志一生贫。"

㉔ **羊羵** 即"羵羊"，土中怪羊，雌雄不分。《国语·鲁语下》云："季桓子穿井，获如土缶，其中有羊焉。使问之仲尼曰：'吾穿井而获狗，何也？'对曰：'以丘之所闻，羊也。丘闻之：土之怪，曰羵羊。'"

㉕ **星冠**　通常指道士的帽子。［唐］戴叔伦《汉宫人入道》诗云："萧萧白发出宫门，羽服星冠道意存。"此处"星冠"是指"星晕"，亦作"日冠"，日晕出现在太阳上方，形如冠。（见《初学记·日引杂兵书》）　**月扇**　团扇，形如满月，故称"团扇"。［汉］班婕妤《怨歌行》诗云："裁为合欢扇，团团似明月。"［北周］庾信《北园新斋成应赵王教》诗云："文弦入舞曲，月扇掩歌儿。"

㉖ **把袂**　握袖，表示亲昵。袂：衣袖。李白初到长安，首先接触到的是长安县尉崔叔封、起居郎崔宗之等人。崔宗之是长安城中有名的"酒中仙"，他与李白虽是初交，却一见倾心，遂赋《赠李十二》诗曰："李侯（指李白）忽来仪，把袂苦不早。清论既抵掌，玄谈又绝倒。"感叹相见恨晚。　**书裙**　南朝宋书法家羊欣，字敬元，泰山南城（今山东费县西南）人。官至中散大夫、义兴太守。博览经籍，尤长隶书，深受书法家王献之所爱。王献之任吴兴太守时，到羊欣之父、乌程县令羊不疑家走访，十三岁的羊欣正着新绢裙午睡，王献之就在羊欣的新绢裙上题书数幅而去。羊欣视为珍宝揣摩，书法大进。（见《宋书·羊欣传》）

㉗ **汤事葛**　商朝都城在亳（今山东曹县南），与葛国为邻。葛伯（国君）放纵，不祭祀祖先。商汤王问其原因，葛伯说没有牛羊祭品。商汤赠给葛伯一些牛羊，但葛伯偷着把牛羊自食了，并说还没有谷米祭品呢。商汤又派人去葛地帮种谷物，派弱小儿童给耕者送饭。但葛伯竟派人去抢粮，并杀死送饭儿童。于是商汤王出兵灭掉了葛国。这就是《尚书》上说的"葛伯仇饷"。（见《孟子·滕文公下》）

㉘ **说兴殷**　相传殷商筑墙奴隶傅说，筑于傅岩（地名）之野，为殷高宗武丁访得，举为宰相，殷商出现中兴局面。（见《尚书·说命》《史记·殷纪》）

㉙ **萝月**　萝藤间的月色。［唐］卢照邻《悲昔游》诗云："萝月寡色，风泉罢声。"　**松云**　青松白云，一般指隐居之处。［唐］李白《赠孟浩然》诗云："红颜弃轩冕，白首卧松云。"

㉚ **西池青鸟使**　神话传说中，七月七日，汉武帝在承华殿斋戒。日正中，忽见住在昆仑山瑶池的西王母使者青鸟从西方来。武帝问东方朔青鸟来故，朔对曰："西王母暮必降尊像。"天将暮，王母至，乘紫车，玉女夹驭，载七胜（俗话说"救人一命，胜造七级浮屠"，指救人性命功德无量），清气如云，有二青鸟如鸾，夹侍王母旁。（见班固《汉武故事》）后以"青鸟使"泛指信

使。［唐］孟浩然《清明日宴梅道士房》诗云："忽逢青鸟使，邀我赤松家。"

㉛ **北塞黑鸦军** 唐末西突厥族沙陀部人李克用，其父朱邪赤心助唐镇压庞勋起义，唐懿宗赐名李国昌。李克用自幼随父征战，冲锋陷阵，号称"飞虎子"，别号"李鸦儿"，所率沙陀兵被称为"鸦儿军"。黄巢起义军攻克长安，他被召为代州（北方）刺史率沙陀兵镇压黄巢，攻破长安，被任为河东节度使，后封晋王。（见《新五代史·庄宗纪》）

㉜ **文武成康为一代** 文王、武王、成王、康王是周代的前四位明君。《尚书·君牙》云："予小子（周穆王谦称）嗣守文武成康遗绪（遗业），亦惟先正之臣（希望先王的忠臣），克（能够）左右（辅佐）乱四方（治理天下）。"

㉝ **魏吴蜀汉定三分** 汉朝末年，魏、蜀、吴三国各据一方，使天下形成"三分鼎足"之势。元代无名氏《隔江斗智》诗云："汉家王气已将终，鼎足三分各自雄。"

㉞ **桂苑秋宵，明月三杯邀曲客** 中秋，在桂苑月下独酌邀圆月。秋宵：中秋之夜。曲客：酒友。［唐］李白《月下独酌》诗云："花间一壶酒，独酌无相亲。举杯邀明月，对影成三人。"

㉟ **松亭夏日，熏风一曲奏桐君** 夏日，在松亭平台抚琴奏南风。桐君：古琴名。熏风（南风）一曲：传说舜帝用五弦琴作《南风歌》，反映当时的"太平盛世"。歌词曰："南风之熏（香气）兮，可解吾民之愠（忧郁）兮；南风之时（季节）兮，可阜（丰盛）吾民之财兮。"（见《孔子家语·辨乐篇》）

十三 元

bēi duì zhǎng jì duì kūn yǒng xiàng duì cháng mén shān tíng duì shuǐ gé
卑对长①，季对昆②。永巷对长门③。山亭对水阁，

lǚ shè duì jūn tún yáng zǐ dù xiè gōng dūn dé zhòng duì nián zūn chéng
旅舍对军屯④。杨子渡⑤，谢公墩⑥。德重对年尊⑦。承

qián duì chū zhèn xí kǎn duì chóng kūn zhì shì bào jūn sī quǎn mǎ rén wáng yǎng
乾对出震，习坎对重坤⑧。志士报君思犬马⑨，仁王养

lǎo chá jī tún yuǎn shuǐ píng shā yǒu kè fàn zhōu táo yè dù xié fēng xì yǔ
老察鸡豚⑩。远水平沙，有客泛舟桃叶渡⑪；斜风细雨，

hé rén xié kē xìng huā cūn
何人携榼杏花村⑫。

jūn duì xiàng zǔ duì sūn xī zhào duì zhāo xūn lán tái duì guì diàn hǎi
君对相，祖对孙。夕照对朝曛⑬。兰台对桂殿⑭，海

dǎo duì shān cūn bēi duò lèi fù zhāo hún bào yuàn duì huái ēn líng mái jīn tǔ
岛对山村。碑堕泪⑮，赋招魂⑯。报怨对怀恩。陵埋金吐

qì tián zhòng yù shēng gēn xiàng fǔ zhū lián chuí bái zhòu biān chéng huà jiǎo dòng
气⑰，田种玉生根⑱。相府珠帘垂白昼⑲，边城画角动

huáng hūn fēng yè bàn shān qiū qù yān xiá kān yǐ zhàng lí huā mǎn dì yè
黄昏⑳。枫叶半山，秋去烟霞堪倚杖㉑；梨花满地，夜

lái fēng yǔ bù kāi mén
来风雨不开门㉒。

注 解

① **卑长** 地位低下与年长位高。《孟子·滕文公下》云："在王所者（在君王身边的人），长幼卑尊皆薛居州（人名）也。"

② **季昆** 兄弟，季为弟，昆为兄。南朝梁国王革任雍州刺史建安王记室参军时，其弟王观为记室，皆为英才。黄门侍郎任昉给王革写信说："此段雍府妙选英才，文房之职，总卿昆季，可谓驭二龙于长途，骋骐骥于千里。"

③ **永巷** 汉宫中的深巷，是幽禁妃嫔、宫女的地方。《史记·吕后纪》云："吕后最怨戚夫人及其子赵王（如意），乃令永巷囚戚夫人。" **长门** 宫名。汉武帝刘彻娶表妹陈阿娇为妻，爱甚，以金屋藏之。十年过后，阿娇无子，有沉鱼落雁之容的歌女卫子夫闯入了武帝的生活，阿娇失宠，独居长门宫。她请求司马相如作《长门赋》，以感动武帝回心转意。（见班固《汉武故事》）

④ **军屯** 即"军营"，军队驻扎之所。[唐]卢纶《送卫司法河中觐省》诗云："晓山临野渡，落日照军营。"

⑤ **杨子渡** 亦名"扬子渡"，江苏古津渡名。古时在长江北岸，由此南渡京口（今镇江市），自古为江滨要津。隋开皇十年（590），大臣杨素率舟师自此渡江，击朱莫问于京口，故名"杨子渡"。大业七年（611）隋炀帝升钓台，临此津，置"临江宫"（亦名"扬子宫"）。（见《嘉庆一统志·扬州府》）

⑥ **谢公墩** 古迹名，在金陵（今江苏南京）半山。晋大将军谢安（字安石）曾登临半山，并建屋在此居住，故名"谢公墩"。后来宋朝王安石也曾居此。王安石有《谢公墩》诗云："我名公字偶相同，我屋公墩在眼中。公去我来墩属我，不应墩姓尚随公。"

⑦ **德重年尊** 指年龄高迈、品德高尚的人。[宋]邵伯温《闻见前录》云："潞公慕唐白乐天（李白）九老会，乃集洛（洛阳）中卿大夫年德高者，为'耆英会'。"也作"德高望重"、"德尊望重"，指年长而名位高的人。[宋]司马光《辞入对小殿札子》云："臣窃惟富弼（宋仁宗、英宗、神宗时重臣）三世辅臣，德高望重。"

⑧ **承乾出震，习坎重坤** 乾、震、坎、坤是《周易》八卦中的四个卦名，又是两卦重叠变换所得六十四卦中的四卦。承乾、出震、习坎、重坤，是反映这四卦的卦象特征。

承乾：表示乾卦符号☰之上摞着一个乾卦符号，即䷀。

出震：表示震卦符号☳之上再加一个震卦符号，即䷲。震：当"雷"讲。《周易·震》云："《象》曰：'洊雷，震。'"《正义》云："洊者，重也；雷相因仍（沿袭），乃为威震也。此是重震之卦，故曰'洊雷，震'也。"

习坎：表示坎卦是两个坎卦符号☵相重叠，即䷜。《周易·坎》云："《象》曰：习坎，重险也。"高亨《注》云："本卦乃二坎相重，是为'习坎'。习，重也；坎，险也。故曰：'习坎，重险也。'"后因称险阻为"习坎"。

重坤：表示坤卦是两个坤卦符号☷相重叠，即䷁。

⑨ **志士报君思犬马** 旧时的臣仆把自己比作君王的犬马，甘愿终身效劳。《汉书·赵充国传》云："臣位至上卿，爵为列侯，犬马之齿七十六。"《汉书·孔光传》云："臣光智谋浅短，犬马齿载诚恐一旦颠仆，无以报称。"

⑩ **仁王养老察鸡豚** 战国思想家、政治家、思想家孟轲的仁政思想之一，是在位仁君要确保百姓家业，上能养父母，下足育妻子。让百姓在住宅四周植桑树，五十岁人有丝绸衣服；让百姓饲养鸡豚狗彘之畜，七十岁人有肉吃。（见《孟子·梁惠王上》）

⑪ **远水平沙，有客泛舟桃叶渡** 传说东晋书法家王献之（子敬）爱妾桃叶，常在今江苏南京秦淮、青溪合流处渡江，王献之放心不下，常常亲自在渡口迎送，并作《桃叶歌》示爱，歌曰："桃叶复桃叶，渡江不用楫；但渡无所苦，我自迎接汝（你）。"后称此渡口为"桃叶渡"。（见《隋书·五行志》）

⑫ **斜风细雨，何人携榼杏花村** 榼：古时的一种盛酒器具。"清明时节雨纷纷，路上行人欲断魂。借问酒家何处有？牧童遥指杏花村。"这是唐代诗人杜牧的名诗。杏花村在哪里？这个问路的买酒人是谁？杏花村在江苏南京；在安徽贵池；在湖北麻城；在山西汾阳……各说不一。1989年出版的《金陵掌故》所收《杜牧诗吟杏花村》一文称宋代《太平寰宇记》升州江宁条载有："杏花村在县理西，相传杜牧之沽酒处。"认为杏花村在南京。实为误传，《太平寰宇记》中并无此记载。明朝嘉靖年间的《金陵历代名胜志》上有一首诗写道："江南春雨梦无垠，沽酒旗亭白下门。一自樊川（杜牧的号）题句后，至今人说杏花村。"杏花村究竟在何地，还有待考证。

⑬ **夕照朝曛** 与"夕照"相对的应为"朝曦"，即傍晚的阳光与早晨的

阳光。有人解释说："曛，本义为落日的余光，此处与朝联用，指早晨的阳光。"此论欠妥。因为"曛"字只有"日落的余光"和"黄昏"之解。宋朝诗人秦观《送张和叔兼简黄鲁直》诗中有"学官冷如水，菹盐度朝曛"两句，但这里的"朝曛"是指"早晚"或"白天和黄昏"。"朝曛"如改为"朝曦"虽平仄相合，但"曦"属"支"韵，用在此处不妥。若是把"夕照对朝曛"改为"朝旭对夕曛"，即"初升的太阳对落日的余晖"较好。〔唐〕韦承庆《灵台赋》云："怒则烈火扇于衡飙，喜则春露融于朝旭。"〔元〕冯子振《十八公赋》云："午曦斜而东箔撤蔽，朝旭警而西棂透明。"〔南朝宋〕谢灵运《晚出西射堂》诗云："晓霜枫叶丹，夕曛岚气阴。"〔唐〕戴叔伦《晚望》诗云："山气碧氤氲，深林带夕曛。"

⑭ **兰台** 一说为战国楚台名。故址传说在今湖北省钟祥市东。宋玉《〈风赋〉序》载："楚襄王游于兰台之宫，宋玉、景差侍。"一说为汉代宫内收藏典籍之处。因汉代的御史中丞掌管兰台，故称御史中丞为"御史台"。〔元〕黄溍《日损斋笔记·杂辩》云："盖御史有两丞，其一在兰台，谓之中丞。"又东汉时班固为兰台令史，受诏撰《光武本纪》，故史官亦称"兰台"。一说为唐代秘书省。〔唐〕白居易《秘书省中忆旧山》诗云："犹喜兰台非傲吏，归时应免动移文。"　　**桂殿** 一说为对寺观殿宇的美称。〔北周〕庾信《奉和同泰寺浮屠》诗云："天香下桂殿，仙梵如伊笙。"〔宋〕范成大《宿妙庭观次东坡旧韵》云："桂殿吹笙夜不归，苏仙诗板挂空悲。"一说为指后妃所住的深宫。〔唐〕骆宾王《上吏部侍郎帝京篇》诗云："桂殿阴岑对玉楼，椒房窈窕连金屋。"〔唐〕李白《长门怨》诗云："桂殿长愁不记春，黄金四屋起秋尘。"一说为传说月中有桂树，故称月亮为"桂殿"。〔元〕萨都剌《和马伯庸除南台中丞以诗赠别》诗云："桂殿且留修月斧，银河未许度星轺。"

⑮ **碑堕泪** 西晋大将羊祜为荆州都督，与东吴相对抗，颇多建树，民望甚高。羊祜死后，襄阳民众为他常在岘山游览的去处建碑立庙，以示纪念。后人看见碑文，无不落泪，因而称"堕泪碑"，或"羊公碑"。（见《晋书·羊祜传》）

⑯ **赋招魂** 传说，我国伟大的爱国诗人屈原，深痛楚怀王之客死秦国而招其魂，并讽谏楚顷襄王之宴安淫乐，而作《招魂赋》一篇。（见《楚辞·招魂赋》）有人说是屈原自招其魂。也有人认为是宋玉哀屈原之死而作。

⑰ **陵埋金吐气** 传说战国时期，楚威王灭了越国，尽取吴地，以今之江苏南京地区有王气（若干年后当有天子出），甚恐，遂埋金于此地之钟山，以镇压王气，并称此地为"金陵"。后来，秦始皇南巡，改金陵为"秣陵"。汉末孙权迁都于此，改称"建业"。晋建兴初改称"建康"。明洪武元年（1368）建都于此，曰"南京"。（见《景定建康志》）

⑱ **田种玉生根** 神话传说，洛阳人杨伯雍，生性纯孝。父母亡故，埋葬在无终山，他就在墓侧建房守孝。无终山山高没水，杨伯雍从山下汲水，在坡头上备茶水免费供往来行人取饮。有一人饮水后，送给他一斗石子，让他种于田中，竟生白璧，其地一顷，名为"玉田"。（见晋代干宝《搜神记》）

⑲ **相府珠帘垂白昼** 南朝宋顾觊之，曾任尚书吏部郎、御史中丞、吏部尚书等职。他出任山阴县令时，将各种繁杂的政务民事逐一作出明确规定，形成一套相对完备的办事制度，严格照章办事，这种"理繁以约"的治理方式，使各种政务民事井井有条，以致"县用无事，昼日垂帘，门阶闲寂"。（见《南史·顾觊之传》）

⑳ **边城画角动黄昏** 这是戍边将士紧张战斗生活的描绘。画角：古乐器名，发音哀厉高亢，古时军中多用来警昏晓、振士气。[宋]沈蔚《汉宫春》词云："黄昏画角重城。更伤高念远，怀抱何胜。良时好景，算来半为愁生。" [宋]陆游《秋波媚》词云："秋到边城角声哀，烽火照高台。悲歌击筑，凭高酹酒，此兴悠哉！"

㉑ **枫叶半山，秋去烟霞堪倚杖** 深秋枫林美景值得拄杖出门欣赏。烟霞：山水胜景。倚杖：拄着手杖。唐代杜甫有"倚杖看孤石"之句。[唐]杜牧《山行》诗云："停车坐爱枫林晚，霜叶红于二月花。"

㉒ **梨花满地，夜来风雨不开门** 这是唐代诗人刘方平《春怨》中"寂寞空庭春欲晚，梨花满地不开门"和宋朝词人李重元《忆王孙》中"欲黄昏，雨打梨花深闭门"诗词的化用。

雨打梨花深闭门

十四　寒

jiā duì guó　zhì duì ān　　dì zhǔ duì tiān guān　　kǎn nán duì lí nǚ　　zhōu
家对国，治对安。地主对天官①。坎男对离女②，周

gào duì yīn pán　　sān sān nuǎn　　jiǔ jiǔ hán　　dù zhuàn duì bāo tán　　gǔ bì
诰对殷盘③。三三暖④，九九寒⑤。杜撰对包弹⑥。古壁

qióng shēng zā　　xián tíng hè yǐng dān　　yàn chū lián biān chūn jì jì　　yīng wén zhěn
蛩声匝⑦，闲亭鹤影单⑧。燕出帘边春寂寂⑨，莺闻枕

shàng lòu shān shān　　chí liǔ yān piāo　　rì xī láng guī qīng suǒ tà　　qì huā yǔ guò
上漏珊珊⑩。池柳烟飘，日夕郎归青锁闼⑪；砌花雨过，

yuè míng rén yǐ yù lán gān
月明人倚玉栏干⑫。

féi duì shòu　　zhǎi duì kuān　　huáng quǎn duì qīng luán　　zhǐ huán duì yāo dài　　xǐ
肥对瘦，窄对宽。黄犬对青鸾⑬。指环对腰带，洗

bō duì tóu gān　　zhū nìng jiàn　　jìn xián guān　　huà dòng duì diāo lán　　shuāng chuí bái
钵对投竿⑭。诛佞剑⑮，进贤冠⑯。画栋对雕栏。双垂白

yù zhù　　jiǔ zhuǎn zǐ jīn dān　　shǎn yòu táng gāo huái shào bó　　hé yáng huā mǎn
玉箸⑰，九转紫金丹⑱。陕右棠高怀召伯⑲，河阳花满

yì pān ān　　mò shàng fāng chūn　　ruò liǔ dāng fēng pī cǎi xiàn　　chí zhōng qīng xiǎo
忆潘安⑳。陌上芳春，弱柳当风披彩线㉑；池中清晓，

bì hé chéng lù pěng zhū pán
碧荷承露捧珠盘㉒。

xíng duì wò　　tīng duì kàn　　lù dòng duì yú tān　　jiāo téng duì bào biàn　　hǔ jù
行对卧，听对看。鹿洞对鱼滩㉓。蛟腾对豹变㉔，虎踞

duì lóng pán　　fēng lǐn lǐn　　xuě màn màn　　shǒu là duì xīn suān　　yīng yīng duì yàn
对龙蟠㉕。风凛凛㉖，雪漫漫㉗。手辣对心酸㉘。莺莺对燕

yàn　　xiǎo xiǎo duì duān duān　　lán shuǐ yuǎn cóng qiān jiàn luò　　yù shān gāo bìng liǎng fēng
燕㉙，小小对端端㉚。蓝水远从千涧落，玉山高并两峰

hán　　zhì shèng bù fán　　xī xì liù líng chén zǔ dòu　　lǎo lái dà xiào　　chéng huān qī
寒㉛。至圣不凡，嬉戏六龄陈俎豆㉜；老莱大孝，承欢七

zhì wǔ bān lán
秩舞斑斓㉝。

注 解

① **地主天官** 此指天地神仙。天官：当官的天上神仙，亦称"天主"。《史记·封禅书》云："八神：一曰天主，祠天齐。……二曰地主，祠泰山梁父。"

② **坎男离女** 坎和离是《周易》中的两个卦名。研究《周易》之卦，必须察看卦形。八卦（经卦）和六十四卦（别卦）都是由▬和▬▬阳阴两个卦形符号重叠组成的，▬代表男，▬▬代表女。坎、离两卦卦形分别是☵和☲，表示坎卦外为阴（女）中为阳（男）；离卦外为阳（男）中为阴（女）。这叫阴阳互藏，夫妻匹配。《易·说卦》云："坎再索而得男，故谓之中男；离再索而得女，故谓之中女。"〔唐〕吕岩《直指大丹歌》："欲得坎男求匹偶，须凭离女结因缘。"

③ **周诰殷盘** 周诰：是《尚书》中《周书》的《大诰》《康诰》《酒诰》《召诰》《洛诰》五篇文章的合称。殷盘：是《尚书》中《商书》的《盘庚上》《盘庚中》《盘庚下》三篇文章的合称。〔唐〕韩愈《进学解》云："上规姚姒，浑浑无涯，周诰殷盘，佶屈聱牙。"

④ **三三暖** 旧俗，农历三月三日暖春，官民聚集水滨洗饮，以祛除不祥。〔唐〕杜甫《丽人行》诗云："三月三日天气新，长安水边多丽人。"众游人在水上放置酒杯，杯流行，停在谁前，当即取饮，称为"流觞曲水"。〔晋〕王羲之《兰亭序》云："此地有崇山峻岭，茂林修竹，又有清流激湍，映带左右，引以为流觞曲水。"

⑤ **九九寒** 旧俗，农历九月九日寒秋重阳节，老人相率登高、饮菊花酒、佩戴茱萸以避凶厄。〔唐〕孟浩然《秋登兰山寄张五》诗云："何当载酒来，共醉重阳节。"

⑥ **杜撰** 没有根据的臆造。《朱子语类·诗》云："因论诗，历言《小序》大无义理，皆是后人杜撰，先后增益，凑合而成。" **包弹** 批评；指责。宋代谚语称人或事有缺点的叫有包弹，没有缺点的叫没包弹。〔金〕董解元《西厢记诸宫调》云："苦爱诗书，素爱琴画，德行文章没包弹。"

⑦ **古壁蛩声匝** 古壁蟋蟀叫声不绝于耳。匝：遍；满。〔唐〕孟郊《西斋养病夜怀多感》诗云："一床空月色，四壁秋蛩声。"〔唐〕白居易《禁中闻蛩》诗云："西窗独闇坐，满耳新蛩声（蟋蟀鸣叫）。"

⑧ **闲亭鹤影单** 苏轼任彭城（今徐州）郡守时，上云龙山访见隐士张君。张山人养二鹤，甚训而善飞。山上有亭，名之"放鹤亭"。苏轼写了《放鹤亭记》一文，描述张山人超凡拔俗，飘飘欲仙，有如野鹤闲云，过着比"南面而君"的皇帝还要逍遥自在的快活日子。（见《放鹤亭记》）

⑨ **燕出帘边春寂寂** 春天，主人坐庭院赏帘边燕子飞舞。寂寂：寂静。［唐］刘兼《春燕》诗云："多时窗外语呢喃，只要佳人卷绣帘。"［唐］杜甫《涪城县香积寺官阁》诗云："小院回廊春寂寂，浴凫飞鹭晚悠悠。"

⑩ **莺闻枕上漏珊珊** 清晨，东家卧枕上听舒缓漏滴莺啼。珊珊：舒缓。［唐］白居易《闻早莺》诗云："日出眠未起，屋头闻早莺。"［宋］石孝友《临江仙》词云："枕上莺声初破睡，峭寒轻透帘帏。"［唐］莫宣卿《百官乘月早朝听残漏》诗云："星河犹皎皎，银箭（滴漏壶的部件。上刻时辰度数，随水浮沉以计时）尚珊珊。"

⑪ **池柳烟飘，日夕郎归青锁闼** 从早到晚，黄门侍郎天天在池柳烟绕的宫禁中值班待诏。日夕：从早到晚。郎：指黄门侍郎。青锁闼：宫门上刻画有青色连锁花纹，因称宫门为"青锁闼"，即"皇宫"。这里是黄门侍郎上朝值班之所。［唐］韦应物《送褚校书归旧山歌》云："朝朝待诏青锁闼，中有万年之树蓬莱池。"

⑫ **砌花雨过，月明人倚玉栏干** 雨过月明，愁闷佳人站立在雨浸砌花的玉栏边望月思亲。砌花：楼前台阶上花卉。［唐］白居易《寄湘灵》诗云："遥知别后西楼上，应凭栏杆独自愁。"［宋］李清照《念奴娇·春情》词云："楼上几日春寒，帘垂四面，玉栏干慵倚。"

⑬ **黄犬** 指"黄耳"。晋陆机有犬名黄耳，机甚爱之。后陆机到洛阳做官，久无家信，便对犬戏语说："我家久无书信，你能跑着送书回家并取回消息吗？"黄耳摇尾巴并叫着答应了。陆机写好信，放入竹筒，系于犬颈。犬跑向吴地，至机家，得报回洛。（见［南朝梁］任昉《述异记》） **青鸾** 古代传说中凤凰一类的神鸟。赤色多者为凤，青色多者为鸾。［唐］李白《凤凰曲》："嬴女（指弄玉）吹玉箫，吟弄天上春。青鸾不独去，更有携手人。"另有传说，罽宾王于峻祁之山，获一鸾鸟，饰以金樊，食以珍羞，但三年不鸣。其夫人说："尝闻鸟见其类而后鸣，何不悬镜以映之。"王从其意，鸾睹形悲鸣，哀响中霄，一奋而绝。后因以"青鸾"借指镜。（见［南朝宋］范泰《鸾鸟诗序》）

⑭ **洗钵** 钵：指僧人用的食器。唐代一个僧人来到赵州观音院学禅法。早饭后，他去向赵州禅师请教："师傅，请问什么是禅？"师傅问："你吃粥了吗？"僧答："吃粥了。"师傅说："吃过了就去洗钵吧！"僧人省悟师傅的话意是禅要从日常的衣食住行中用心体会。（见《无门关·从容录三十九则》）［唐］李端《夜投丰德寺谒海上人》诗云："半夜中峰有磬声，偶寻樵者问山名……愿得远山知姓字，焚香洗钵过余生。" **投竿** 垂钓。这是"放长线钓大鱼"的寓言故事。任国公子做了个大鱼钩，用粗大黑绳为钓线，用五十头牛作钓饵，蹲在会稽山（在浙江绍兴南）上，投竿于东海，一年以后有一条大鱼吞食鱼饵，牵着钓竿忽沉海底，忽腾身而起，掀起如山的白浪，涛声震惊千里。任公子钓得这条大鱼，让浙江以东、苍梧以北之人食用，人人皆饱。（见《庄子·外物》）［三国魏］嵇康《四言》诗云："放棹投竿，优游卒岁。"［唐］李白《赠钱征君少阳》诗云："秉烛唯须饮，投竿也未迟。如逢渭水猎，犹可帝王师。"

⑮ **诛佞剑** 西汉槐里令朱云，字游，鲁人。任侠，不畏权贵。成帝时，上书求赐上方剑，斩佞臣成帝老师安昌侯张禹，成帝怒而欲杀云，御史把云劝走，朱云攀折殿槛栏求死，被辛庆忌救援得免。后欲修复槛栏，成帝阻止，留作对直臣的怀念。（见《汉书·朱云传》）

⑯ **进贤冠** 古时儒者和百官所戴之缁布（黑布）冠，以帽上梁数多少分贵贱。［唐］杜甫《丹青引赠曹将军霸》诗云："良相头上进贤冠，猛将腰中大羽箭。"

⑰ **双垂白玉箸** 玉箸：原文"玉筯"。佛教称人死后下垂的两道鼻涕为"玉筯"。［明］陶宗仪《辍耕录·嗓》云："王（王和卿）忽坐逝（逝世），而鼻垂双涕尺余，人皆叹骇，关（关汉卿）来吊唁，询其由。或对云：'此释家所谓坐化也。'复问鼻悬何物，又对云：'此玉筯也。'"

⑱ **九转紫金丹** 道家称炼烧丹药，时间愈久，则转数愈多，以九转为贵，效能最高，称"紫金丹"。（见葛洪《抱朴子·金丹》）［唐］岑参《下外江舟中怀终南旧居》诗云："早年好金丹，方士传口诀。"［唐］杜甫《将赴成都草堂途中有作先寄严郑公》诗云："生理只凭黄阁老（指时镇成都的唐朝黄门侍郎严武），衰颜欲付（托付）紫金丹。"

⑲ **陕右棠高怀召伯** 周武王之臣姬奭，因封地在召，故称召公或召伯。武王灭纣后，封召公于北燕。成王时，与周公旦分陕而治，"自陕而西（陕

右），召公主之；自陕而东，周公主之。"召伯主陕右时，巡行乡邑，曾在甘棠树下决狱治事，政绩卓著，深得民心。后人怀念召伯，不忍伐其树，故作《甘棠》诗歌颂之："蔽芾（茂盛）甘棠，勿剪勿败（毁坏），召伯所憩（休息）。"（见《史记·燕召公世家》《诗经·召南·甘棠》）

⑳ **河阳花满忆潘安**　西晋潘岳，字安仁，今河南中牟人。任河阳（今河南孟津）县令时，在全县广植桃李，好花绚烂，万民称赞，并称河阳为"潘岳县"。（见《晋书·潘岳传》）〔北周〕庾信《春赋》云："河阳一县并是花，金谷（石崇的金谷园）从来满园树。"

㉑ **陌上芳春，弱柳当风披彩线**　春天，田间路边细柳迎风，好像披彩线。陌：田间小路。芳春：春天。〔明〕张时彻《陌上柳》云："陌上柳，春风披拂长短条。"

㉒ **池中清晓，碧荷承露捧珠盘**　清晨，池中荷叶捧珠，犹如承露盘。清晓：天刚亮的时候。承露盘：汉武帝迷信神仙，于神明台上立铜仙人伸双臂捧掌以接甘露，名曰承露盘，以为饮之可以延年。（见《三辅故事》）

㉓ **鹿洞**　指白鹿洞，即宋代朱熹讲学的庐山白鹿洞书院。〔宋〕韩补《紫阳山赋》云："既表章乎鹿洞，宜敷锡乎枌榆。"　　**鱼滩**　指严滩，是后汉严光隐居时的钓鱼处。后汉严光，字子陵，会稽余姚人。少与光武帝刘秀同学，有高名。刘秀称帝，光改姓名隐遁。刘秀召光到京，授谏议大夫，不受，退隐于浙江富春山农耕、钓鱼自乐。后人名其处为"严陵濑"，亦称"严滩"。（见《后汉书·隐逸传》）

㉔ **蛟腾**　亦作"腾蛟"。比喻人的才华焕发。〔唐〕王勃《滕王阁序》云："腾蛟起凤，孟学士之词宗；紫电清霜，王将军之武库。"　　**豹变**　豹纹变美。比喻人的迁善去恶。《易经·革卦》云："君子豹变（愈变愈有文采），小人革面。"今称人由贫贱而显达。

㉕ **虎踞龙蟠**　比喻地势雄壮险要，如有虎在卧，有龙在蟠。传说汉末刘备使诸葛亮去金陵（今南京），对孙权说："秣陵地形，钟山龙蟠，石城虎踞，此帝王之宅。"（见〔晋〕张勃《吴录》）〔唐〕李白《永王东巡歌》诗云："龙盘虎踞帝王州，帝子金陵访古丘。"

㉖ **风凛凛**　秋风寒冷。〔元〕郝经《秋思》诗云："静听风雨急，透骨寒凛凛。"

㉗ **雪漫漫**　大雪铺天盖地。漫漫：遍布貌。〔宋〕向子堙《阮郎归·绍

兴乙卯大雪行鄱阳道中》词云："江南江北雪漫漫。遥知易水寒。"〔宋〕赵时韶《林下》诗云："山前山后雪漫漫，输与田夫野老看。"

㉘ **手辣** 手段毒辣。林平《从夏三虫说开去》云："他颐指气使，心狠手辣。"锦衣居士陈雪松有副佛教楹联云："不顾手辣成误会，但将心狠作慈航。" **心酸** 心中悲痛。〔汉〕蔡文姬《胡笳十八拍》云："十七拍兮心鼻酸，关山修阻行路难。"

㉙ **莺莺燕燕** 传说钱塘（杭州）范十二郎有二女，名叫莺莺燕燕，为富民陆氏之妾。宋代诗人张子野八十五娶妾，苏东坡作诗嘲讽他说："诗人老去莺莺在，公子归来燕燕忙。"（见苏轼《张子野年八十五尚闻买妾述古令作诗》）

㉚ **小小** 南齐钱塘（杭州）有著名歌妓苏小小，又名简简。〔唐〕白居易《杨柳词》云："若解多情寻小小，绿杨深处是苏家。"〔唐〕白居易《简简吟》云："苏家小女名简简，芙蓉花腮柳叶眼。" **端端** 唐代扬州名妓，姓李。李端端性格傲然。唐代诗人崔涯曾写诗嘲笑她肤黑脸丑："黄昏不语不知行（晚上她不吭声看不到她是行人），鼻似烟窗耳似铃。"李端端遂去哀求崔涯把自己写得美一点。于是崔涯又写赞美她的诗一首："觅得黄颡被绣眈，善和坊外取端端。扬州今日浑成错，一朵能行白牡丹。"明代画家唐寅（伯虎）画了一幅李端端找诗人崔涯说理的画《李端端落籍图》，画上并题诗一首："善和坊里李端端，信是能行白牡丹。谁信扬州金满市，胭脂价到属穷酸。"

㉛ **蓝水远从千涧落，玉山高并两峰寒** 这是唐肃宗乾元元年（758），杜甫任华州司功（官名）游蓝田时所作《九日蓝田崔氏庄》诗中的两句，抒发其伤离悲秋叹老、尽欢至醉的情感。原诗曰："老去悲秋强自宽，兴来终日尽君欢……蓝水远从千涧落，玉山高并两峰寒。"

㉜ **至圣不凡，嬉戏六龄陈俎豆** 孔子在儿童时期就常玩祭祀祖先、习练礼法的游戏。孔子死后被尊为"至圣先师"。《史记·孔子世家》载："孔子为儿嬉戏，常陈俎豆（祭祀用礼器），设礼容（礼节法度）。"

㉝ **老莱大孝，承欢七秩舞斑斓** 秩：十年。春秋末期，楚国老莱子（相传即老子）隐居于蒙山之阳，自耕而食。他很孝道，年逾七十，还常穿五色彩衣，扮成婴儿状，嬉戏啼哭，逗父母开心。楚王召其出仕，不就，偕妻迁居江南。（见《高士传》）

十五 删

林对坞，岭对峦。昼永对春闲①。谋深对望重②，任大对投艰③。裙袅袅④，佩珊珊⑤。守塞对当关⑥。密云千里合⑦，新月一钩弯⑧。叔宝君臣皆纵逸⑨，重华父母是嚚顽⑩。名动帝畿，西蜀三苏来日下⑪；壮游京洛，东吴二陆起云间⑫。

临对仿，吝对悭⑬。讨逆对平蛮⑭。忠肝对义胆⑮，雾鬓对云鬟⑯。埋笔冢⑰，烂柯山⑱。月貌对天颜⑲。龙潜终得跃⑳，鸟倦亦知还㉑。陇树飞来鹦鹉绿㉒，湘筠啼处鹧鸪斑㉓。秋露横江，苏子月明游赤壁㉔；冻雪迷岭，韩公雪拥过蓝关㉕。

注 解

① **昼永** 亦作"永昼"，漫长的白天。［宋］林逋《病中谢马彭年见访》诗云："山空门自掩，昼永枕频移。"［宋］李清照《醉花阴》词云："薄雾浓云愁永昼，瑞脑销金兽。" **春闲** 农事以冬春为清闲月份。《汉书·刘般传》云："且以冬春闲月，不妨农事。"［唐］白居易《观刈麦》诗云："田家少闲月，五月人倍忙。"

② **谋深** 即"深谋"，计谋深远。太史公司马迁说："贾谊曰：'深谋远虑，行军用兵之道，非及乡时之士也。'" **望重** 名望威重。多用来称颂老年人。《晋书·简文三子传》云："元显因讽礼官下议，称己德隆望重，既录百揆，内外群僚皆应尽敬。"

③ **任大投艰** 亦作"遗大投艰"。语出《尚书·大诰》"予造天役（我受上天支使），遗大投艰于朕（天子自称）身"。意思是，上天把重大而艰巨的责任托付给我。遗、投：均为"降给"之意。

④ **裙袅袅** 袅袅：随风飘动貌。［南朝梁］王筠《楚妃吟》云："蝶飞兰复熏，袅袅轻风入翠裙。"

⑤ **佩珊珊** 珊珊：声音清脆悦耳舒缓。［唐］白居易《霓裳羽衣舞歌》诗云："虹裳霞帔步摇冠（凤冠），钿璎累累佩珊珊。"［唐］杜甫《郑驸马宅宴洞中》诗云："自是秦楼压郑谷，时闻杂佩声珊珊。"

⑥ **守塞** 防守边塞。《汉书·晁错传》云："然令远方之卒守塞，一岁而更，不知胡人之能，不如选常居者，家室田作，且以备之。"［南朝宋］谢灵运《上书劝伐河北》诗云："若游骑长驱，则沙漠风靡。若严兵守塞，则冀方山固。" **当关** 把守关口。［唐］李白《蜀道难》云："剑阁（关名）峥嵘而崔嵬，一夫当关，万夫莫开。"

⑦ **密云千里合** 这是明朝朱希晦《寄李适菴陈叔向二先生》中"江东千里暮云合"诗句的化用。

⑧ **新月一钩弯** 这是宋朝诗人陆游《倚楼》中"新月纤纤玉一钩"诗句的化用。

⑨ **叔宝君臣皆纵逸** 南朝陈国末代皇帝陈叔宝，字符秀，小字黄奴。在位时大建宫室，生活侈靡，纵情声色，贪图安逸，整日与妃嫔、文臣游宴，

制作艳词，如《玉树后庭花》《临春乐》等。隋兵南下时，他恃长江天险，不以为意。不久，隋兵攻入京都健康（今南京），被隋兵俘虏，陈国灭亡。（见《南史·陈后主本纪》）

⑩ **重华父母是嚚顽** 嚚顽，蠢而顽固。古帝虞舜，名重华。父是盲人，母早亡，父又娶妻而生象。父顽（顽固），母嚚（奸诈），象傲，常共谋杀害重华。父母叫舜修理粮仓，待舜上仓后，父母撤去梯子，放火烧仓，幸好舜设法逃脱。父母又让他淘井，舜下井后，父象就填土埋井，幸好舜从匿（暗）孔逃出。（见《孟子·万章上》）

⑪ **名动帝畿，西蜀三苏来日下** 北宋眉州眉山（今属四川）人苏洵与二子苏轼、苏辙，皆以文学出众，名震日下（京都，帝王所在地称"日下"）汴梁，都被列为"唐宋八大家"，世称"三苏"。（见《宋书·苏洵传》）

⑫ **壮游京洛，东吴二陆起云间** 西晋吴郡吴县（今上海松江，古称"云间"）人陆机、陆云兄弟二人，为三国时期吴国名将吴逊、吴抗之后。吴亡后，居家勤学。太康末年，同到洛阳，文才倾动一时，世称"二陆"。后被成都王司马颖杀害。（见《晋书·陆机传》）

⑬ **吝啬** 吝啬。〔唐〕韩愈《辞唱歌》云："复遣悭吝者，赠金不皱眉。"

⑭ **讨逆平蛮** 讨伐叛逆，平定蛮人。旧时称南方少数民族为蛮人。（参见本卷"十一真"韵注⑳）

⑮ **忠肝义胆** 赤胆忠心。〔宋〕汪元量《浮丘道人招魂歌》云："忠肝义胆不可状，要与人间留好样。"

⑯ **雾鬓云鬟** 亦作"雾鬓风鬟"，形容妇女发髻松散飘逸。〔宋〕苏轼《题毛女真》诗云："雾鬓风鬟木叶衣，山川良是昔人非。"

⑰ **埋笔冢** 埋笔的坟。唐书法家怀素，本姓钱，僧人，字藏真，长沙人。精勤学书，以善"狂草"出名。传说他用过的秃笔成堆，埋于山下，号曰"笔冢"。（见〔唐〕李肇《国史补》）另传，陈、隋间吴兴永欣寺僧人智永是著名的书法家，相传他写字积下来的秃笔头就有十瓮，后埋成一墓，号曰"退笔冢"。（见〔唐〕张怀瓘《书断·僧智永》）

⑱ **烂柯山** 神话传说，晋人王质到石室山砍柴，看到几个童子在下棋、唱歌，便放下斧头视听。童子送给王质一枚似枣核的东西，王质将其含于口中，不觉饥饿。未久，童子对王质说："你为何还不回家？"王质起身欲归，

看斧，已经腐烂；回到村里，与己同龄者都已过世。（见［南朝梁］任昉《述异记》）

⑲ **月貌** 形容美女的面貌丰满如圆月。［隋］江总《优填像铭》云："眸云齿雪，月貌金容。" **天颜** 帝王的容颜。［唐］杜甫《紫宸殿退朝口号》诗云："昼漏稀闻高阁殿，天颜有喜近臣知。"

⑳ **龙潜终得跃** 《周易·乾卦》云："初九，潜龙勿用（潜伏水中之龙，暂难施展其才能）……九四，或跃在渊（时机到，则腾跃于渊）"比喻好环境宜于英雄用武。

㉑ **鸟倦亦知还** 疲倦的飞鸟也知道回巢，比喻厌倦游宦生涯的人。［晋］陶潜《归去来兮辞》云："云无心以出岫（浮云悠然飘出山坳），鸟倦飞而知还。"

㉒ **陇树飞来鹦鹉绿** 绿羽鹦鹉陇西来。绿羽鹦鹉多产于陇西，故也称为"陇禽"，人舌能言。这是唐代诗人白居易《鹦鹉》中"陇西鹦鹉到江东，养得经年嘴渐红"诗意的化用。

㉓ **湘筠啼处鹧鸪斑** 舜妃泪沾竹呈斑。筠：竹的别名。这是明朝史谨《谢郭舍人赠斑竹杖》中"乡日（从前。乡，通'向'，往日）曾沾妃子泪，至今犹带鹧鸪斑"诗句的化用。神话传说，舜帝死于南巡，葬于苍梧（今湖南九嶷山）。舜妃娥皇、女英思念舜帝，痛楚不已，滴泪沾竹，竹呈斑纹，故称"斑竹"。二妃死后，化为湘水之神，故又称"湘妃竹"。（见［南朝梁］任昉《述异记》）

㉔ **秋露横江，苏子月明游赤壁** 苏轼在黄州做官，曾与客月夜泛舟游赤壁。他在《前赤壁赋》中写道："壬戌之秋，七月既望（月圆之日），苏子（苏轼自称）与客泛舟，游于赤壁之下。""月出于东山之上，徘徊于斗牛之间。白露横江，水光接天。"

㉕ **冻雪迷岭，韩公雪拥过蓝关** 唐代诗人韩愈，曾任刑部侍郎，因上书谏阻唐宪宗"迎佛骨"，触怒宪宗，被贬到距长安八千里之遥的潮州任刺史。韩愈赴任时路过蓝关，天下大雪，遂借秦岭云横之景赋诗《左迁至蓝关示侄孙湘》，抒发其离开长安的心情："一封朝奏九重天，夕贬潮州路八千。云横秦岭家何在？雪拥蓝关（即蓝田关）马不前。"（见韩愈《左迁至蓝关示侄孙湘》）

笠翁对韵

一　先

hán duì shǔ　rì duì nián　cù jū duì qiū qiān　dān shān duì bì shuǐ　dàn yǔ
寒对暑，日对年。蹴鞠对秋千①。丹山对碧水，淡雨

duì qīng yān　gē wǎn zhuǎn　mào chán juān　xuě fù duì yún jiān　huāng lú qī nán
对轻烟。歌宛转②，貌婵娟③。雪赋对云笺④。荒芦栖南

yàn　shū liǔ zào qiū chán　xǐ ěr shàng féng gāo shì xiào　zhé yāo kěn shòu xiǎo ér
雁⑤，疏柳噪秋蝉⑥。洗耳尚逢高士笑⑦，折腰肯受小儿

lián　guō tài fàn zhōu　zhé jiǎo bàn chuí méi zǐ yǔ　shān jiǎn qí mǎ　jiē lí dǎo
怜。⑧郭泰泛舟，折角半垂梅子雨⑨；山简骑马，接篱倒

zhuó xìng huā tiān
着杏花天⑩。

qīng duì zhòng　féi duì jiān　bì yù duì qīng qián　jiāo hán duì dǎo shòu
轻对重，肥对坚⑪。碧玉对青钱⑫。郊寒对岛瘦⑬，

jiǔ shèng duì shī xiān　yī yù shù　bù jīn lián　záo jǐng duì gēng tián　dù fǔ
酒圣对诗仙⑭。依玉树⑮，步金莲⑯。凿井对耕田⑰。杜甫

qīng xiāo lì　biān sháo bái zhòu mián　háo yǐn kè tūn bō dǐ yuè　hān yóu rén zuì
清宵立⑱，边韶白昼眠⑲。豪饮客吞波底月，酣游人醉

shuǐ zhōng tiān　dòu cǎo qīng jiāo　shù háng bǎo mǎ sī jīn lè　kàn huā zǐ mò shí
水中天⑳。斗草青郊，数行宝马嘶金勒㉑；看花紫陌，十

lǐ xiāng chē yōng cuì diàn
里香车拥翠钿㉒。

yín duì yǒng　shòu duì chuán　lè yǐ duì qī rán　fēng péng duì xuě yàn　dǒng
吟对咏，授对传。乐矣对凄然。风鹏对雪雁㉓，董

xìng duì zhōu lián　chūn jiǔ shí　suì sān qiān　zhōng gǔ duì guǎn xián　rù shān féng
杏对周莲㉔。春九十㉕，岁三千㉖。钟鼓对管弦。入山逢

zǎi xiāng　wú shì jí shén xiān　xiá yìng wǔ líng táo dàn dàn　yān huāng suí dī
宰相㉗，无事即神仙㉘。霞映武陵桃淡淡㉙，烟荒隋堤

liǔ mián mián　qī wǎn yuè tuán　chuò bà qīng fēng shēng yè xià　sān bēi yún yè yǐn
柳绵绵㉚。七碗月团，啜罢清风生腋下㉛；三杯云液，饮

yú hóng yǔ yùn sāi biān
余红雨晕腮边㉜。

zhōng duì wài　hòu duì xiān　shù xià duì huā qián　yù zhù duì jīn wū　dié zhàng
中对外，后对先。树下对花前㉝。玉柱对金屋㉞，叠嶂

duì píng chuān㉟ sūn zǐ cè㊱ zǔ shēng biān㊲ shèng xí duì huá yán㊳ jiě zuì zhī chá
对 平 川 ㉟。孙 子 策 ㊱，祖 生 鞭 ㊲。盛 席 对 华 筵 ㊳。解 醉 知 茶

lì㊴ xiāo chóu shí jiǔ quán㊵ cǎi jiǎn jì hé kāi dòng zhǎo㊶ jǐn zhuāng fú yàn fàn wēn
力 ㊴，消 愁 识 酒 权 ㊵。彩 剪 芰 荷 开 冻 沼 ㊶，锦 妆 凫 雁 泛 温

quán㊷ dì nǚ xián shí hǎi zhōng yí pò wéi jīng wèi㊸ shǔ wáng jiào yuè zhī shàng yóu
泉 ㊷。帝 女 衔 石，海 中 遗 魄 为 精 卫 ㊸；蜀 王 叫 月，枝 上 游

hún huà dù juān㊹
魂 化 杜 鹃 ㊹。

注 解

① **蹴鞠**　又写作"蹴鞠"，古代军中习武游戏，类似今之足球赛。[汉]刘向《别录》云："蹴鞠者，传言黄帝所作，或曰起战国之时。"[唐]韦应物《寒食后北楼作》诗云："遥闻击鼓声，蹴鞠军中乐。"　**秋千**　我国的传统游戏。在架上悬两根绳，下系横板，在板上或立或坐，两手握绳身躯随而向空中摆动。传说是春秋时齐桓公从北方山戎族引入。唐代宫中每年寒食节竞搭秋千，宫嫔辈戏笑以为乐，唐玄宗呼为"半仙戏"。（见 [唐] 韩鄂《寒食》、[宋] 高承《岁时风俗》）

② **歌宛转**　声音抑扬起伏。[唐] 刘方平《宛转歌》云："歌宛转，宛转伤别离。愿作杨与柳，同向玉窗垂。"

③ **貌婵娟**　体态容貌美好。[唐] 刘长卿《赠花卿》诗云："窈窕淑女身如燕，兰心蕙质貌婵娟。"

④ **雪赋**　文章篇名。南朝宋文学家谢惠连，幼年即能诗善赋，以"高丽见奇"，犹以《雪赋》最著名。他与族兄谢灵运并称为当时文坛"大小谢"。（见《宋书·谢惠连传》）　**云笺**　一种书信字体。唐代韦陟用五彩笺写信，由他人代笔，自己签名。由于他写的"陟"字像五朵云，因而后来人们称书信为五云笺或云笺。[元] 虞集《寄贺吴宗师七十寿诞》诗云："簪花当日今谁是，试向云笺阅旧章。"[明] 张景《飞丸记·邂逅参商》云："掩映芙蓉面，想起心事寄云笺。相思一线悬，怀人何日重相见。"

⑤ **荒芦栖南雁**　南雁：入秋南飞的雁。这是宋朝吴仲孚《孤雁》中"羽翰纵有飞高势，月满芦花又独栖"诗句的化用。

⑥ **疏柳噪秋蝉**　秋蝉：也称"寒蝉"，入秋将退的蝉。这是南朝陈张正

见《赋得新题寒树晚蝉疏》中"寒蝉噪杨柳，应朔吹梧桐"诗句的化用。

⑦ **洗耳尚逢高士笑** 传说，尧帝欲让位于许由，由不受，逃到中岳颍水之阳、箕山之下，自耕而食。尧又召由为九州岛岛长，由不愿闻之，以为污耳，遂洗耳于颍水之滨。(见［晋］皇甫谧《高士传·许由》)

⑧ **折腰肯受小儿怜** 东晋诗人陶潜，一名陶渊明，字元亮，今江西九江人。他人品高尚，博学善文。他任彭泽县令时，从不巴结权贵。一次，郡府派督邮来县视察，县中官吏要陶潜束腰带出迎督邮，陶潜说："我不能为五斗米而折腰，拳拳事（侍奉）乡里小人！"不久，辞官归隐，并作《归去来兮辞》。(见《晋书·陶潜传》)

⑨ **郭泰泛舟，折角半垂梅子雨** 梅子雨：指梅子成熟时多雨的秋季。东汉经学家郭泰，字林宗，太原介休人。博通经典，居家教授，弟子至千人。与河南尹李膺友好。一次驾舟外出遇雨，头巾被雨压塌一角，下垂，人见皆以为美，仿效折巾，称为"林宗巾"。(见《汉书·郭泰传》)

⑩ **山简骑马，接篱倒着杏花天** 山简：原文误为"山涛"。杏花天：是卖酒处的代称。西晋名将山简，字季伦，河内怀县（今河南沁阳）人，是西晋名臣山涛的幼子。他嗜酒成癖，人称"醉山翁"。他任征南将军时，镇守襄阳，常赴高阳池纵酒，烂醉后歪戴头巾倒卧在车上而归。《世说新语·任诞》中有一则嬉笑山简醉酒的童谣："山公时一醉，径造（直往）高阳池。日暮倒载归，酩酊无所知。复能乘骏马，倒着白接篱（古代一种头巾）。"

⑪ **肥坚** "乘坚策肥"的缩语。乘坚车策肥马。比喻富贵奢华。《汉书·食货志上》："乘坚策肥，履丝曳缟。"

⑫ **碧玉** 青玉。《山海经·北山径》云："西百五十里曰高山，其上多银，其下多青碧。"再者，南朝宋汝南王之妾，甚受宠爱，后人以"碧玉"为娇怜的爱人的代称。《乐府诗集·碧玉歌》云："碧玉小家女，来嫁汝南王。"后称贫家女为"小家碧玉"。 **青钱** 铜钱。［唐］杜甫《北邻》诗云："青钱买野竹，白帻岸江皋。"再者，唐代张鷟甚有才名，时人称之为"青钱学士"。

⑬ **郊寒岛瘦** 孟郊的诗失于寒，贾岛的诗失于瘦。唐代诗人孟郊，字东野，湖州武康人。其诗多倾诉穷愁孤苦之情，因称郊诗为"寒"。唐代诗人贾岛，字浪仙，初为僧人，号"无本"，范阳（今河北省涿县）人。其诗消峭瘦硬，好作苦语，风格近似孟郊，因称岛诗为"瘦"。［宋］苏轼《祭柳子玉

文》云：“元（元稹）轻白（白居易）俗，郊寒岛瘦。”

⑭ **酒圣** 嗜酒豪饮之人。晋“竹林七贤”之刘伶，旷达放饮，曾作《酒德颂》，后人因称刘伶为“酒圣”。[唐]李白《月下独酌》诗云：“所以知酒圣，酒酣心自开。” **诗仙** 诗才飘逸如仙。李白的诗，深得贺知章的赏识，贺赞誉李白为“谪仙人”，后人因称李白为“诗仙”。[唐]白居易《待漏入阁书事奉赠元九学士阁老》诗云：“诗仙归洞里，酒病滞人间。”

⑮ **依玉树** 三国魏明帝（曹睿）使皇后弟毛曾与夏侯玄共坐，夏侯玄感到与毛曾并坐是一种耻辱。时人谓“蒹葭依玉树”。蒹葭：是初生芦苇，比喻地位微贱的人，指毛曾；玉树：是仙树，比喻姿貌俊美、才干优异的人，指夏侯玄。后以“蒹葭玉树”表示地位低的人仰攀、依附地位高贵的人。（见[南朝宋]刘义庆《世说新语·容止》）

⑯ **步金莲** 据《南史》记载：齐国东昏侯，穷奢极欲，“凿金为莲花以贴地，令潘妃行其上，曰：‘此步步生莲花也。’”（见《南史·齐东昏侯妃》）[唐]李商隐《隋宫守岁》：“昭阳第一倾城客，不踏金莲不肯来。”后以金莲比喻女子的小脚。

⑰ **凿井耕田** 传说尧帝时，天下太平，百姓安乐，有八十岁老人击壤（一种游戏）于道。观者叹曰：“大哉，帝之德也！”有老人曰：“吾日出而作，日入而息，凿井而饮，耕田而食，帝何力于我哉！”（见[晋]皇甫谧《帝王世家》）

⑱ **杜甫清宵立** 安史之乱年间，杜甫别离故乡洛阳，辗转到了成都，思念故乡与亲人，写下《恨别》一诗，其中有：“思家步月清宵立（晚上睡不着觉，月下忽步忽立），忆弟看云白昼眠（白天卧观飞云，看久困极而眠）。”

⑲ **边韶白昼眠** 东汉经学家边韶，字孝先，利口善辩，白天好眠。其弟子偷笑他，说：“边孝先，腹便便，懒读书，但欲眠。”边韶闻听嘲笑后，对曰：“边为姓，孝为字，腹便便，五经笥（肚大如袋是因装五经多）；但欲眠，思经事，寐与周公通梦，静与孔子同意；师而可嘲，出何典记？”嘲者大惭。（见《后汉书·边韶传》）

⑳ **豪饮客吞波底月，酣游人醉水中天** 这是对嗜酒人醉后情态的描绘。杜甫就唐代八位酒仙醉后的各自典型情态，作了一首《饮中八仙歌》，全诗如下：

知章（贺知章）骑马似乘船（摇摇晃晃），眼花落井水底眠。

汝阳（唐汝阳王李琎）三斗始朝天（拜见皇帝），道逢曲车（酒车）口流涎，恨不移（改）封向酒泉（借用甘肃酒泉地名）。

左相（左丞相李适之）日兴（酒兴）费万钱，饮如长鲸吸百川，衔杯乐圣称避贤（罢相后不改狂饮）。

宗之（崔宗之）潇洒美少年，举觞白眼望青天，皎如玉树临风前（风摇树摆）。

苏晋（中书舍人）长斋绣佛前（信佛斋戒），醉中往往爱逃禅（酒兴胜过斋戒）。

李白一斗诗百篇，长安市上酒家眠，天子呼来不上船（不闻召即到），自称臣是酒中仙。

张旭三杯草圣传（张旭善草书，时称"草圣"），脱帽露顶王公前（狂傲不恭），挥毫落纸如云烟。

焦遂五斗方卓然（显醉意），高谈雄辩惊四筵。

㉑ **斗草青郊，数行宝马嘶金勒** 斗草：古代民俗，五月初五市民有踏青草斗百草的游戏。诗圣杜甫在《哀江头》诗中描写了唐玄宗与杨贵妃同游曲江南苑的情景，暗示唐明皇李隆基的荒淫。"昭阳殿里第一人（指杨贵妃），同辇随君侍君侧。辇前才人（指随从女官们）带弓箭，白马嚼啮黄金勒。"《水浒传》云："金勒马嘶芳草地，玉楼人醉杏花天。"

㉒ **看花紫陌，十里香车拥翠钿** 这是写贵妇人游春的情景。紫陌：京城郊外的道路。翠钿：碧玉制的妇女头饰。这里是代指贵妇。［唐］刘禹锡《元和十年自郎州承召京戏赠看花诸君子》诗云："紫陌红尘（宝马香车飞驰扬起的尘土）拂面来，无人不道看花回。" ［唐］薛逢《开元后乐》诗云："邠王玉笛三更咽，虢国金车十里香。"

㉓ **风鹏** 《庄子·逍遥游》载：北海有大鱼，名曰"鲲"，变为大鸟，名"鹏"。"鹏之徙（迁徙）于南冥（南海）也，水击三千里，抟扶摇（狂风盘旋）而上者九万里……则风斯在下矣，而后乃今培（凭借）风；背负青天而莫之夭阏（堵塞）者，而后乃今将南图。"后以"风鹏"比喻得时势而有作为的人。［唐］白居易《与元九书》云："大丈夫所守者道，所待者时。时之来也，为云龙，为风鹏，勃然突然，陈力以出。" **雪雁** 鸟类。亦称"白雁"。羽毛洁白，翼角黑色，喜群居，为一夫一妻制。有迁徙的习性，迁飞距离也较远。［明］朱恬《闻砧》诗云："何处砧声急，天高白雁分。"

㉔ **董杏** 三国吴董奉，字君异，侯官人。善医道。传说，董奉居庐山，不种田，为人治病也不收钱，重病得愈者，为他栽五棵杏树；轻病得愈者，为他栽一棵杏树。如此数年，得杏林万株。后人常以"杏林"颂赞医生。（见葛洪《神仙转》） **周莲** 北宋哲学家周敦颐，字茂叔，道州营道（今湖南道县）人。曾任大理寺丞、国子博士。他是宋明理学的奠基人。性爱莲花，曾筑室居于庐山莲花峰下，并作《爱莲说》，盛赞莲花出污泥而不染的高洁品质，故谓"周莲"。他在庐山莲花峰小溪上的筑室，取家乡故居濂溪之名，命名为"濂溪书堂"，故世称他为"濂溪先生"。（见《宋史·道学传》）

㉕ **春九十** 春季共九十天。春季三个月，共九十天。正月称孟春，二月称仲春，三月称季春。"春九十"，意味着春光将尽，初夏来临。［西汉］班固《终南山赋》云："三春（指春末）之季，孟夏之初。"

㉖ **岁三千** 年高达三千岁。西汉文人东方朔，字曼倩，平原厌次（今山东东陵或惠民县）人。汉武帝用为太中大夫。以诙谐滑稽而著名。神话传说，东方朔本为仙人，西王母种仙桃，三千年一结果，东方朔竟偷吃过三次，说明他已有三千多岁。西王母生气，就把他谪降到了人间。（见《汉武故事》）

㉗ **入山逢宰相** 南朝梁陶弘景，博学多能，初为齐国左卫殿中将军，后弃官入梁，隐居句曲山。梁武帝即位，屡次礼聘，他仍不出山。但国家每有吉凶、征讨大事，梁武帝就去向他请教，故称他是"山中宰相"。（见《南史·陶弘景传》）

㉘ **无事即神仙** 这是隐者的人生观。他们认为不为尘事所扰，就是神仙生活。［宋］汪洙《神童诗·消遣》诗云："诗酒琴棋客（指文人的娱乐），风花雪月天（指夏春冬秋四季的风光）。有名闲富贵，无事散神仙（无官一身轻）。"

㉙ **霞映武陵桃淡淡** 此为晋陶渊明《桃花源记》故事。文曰："晋太元中，武陵人捕鱼为业。缘溪行，忘路之远近。忽逢桃花林，夹岸数百步，中无杂树，芳草鲜美，落英缤纷……"后人以此为"世外桃源"。

㉚ **烟荒隋堤柳绵绵** 隋炀帝时沿通济渠（古大运河）、邗沟（邗江）河岸修筑的御道，道旁植杨柳，绿影一千三百里，后人谓之"隋堤"。［唐］韩琮《杨柳枝》诗云："梁苑（西汉梁孝王所建供游赏驰猎的园林）隋堤事已空，万条犹舞旧东风。"

㉛ **七碗月团，啜罢清风生腋下** 七碗茶过，神态飘飘欲仙。月团：茶名。唐代诗人卢仝在其《走笔谢孟谏议寄新茶》诗篇中描述了连喝七碗新茶

的感受：一碗喉吻润，两碗破孤闷，三碗搜枯肠，四碗发轻汗，五碗肌骨清，六碗通仙灵，"七碗吃不得也，唯觉两腋习习清风生"。

㉜ **三杯云液，饮余红雨晕腮边**　仲秋，黄州通判孟亨之置酒秋香亭，迎接太守徐君猷，二人都不会喝酒，稍饮几杯，便红雨（脸如桃红）晕腮边。亭内有木芙蓉花开，新来的太守苏轼写《定风波》词嬉笑他们："两两轻红半晕腮，依依独为使君（指徐君猷）回。若道使君无此意。何为，双花不向别人开？"云液：美酒。红雨：一般指落地桃花。

㉝ **树下花前**　常指男女青年谈情说爱的场所。［唐］刘希夷《代悲白头翁》诗云："公子王孙芳树下，清歌妙舞落花前。"也作"月下花前"。［元］乔吉《两世姻缘》曲云："想着他锦心绣腹那才能，怎教我月下花前不动情？"

㉞ **玉柱**　玉雕的柱子，形容宫室的华丽。［唐］韩偓《苑中》诗云："金阶铸出狻猊（狮子）立，玉柱雕成狒犽（猿类）啼。"　　**金屋**　极华丽的屋。汉武帝刘彻初封胶东王时，年方数岁，其姑母长公主刘嫖把他抱在膝上，让他从眼前百余宫女中挑妇，刘彻皆说不要。长公主把自己的女儿阿娇叫到跟前，问刘彻："阿娇好不？"刘彻笑而答道："好，若得阿娇作妇，当作金屋贮之。"这就是"金屋藏娇"之典的来源。（见汉班固《汉武故事》）

㉟ **叠嶂**　重叠的山峰。《水经注·江水》云："自三峡七百里中，两岸连山，略无阙（缺）处，重岩叠嶂，隐天蔽日。"　　**平川**　广阔平坦的陆地。［唐］杜甫《寄郑监李宾客一百韵》云："有时惊叠嶂，何处觅平川？"

㊱ **孙子策**　指春秋末齐国孙武的《孙子兵法》或战国时齐国孙膑的《孙膑兵法》。孙武，字长卿，曾以兵法十三篇见吴王阖闾，被任为将，率吴军攻破楚国。是他提出了"知彼知己，百战不殆"。孙膑，兵家孙武的后代，曾与庞涓同学兵法，被齐威王任为军师，施计先后大败以庞涓为大将的魏军于桂陵和马陵。他认为采取"营而离之（迷惑敌人，使之兵力分散），并卒（集中兵力）而击之"等方法，寡可以敌众，弱可以胜强。（见《史记·附孙武传》）

㊲ **祖生鞭**　晋朝刘琨与祖逖是同寝好友。他们每天闻鸡鸣就起床舞剑，立志收复中原。闻听祖逖被晋元帝司马睿用为豫州刺史，率军渡江，收复中原，刘琨立刻致书祖逖说："我枕戈待旦，志枭逆虏，常恐祖生先吾着鞭。"后常以"祖生鞭"为勉人努力进取的典故。（见《晋书·刘琨传》）

㊳ **盛席**　亦作"盛筵"，盛大的筵席。明清禁书《世无匹奇传》第五回

云："当下盛席款留，写了合同议单，兑足银两。"［唐］王勃《滕王阁诗序》云："胜地不常，盛筵难再。"　　**华筵**　盛美的筵席。［唐］杜甫《法曹郑霞邱石门宴集》诗云："能吏逢联璧，华筵直一金。"

㉟ **解醉知茶力**　茶有解酒的功力。［三国魏］张揖《广雅》云："喝茶可以醒酒，又可以提神。"［唐］刘肃《大唐新语》引綦毋曼《茶饮序》云："获益则归功茶力，贻患则不谓茶灾。"　［宋］杨万里《桐庐道中》诗云："肩舆坐睡茶力短，野堠无人山路长。"

㊵ **消愁识酒权**　酒有消愁的功效。［唐］郑谷《中年》诗云："情多最恨花无语，愁破方知酒有权。"曹操有"何以解忧？惟有杜康（酒名）"之名句（见《短歌行》）；陆游有"闲愁如飞雪，入酒即消融"的佳话（见《对酒》）。更妙的"酒消愁"说，是古代无名氏的《四不如酒》所云："刀不能剪心愁，锥不能解肠结，线不能穿泪珠，火不能销鬓雪；不如饮此神圣杯，万念千忧一时歇。"

㊶ **彩剪芰荷开冻沼**　隋炀帝奢侈荒淫，大建宫苑，华丽至极。冬天，宫苑树花凋落，就命人用绿色丝帛制成花叶点缀，水池中也放上剪彩而成的芰、荷、茨、菱等水生植物，以增游兴。（见《隋书·炀帝传》）

㊷ **锦妆凫雁泛温泉**　相传唐玄宗扩建华清宫汤池，规模宏丽，汤池内以玉莲为喷泉，又缝锦绣为凫雁，放于水中，乘小舟从中游嬉，极尽奢欲。（见《唐书·玄宗传》）

㊸ **帝女衔石，海中遗魄为精卫**　神话传说，炎帝之少女，名叫女娃，在东海游泳被淹死，化为精卫鸟。它嫉恨东海，决心衔西山之木石，填平东海。（见《山海经·北山径》）［晋］陶渊明《读山海经》诗云："精卫衔微木，将以填沧海。"

㊹ **蜀王叫月，枝上游魂化杜鹃**　神话传说，战国时期，蜀主杜宇，号望帝，他命令鳖冷开凿巫山治水，鳖冷治水功高，望帝自以德薄，效法尧舜，禅位于鳖冷，帝号"开明"，望帝遂隐于西山。后来，鳖冷失国，望帝痛悔而死，其魂化为鹃鸟，春天夜夜登枝悲鸣，泪尽继而泣血。蜀民问它是谁，它说："我望帝魄也。"故称鹃鸟为"杜鹃"，又名"子归"。（见《华阳国志·蜀志》）

二　萧

qín duì guǎn　fǔ duì piáo
琴对管，釜对瓢①。
shuǐ guài duì huā yāo
水怪对花妖②。
qiū shēng duì chūn sè
秋声对春色③，
bái jiān duì hóng xiāo
白缣对红绡④。
chén wǔ dài
臣五代⑤，
shì sān cháo
事三朝⑥。
dǒu bǐng duì gōng yāo
斗柄对弓腰⑦。
zuì kè gē jīn lǚ
醉客歌金缕⑧，
jiā rén pǐn yù xiāo
佳人品玉箫⑨。
fēng dìng luò huā xián bù sǎo
风定落花闲不扫⑩，
shuāng yú cán yè shī nán shāo
霜余残叶湿难烧⑪。
qiān zǎi xīng zhōu
千载兴周，
shàng fù yì gān tóu wèi shuǐ
尚父一竿投渭水⑫；
bǎi nián bà yuè
百年霸越，
qián wáng wàn nǔ shè jiāng cháo
钱王万弩射江潮⑬。

róng duì cuì
荣对悴⑭，
xī duì zhāo
夕对朝⑮。
lù dì duì yún xiāo
露地对云霄⑯。
shāng yí duì zhōu dǐng
商彝对周鼎⑰，
yīn hù duì yú sháo
殷濩对虞韶⑱。
fán sù kǒu
樊素口，
xiǎo mán yāo
小蛮腰⑲。
liù zhào duì sān miáo
六诏对三苗⑳。
cháo tiān chē yì yì
朝天车奕奕㉑，
chū sài mǎ xiāo xiāo
出塞马萧萧㉒。
gōng zǐ yōu lán chóng fàn gě
公子幽兰重泛舸㉓，
wáng sūn fāng cǎo zhèng lián biāo
王孙芳草正联镳㉔。
pān yuè gāo huái
潘岳高怀，
céng xiàng qiū tiān yín xī shuài
曾向秋天吟蟋蟀㉕；
wáng wéi qīng xìng
王维清兴，
cháng yú xuě yè huà bā jiāo
尝于雪夜画芭蕉㉖。

gēng duì dú
耕对读，
mù duì qiáo
牧对樵㉗。
hǔ pò duì qióng yáo
琥珀对琼瑶㉘。
tù háo duì hóng zhǎo
兔毫对鸿爪㉙，
guì jí duì lán ráo
桂楫对兰桡㉚。
yú qián zǎo
鱼潜藻㉛，
lù cáng jiāo
鹿藏蕉㉜。
shuǐ yuǎn duì shān yáo
水远对山遥㉝。
xiāng líng néng gǔ sè
湘灵能鼓瑟㉞，
yíng nǚ jiě chuī xiāo
嬴女解吹箫㉟。
xuě diǎn hán méi héng xiǎo yuàn
雪点寒梅横小院㊱，
fēng chuī ruò liǔ fù píng qiáo
风吹弱柳覆平桥㊲。
yuè yǒu tōng xiāo
月牖通宵，
jiàng là bà shí guāng bù jiǎn
绛蜡罢时光不减㊳；
fēng lián dāng zhòu
风帘当昼，
diāo pán tíng hòu zhuàn nán xiāo
雕盘停后篆难消㊴。

注解

① 釜　古时炊具，类似于锅。原文误为"斧"。《史记·赵世家》云："域中悬釜而炊，易子而食。"　　瓢　剖开葫芦做成的舀水器。《论语·雍也》云："一箪（竹碗）食，一瓢饮，在陋巷，人不堪其忧，回（孔子弟子颜回）也不改其乐。"

② 水怪　水中怪。〔晋〕木玄虚（华）《海赋》云："其垠则有天琛水怪，鲛人之室。"

花妖　花月妖。唐武则天之侄武三思，权倾朝野，其妾素娥善弹五弦琴，常出三思所召之盛宴献艺。一次，梁国公狄仁杰赴武宴，素娥藏匿不出，三思入室，亦不见。忽闻屋角兰麝芬馥，附耳细听，乃素娥之音："梁公乃现时正人，我不敢见。我乃花月之妖，梁公来，我不复生，武（三思）氏亦将无遗类（幸存者）。"（见《甘泽谣·素娥》）

③ 秋声　秋天的风声。秋天西风大作，草木零落，多肃杀声音，故称"秋声"。〔北周〕庾信《陆孤氏墓志铭》云："树树秋声，山山寒色。"　　春色　春天的景色。〔宋〕叶绍翁《游园不值》诗云："春色满园关不住，一枝红杏出墙来。"

秋声赋

④ 白缣　犹"素缣"，白色的绢帛。〔唐〕蒋防《霍小玉传》云："请以素缣，著之盟约。"　　红绡　用

生丝织成的丝织品。[唐] 白居易《琵琶行》诗云："五陵年少争缠头，一曲红绡不知数。"

⑤ **臣五代**　五代时的冯道，字可道，瀛州景城（今河北沧州西）人。后唐长兴三年（932），倡议校定《九经》，并组织刻印，开官府大规模刻书之端。后唐、后晋时，历任宰相；契丹（后辽）灭了后晋，又附契丹，任太傅；后汉、后周时，又任太师、中书令，封"瀛王"，对丧君亡国不以为意，自号"长乐老"。但因他历事五个朝代，颇招非议，人称"不倒翁"。（见《五代史·冯道传》）

⑥ **事三朝**　春秋时鲁国大夫季子，先后任宣公、成公、襄公之相，但他无姬妾，无金玉，无贵重东西，人称"忠廉"。

又，郑国子产为相治郑，历仕定公、献公、声公三朝，国富民强，人人称颂。（见《史记·郑世家》）

再，南朝梁尚书令沈约，字文休，武康（今浙江省武康县）人。笃志好学，博通群书。历仕宋、齐、梁三朝。（见《南史·沈约传》）

⑦ **斗柄**　北斗星之柄。指北斗的第五至第七星，即衡、开泰、摇光。第一至第四星像斗，第五至第七星像柄。《鹖冠子·环流》云："斗柄东指，天下皆春；斗柄南指，天下皆夏；斗柄西指，天下皆秋；斗柄北指，天下皆冬。"　　**弓腰**　向后弯腰及地如弓。《梁书·羊侃传》云："［羊侃妾］孙荆玉能反腰贴地，衔得席上玉簪，谓之弓腰。"

⑧ **醉客歌金缕**　金缕：曲调名。这是元朝关汉卿《南吕·一枝花不伏老》中"伴的是金钗客，歌金缕，捧金樽，满泛金瓯（酒器）"曲意的化用。

⑨ **佳人品玉箫**　《列仙传》记载，秦穆公时，有个叫萧史的人，善吹箫，穆公的女儿弄玉也爱吹箫，二人结为夫妻。穆公并为他们建凤台，萧史教弄玉吹凤鸣声，竟引来真凤凰止其屋上。多年后，萧史乘龙，弄玉乘凤，一同升天而去。［唐］杜甫《玉台观》诗云："遂有冯夷来击鼓，始知嬴女（指秦穆公之女弄玉）善吹箫。"

⑩ **风定落花闲不扫**　风停后落花不曾扫。这是宋朝邵棠《怀隐居》中"花落东风闲不扫"诗句的化用。落花：原文误为"落月"。此处用"落花"，既符合原诗意，也合平仄。邵棠的原诗是"花落东风闲不扫，莺啼晓日醉犹眠"。唐代诗人王维《田园乐》中也有"花落家童未扫，莺啼山客犹眠"类句，都是反映隐士的清闲生活。

⑪ **霜余残叶湿难烧** 霜打的树叶湿难烧。元代诗人马致远《夜行船·秋思》中有"带霜烹紫蟹，煮酒烧红叶（秋霜打过的叶子是潮湿红色）"的诗句。用霜打的湿叶烹蟹煮酒当然难烧。曹雪芹在《红楼梦》中写薛宝琴与史湘云二人的对联有"烹茶冰渐沸（宝琴），煮酒叶难烧（湘云）"。用冰块烹茶，水当然开得慢；用霜打的红叶煮酒，叶当然难烧。

⑫ **千载兴周，尚父一竿投渭水** 商朝末年，年已七八十岁的姜子牙（吕尚）整日在渭水之滨钓鱼，但用直钩且无饵，谓之"愿者上钩"，等明主来访他。周西伯（时任西部诸侯之长的周文王）将出猎，占卜者说他猎获的将是"霸王之辅"。文王果然在渭水边遇上了姜子牙。二人一见倾心，文王说："吾太公（指文王之父季历）在世时就说过，欲兴周，必须有圣人来辅佐；吾太公望子（指姜子牙）久矣！"遂称姜子牙为"太公望"，拜为军师。姜子牙辅佐文王征伐，"天下（指商朝疆域）三分，其二归周"。后又辅佐武王伐纣（殷纣王）灭商，建立周朝。武王乃封姜子牙为齐王，成为齐国（今山东境内）之始祖。（见《史记·齐太公世家》）

⑬ **百年霸越，钱王万弩射江潮** 传说五代吴越王钱镠，筑御潮铁柱于江中，怒潮汹涌，柱筑不成。钱镠于是造竹箭三千，在垒雪楼命水犀军驾强弩五百齐射潮，迫使潮头趋向西陵，遂奠基而成塘，名曰"钱塘"。又建候潮通江等城门，置龙山浙江两闸，以阻江潮入河。（见［宋］孙光宪《北萝琐言》）［宋］苏轼《八月十五日看潮》诗云："安得夫差水犀手，三千强弩射潮低。"

⑭ **荣悴** 兴盛与衰败。［晋］潘岳《秋兴赋》云："虽末士之荣悴兮，伊人情之美恶。"

⑮ **夕朝** 即"朝夕"，白天与晚上。［晋］潘岳《闲居赋》云："灌园粥蔬，以供朝夕之膳。"

⑯ **露地** 本是佛教语。喻三界（欲界、色界、无色界）的烦恼俱尽，处于没有覆蔽的地方。此借指露天大地。《法华经·譬喻品》云："是时长者见诸子等安稳得出，皆于四衢道中露地而坐，无复障碍。" **云霄** 极高的天空。［唐］杜甫《兵车行》诗云："牵衣顿足拦道哭，哭声直上干云霄。"《晋书·陶侃传》云："左吏上书王敦：'往年董督，径造湘城，志凌（凌驾）云霄，神机独断。'"

⑰ **商彝周鼎** 商周祭祀用的青铜礼器。泛指珍贵的古董。［明］沈榜《宛署杂记·古墨斋》云："得其片言只字，自令旷心怡神，非必商彝周鼎之

为宝也。”

⑱ **殷濩** 殷商的濩铎之声。濩铎：形容声音喧闹杂乱。无名氏《讲阴阳八卦桃花女》云："来到俺门前乱交加，不知是哪个，则听的热闹镬铎（同'濩铎'）。" **虞韶** 禹舜的箫韶之音。箫韶：相传是古代虞舜所作的乐曲。《尚书·益稷》："箫韶九成（演奏九遍），凤凰来仪。"《史记·孔子世家》云："〔孔子〕与齐太师语乐（讨论音乐），闻韶音，学之，三月不知肉味。"

⑲ **樊素口，小蛮腰** 唐白居易的女伎樊素善歌、小蛮善舞，故他有诗曰："樱桃樊素口，杨柳小蛮腰。"意思是说：美姬樊素的嘴小巧鲜艳，如同樱桃；小蛮的腰柔弱纤细，如同杨柳。（见白居易《不能忘情吟·序》）

⑳ **六诏** 唐代，我国西南部的少数民族称王为"诏"。当时有蒙嶲诏、越析诏、浪容诏、邆睒诏、施浪诏、蒙舍诏（地处最南，又称"南诏"），合称"六诏"，分布在今云南及四川西南部。唐开元年间，蒙舍诏吞并了其他各诏，史称"南诏"。后来，泛称云南为六诏。（见《旧唐书·南诏蛮》）〔宋〕陆游《晚登横溪阁》诗云："瘴雾不开连六诏，俚歌相答带三巴。" **三苗** 我国西南地区少数民族名。《史记·五帝纪》云："三苗在江淮、荆州。"这就是说，三苗西徙以前，当居在长江中游以南地区。

㉑ **朝天车奕奕** 谒见天子的车驾多而有序。奕奕：有次序。这是唐代诗人薛逢《贺杨收作相》中"阙下憧憧（来往不绝）车马尘，沈浮相次宦游身。须知金印朝天客，同是沙堤避路人"诗意的化用。

㉒ **出塞马萧萧** 出塞将士的战马不停鸣叫。这是诗圣杜甫《兵车行》中"车辚辚，马萧萧，行人弓箭各在腰"诗意的化用。

㉓ **公子幽兰重泛舸** 香花临河，公子哥们舟船相连游兴未已。幽兰：含香兰花。屈原《九歌·湘夫人》云："沅（洞庭湖沅水）有芷兮澧（洞庭湖澧水）有兰，思公子兮未敢言。"

㉔ **王孙芳草正联镳** 芳草遍野，王孙子弟骑马并驾兴高忘归。王孙：旧时指贵族、官僚子弟，也是对贤人的尊称。联镳：联鞭，骑马并行。〔南朝宋〕谢灵运《悲哉行》云："萋萋（茂盛）春草生，王孙（指贵族官僚子弟）游有情。"〔汉〕刘安《招隐士》诗云："王孙游兮不归，春草生兮萋萋。"《世说新语·捷悟》云："王东亭……乘马出郊，时彦（贤士）同游者连镳俱进。"

㉕ **潘岳高怀，曾向秋天吟蟋蟀** 西晋文学家潘岳，又名潘安，字安仁，今河南中牟县人。才高，善政。曾任河阳令、著作郎。善写诗赋，辞藻华丽，

与陆机齐名。因秋日而感怀，著作《秋兴赋》吟咏蟋蟀："熠耀粲于阶闼兮，蟋蟀鸣乎轩屏。"（见《晋书·潘安传》）

㉖ **王维清兴，尝于雪夜画芭蕉** 唐代诗人、画家王维，字摩诘，山西永济人。开元进士。曾官尚书右丞，故称"王右丞"。诗作以描绘田园生活著称，宣扬隐士生活和佛教禅理。兼通音乐，精绘画。善画山水松石，笔迹雄壮。其画不拘四时，画有《袁安卧雪图》，曾于雪夜画芭蕉。苏轼称他诗中有画，画中有诗。（见《唐书·王维传》）

㉗ **牧樵** 樵夫与牧人，也泛指乡野之人。[宋]陆游《村居》诗云："樵牧相语欲争席，比邻渐熟约论婚。"

㉘ **琥珀** 松柏树脂的化石。燃烧时有香气。可入药，也可制饰物。[晋]张华《博物志·药物》引《神仙传》云："松柏脂入地千年化为茯苓，茯苓化为琥珀。琥珀一名江珠。" **琼瑶** 美丽的玉石。《南史·隐逸传·邓侑》云："色艳桃李，质胜琼瑶。"

㉙ **兔毫** 兔毛可以制笔，故用兔毫作为毛笔的代称。[唐]罗隐《寄虔州薛大夫》诗云："会得窥成绩，幽窗染兔毫。"

鸿爪 鸿雁踏过雪泥遗留的爪痕，有"雪泥鸿爪"之典。比喻往事遗留的痕迹。[宋]苏轼《和子由渑池怀旧》诗云："人生到处知何似？应似飞鸿踏雪泥。泥上偶然留指爪，鸿飞那（哪）复计东西。"

㉚ **桂楫兰桡** 桂木船桨，木兰船。楫：船桨。桡：船桨，借指船。[宋]苏轼《前赤壁赋》云："桂棹（船桨）兮兰桨，击空明（月光映照下的澄澈江

芭蕉仕女

水）兮溯（逆）流光。"

　　㉛ **鱼潜藻**　鱼藏水藻中。［元］孙大全《竹间亭》云："悠悠水中鱼，出入藻与萍（浮萍）。"［唐］白居易《玩松竹二首》诗云："栖凤安于梧，潜鱼乐于藻。"

　　㉜ **鹿藏蕉**　郑人砍薪于野，遇鹿而毙之，藏于无水护城河，恐人看见，覆之以蕉，不胜喜悦。转眼间又找不到藏鹿之处了，他以为是做了个梦。后人以此比喻人世真假杂陈，得失无常。（见《列子·周穆王》）

　　㉝ **水远山遥**　亦作"水远山长"，比喻路途遥远而艰险。［宋］汪元量《忆秦娥》词云："心如焦。彩笺（书信）难寄，水远山遥。"［唐］许浑《将为南行陪尚书崔公宴海榴堂》诗云："谩夸书剑无知己，水远山长步步愁。"

　　㉞ **湘灵能鼓瑟**　相传舜的二妃娥皇、女英，因哀痛舜帝南巡而死，自溺于湘江，化为湘水之神，名曰"湘灵"。湘灵弹琴瑟以迎舜帝。［唐］李贺《帝子歌》云："九节菖蒲石上死，湘神弹琴迎帝子。"《楚辞·远游》云："使湘灵鼓瑟兮，令海若舞冯夷。"

　　㉟ **嬴女解吹箫**　神话传说，春秋时秦穆公之女叫弄玉，因秦为嬴姓，故称弄玉为"嬴女"。（参见本韵注⑨）

　　㊱ **雪点寒梅横小院**　白雪梅花溢小院。横：充溢。这是宋朝诗人卢梅坡《雪梅》中"梅雪争春未肯降（各不服气），骚人阁（同'搁'）笔费（用心思）评章。梅须逊雪三分白，雪却输梅一段香"诗意的化用。

　　㊲ **风吹弱柳覆平桥**　风吹细柳笼平桥。覆：笼盖。平桥：与路面齐平而无弧度的桥。这是唐代诗人温庭筠《杂曲歌辞·杨柳枝》中"苏小门前柳万条，毵毵金线拂平桥"诗意的化用。

　　㊳ **月牖通宵，绛蜡罢时光不减**　月光通宵透窗入室，红烛虽然灭了，室内依旧明亮。绛蜡：即红烛。［唐］张九龄《望月怀远》诗云："灭烛怜光（令人疼爱的月光）满，披衣觉露滋。"

　　㊴ **风帘当昼，雕盘停后篆难消**　风帘整天遮住门户，盘香即使停燃，室内烟缕难消。篆：盘香的烟缕。［宋］苏轼《宿临安净土寺》诗云："闭门群动息，香篆起烟缕。"

三　肴

诗对礼①，卦对爻②。燕引对莺调③。晨钟对暮鼓④，野馔对山肴⑤。雏方乳，鹊始巢⑥。猛虎对神獒⑦。疏星浮荇叶⑧，皓月上松梢⑨。为邦自古推瑚琏⑩，从政于今愧斗筲⑪。管鲍相知，能交忘形胶漆友⑫；蔺廉有隙，终为刎颈死生交⑬。

歌对舞，笑对嘲。耳语对神交⑭。焉乌对亥豕⑮，獭髓对鸾胶⑯。宜久敬，莫轻抛⑰。一气对同胞⑱。祭遵甘布被⑲，张禄念绨袍⑳。花径风来逢客访㉑，柴扉月到有僧敲㉒。夜雨园中，一颗不雕王子柰㉓；秋风江上，三重曾卷杜公茅㉔。

衙对舍，廪对庖㉕。玉磬对金铙㉖。竹林对梅岭㉗，起凤对腾蛟㉘。鲛绡帐㉙，兽锦袍㉚。露果对风梢㉛。扬州输橘柚，荆土贡菁茅㉜。断蛇埋地称孙叔㉝，渡蚁作桥识宋郊㉞。好梦难成，蛩响阶前偏唧唧㉟；良朋远到，鸡声窗外正嘐嘐㊱。

注 解

① **诗礼** 五经中的《诗经》和《礼记》。

② **卦爻** 《周易》中组成各卦的长短符号，谓之"爻"，"—"叫阳爻，用"九"表示；"——"叫阴爻，用"六"表示。每三爻组成一卦，共可组成八卦，两卦变换相重可得六十四卦。每卦所表示的象征意义，谓之"象"。总论一卦之象的叫"卦象"，又叫"大象"；只论一爻之象的叫"爻象"，又叫"小象"。

③ **燕引莺调** 有两种理解。一为燕语莺歌招人听。引调：引逗，招惹。〔宋〕黄庭坚《归田乐令》词云："引调得、甚近日心肠不恋家。"〔金〕董解元《西厢记诸宫调》云："划地（无端）相逢，引调得人来眼狂心热。"二为像燕子、黄莺鸣叫声一样动听。引：一种乐曲体裁。〔唐〕欧阳炯《花间集序》云："南国婵娟，休唱莲舟之引。"调：乐律、音调。《晋书·嵇康传》云："因索琴弹之，而为《广陵散》，声调绝伦，遂以授康。"

④ **晨钟暮鼓** 佛寺早撞钟、暮击鼓以报时。〔宋〕陆游《短歌行》诗云："百年鼎鼎世共悲，晨钟暮鼓无休时。"

⑤ **野馔山肴** 野味美食。馔：上等食品。肴：熟的鱼肉。〔唐〕王勃《山亭兴序》云："黄精野馔，赤石神脂。"〔宋〕欧阳修《醉翁亭记》云："山肴野蔌（蔬菜），杂然而前陈者，太守宴也。"〔明〕施耐庵《水浒传》第31回："两口儿自去厨下安排些佳肴美馔酒食，管待武松。"

⑥ **雉方乳，鹊始巢** 野鸡即将孵卵，喜鹊开始筑巢。雉：野鸡。〔西汉〕戴圣《礼记·月令》云："季冬之月（农历十二月）……雁北向，鹊始巢，雉雊（鸣）鸡乳（孵化）。"东汉中牟县令鲁恭，字仲康，治县以德化为重，不任刑罚，众皆信服。建初七年（82），郡国螟虫伤庄稼，竟不入中牟界。河南尹袁安不信，派主狱官肥亲视察。鲁恭陪视，坐于桑下。有雉过，止其旁，旁有儿童，肥亲曰："儿何不捕之？"儿曰："雉方将雏（孵小雉）。"肥亲瞿然而起，对鲁恭说："今来，欲察君之政绩。今虫不犯境，此一异也；化及鸟兽，此二异也；竖子（儿童）有仁心，此三异也。"遂回府实告袁安府尹。（见《后汉书·鲁恭传》）

⑦ **猛虎神獒** 凶猛的老虎，高大的狂犬。獒：一种凶猛的狗。〔唐〕舒

元舆《坊州按狱》诗云:"攫搏如猛虎,吞噬若狂獒。"

⑧ **疏星浮荇叶** 稀疏的晨星像荇叶一样映在湖面上。这是宋朝诗人陈尧佐《林处士水亭》中"冷光（指映在水中的月光星光）浮荇叶,静影浸鱼竿"诗句的化用。荇:荇菜,水生植物。

⑨ **皓月上松梢** 洁白的月亮像明灯一样挂在松梢上。这是唐代诗仙李白《送杨山人归嵩山》中"长留一片月,挂在东溪松"诗句的化用。

⑩ **为邦自古推瑚琏** 自古兴国要靠德能高尚的人才。为邦:治理国家。瑚琏:贵重祭器,比喻能担大任的人才。《论语·公冶长》云:"子贡（孔子的学生,名赐）问曰:'赐也何如?'子曰:'女（通"汝",你）,器也。'曰:'何器也?'曰:'瑚琏也。'"〔唐〕李华《卢郎中斋居记》云:"公以瑚琏之器为郎官,以干将之断宰赤县。"

⑪ **从政于今愧斗筲** 现今从政者量小才薄难成大事。斗筲:两种小量器,比喻气量狭小无大用的人。《论语·子路》云:"〔子贡〕曰:'今之从政者何如?'子（孔子）曰:'噫,斗筲之人,何足算（谈论）也?'"

⑫ **管鲍相知,能交忘形胶漆友** 春秋时期,齐人管仲与鲍叔牙二人友善,相知最深。齐桓公本由鲍叔牙护卫回国即位,鲍叔牙却向桓公举荐管仲,授以国政,位在鲍叔牙之上,使齐国得以称霸。管仲知恩,常说:"生我者父母,知我者鲍子也。"后人以"管鲍交"作为交谊深厚之典（见《史记·管仲列传》）

⑬ **蔺廉有隙,终为刎颈死生交** 战国时期,赵国大夫蔺相如不畏强秦,完璧归赵,有大功,被封为宰相,位在大将军廉颇之上。廉颇不服,屡次阻拦相如车驾示威。蔺相如为维护赵国将相团结,以防外侵,一再改道回避廉颇。廉颇得知相如真意后,负荆向蔺相如请罪,遂成刎颈之交,传为"将相和"的著名史话。（见《史记·廉颇蔺相如列传》）

⑭ **耳语** 附耳低语。《古诗为焦仲卿妻作》云:"下马入车中,低头共耳语。" **神交** 心神结交。《汉书·上叙传·答宾戏》云:"殷（中宗武丁）说（傅岩奴隶傅说）梦发于傅岩,周（周文王）望（太公望）兆动于渭滨,齐（齐桓公）宁（宁戚放牛歌于康衢,齐桓公举为大夫）激声于康衢,汉良（张良下邳遇黄石公受《太公兵法》）受书于邳沂,皆俟（等待）命而神交,匪（同'非'）言词之所信。"

⑮ **焉乌** 原意为乌鸦,这里指字形相似。乌字繁体"烏"与"焉"字形

相似而易讹，甚至"焉乌成马（马的繁体）"。［宋］宋祁《代人乞出表》云："书思记命，目不辨于焉乌。"　　**亥豕**　原意为猪，这里指字形近似的错字称为"亥豕"之误。《吕氏春秋·察传》云："子夏之晋，过卫，有读《史记》者曰：'晋师三豕涉河。'子夏曰：'非也，是己亥也。夫己与三相近，豕与亥相似。'至于晋而问之，则曰晋师己亥涉河也。"

⑯ **獭髓**　传说獭的骨髓与玉屑、琥珀屑相和，可以灭瘢痕。［宋］苏轼《再和杨公济梅花十绝》诗云："檀心已作龙涎吐，玉颊何烦獭髓医？"

鸾胶　传说海上有凤麟洲，多仙人，用凤喙麟角合煎作膏，名"续弦胶"，能粘弓弩断弦。（见［汉］东方朔《十洲记》）［唐］刘兼《秋夜书怀呈戎州郎中》诗云："鸾胶处处难寻觅，断尽相思寸寸肠。"

⑰ **宜久敬，莫轻抛**　《诗经》上有一篇弃妇哀怨丈夫淫于新婚而弃旧室的长诗："德音莫违（山盟海誓不背离），及尔同死（白头偕老共生死）……宴尔新婚（而今你又有新欢），不我屑与（竟把我抛弃）。"（见《诗经·邶风·谷风》）

⑱ **一气**　一伙。《红楼梦》云："还有舅舅做保山（像山一样稳固可靠的保人），他们都是一气。"　　**同胞**　同父母所生的兄弟。《汉书·东方朔传》云："同胞之徒，无所容居。"同乡同国的人也称"同胞"。

⑲ **祭遵甘布被**　东汉名将祭遵，字弟孙，颖阳人。曾从光武帝刘秀征河北。建武二年（26），拜征虏将军，封颖阳侯。为人克己奉公。在军中，与士卒共甘苦，盖布制衣被，所得赏赐皆分与将士，家无余财。（见《后汉书·祭遵传》）

⑳ **张禄念绨袍**　战国魏人范雎（旧时误作"范睢"），一作"范且"，字叔。初随魏大夫须贾，被诬有通齐之嫌。后潜逃入秦，任相，封侯，更名曰张禄。魏人以为雎已死。后来，魏使须贾赴秦，雎穿破烂衣服见贾，贾不知雎为秦相，曰："范叔何一寒至此？"遂取己绨袍赠之。（见《史记·范雎传》）

㉑ **花径风来逢客访**　这是诗圣杜甫《客至》中"花径不曾缘客扫，蓬门今始为君开"诗句的化用。

㉒ **柴扉月到有僧敲**　唐代诗人贾岛进京参加科举考试，在驴背上想出两句诗："鸟宿池边树，僧敲月下门。"起初想用"推"字，又觉"敲"字较好，并聚精会神地不断作"推"和"敲"的手势斟酌，拿不定主意。到京

后，请教京兆尹韩愈，韩愈说："作'敲'字佳矣。"后人们以"推敲"作为斟酌研究问题的代称。（见《刘公嘉话》）

㉓ **夜雨园中，一颗不雕王子奈** 汉末著名孝子、琅琊临沂人王祥，幼年丧母，继母不慈，多加刁难，命祥护园中奈（果木，又名"沙果"），言果落则鞭打王祥。祥抱树大哭，奈果竟一颗不落。（见《晋书·王祥传》）

㉔ **秋风江上，三重曾卷杜公茅** 唐代大诗人杜甫，在四川成都西郊浣花溪畔刚盖起一座茅屋（即"杜甫草堂"）竟被秋风吹破。年迈的杜甫在其《茅屋为秋风所破歌》诗作中写道："八月秋高风怒号，卷我屋上三重茅……〔群童〕公然抱茅入竹去，唇焦口燥呼不得，归来倚杖自叹息。"

㉕ **廪** 粮仓。《孟子·滕文公上》云："今也，滕（国名）有仓廪府库，则是厉（损害）民而以自养也。" **庖** 厨房。《孟子·梁惠王上》云："庖有肥肉，厩有肥马，民有饥色，野有饿莩（通"殍"，饿死的人），此率兽而食人也。"

㉖ **玉磬** 古代玉制乐器。《周礼·明堂位》云："拊搏玉磬，揩击，大琴，大瑟，中琴，小瑟，四代之乐器也。" **金铙** 古代铜制乐器。《周礼·地官·鼓人》云："以金铙止鼓，以金铎通鼓。"郑玄注曰："铙如铃无舌，有柄，执而鸣之，以止击鼓。"

㉗ **竹林** 三国魏末年，司马氏当权，陈留的阮籍、谯国的嵇康、河内的山涛、河南的向秀、阮籍之侄阮咸、琅琊的王戎、沛人刘伶七人，相与友善，崇尚老庄之学，轻视礼法，规避尘俗，常集于竹林之下，饮酒弹唱，纵情清谈，时人称为"竹林七贤"。（见《世说新语·任诞》） **梅岭** 即江西广东交界之大庾岭。古称"塞岭"。相传汉武帝时，有庾姓将军筑城岭下，故又称"大庾岭"。唐玄宗大臣张九龄督所属于此开凿新路时，令多植梅树，故又称"梅岭"。（见《读史方舆纪要·江西》）

㉘ **起凤腾蛟** 亦作"腾蛟起凤"。比喻人的才华焕发。〔唐〕王勃《滕王阁序》云："腾蛟起凤，孟学士之词宗；紫电青霜，王将军之武库。"

㉙ **鲛绡帐** 用鲛人所织的丝绢、薄纱做的帐子。传说，南海有鲛人，水居如鱼，眼能泣珠。不停织绩，常出卖绡帐，轻疏透明，冬天寒风不入，夏天能生凉气。（见〔晋〕张华《博物志》）

㉚ **兽锦袍** 用织有兽形图案的锦绣做成的袍。〔唐〕杜甫《寄李十二白二十韵》诗云："龙舟移棹晚，兽锦夺袍新。"（参见上卷"四支"韵注⑧）

㉛ **露果**　明朝万历年间，户部侍郎杨果目睹江苏兴化车路河南北两厢隔埕上瓜果累累，诗兴大发，遂题《两厢瓜圃》诗一首，并将该景区命名为"两厢瓜圃"。传说，"两厢瓜圃"里长有一种珍贵稀有的瓜果珍品——露果，它一度被列为贡品，后来失传。清嘉庆年间，时任两淮都转运使的曾燠在扬州又品尝到由兴化县教谕史炳赠送的露果，遂作题为《谢史恒斋寄馈兴化所产露果》的诗歌盛赞露果之美味："甘露一以霖，雨足阗都弥……谁能盛露去？偏洒千杨枝。"（见《昭阳十二景·两厢瓜圃》）此处"露果"与"风梢"对仗，当是指"露珠"，露珠似果粒。[汉]郭宪《洞冥记》云："满室云起，五色照人，着于草树，皆成五色露珠。"　　**风梢**　风头。[宋]晏几道《扑蝴蝶·风梢雨叶》云："风梢雨叶，绿遍江南岸。"

㉜ **扬州输橘柚，荆土贡菁茅**　古帝夏禹划疆域为九州，依据各州土地肥瘦、出产物品，定出各州贡品内容：扬州贡"厥篚织贝（竹筐装贝锦），厥包橘柚"；荆州贡"包匭（杨梅）菁茅（滤酒用的茅草）。"（见《尚书·禹贡》）

㉝ **断蛇埋地称孙叔**　春秋楚人孙叔敖，儿时在路上遇见一条两头蛇，便杀而埋之。回家后，忧愁不食。母问其故，敖哭着说："儿今见一条两头蛇，听人说，见两头蛇者必死。我想自己是要死的人了，不能再让后见之人又死，便把它杀死埋了。"然而，孙叔敖竟不死。长大后，他三任令尹而不喜，三次去职而不悔。（见《太平广记117卷·孙叔敖》《史记·循吏传》）

㉞ **渡蚁作桥识宋郊**　传说，宋代宋郊看见自家屋前的蚁穴被雨冲坏，蚁为雨溺，他编竹为桥，让蚂蚁爬到了干处。（见《宋史·宋郊传》）[明]冯梦龙《警世通言》云："毛宝放龟悬大印，宋郊渡蚁占高魁。"

㉟ **好梦难成，蛩响阶前偏唧唧**　愁思萦心难入梦，更有蛩鸣来烦人。这是元朝无名氏《云窗梦》中"薄设设衾寒枕冷，愁易感好梦难成"和宋代张镃《秋声》中"桐杂蝉鸣愁易起，蕉和蛩鸣梦频醒"诗句的化用。

㊱ **良朋远到，鸡声窗外正嘐嘐**　窗外鸡声嘐嘐叫，继闻良友敲柴门。旧俗认为，鸡鸣有客到。这是诗圣杜甫《羌村三首》中"群鸡正乱叫，客至鸡斗争。驱鸡上树木，始闻叩柴荆"诗句的化用。

四 豪

茭(jiāo)对(duì)茨(cí)，荻(dí)对(duì)蒿(hāo)。山麓(shān lù)对(duì)江皋(jiāng gāo)①。莺簧(yīng huáng)对(duì)蝶板(dié bǎn)②，麦浪(mài làng)对(duì)松涛(sōng tāo)③。骐骥足(qí jì zú)④，凤凰毛(fèng huáng máo)⑤。美誉(měi yù)对(duì)嘉褒(jiā bāo)⑥。文人窥(wén rén kuī)蠹简(dù jiǎn)⑦，学士书(xué shì shū)兔毫(tù háo)⑧。马援南征载薏苡(mǎ yuán nán zhēng zài yì yǐ)⑨，张骞西使(zhāng qiān xī shǐ)进葡萄(jìn pú táo)⑩。辩口悬河(biàn kǒu xuán hé)，万语千言常亹亹(wàn yǔ qiān yán cháng wěi wěi)⑪；词源倒峡(cí yuán dào xiá)，连篇累牍自滔滔(lián piān lěi dú zì tāo tāo)⑫。

梅(méi)对(duì)杏(xìng)，李(lǐ)对(duì)桃(táo)。械朴(yù pò)对(duì)旌旄(jīng máo)⑬。酒仙(jiǔ xiān)对(duì)诗史(shī shǐ)⑭，德泽(dé zé)对(duì)恩膏(ēn gāo)⑮。悬一榻(xuán yī tà)⑯，梦三刀(mèng sān dāo)⑰。拙逸(zhuō yì)对(duì)贵劳(guì láo)⑱。玉堂花烛绕(yù táng huā zhú rào)⑲，金殿月轮高(jīn diàn yuè lún gāo)⑳。孤山看鹤盘云下(gū shān kàn hè pán yún xià)㉑，蜀道闻猿向月号(shǔ dào wén yuán xiàng yuè háo)㉒。万事从人(wàn shì cóng rén)，有花有酒应自乐(yǒu huā yǒu jiǔ yīng zì lè)；百年皆客(bǎi nián jiē kè)，一丘一壑尽吾豪(yì qiū yí hè jìn wú háo)㉓。

台(tái)对(duì)省(shěng)㉔，署(shǔ)对(duì)曹(cáo)㉕。分袂(fēn mèi)对(duì)同袍(tóng páo)㉖。鸣琴(míng qín)对(duì)击剑(jī jiàn)㉗，返辙(fǎn zhé)对(duì)回艚(huí cáo)㉘。良借箸(liáng jiè zhù)㉙，操捉刀(cāo zhuō dāo)㉚。香茶(xiāng chá)对(duì)醇醪(chún láo)㉛。滴泉归海大(dī quán guī hǎi dà)，篑土积山高(kuì tǔ jī shān gāo)㉜。石室客来煎雀舌(shí shì kè lái jiān què shé)㉝，画堂宾至饮羊羔(huà táng bīn zhì yǐn yáng gāo)㉞。被谪贾生(bèi zhé jiǎ shēng)，湘水凄凉吟鹏鸟(xiāng shuǐ qī liáng yín fú niǎo)㉟；遭谗屈子(zāo chán qū zǐ)，江潭憔悴著离骚(jiāng tán qiáo cuì zhù lí sāo)㊱。

注 解

① **山麓** 山脚。〔宋〕苏辙《寄济南李公择》诗云："岱阴皆平田，济南附山麓。" **江皋** 江岸。原文为"江螯"。《汉书·贾山传》云："地之硗者，虽有善种，不能生焉；江皋河濒，虽有恶种，无不猥大。"

② **莺簧** 黄莺叫声如笙簧。〔宋〕欧阳修《奉酬长文舍人出城见示之句》诗云："清浮酒蚁醅初拨，暖入莺簧（通'簧'）舌渐调。"〔宋〕邵雍《共城十吟》云："凤触莺簧健，烟舒柳叶匀。" **蝶板** 蝴蝶身子虽小，翅膀大如花板、手扇。〔元〕王和卿《醉中天·咏大蝴蝶》云："两翅驾东风，三百座名园一采一个空。谁道风流种？唬杀寻芳的蜜蜂。轻轻的飞动，把卖花人扇过桥东。"

③ **麦浪** 风吹麦苗，起伏如浪。宋代著名词人苏轼的《南歌子》写道："日薄花房绽，风和麦浪轻。夜来微雨洗郊垌。正是一年春好、近清明。" **松涛** 风撼松林，声如波涛。宋代著名书画家赵孟頫的《西湖灵隐寺对联》写道："龙涧风回，万壑松涛连海气；鹫峰云敛，千年挂月印湖光。"

④ **骐骥足** 日奔千里的良马。比喻杰出的人才。刘备任命庞统为耒阳县令。不久，庞统因渎政而被免官。鲁肃得息，写信对刘备说："庞统不只是个县令之才，让他当州官，才能发挥骐骥足（千里马）之才。"（见《三国志·蜀志·庞统传》）

⑤ **凤凰毛** 比喻羽毛珍贵，人才优秀。唐代诗人元稹在《寄赠薛涛》诗中称赞薛涛是"言语巧偷鹦鹉舌，文章分得凤凰毛"。特指像父辈的风采。《世说新语·容止》云："王敬伦（劭）风姿似父（王导）……桓（温）公望之曰：'大奴固自有凤毛。'"

⑥ **美誉** 美好的名誉。〔明〕宋濂《赠定岩上人入东序》诗云："美誉流于四方，纯行信于四众。" **嘉褒** 嘉奖与赞扬。〔宋〕王安石《参知政事欧阳修曾祖某赠某官制》云："图任以登于右府，褒嘉当及其前人。"

⑦ **文人窥蠹简** 文人爱读书。蠹简：易遭蠹虫蛀蚀的书籍，泛指书籍。这是宋朝诗人陆游《初夏杂兴》中"终日颓然蠹简中"和《掩扉》中"一编蠹简从吾好"诗句的化用。

⑧ **学士书兔毫** 学士好书法。书兔毫：用兔毛制作成的毛笔写字，泛指

书法。这是唐代诗人贯休《笔》中"莫讶书绅（写字）苦，功成在一毫"诗句的化用。

⑨ **马援南征载薏苡** 东汉马援，字文渊，茂陵（今陕西兴平东北）人。初依隗嚣，后归光武。建武十七年（41），任伏波将军，南征平交趾起义。在交趾，常以薏苡实（仁）为食。南方薏苡实大，军还时，载回一车，欲作种子。（见《后汉书·马援传》）

⑩ **张骞西使进葡萄** 西汉张骞，字子文，成固（今陕西城固）人。武帝时从卫青击匈奴，以军功封博望侯。他曾两次出使西域。元鼎二年（前115）以中郎将衔第二次出使西域之乌孙时，分遣副使去大宛、康居、月支、大夏等国，西北诸国方与汉通，使中原铁器、纺织品等传入西域，西域的音乐、良马、葡萄等传入中原。（见《汉书·张骞传》）引进优良马种、葡萄及苜蓿等。

⑪ **辩口悬河，万语千言常亹亹** 辩口悬河：指说话滔滔不绝，能言善辩。亹亹：不知疲倦。这是《隋书·裴蕴传》中"蕴小机辩，所论法理，言若悬河"和唐代诗人郑谷《燕》中"千言万语无人会（无人懂说的是什么），又逐流莺过短墙"诗句的化用。

⑫ **词源倒峡，连篇累牍自滔滔** 词源倒峡：指诗文雄健有力，气势豪迈。连篇累牍：形容文辞冗长。这是诗圣杜甫《醉歌行》中"词源倒流三峡水，笔阵横扫千人军"和《隋书·李谔传》中"连篇累牍，不出月露（指辞藻华美而内容空乏的诗文）之形"诗句的化用。

⑬ **棫朴** 两种优质木名，意谓棫朴丛生，根枝茂密，共相附着。比喻人才济济国家兴盛。《诗经·大雅·棫朴》云："芃芃（茂盛）棫朴，薪之槱（积柴燃烧以祭天）之；济济辟王（指周文王），左右趣（趋附）之。" **旌旄** 军旗。[唐]李频《陕府上姚中丞》诗云："关东领藩镇，阙下授旌旄。"

⑭ **酒仙** 唐代诗人李白，字太白，少年即显露才华，吟诗作赋，好行侠义。与杜甫至好。他的诗风雄奇豪放，想象丰富，语言流转自然，音律和谐多变。他嗜酒成癖，自称"酒仙"。[唐]杜甫《饮中八仙歌》诗云："李白一斗诗百篇，长安市上酒家眠。天子呼来不上船，自称臣是酒中仙。"

诗史 唐代诗人杜甫，字子美，自幼好学，知识渊博，有政治抱负。善诗好赋，其诗歌创作对历代文人产生了巨大影响，宋代以后被尊为"诗圣"。他的许多优秀诗作显示了唐朝从开元天宝盛世转向分裂衰微的历史过程，因此被称作"诗史"。《新唐书·杜甫传赞》云："甫（杜甫）又善陈时事，律切精深，至千言不少衰，世号诗史。"

⑮ **德泽**　德化与恩惠。《韩非子·解老》云："有道之君，外无怨仇于邻敌，而内有德泽于人民。"　　　　**恩膏**　犹"恩泽"。恩惠像雨露润泽万物。[明] 张三丰《云水前集·赤壁怀古》诗云："为雨为云最有神，莫将尘梦拟真人。仙环隐隐从空下，一片恩膏一片春。"[唐] 刘禹锡《经伏波神祠》诗云："自负霸王略，安知恩泽侯（不以功受爵，而出于皇帝私恩，故称'恩泽侯'，以别于功臣侯）。"

⑯ **悬一榻**　东汉徐稚，字孺子，家贫，以农耕自给。人荐其出仕，皆不就。其名望传世，高官大人多愿与之交游。太守陈蕃，正直清廉，不喜交际，唯善遇徐稚，特设一榻，备徐稚来时所卧，徐去则榻悬起。（见《后汉书·徐稚传》）

⑰ **梦三刀**　晋朝开国元勋王浚，曾任巴郡太守、广汉太守。传说，他做梦看见卧室屋梁上挂着三把刀，一会儿，又多了一把。他向部下说梦，部下皆奉承说：三把刀合为"州"字，又加一把，是"益"的意思，看来您要升官到益州去了。（见《晋书·王浚传》）

⑱ **拙逸贵劳**　拙逸：愚拙的安逸，指贪图安乐。贵劳：尊贵的勤劳，指忧患劳苦。[宋] 欧阳修《五代史伶官传序》云："忧劳（忧患劳苦）可以兴国，逸豫（贪图安乐）可以亡身，自然之理也。"

⑲ **玉堂花烛绕**　这是北周庾信《和咏舞》中"洞房花烛明，燕（通'宴'）余双飞轻"诗意的化用。玉堂：本指华丽的殿堂，或豪华的宅第，此指新婚洞房。花烛：彩饰蜡烛，婚礼时多用花烛。

⑳ **金殿月轮高**　这是唐代诗人王昌龄《春宫曲》中"昨夜风开露井桃，未央（未央宫）前殿月轮高"诗意的化用。金殿：帝王宫殿。月轮：圆月亮。

㉑ **孤山看鹤盘云下**　宋朝隐者林逋，字君复。性格恬淡好古，不趋市利。长年隐居于杭州西湖之孤山，终身不娶，以植梅养鹤为伴，令童子逢客至则放鹤，林逋见鹤必棹舟归来，故称"梅妻鹤子"。（见 [宋] 沈括《梦溪笔谈·人事》）

㉒ **蜀道闻猿向月号**　[唐] 朱使欣《道峡似巫山》诗云："江如晓天静，石似暮云张。征帆一流览，宛若巫山阳……猿鸣孤月夜，再使泪沾裳。"[宋] 陆游《三峡歌》诗云："朝云暮雨浑虚语，一夜猿啼月明中。"

㉓ **万事从人，有花有酒应自乐；百年皆客，一丘一壑尽吾豪** 这两句是说，人生百年犹如过客一样暂住世间，应尽情地赏花饮酒，放浪山水之间，不枉一生。《古诗十九首》云："浩浩阴阳移，年命如朝露。人生忽如寄，寿无金石固。"［三国魏］曹丕《善哉行》云："人生如梦，多忧何为？"［三国魏］曹操《短歌行》云："对酒当歌，人生几何？"

㉔ **台省** 汉有尚书台，三国魏有中书省，都是代表皇帝发布政令的中枢机关。后因以"台省"指政府的中央机关。《旧唐书·刘祥道传》云："汉魏以来，权归臺省，九卿皆为常伯属官。"

㉕ **署曹** 官署名。办理公务的政府机关。［唐］白居易《初除主客郎中知制诰与王十一等同宿话旧》诗云："紫垣（皇宫）曹署荣华地，白髮郎官老丑时。"

㉖ **分袂** 分手；离别。［晋］干宝《秦女卖枕记》云："［秦女］取金枕一枚，与度（孙道度）为信，乃分袂泣别。"［唐］李山甫《别杨秀才》诗云："如何又分袂，难话别离情。" **同袍** 穿同样的服装。谓兄弟。比喻战友、好友。《诗经·秦风·无衣》云："岂曰无衣，与子同袍。"诗写春秋时期，吴国侵犯楚国，楚大夫申包胥向秦国求救，秦哀公答应与同袍战斗。［元］辛文房《唐才子传·鲍溶》云："与李端公益少同袍，为尔汝（不分彼此）交。"

㉗ **鸣琴** 弹琴。春秋时，孔子弟子宓子贱任单父（鲁邑）令，不下堂，以弹名琴治单父，治理得很好。之后巫马期接任单父令，每天早出晚归，事必躬亲，把单父管理得也很好。巫马期问宓子贱，这是什么原因。宓子贱说："我之谓任人，子（您）之谓任力。任力者故劳，任人者故逸。"（见《吕氏春秋·察贤》） **击剑** 以剑对刺分胜负。《史记·司马相如传》云："少时好读书，学击剑。"

㉘ **返辙** 回车。辙：车辙。晋朝文学家、思想家阮籍，常独自驾车，不走常道，无目的地漫游，车到穷境，就"恸哭而返"。（见《晋书·阮籍传》） **回艓** 回舟。艓：船。晋代书法家王羲之之子王徽之，字子猷，性格豪爽洒脱，放荡不羁。官至黄门侍郎。居山阴时，忽然想念故友戴逵（字安道），当时戴逵居于剡地（今浙江嵊县西），便驾舟雪夜造访，一夜方至，舍舟登陆。至戴之门而不入，竟乘舟而返。人问其故，子猷说："本乘兴而来，兴尽而返，何必见安道？"（见《世说新语·任诞》）

㉙ **良借箸** 借箸：为人出谋划策。汉王刘邦三年（前204），楚霸王项羽围刘邦于荥阳，刘邦恐惧。郦食其劝刘邦学商汤伐夏桀而封桀之后代于杞地、武王伐殷纣而封纣之后代于宋国的办法，复立被秦国所灭的六国之后代，借以取信六国，共同抗楚。刘邦说："好极了！"刚要吃饭，刘邦以郦生计说与张良。张良说："若依此计，陛下之大事去矣！"刘邦问："为什么？"张良借用刘邦面前的箸（筷子），指画形势筹算，列出八条不可复立六国后代的理由。刘邦大悟。（见《史记·留侯世家》）

㉚ **操捉刀** 魏武帝曹操要接见匈奴使者，自以为相貌不足雄威匈奴，于是让崔琰代己，扮成魏王，自己扮成卫士，捉刀立于床头。接见后，曹操让人问使者对魏王的印象。使者说："魏王雅望非常，然床头捉刀人乃真英雄也！"（见《世说新语·容止》）

㉛ **香茶** 清香之茶。〔唐〕李嘉佑《与从弟正字从兄兵曹宴集林园》诗云："竹窗松户有佳期，美酒香茶慰所思。" **醇醪** 味厚美酒。〔唐〕高适《宋中遇林虑杨十七山人因而有别》诗云："檐前举醇醪，灶下烹只鸡。"

㉜ **滴泉归海大，篑土积山高** 大海不拒细流，筐土积成高山。秦始皇拟逐客除异己，丞相李斯上书说："是以太（泰）山不让（不舍弃）土壤，故能成其大；河海不择细流，故能成其深；王者不却众庶，故能明其德。"（见李斯《谏逐客书》）〔宋〕释法泰《颂古》诗云："汝水向东流，楚水从南至。皆归大海中，咸淡同一味。"伪《尚书·旅獒》云："为山九仞，功亏一篑（篑，筐子）。"

㉝ **石室客来煎雀舌** 石室：石洞，常指仙人所居之岩洞。雀舌：嫩茶芽。这是宋朝诗人梅尧臣《答宣城张主簿遗鸦山茶次其韵》中"纤嫩如雀舌，煎烹比露牙"和予山居《茶崟诗》中"谁把嫩香名雀舌，定来北客未曾尝"诗句的化用。

㉞ **画堂宾至饮羊羔** 画堂：华丽的堂舍。羊羔：指"羊羔酒"。这是宋朝大文豪苏东坡《二月三日点灯会客》诗意的概括。诗曰："江上东风浪接天，苦寒无赖破春妍。试开云梦羔儿酒，快泻（卸）钱塘药玉船。"〔元〕杨公远《雪》诗云："彻夜阴风恣怒号，谁家帐底饮羊羔。"

㉟ **被谪贾生，湘水凄凉吟鵩鸟** 鵩鸟，俗称猫头鹰。西汉文学家兼政论家贾谊，亦名贾生，西汉洛阳人。文帝召为博士，超迁至太中大夫。好议国家大事，所论多见施行。后遭重臣周勃、灌婴排挤，被贬任长沙王太傅。长

沙任内，有鵩鸟飞入他的屋内，人云鵩鸟现，主人必死，以为不祥之兆，加之感伤身世不顺，遂作《鵩鸟赋》抒怀。（见《史记·屈原贾生列传》）

㊱ **遭谗屈子，江潭憔悴著离骚**　战国末期，楚国贵族、伟大诗人屈原，名平，字原。学识渊博。初辅佐怀王，任左徒、三闾大夫。他主张彰明法度，举贤授能，东联齐国，西抗强秦，深得怀王信任。后楚怀王听信贵族子兰、靳尚等人的谗害而去职。屈原怨恨怀王耳不聪、目不明，听信谗诡、邪曲，不容刚正不阿，因而"忧愁幽思而作《离骚》"。顷襄王时又被放逐，长期流浪于沅湘流域。他的政治主张不被采纳，自感自己无力挽救楚国的危亡，楚都郢城被秦军攻破后，屈原"至于江滨，被（披）发行吟泽畔；颜色憔悴，形容枯槁"，怀石沉汨罗江而死。（见《史记·屈原贾生列传》）

五　歌

微对巨，少对多。直干对平柯①。蜂媒对蝶使②，雨笠对烟蓑③。眉淡扫④，面微酡⑤。妙舞对清歌⑥。轻衫裁夏葛⑦，薄袂剪春罗⑧。将相兼行唐李靖⑨，霸王杂用汉萧何⑩。月本阴精，岂有羿妻曾窃药⑪；星为夜宿，浪传织女漫投梭⑫。

慈对善，虐对苛。缥缈对婆娑⑬。长杨对细柳⑭，嫩蕊对寒莎⑮。追风马⑯，挽日戈⑰。玉液对金波⑱。紫诏衔丹凤⑲，黄庭换白鹅⑳。画阁江城梅作调㉑，兰舟野渡竹为歌㉒。门外雪飞，错认空中飘柳絮㉓；岩边瀑响，误疑天半落银河㉔。

松对竹，荇对荷㉕。薜荔对藤萝㉖。梯云对步月㉗，樵唱对渔歌㉘。升鼎雉㉙，听经鹅㉚。北海对东坡㉛。吴郎哀废宅㉜，邵子乐行窝㉝。丽水良金皆待冶㉞，昆山美玉总须磨㉟。雨过皇州，琉璃色灿华清瓦㊱；风来帝苑，荷芰香飘太液波㊲。

lóng duì jiàn cháo duì wō jí dì duì dēng kē bīng qīng duì yù rùn dì

笼对槛，巢对窝。及第对登科³⁸。冰清对玉润³⁹，地

lì duì rén hé hán qín hǔ róng jià é qīng nǚ duì sù é pò tóu zhū

利对人和⁴⁰。韩擒虎⁴¹，荣驾鹅⁴²。青女对素娥⁴³。破头朱

cǐ hù zhé chǐ xiè kūn suō liú kè jiǔ bēi yīng hèn shǎo dòng rén shī jù bù

泚笏⁴⁴，折齿谢鲲梭⁴⁵。留客酒杯应恨少⁴⁶，动人诗句不

xū duō lǜ yě níng yān dàn tīng cūn qián shuāng mù dí cāng jiāng jǐ xuě wéi

须多⁴⁷。绿野凝烟，但听村前双牧笛⁴⁸；沧江积雪，惟

kàn tān shàng yì yú suō

看滩上一渔蓑⁴⁹。

注　解

① **直干**　挺直的树干。[宋] 王安石《古松》诗云："森森直干百余寻（古长度，八尺为一寻），高入青冥不附林。"　　**平柯**　横生的枝茎。柯：草木的枝茎。[南朝梁] 吴均《与朱元思书》云："夹岸高山，皆生寒树……横柯上蔽（横斜的树枝遮日），在昼犹昏（白天也很昏暗）；疏条交映，有时见日。"

② **蜂媒蝶使**　花间飞舞的蜂蝶。比喻为男女双方居间撮合或传递书信的人。[宋] 周邦彦《六丑·蔷薇谢后作》词云："多情为谁追惜，但蜂媒蝶使，时叩窗隔。"

③ **雨笠烟蓑**　常指隐士的服装。[宋] 苏轼《书晁说之考牧图后》诗云："烟蓑雨笠长林下，老去而今空见画。"

④ **眉淡扫**　不涂脂描眉，留自然之貌。[唐] 张祜《集灵台》诗云："却嫌脂粉污颜色，淡扫娥眉朝至尊。"

⑤ **面微酡**　酒醉后脸上泛红的容貌。酡：饮酒面红貌。《楚辞招魂》："美人既醉，朱颜酡些。"[唐] 刘禹锡《百舌吟》诗云："酡颜侠少停歌听，堕珥妖姬和睡闻。"

⑥ **妙舞清歌**　亦作"清歌妙舞"，清亮的歌声，优美的舞蹈。[晋] 葛洪《抱朴子·知止》云："轻体柔声，清歌妙舞。"

⑦ **轻衫裁夏葛**　用夏葛裁的轻衫。夏葛：夏日用的精细葛布。《庄子·让王》云："冬日衣皮毛，夏日衣葛絺（精细的葛布）。"

⑧ **薄袂剪春罗**　用春罗剪的薄袖。春罗：精细丝织品。袂：袖子。[宋]

陈藻《剪春罗》诗云："待到百花零落尽，从头子细（细心）剪春罗。"［唐］李远《立春日》诗云："钗斜穿彩燕，罗薄剪春虫。"

⑨ **将相兼行唐李靖**　唐初军事家、开国名将李靖，本名药师，京兆三原（今陕西三原东北）人。文武双全，以武能治军，以文善理政。唐高祖李渊时，任行军总管；太宗时，任兵部尚书，先后平吴，破突厥，定吐谷浑，功业极伟，封卫国公。大臣王圭对太宗说："才兼文武，出将入相，臣不如李靖。"（见《唐书·李靖传》《贞观政要》）

⑩ **霸王杂用汉萧何**　汉相萧何治国，霸道（靠武力、刑罚、权势治天下）王道（以儒家的"仁义"治天下）兼施。萧何：沛县（今属江苏）人。秦时，曾为沛县吏。后佐刘邦起义，灭掉秦朝，身任丞相。楚汉战争中，荐韩信为大将，自己以丞相身份留守关中，输送士卒粮饷支援作战。汉朝天下既定，论功第一，封酂侯。他延秦法制定汉朝律令，著《九章律》。（见《史记·萧何传》）

⑪ **月本阴精，岂有羿妻曾窃药**　神话传说，后羿从西王母处求得不死之药，羿妻嫦娥偷吃后，奔上月亮。此即"嫦娥奔月"之典故。（见《淮南子·览冥训》）但自古就有人否认"嫦娥奔月"之说。汉朝丁鸿在《日食上封事》中说"月者阴精，盈毁（月圆月消）有常（是自然规律）"，哪有嫦娥偷药奔月之事。

⑫ **星为夜宿，浪传织女漫投梭**　神话传说，天上织女星是天帝的七孙女，她在天上与姐姐整天投梭织锦。后自主下凡嫁给牛郎，生儿育女。（见《古诗十九首·迢迢织女星》）但自古就有人否认"织女投梭"之说。《诗经·小雅·大东》云："跂彼织女，终日七襄；虽则七襄，不成报章。"意思是：天上织女两脚分开，一天七次移动地方；虽然七次移动地方，却不能织成布匹。

⑬ **缥缈**　高远隐约貌。［唐］白居易《长恨歌》诗云："忽闻海外（边远地区）有仙山，山在虚无缥缈间。"　　**婆娑**　畅快舒适状。［唐］姚合《游阳合岸》诗云："醉时眠石上，肢体自婆娑。"

⑭ **长杨**　指"长杨宫"。旧址在今陕西周至县东南。本为秦旧宫，汉时重加修饰，为秦、汉时游猎的地方。内有垂杨数亩，故称"长杨宫"。（见《三辅黄图·宫》）　　**细柳**　指"细柳营"。旧址在今陕西咸阳西南。汉文帝时，大臣周勃之子周亚夫为将军，屯军细柳，防备匈奴。军营纪律严明，

文帝亲往劳军，亚夫传令：御马不得驰驱。既入，"按辔徐行"。

⑮ **嫩蕊** 含苞蕊花欲放。[唐] 杜甫《滕王亭子》诗云："清江锦石伤心丽，嫩蕊浓花满目斑。"　**寒莎** 秋寒莎草凋萎。[宋] 张抡《醉落魄》诗云："寒莎败壁蛩吟切。沈沈（沉沉）永漏灯明灭。"

⑯ **追风马** 名贵的骏马。[晋] 崔豹《古今注·鸟兽》云："秦始皇有名马七：一曰追风，二曰白兔，三曰蹑景，四曰奔电，五曰飞翮，六曰铜爵，七曰晨凫。"[北魏] 杨衒之《洛阳伽蓝记·法云寺》："[元琛] 在秦州，多无政绩，遣使向西域求名马，远至波斯国，得千里马，号曰'追风赤骥'。"

⑰ **挽日戈** 传说春秋时期，鲁阳公与韩国有仇而开战，战犹酣，日将落，阳公持戈挥日，太阳随即倒退三舍（一舍三十里），天大亮，继续对战。（见《淮南子·览冥训》）

⑱ **玉液金波** 比喻美酒。[元] 薛昂夫《端正好·高隐》曲云："俺这里虽无那玉液金波，瓦盆中浊酒连糟饮。"

⑲ **紫诏衔丹凤** 丹凤衔诏是帝王受命的瑞应。传说，商朝末，有凤凰衔紫诏（古时皇帝诏书用紫泥封，泥上盖印，故称"紫诏"）游文王之都，送达于姬发，后称帝周武王。（见《春秋元命苞》）[汉] 焦延寿《焦氏易林》云："凤凰衔书，赐我玄圭，封为晋侯。"

⑳ **黄庭换白鹅** 东晋书法家王羲之，出身贵族，官至右军将军。生性爱鹅。一次，去参观山阴道士养的白鹅。观后，要求买鹅。道士说："请为我观（道

羲之爱鹅

院）写《道德经》（经查证，王羲之写给道士的是《黄庭经》，全称《黄庭外景经》，传说亦为老子所作，共三篇，并非《道德经》），将以群鹅相赠。"羲之欣然写毕，提笼鹅而归，甚乐。（见《晋书·王羲之传》）

㉑ **画阁江城梅作调**　黄鹤楼上听《梅花落》。画阁：指江城（今武汉市）黄鹤楼。梅作调：指笛曲"梅花落"。［唐］李白《与史郎中钦听黄鹤楼上吹笛》诗云："黄鹤楼中吹玉笛，江城五月落梅花（即'梅花落'曲）。"

㉒ **兰舟野渡竹为歌**　木兰舟里传《竹枝词》。兰舟：木兰舟，船的美称。竹为歌：指唐刘禹锡所创的乐府名《竹枝词》。《竹枝词》多写男女爱情和乡土风俗的内容。［唐］白居易《竹枝词》云："竹枝苦怨怨何人，夜静山空歇又闻。蛮儿巴女齐声唱，愁杀江楼病使君（指白居易自己。使君是对州郡长官的尊称。当时白居易是忠州郡守）。"

㉓ **门外雪飞，错认空中飘柳絮**　晋代才女谢道韫，聪慧有才智。一次，天下大雪，道韫之叔父谢安（晋朝大臣）问侄儿胡儿："大雪纷飞何所似？"胡曰："撒盐空中差可拟（好比从空中往地上撒盐巴）。"道韫曰："未若柳絮因风起（不如说像风起柳絮空中飞）。"谢安大赞侄女奇才。（见《晋书·王凝之妻谢氏传》）

㉔ **岩边瀑响，误疑天半落银河**　唐代诗人李白游庐山香炉峰瀑布，作《望庐山瀑布》诗云："日照香炉生紫烟，遥看瀑布挂前川。飞流直下三千尺，疑是银河落九天。"

㉕ **荇荷**　荇菜与荷花。［唐］李邕《斗鸭赋》云："避参差之荇菜，随菡萏之荷花。"

㉖ **薜荔**　木本植物，又名木莲。果实形似莲房，可入药。屈原《离骚》云："揽木根以结茝兮，贯薜荔之落蕊。"　　　　**藤萝**　泛指有匍匐茎和攀援茎的植物。［唐］崔颢《游天竺寺》诗云："青翠满寒山，藤萝覆冬沼。"

㉗ **梯云步月**　亦作"步云登月"。形容志向远大。梯云：即"登云"。［明］谢谠《四喜记·赴试秋闱》云："我劝你休（莫要）带怜香惜玉心，顿忘步云登月志。"

㉘ **樵唱渔歌**　也称"樵歌渔唱"，樵夫渔夫的歌声。［唐］杜荀鹤《献郑给事》诗云："化行邦域二年春，樵唱渔歌日日新。"［宋］曹冠《燕喜词·哨遍》词云："听江渚、樵歌渔唱。"

㉙ **升鼎雉**　商朝殷高宗武丁设鼎祭成汤，有飞雉升鼎耳而鸣。问其臣祖

巳，已以为是灾异的征兆，劝王修德，国因此而中兴。（见《尚书·高宗肜日》）

㉚ **听经鹅** 传说清朝康熙年间，南岳祝圣寺住持杨晓堂（法号明哲）收养了一只鹅和一只猿，鹅猿随僧入定（僧人修行的一种方法，端坐闭眼，心神专注）、听经。时人湖南巡抚王之枢有诗云："猿知入定惊无物，鹅怪听经亦解人。"

㉛ **北海** 指孔北海。汉朝末年，文学家孔融能诗善文，为人恃才负气。曾任北海郡太守，时称"孔北海"。（见《汉书·孔融传》） **东坡** 指苏东坡。北宋文学家、书画家苏轼，字子瞻，眉州眉山（今属四川）人。元丰年间，因"乌台诗案"被贬谪黄州（今湖北黄冈）时，筑室东坡，因此自称东坡居士。（见《宋史·苏轼传》）

㉜ **吴郎哀废宅** 西楚霸王项羽进入秦都咸阳，烧毁阿房宫。唐代诗人吴融，字了华，作《废宅》诗一首，中有"几树好花虚白昼，满厅花草易黄昏。放鱼池涸蛙争聚，栖燕梁空雀自喧。不独凄凉眼前事，咸阳一火便寒原"。

㉝ **邵子乐行窝** 北宋哲学家邵雍，字尧夫，先祖范阳人，幼随父迁共城（今河南辉县）。隐居苏门山百源（即今辉县百泉）之上，自号"安乐先生"，名其屋为"安乐窝"。曾撰《无名公传》云："所寝之室谓之'安乐窝'，不求过美，惟求冬燠夏凉。"后迁居洛阳达三十年。朝廷屡授其官，不赴。与司马光过从甚密。他认为太极是宇宙的本原，太极永恒不变，而天地万物则皆有消长、有始终。程颢叹邵雍有"内圣外王之学"。（见《宋书·邵雍传》）

㉞ **丽水良金皆待冶** 丽水之金虽良好，都待冶炼。丽水良金：产金之丽水。有两种说法：一说为荆南之丽水。《韩非子·内储·七术》云："荆南之地，丽水之中生金，人多窃采金。"一说云南丽水县北之丽江，亦称丽水。《旧唐书·贾耽传》云："泸南贡丽水之金，漠北献余吾之马。"

㉟ **昆山美玉总须磨** 昆山之玉虽美丽，总须琢磨。昆山：昆仑山的简称，西起帕米尔高原东部，横贯新疆西藏间，东延入青海境内。昆山玉：以产于新疆和田的"和田玉"最有名。《史记·李斯传上书》云："今陛下致昆山之玉，有隋（指'隋珠'。隋侯见伤蛇，敷药救之。后蛇潜江中衔大珠以报）和（指'和氏璧'）之宝。"

㊱ **雨过皇州，琉璃色灿华清瓦** 皇州：指帝都长安（今西安）。华清瓦：

指建筑华丽的华清宫，华清宫中有温泉，名为华清池，杨贵妃于此洗浴。[唐]卢纶《华清宫》诗云："水气朦胧暖画梁（华丽的屋梁），一回开殿满山香。宫娃几许经歌舞，白首翻令忆建章（汉武帝在长安修建的宫殿）。"[唐]白居易《长恨歌》诗云："春寒赐浴华清池，温泉水滑洗凝脂。"

㊲ **风来帝苑，荷芰香飘太液波**　帝苑：指帝王苑林。太液：指太液池。汉、唐、元等朝都建有太液池。[唐]罗隐《宿荆州江陵驿》诗云："风动芰荷香四散，月明楼阁影相侵。"

㊳ **及第登科**　科举考试中选的叫"及第"。从乡试、会试、殿试都是第一名者，叫"三元及第"。隋唐时期，及第登科只指考中进士；明清时期只指殿试的前三名。

㊴ **冰清玉润**　晋代卫玠娶乐广之女为妻。卫玠有"诸王三子，不如卫家一儿"之美誉；乐广在海内更有重名。故裴叔道称赞说："妻父有冰清之姿，女婿有璧润（亦作'玉润'）之望。"后以"冰清玉润"作为岳父与女婿的美称。（见《世说新语·言语》《卫玠别传》）

㊵ **地利人和**　地理上的有利形势和人气上的同心协力。《孟子·公孙丑下》云："天时不如地利（城池险阻牢固），地利不如人和。"

㊶ **韩擒虎**　隋朝大将，字子通，河南东垣（今河南新安）人。能文能武，以胆略著称。受隋文帝委任，率隋兵渡江攻入建康（今南京），生俘陈后主陈叔宝，因功进位上柱国。（见《隋书·韩擒虎传》）

㊷ **荣驾鹅**　春秋末期鲁国贤大夫。据《鲁史》记载：鲁昭公稠死后，执掌鲁国政权的上卿季孙氏要将阚公氏陪葬，荣驾鹅劝阻道："你如将活人殉葬，后代必将以你今天的举动为耻辱。"制止了季孙氏的愚忠行为。鲁昭公死后，拟由其弟宋继位。而季孙氏想夺位当鲁国君主，以荣耀后代子孙。荣驾鹅说："生者不能忠于死者，还想夺其继承者之权，必不为世人敬服。"又一次制止了季孙氏的妄念。

㊸ **青女**　神话中主管霜雪的神。《淮南子·天文》云："至秋三月，地气不藏，乃收其杀。百虫蛰伏，静居闭户。青女乃出，以降霜雪。"　**素娥**　神话中月亮上的嫦娥。[南朝宋]谢庄《月赋》云："引玄兔于帝台，集素娥于后庭。"或曰是天河神女，叫"素女"。相传，晋朝谢端在邑下得一大螺，贮瓮中养之。一日早出潜归，在篱外偷窥，见一少女从瓮中出。问从何来，答曰："我天汉（银河）中白水素女。"（见[晋]陶潜《搜神后记》）[唐]李商隐

《霜月》诗云："青女素娥俱耐冷，月中霜里斗婵娟。"

㊹ **破头朱泚笏**　唐朝节度使朱泚在长安召僚属议事，欲叛唐窃位。与会的司农卿段秀实"怒而起，夺座中源休之笏击中泚头，秀实遇害"。（见《唐书·段秀实传》）

㊺ **折齿谢鲲梭**　晋代谢鲲挑逗调戏邻家女，邻女在织布，遂投梭抗拒，织梭折断谢鲲两颗牙齿。从此称妇女抗拒男子挑诱为"投梭"。（见《世说新语·赏誉》）

㊻ **留客酒杯应恨少**　留客饮酒总嫌少。〔唐〕王维《送元二使安西》诗云："劝君更尽（再喝）一杯酒，西出阳关无故人。"〔唐〕白居易《劝酒》诗云："劝君一盏君莫辞，劝君两盏君莫疑，劝君三盏君始知。"

㊼ **动人诗句不须多**　孟浩然是与王维齐名的著名唐代诗人，早年隐居鹿门山，曾游历东南各地，以诗自适（为乐）。四十岁游长安，考进士不中，返回原籍襄阳，五十刚过便病逝。诗圣杜甫在《遣兴》诗作中，追念孟浩然，并盛赞孟浩然的诗，写道："吾怜孟浩然，褐褐（破旧粗布短衣）即长夜（死后埋葬）。赋诗何必多，往往凌（超过）鲍（鲍照）谢（灵运、惠连、玄晖'三谢'）。"

㊽ **绿野凝烟，但听村前双牧笛**　王安石《和圣俞农具诗·牧笛》诗云："绿草无端倪，牛羊在平地。芊绵杳霭间，落日一横吹。"〔宋〕雷震《村晚》诗云："草满池塘水满陂，山衔落日浸寒漪。牧童归去横牛背，短笛无腔信口吹。"

㊾ **沧江积雪，惟看滩上一渔蓑**　大雪纷飞中，只见江滩上立着一个披蓑衣戴斗笠的钓翁。〔唐〕柳宗元《江雪》诗云："千山鸟飞绝，万径人迹灭。孤舟蓑笠翁，独钓寒江雪。"

六 麻

qīng duì zhuó měi duì jiā bǐ lìn duì jīn kuā huā xū duì liǔ yǎn wū jiǎo
清 对 浊，美 对 嘉。鄙 吝 对 矜 夸①。花 须 对 柳 眼②，屋 角
duì yán yá zhì hé zhái bó wàng chá qiū shí duì chūn huá qián lú pēng bái
对 檐 牙③。志 和 宅④，博 望 槎⑤。秋 实 对 春 华⑥。乾 炉 烹 白
xuě kūn dǐng liàn dān shā shēn xiāo wàng lěng shā chǎng yuè biān sài tīng cán yě
雪⑦，坤 鼎 炼 丹 砂⑧。深 宵 望 冷 沙 场 月⑨，边 塞 听 残 野
shù jiā mǎn yuàn sōng fēng zhōng shēng yǐn yǐn wéi sēng shè bàn chuāng huā yuè
戍 笳⑩。满 院 松 风，钟 声 隐 隐 为 僧 舍⑪；半 窗 花 月，
xī yǐng yī yī shì dào jiā
锡 影 依 依 是 道 家⑫。

léi duì diàn wù duì xiá yǐ zhèn duì fēng yá jì méi duì huái jú niàng
雷 对 电，雾 对 霞。蚁 阵 对 蜂 衙⑬。寄 梅 对 怀 橘⑭，酿
jiǔ duì pēng chá yí nán cǎo yì mǔ huā yáng liǔ duì jiān jiā bān jī cí
酒 对 烹 茶⑮。宜 男 草⑯，益 母 花⑰。杨 柳 对 蒹 葭⑱。班 姬 辞
dì niǎn cài yǎn qì hú jiā wǔ xiè gē lóu qiān wàn hù zhú lí máo shè liǎng
帝 辇⑲，蔡 琰 泣 胡 笳⑳。舞 榭 歌 楼 千 万 户，竹 篱 茅 舍 两
sān jiā shān zhěn bàn chuáng yuè míng shí mèng fēi sài wài yín zhēng yì qǔ huā
三 家㉑。珊 枕 半 床，月 明 时 梦 飞 塞 外㉒；银 筝 一 曲，花
luò chù rén zài tiān yá
落 处 人 在 天 涯㉓。

yuán duì quē zhèng duì xié xiào yǔ duì zī jiē shěn yāo duì pān bìn mèng
圆 对 缺，正 对 斜。笑 语 对 咨 嗟㉔。沈 腰 对 潘 鬓㉕，孟
sǔn duì lú chá bǎi shé niǎo liǎng tóu shé dì lǐ duì xiān jiā yáo rén fū
笋 对 卢 茶㉖。百 舌 鸟㉗，两 头 蛇㉘。帝 里 对 仙 家㉙。尧 仁 敷
shuài tǔ shùn dé bèi liú shā qiáo shàng shòu shū céng nà lǚ bì jiān tí jù
率 土㉚，舜 德 被 流 沙㉛。桥 上 授 书 曾 纳 履㉜，壁 间 题 句
yǐ lǒng shā yuǎn sài tiáo tiáo xuě qì fēng shā hé kě jí cháng shā miǎo miǎo
已 笼 纱㉝。远 塞 迢 迢，雪 碛 风 沙 何 可 极㉞；长 沙 渺 渺，
xuě tāo yān làng xìn wú yá
雪 涛 烟 浪 信 无 涯㉟。

shū duì mì pǔ duì huá yì hú duì cí yā hè qún duì yàn zhèn bái
疏 对 密，朴 对 华。义 鹕 对 慈 鸦㊱。鹤 群 对 雁 阵㊲，白

zhù duì huáng má　dú sān dào　yín bā chā　sù jìng duì xuān huá　wéi qí jiān
苎对黄麻^㊳。读三到^㊴，吟八叉^㊵。肃静对喧哗。围棋兼

bǎ diào　chén lǐ bìng fú guā　yǔ kè piàn shí néng zhǔ shí　hú chán qiān jié sì
把钓^㊶，沉李并浮瓜^㊷。羽客片时能煮石^㊸，狐禅千劫似

zhēng shā　dǎng wèi cū háo　jīn zhàng lǒng xiāng zhēn měi jiǔ　táo shēng qīng yì　yín
蒸沙^㊹。党尉粗豪，金帐笼香斟美酒；陶生清逸，银

cháng róng xuě chuò tuán chá
锝融雪啜团茶^㊺。

注 解

① **鄙吝** 过分吝啬。此处指"心胸狭窄"。〔唐〕高适《苦雨寄房四昆季》诗云："携手流风在，开襟鄙吝祛。"　　**矜夸** 骄傲自大。〔北齐〕颜之推《颜氏家训·文章》云："孙楚（西晋诗人，性情凌傲，才藻卓绝，爽迈不群）矜夸凌上，陆机犯顺履险。"

② **花须柳眼** 形容春天柳抽叶，花吐蕊。花须：花蕊如胡须。柳眼：初生柳叶如睡眼初展。〔唐〕李商隐《二月二日》诗云："花须柳眼各无赖，紫蝶黄蜂俱有情。"

③ **屋角** 屋子偏僻角落处。〔宋〕王安石《客至当饮酒》诗云："天提两轮（指日月）光，环我屋角走。"　　**檐牙** 屋檐端处翘如牙。〔唐〕杜牧《阿房宫赋》云："廊腰缦回，檐牙高啄（像鸟在半空飞啄）。"

④ **志和宅** 唐代诗人张志和，原名龟龄，字子同，婺州金华（今属浙江）人。十六岁入太学，擢明经。肃宗时命待诏翰林，授左金吾卫录事参军。后贬黜南浦尉，赦还后不复仕，隐居江湖，以"太虚（天空）为庐（屋），明月为伴"，自号"烟波钓徒"。善歌词，能书画、击鼓、吹箫。作品有《渔父词》《玄贞子》。（见《新唐书·张志和传》）

⑤ **博望槎** 博望：古地名，在今河南方城西南。汉代杰出的外交家张骞因功被封为"博望侯"。据民间传说，张骞出使西域大夏时，曾乘槎（木筏）寻河源，故称"博望槎"。经月，槎至一处，见城郭和州府，遥望室内有一织女，又见一男子牵牛饮水。始知已到牛郎、织女星。（见《荆楚岁时记》）

⑥ **秋实春华** 种果树，春赏其花，秋收其果。文人常用来比喻文采与德行。三国魏曹植家丞邢颙，品行高洁，庶子刘桢美于文辞，曹植亲刘桢而疏

邢颙。刘桢则上书谏曰："私惧观者将谓君侯习近不肖，礼贤不足，采庶子之春华，忘家丞之秋实。"（见《三国志·魏志·邢颙传》）［北齐］颜之推《颜氏家训·勉学》云："夫学者，犹种树也，春玩其华，秋登其实。讲论文章，春华（通'花'）也；修身利行，秋实也。"其意是重文采，不可轻德行。

⑦ **乾炉烹白雪**　乾炉：鼎器，亦作"乾鼎"，是古代烹煮用的器具，道家用为炼丹容器。道家认为鼎器效法天地（乾坤），故有"乾炉坤鼎"或"乾鼎坤炉"之称。烹白雪，指煮茶。［宋］张伯端《悟真篇》诗云："先法乾坤为鼎器，次搏乌兔药来烹。"［唐］陆羽《茶经》云："以滓（渣滓）煮之，及沸，则重华累沫（水面泡沫一层），皤皤然（洁白貌）若积雪耳。"

⑧ **坤鼎炼丹砂**　道家认为用丹砂可炼成长生药。［唐］李白《飞龙引二首》云："黄帝铸鼎于荆山，炼丹砂。丹砂成黄金，骑龙飞上太清家。"

⑨ **深宵望冷沙场月**　这是唐代诗人王昌龄《塞上曲》中"骝马新跨白玉鞍，战罢沙场月色寒"诗意的化用。

⑩ **边塞听残野戍笳**　这是诗圣杜甫《后出塞五首》中"悲笳数声动，壮士惨不骄"诗意的化用。

⑪ **满院松风，钟声隐隐为僧舍**　这是唐代诗人张继《枫桥夜泊》中"姑苏（今江苏苏州）城外寒山寺，夜半钟声到客船"诗意的化用。［唐］郎士元《柏林寺南望》诗云："溪上遥闻精舍钟，泊舟微径度深松。"

⑫ **半窗花月，锡影依依是道家**　锡影：即锡杖，僧人出门云游所持的禅杖，杖头有锡环，振时作锡锡声。依依：隐隐约约的样子。道家：指佛舍。［晋］竺僧度《答杨苕华书》云："披袈裟，振锡杖，饮清流，咏波若，虽王公之服，八珍之膳，铿锵之声，炜晔之色，不与易也。"

⑬ **蚁阵蜂衙**　蚁阵：两群蚂蚁交战时排列的战阵，亦作"蚁战"。蜂衙：群蜂簇拥蜂王，像百官上朝衙参。［宋］陆游《睡起至园中》诗云："更欲世间同省事，勾回蚁阵放蜂衙。"［明］康海《中山狼》诗云："谁弱谁强排蚁阵，争甜争苦闹蜂衙。"

⑭ **寄梅**　南北朝时，宋国陆凯与范晔友善，曾自江南寄梅花一枝给远在长安的范晔，并赠诗一首："折花逢驿使，寄与陇头人。江南无所有，聊赠一枝春。"（见［南朝］盛弘之《荆州记》）　**怀橘**　三国吴郁林太守陆绩，通天文、历算。六岁时到袁术家做客，袁术给他橘子吃，绩偷装三枚于怀中。拜别时，橘子掉落地上，袁术说："你来做客，还偷装橘子？"陆绩下跪说：

"我想拿回去给母亲吃。"袁术听了，更加器重陆绩。后以"怀橘"为孝亲之典。（见《三国志·吴志·陆绩传》）

⑮ **烹茶**　煮茶。〔汉〕王褒《僮约》云："脍芋脍鱼，炰鳖烹茶。"

⑯ **宜男草**　一名"忘忧草"。萱草的别名。旧时迷信，说孕妇佩萱草则生男孩，故名。〔前蜀〕杜光庭《录异记》云："妇人带宜男草，生儿。"

⑰ **益母花**　一名"茺蔚子"。草药名。《本草纲目·草四茺蔚》云："此草及子皆茺盛密蔚，故名茺蔚，其功宜于妇人及明目益精，故有益母之称。"

⑱ **萧葭**　荻苇和芦苇的合称，二者皆为常见的水草。用来比喻微贱。西汉古书《韩诗外传》云："闵子（孔子弟子）曰：'吾出萧葭之中，入夫子（指孔子）之门。'"

⑲ **班姬辞帝辇**　汉成帝游后苑，命班妃婕妤同辇，班婕妤说："古代圣贤之君，都有名臣在旁；只有末代皇帝才亲近女色。"固辞。成帝钦佩。（见《汉书·班婕妤传》）

⑳ **蔡琰泣胡笳**　东汉女诗人蔡琰，字文姬，陈留（今河南杞县南）人。东汉文学家、书法家蔡邕之女。博学有才辩，通音

文姬归汉

律。初嫁河东卫仲道，夫亡无子，归娘家。汉末，天下大乱，为董卓部将所获，归南匈奴左贤王，生二子，居匈奴十二年。曹操以金璧赎归汉朝，再嫁董祀。作《悲愤诗》《胡笳十八拍》，叙其流匈奴，归汉朝，与亲子离别的悲惨生活与矛盾心情。（见《后汉书·董祀妻传》）

㉑ **舞榭歌楼千万户，竹篱茅舍两三家**　这是诗圣杜甫《水槛遣心二首》中"去郭（离城）轩楹敞，无村（眼前方无村庄）眺望赊（远）……城中十万户，此地两三家"诗意的化用。这两句是将城市中的繁华热闹与村郊的幽静闲适进行对比，杜甫诗中末两句则是用城中景象反衬其草堂环境的幽静。诗圣杜甫经过长年颠沛流离的生活后，安身于成都草堂，他不羡慕城中的舞榭歌楼，而极欣赏乡间竹篱茅舍的幽静环境。

㉒ **珊枕半床，月明时梦飞塞外**　这是对女子秋夜因思念戍边丈夫而倚枕苦思的描写。[唐] 王维《伊州歌》云："清风明月苦相思，荡子从戎十载余。征人去时殷勤嘱，归雁来时数附书。"

㉓ **银筝一曲，花落处人在天涯**　这是写女子秋夜因思念旅外丈夫而鼓筝抒发伤感情怀。花落：指秋季。[唐] 王维《秋夜曲》诗云："桂魄（指月亮）初生秋露微，轻罗已薄未更衣。银筝夜久殷勤弄，心怯空房不忍归。"[唐] 薛涛《春望词四首》云："花开不同赏，花落不同悲。欲问相思处，花开花落时。"

㉔ **笑语**　说笑。《诗经·小雅·楚茨》云："礼仪卒度（礼节仪容合规矩），笑语卒获（嬉笑言语尽适当）。"　　**咨嗟**　赞叹。[宋] 欧阳修《赠无为军李道士》诗云："李师琴纹如卧蛇，一弹使我三咨嗟。"亦作"叹息"。[唐] 吴兢《雁门太守行》云："[王涣] 病卒，老少咨嗟。"

㉕ **沈腰**　南朝梁尚书令沈约，字文休，武康（今浙江省武康县）人。笃志好学，博通群书。历仕宋、齐、梁三朝。因体弱多病，腰围减损，故称"沈腰"。后以"沈腰"作为身体瘦损的代称。（见《南史·沈约传》）

潘鬓　西晋文学家潘岳，又名潘安，字安仁。才貌双全。曾任河阳令、著作郎。三十二岁时两鬓即出现白发，故称"潘鬓"。（见《晋书·潘安传》）

㉖ **孟笋**　三国吴司空孟宗，一名孟仁，字恭武，江夏人，以孝著称。其母病，想吃笋，时值严冬无笋，宗入竹林悲泣哀叹，笋竟出生。（见《三国志·吴志·孙皓传·注引楚国先贤传》）　　**卢茶**　唐代诗人卢仝，号玉川子，济源（今属河南）人，其《走笔谢孟谏议寄新茶》诗描述了连喝七碗新

茶的感受：一碗喉吻润；两碗破孤闷；三碗搜枯肠，唯有文字五千卷；四碗发轻汗，平生不平事，尽向毛孔散；五碗肌骨清；六碗通仙灵；七碗吃不得也，唯觉两腋习习清风生。简直是飘飘欲仙了。

㉗ **百舌鸟** 即反舌，也称"鹣鹣"，因其鸣声反复如百鸟之音，故名。立春后鸣啭不已，夏至后即无声。入冬即死。[唐] 杜甫《百舌》诗云："百舌来何处？重重只报春。"[唐] 郭愔《百舌诗》云："百舌鸣高处，弄音无常则。"

㉘ **两头蛇** 状似两个头的蛇。[唐] 刘恂《岭表录异》云："[两头蛇] 一头有口眼，一头似头而无口眼。"传说见两头蛇者必死，楚国孙叔敖为了除害，杀两头蛇，埋掉，结果孙叔敖并未死。（见 [汉] 贾谊《新书·春秋》《世说新语·德行》）

㉙ **帝里** 帝王居住的地方。《晋书·王导传》云："建康，古之金陵，旧为帝里，孙仲谋、刘玄德俱言王者之宅。"[唐] 杜甫《寄高适岑参三十韵》诗云："无钱居帝里，尽室在边疆。" **仙家** 仙人居住的地方。《海内十洲记》云："元洲在北海中，地方三千里，去南岸十万里，上有五芝玄涧亦多仙家。"[唐] 杜甫《滕王亭子》诗云："春日莺啼修竹里，仙家犬吠白云间。"

㉚ **尧仁敷率土** 尧帝之仁遍及全域。率土：所有管辖的地域。这是宋朝欧阳修《端午帖子词二十首·皇帝合六首》中"尧仁浃九区"诗句的化用。原诗是："舜舞来遐俗，尧仁浃（遍及）九区（即九州）。五兵消以德，何用赤灵符。"

㉛ **舜德被流沙** 舜帝之德传布四方。流沙：泛指我国西北地区。这是唐代马植《奉和白敏中圣道和平致兹休运岁终功就合咏盛明呈上》中"舜德尧仁化犬戎"诗句的化用。原诗是："舜德尧仁化犬戎（古对西北地区少数民族的称呼），许提河陇款皇风。指挥貔武皆神算，恢拓乾坤是圣功。"

㉜ **桥上授书曾纳履** 张良刺秦始皇不中，逃匿下邳，在圯生（桥名）上遇一老人。老人把鞋子丢到河里，命张良捡出，并令张良给自己穿上。张良无奈地照办了。老人说："孺子可教也。"遂授予张良《太公兵法》，说："读此书则为王者师矣。后十年兴。十三年孺子见我济北，谷城山下黄石即我矣。"后张良成为刘邦的重要谋士。张良随高祖刘邦过济北，果见谷城山下黄石，便取而祠之。（见《史记·留侯世家》）

㉝ **壁间题句已笼纱** 唐代进士、尚书左仆射王播，太原人。累任盐铁转运使，后封太原郡公。少孤贫，客居扬州惠照寺，随僧斋食，为诸僧所不礼。王播做了宰相，重游惠照寺，见自己昔日在该寺壁上所题诗句，寺僧改用碧纱盖护，于是又题诗曰："二十年来尘扑面（墙上诗被灰尘覆盖），如今始得碧纱笼。"（见［五代］王定保《唐摭言·起自寒苦》）

再者，北宋魏野曾从寇准游陕府僧舍，各留有题句。后二人又同游陕府，见寇准诗已用碧纱笼盖护，而魏野的诗独无纱护，尘昏满壁。从行官妓即以袂（袖）拂尘，魏野平和地说："若得常将红袖拂，也应胜似碧纱笼。"

㉞ **远塞迢迢，雪碛风沙何可极** 边塞遥远，雪原飞沙无边际。远塞：边塞。雪碛：即"碛雪"，大漠上的雪原。何可极：哪里是边？［唐］杨炯《折杨柳》云："边地遥无极，征人去不还。"［唐］李咸用《昭君》诗云："日暮边风急，程遥碛雪深。"［唐］岑参《走马川行奉送封大夫出师西征》诗云："走马川行雪海边，平沙莽莽黄入天。轮台九月风夜吼，一川碎石大如斗。"

㉟ **长沙渺渺，雪涛烟浪信无涯** 沙原辽阔，雪涛烟浪无尽头。［唐］胡曾《五湖》诗云："东上高山望五湖，雪涛烟浪起天隅。"［宋］熊禾《赫曦台四景·中宵皓月》诗云："风涛雪浪无际涯，绝岸时看孤岛出。"

㊱ **义鹘** 行侠仗义的猛鹘。［唐］杜甫作《义鹘行》诗云："阴崖有苍鹰，养子黑柏颠。白蛇登其巢，吞噬恣朝餐。"雌鹰向鹘诉苦，猛鹘奋击长空，觅得白蛇，断其首，穿其肠，为鹰报仇。 **慈鸦** 也称"孝乌"。传说乌鸦能反哺其母，故称"慈鸦"。杜甫《题桃树》诗云："帘户每宜通乳燕，儿童莫信（信手，随便）打慈鸦。"

㊲ **鹤群** ［唐］司空图《自河西归山二首》诗云："鹤群长扰三珠树，不借人间一只骑。"鹤群：也称"鹤列"，比喻兵卒排阵如鹤之飞行行列。［唐］独孤及《风后八阵图记》云："握机制胜，作为阵图……彼魏之鹤列，郑之鱼丽（军阵名），周之熊罴（比喻勇士），昆阳之虎豹（比喻士兵勇猛）。"

雁阵 雁飞行时排成的"一"字或"人"字队形。［唐］王勃《滕王阁诗序》云："渔舟唱晚，响穷彭蠡之滨；雁阵惊寒，声断衡阳之浦。"

㊳ **白苎黄麻** 白苎：即"白麻"，苎，苎麻，色白，故称"白麻"，亦作"白纻"。旧时写诏书皆用白纸，唐高宗时，以白纸易蠹，改用白麻布。凡立皇后太子、施赦、讨伐、除免三公将相，皆用白麻书。黄麻：指用来书写诏书的黄麻纸。凡慰劳军旅发诏，用黄麻纸。［唐］白居易《见于给事暇日上

直寄南省诸郎官诗因以戏赠》诗云："黄麻敕胜长生箓,白纻词嫌内景篇。"

㊴ **读三到** 南宋哲学家、教育家朱熹,字符晦,别号"紫阳",今江西婺源人。博览群书,广注典籍。从事教育五十余年,强调启发式教学。他认为读书必须做到心到、眼到、口到,才能有所得。他在《训学斋规·读书写文字》中说:"余尝谓读书有三到,谓:心到、眼到、口到……三到之中,心到最紧。心既到矣,眼口岂不到乎?"

㊵ **吟八叉** 唐代诗人温庭筠,字飞卿,太原人。文思敏捷,能诗善赋,亦善鼓琴吹笛。写文章运笔前,叉手专心构思,叉八次就吟成八韵,时人称他为"温八叉"或"温八吟"、"温八韵"。其诗词与李商隐齐名,时称"温李"。(见〔宋〕孙光宪《北梦琐言·温李齐名》)

㊶ **围棋兼把钓** 下围棋又钓鱼。这是唐代诗人温庭筠《送襄州李中丞赴从事》中"把钓看棋高兴尽,焚香起草宦情疏"诗句的化用。

㊷ **沉李并浮瓜** 沉李瓜于凉水。李:水果李子。炎夏人们把瓜果沉于井里或冷水中使凉,作夏日游宴消暑食品,故有"沉李浮瓜"之说。这是三国魏曹丕《与朝歌令吴质书》中"浮甘瓜于清泉,沉朱李于寒冰"诗句的化用。

㊸ **羽客片时能煮石** 道家修炼能煮石成饭。羽客:亦称"羽人",神话中有羽翼的人,即"仙人"。晋代葛洪在其《神仙传》中说:有个叫白石先生的人,常煮白石为粮。〔唐〕韦应物《寄全椒山中道士》诗云:"涧底束荆薪,归来煮白石。"

㊹ **狐禅千劫似蒸沙** 野狐狸修行,虽经千次灾难磨炼,也像想蒸沙成饭一样,不可能成仙。劫:梵语"劫波"的略称。意为极长的一个时期。佛教认为世界万物每几千万年将俱毁一次,这叫一劫。然后重新开始。蒸沙:想把沙石蒸成饭。比喻不可能成的事。《楞严经》云:"是故阿难若不断淫,修禅定者,如蒸沙石,经百千劫,只名热沙。何以故?此非饭,本沙石成故。"

㊺ **党尉粗豪,金帐笼香斟美酒;陶生清逸,银铛融雪啜团茶** 五代后周翰林学士陶谷之妾,原是党进(太尉)的家姬。一天下雪,陶谷取雪水煮茶给其妾喝,并问妾:"在党家享受过这种趣味吗?"妾曰:"党进是个粗人武夫,怎知给此乐趣;但能在销金帐(用金线装饰的帐子)底下逍遥,浅斟低唱,饮羊羔美酒。"陶谷大感惭愧。(见〔宋〕胡仔《苕溪渔隐丛话》)

七　阳

台对阁，沼对塘。朝雨对夕阳①。游人对隐士②，谢女对秋娘③。三寸舌④，九回肠⑤。玉液对琼浆⑥。秦皇照胆镜⑦，徐肇返魂香⑧。青萍夜啸芙蓉匣⑨，黄卷时摊薜荔床⑩。元亨利贞，天地一机成化育⑪；仁义礼智，圣贤千古立纲常⑫。

红对白，绿对黄。昼永对更长⑬。龙飞对凤舞⑭，锦缆对牙樯⑮。云弁使⑯，雪衣娘⑰。故国对他乡⑱。雄文能徙鳄⑲，艳曲为求凰⑳。九日高峰惊落帽㉑，暮春曲水喜流觞㉒。僧占名山，云绕茂林藏古殿㉓；客栖胜地，风飘落叶响空廊㉔。

衰对壮，弱对强。艳饰对新妆㉕。御龙对司马㉖，破竹对穿杨㉗。读班马㉘，识求羊㉙。水色对山光。仙棋藏绿橘㉚，客枕梦黄粱㉛。池草入诗因有梦㉜，海棠带恨为无香㉝。风起画堂，帘箔影翻青荇沼㉞；月斜金井，辘轳声度碧梧墙㉟。

臣对子，帝对王。日月对风霜。乌台对紫府㊱，雪

yōu duì yún fáng　　xiāng shān shè　　zhòu jǐn táng　　bù wū duì yán láng　　fēn jiāo tú
牖对云房㊲。香山社㊳，昼锦堂㊴。蔀屋对岩廊㊵。芬椒涂

nèi bì　　　wén xìng shì gāo liáng　　pín nǚ xìng fēn dōng bì yǐng　　yōu rén gāo wò běi
内壁㊶，文杏饰高梁㊷。贫女幸分东壁影㊸，幽人高卧北

chuāng liáng　　xiù gé tàn chūn　　lì rì bàn lǒng qīng jìng sè　　shuǐ tíng zuì xià　　xūn
窗凉㊹。绣阁探春，丽日半笼青镜色㊺；水亭醉夏，熏

fēng cháng tòu bì tǒng xiāng
风常透碧筒香㊻。

注解

① **朝雨**　早晨雨水。〔唐〕王维《送元二使安西》诗云："渭城朝雨浥
轻尘，客舍青青柳色新。"　　　**夕阳**　傍晚阳光。〔唐〕李商隐《登乐游原》
诗云："夕阳无限好，只是近黄昏。"

② **游人**　〔宋〕欧阳修《醉翁亭记》云："树林阴翳，鸣声上下，游人
（欧阳修及其从人）去而禽鸟乐也。"　　　**隐士**　〔唐〕刘禹锡《途中早发》
诗云："隐士应高枕，无人问姓名。"

③ **谢女**　晋代安西将军谢奕之女谢道韫，是王凝之之妻，聪慧有才辩。
一次，王凝之之弟王献之与宾客谈论，词理将屈，谢道韫屏于障幕后为献之
申辩，客中无人能驳倒。又一次，天下大雪，道韫之叔父谢安（晋朝大臣）
问侄儿胡儿："大雪纷飞何所似？"胡曰："撒盐空中差可拟（好比从空中往地
上撒盐巴）。"道韫曰："未若柳絮因风起（不如说像风起柳絮空中飞）。"谢安大
赞侄女奇才。（见《晋书·王凝之妻谢氏传》）　　　**秋娘**　唐代金陵人杜秋
娘，十五岁成为镇海节度使李锜之妾。元和年间，锜谋叛被杀，秋娘被收入
宫，为宪宗宠爱。穆宗即位后，被赐归故乡，穷老无依至终。善诗，其《金
缕衣》诗云："劝君莫惜金缕衣，劝君惜取少年时；花开堪折直须折，莫待
无花空折枝。"世称佳作。此"秋娘"后为"年老色衰妇女"的代称。又，
唐代李德裕的家姬，名谢秋娘，李德裕镇守浙西时，谢秋娘去世，遂作《望
江南》曲（亦称《梦江南》）示怀。此"秋娘"后为妓女的代称。

④ **三寸舌**　舌虽三寸小，但能言善辩。战国时期，说客毛遂随赵平原君
使楚，向楚王晓以利害，说服楚王救赵。平原君对毛遂说："毛先生以三寸之
舌，强于百万之师。"（见《史记·平原君传》）

⑤ **九回肠** 内心忧伤悲痛，犹如肠在腹中旋转。[南朝梁]徐陵《在北齐与杨仆射书》诗云："朝千悲而掩泣，夜万绪而回肠。"司马迁《报任少卿书》云："肠一日而九回。"

⑥ **玉液琼浆** 比喻美酒。《西游记》云："已造成了玉液琼浆，香醪佳酿。"

⑦ **秦皇照胆镜** 迷信传说，汉高祖刘邦初入咸阳宫，宫中藏一镜子，宽四尺，高五尺九寸，人来照之，影则倒见。用手扪心，能见肠胃五脏；如人有邪心，则胆张心动。秦始皇常用来照宫人，见胆张心动者，则杀之。（见[汉]刘歆《西京杂记》）

⑧ **徐兆返魂香** 迷信传说，汉武帝时，西域月氏国贡返魂香三枚，大如燕卵，黑如桑葚。燃此香，病者闻之即起；死未三日者，熏之即活。又传，徐兆遇苏德音，授以返魂香，燃之，能起上世忘魂。（见[汉]东方朔《海内十洲记》）

⑨ **青萍夜啸芙蓉匣** 匣里放的宝剑常发夜啸。青萍：宝剑名。芙蓉匣：刻有芙蓉花饰的剑匣。传说，上古帝王颛顼有一把宝剑，平日装在匣子里，如果某地将发生刀兵祸乱，它就会从匣子里飞出来，指向该方，并发出像"龙吟虎啸"的鸣叫声，提醒朝廷防患于未然。（见[晋]王嘉《拾遗记》）[宋]陆游《长歌行》诗云："国仇未报壮士老，匣中宝剑夜有声。"

⑩ **黄卷时摊薜荔床** 这是宋朝朱敦儒《浪淘沙·康州泊船》中"拥被换残香，黄卷堆床"和金代完颜璹《沁园春·壮岁耽书》中"壮岁耽书（酷爱读书），黄卷青灯，留连寸阴"词意的化用。黄卷：佛道两家用黄纸写的道书或佛经。泛指书籍。薜荔：又称木莲。常绿藤木，蔓生，叶椭圆形。薜荔床：多指隐士以草木当睡床。

⑪ **元亨利贞，天地一机成化育** 天地怀有"元亨利贞"四德，所以万物生长化育。"元亨利贞"出于《周易·乾卦》："乾。元亨利贞。"[唐]孔颖达《周易正义》引《子夏传》说："元，始也；亨，通也；利，和也；贞，正也。"认为乾卦"四德"意味着阳气始生万物，物生而通顺，能使万物和谐，并且坚固而得其终。[宋]程颐在所著《易传》中，依据孔说，将此四字解释为："元者万物之始，亨者万物之长，利者万物之遂，贞者万物之成。"以元亨利贞为天地生长万物的四种德行。

⑫ **仁义礼智，圣贤千古立纲常** 君子恪守"仁义礼智"纲常，定能为民

干番事业。纲常：三纲五常的简称。"三纲"是指"君为臣纲，父为子纲，夫为妻纲"，要求为臣、为子、为妻的必须绝对服从于君、父、夫，同时也要求君、父、夫为臣、子、妻作出表率。"五常"即仁、义、礼、智、信，是用以调整、规范君臣、父子、兄弟、夫妇、朋友等人伦关系的行为准则。

⑬ **昼永** 亦作"永昼"，漫长的白天。［宋］林逋《病中谢马彭年见访》诗云："山空门自掩，昼永枕频移。" **更长** 亦作"长更"，漫长的黑夜。［南唐］李煜《三台令》诗云："不寐倦长更，披衣出户行。"

⑭ **龙飞凤舞** 形容气势奔放。［宋］苏轼《袁忠观碑》云："天目之山，苕水出焉，龙飞凤舞，萃于临安。"

⑮ **锦缆牙樯** 有彩纹的船绳和饰有象牙的桅杆。［唐］杜甫《秋兴》诗云："珠帘绣柱围黄鹄，锦缆牙樯起白鸥。"

⑯ **云弁使** 指蜻蜓。称蜻蜓为"云弁使"，可能比喻它是空中的快速使者。弁：急速。据说蜻蜓的飞行速度每秒可达 40 米，既可直入云霄，又可突然回转，甚至可以后退飞行。另外，观察蜻蜓的活动可以判断天气的变化。小暑前后，若见蜻蜓成群地在田野上空低飞，可判定很快将出现高温天气；立秋前后，若见蜻蜓成群地在田野上空低飞，则可判定很快将有云雨来临。

⑰ **雪衣娘** 白鹦鹉。唐天宝年间，岭南献白鹦鹉，养于宫中，岁久颇聪慧，通晓言词，玄宗和杨贵妃皆呼为"雪衣女"，左右呼为"雪衣娘"。（见唐郑处诲《明皇杂事》）

⑱ **故国** 祖国；故乡。［唐］杜甫《上白帝城》诗云："取醉他乡客，相逢故国人。" **他乡** 异乡。［唐］王维《九月九日忆山东兄弟》诗云："独在异乡为异客，每逢佳节倍思亲。"

⑲ **雄文能徙鳄** 传说唐时广东恶溪（今之韩江）有鳄鱼为害百姓，新任潮州刺史韩愈令判官把一只猪一只羊投到溪中祭鳄，并作了一篇《祭鳄鱼文》，令鳄鱼限期滚开，如不听就要收拾它们。祭毕当晚，溪中狂风雷电骤起，不多日，溪水干涸，自此潮州无鳄鱼之患。（见《旧唐书·韩愈传》）

⑳ **艳曲为求凰** 传说西汉辞赋家司马相如爱上了回归成都娘家的新寡卓文君，遂作《琴歌》向文君求爱，歌中有"凤兮凤兮归故乡，遨游四海求其皇（凰）。"文君之父卓王孙不许，二人逃离成都私奔。（见《汉书·司马相如传》）另有佚名《凤求凰琴歌》曰："有美人兮，见之不忘，一日不见兮，思之如狂。凤飞遨翔兮，四海求凰。无奈佳人兮，不在东墙。将琴代语兮，

聊写衷肠。何时见许兮，慰我彷徨。愿言配德兮，携手相将。不得于飞兮，使我沦亡。"

弹琴看文君

㉑ **九日高峰惊落帽**　传说，九月九日，西晋重臣桓温的参军孟嘉随桓温游龙山，风起，孟嘉的帽被风吹落，嘉竟不自觉，径直入厕，良久未出。桓温令佐吏取起嘉帽，并命孙盛作文嘲嘉，放嘉座上。嘉归来见文，即回文应答，其文甚美，四坐惊叹俱服。（见《晋书·孟嘉传》）［唐］元稹《答姨兄胡灵之见寄五十韵》诗云："登楼王粲望，落帽孟嘉情。"

㉒ **暮春曲水喜流觞**　旧俗，三月三日，众人聚集水滨饮宴，以祛除不祥。在水上放置酒杯，杯流行，停在谁前，当即取饮，称为"流觞曲水"。［晋］王羲之《临河叙》云："此地有崇山峻岭，茂林修竹，又有清流激湍，映带左右，引以为流觞曲水。"

㉓ **僧占名山，云绕茂林藏古殿**　唐代侍御史吴融游浙江法华寺时，写《题越州法华寺》诗云："寺在五峰阴，穿缘一径寻。云藏古殿暗，石护小房深。"

㉔ **客栖胜地，风飘落叶响空廊**　宋朝金溪尉王镃，宋亡后遁逸为道士，隐居湖山。他在《宿香严院》诗中写道："地炉煨火柏枝香，借宿寒寮到上方。山近白云归古殿，风高黄叶响空廊。"元代散曲家徐再思登临长江边的江皋楼眺望前朝的甘露寺，他看到古寺旧址的破败荒凉景象，遂作《人月圆·甘露怀古》曲曰："江皋楼观前朝寺，秋色入秦淮。败垣芳草，空廊落叶，深砌苍苔。"抒发了吊古伤今的情怀及天涯孤旅的人生况味。

㉕ **艳饰**　同"艳妆"，艳妆浓抹。〔宋〕周密《武林旧事》诗云："清明前后十日，城中仕女艳饰。"〔南朝齐〕王融《春游回文诗》云："低吹杂纶羽，薄粉艳妆红。"　　**新妆**　女子新颖别致的打扮修饰。〔唐〕李白《清平调》词云："借问汉宫谁得似？可怜飞燕倚新妆。"

㉖ **御龙**　复姓。传说夏朝刘累学养龙，以侍夏侯孔甲，孔甲能吃能喝，遂赐刘累姓御龙氏。（见《史记·夏纪》）又比喻善用有才智之士。〔宋〕陆佃《埤雅·释鱼》云："《孙绰了》口：'高祖（刘邦）御龙，光武（刘秀）御虎。龙，韩（韩信）彭（彭越）之类；虎，耿（耿弇）邓（邓晨）之类。'"　　**司马**　复姓。周宣王时有个叫程伯休父的人，任司马官，后被赐姓司马氏。（见《史记·太史公自序》）唐代白居易贬官江州司马时，作《琵琶行》诗写道："座中泣下谁最多，江州司马青衫湿。"

㉗ **破竹**　比喻做事顺利无阻。三国后期，晋武帝司马炎吞并了蜀国后，又出兵灭吴。有人担心吴国立国长久，立灭它不切实际，主张慎行。大将杜预坚决主战，他说："今兵威已振，譬如破竹，数节之后，皆迎刃而解，无复着手处也。"在杜预的指挥下，晋军一鼓作气，攻占了吴国国都建业，终于统一了全国。（见《晋书·杜预传》）　　**穿杨**　比喻善射高手。古代，楚国有个叫养由基的人，善于射箭，距杨叶百步而射之，百发百中。这句是"百步穿杨"故事。（见《战国策·西周策》）

㉘ **读班马**　读班固的《汉书》、司马迁的《史记》。

㉙ **识求羊**　结识西汉求仲、羊仲两位高士。西汉哀帝时兖州刺史蒋诩，字符卿，桂陵人。廉直有名望。王莽摄政，以病归乡，卧不出门。舍中竹下开三径，唯故友求仲、羊仲从之游。二仲也都是崇廉而逃官埋名的。（见

《汉书·王贡两龚鲍传附蒋诩》、[汉]赵岐《三辅决录》）

㉚ **仙棋藏绿橘**　传说，巴邛人家有橘园，霜后有两橘大如三斗盎。剖开，有两老叟在弈棋，谈笑自若……一叟曰："橘中之乐不减商山（指'商山四皓'，四老隐士），但不得深根固蒂，为愚人摘下耳。"后人称下象棋为"橘中乐"。（见[唐]牛僧孺《幽怪录》）

㉛ **客枕梦黄粱**　唐代卢生在邯郸客店自叹穷困，道士吕翁从囊中取出一个枕头给卢生。卢生入睡后，做梦娶了美丽而富有的崔氏为妻，又中了进士，为相十年，有五子十孙，皆婚姻美满，官运亨通，成了世间一大望族。卢生享尽荣华富贵，年逾八十，临终时惊醒了。睡梦时间竟不及店家煮一顿黄粱饭的工夫，故有"黄粱梦"之典故。（见《枕中记》）

㉜ **池草入诗因有梦**　南朝宋诗人谢灵运，极赏识从弟谢惠连。他说："我每写篇章，如能见到惠连，就能神奇地得到佳语。"一次，在永嘉西堂构思诗章，竟日不就，忽梦见惠连，即得"池塘生春草，园柳变鸣禽"之佳句，自以为是得神助。（见谢灵运《登池上楼》）

㉝ **海棠带恨为无香**　宋元时期僧人惠洪在《冷斋夜话·刘渊材迂阔好怪》文中写道："吾（刘渊材）平生无所恨，所恨者五事耳……第一恨鲥鱼多骨，第二恨金橘大酸，第三恨莼菜性冷，第四恨海棠无香，第五恨曾子固不能作诗。"闻者大笑。

㉞ **风起画堂，帘箔影翻青荇沼**　这是明朝诗人刘侗《帝京景物略·毋净业寺再送张仲》中"小楼帘箔影，密共柳丝垂"诗意的化用。画堂：有画饰的楼堂。帘箔：饰有金玉珠玑的帘子。青荇沼：长青荇的池塘。

㉟ **月斜金井，辘轳声度碧桐墙**　这是唐代诗人陆龟蒙《井上桐》诗意的化用。原诗云："美人伤别离，汲井长待晓。愁因辘轳（用来从深井汲水的装置）转，惊起双栖鸟。独立傍银床，碧桐风袅袅。"南朝梁费昶《行路难》诗云："唯闻哑哑城上乌，玉栏金井牵辘轳。"金井：井栏上有雕饰的井。

㊱ **乌台**　即御史台或御史府，亦称"乌府"，专司弹劾之职。明清改名都察院。《汉书·朱博传》云："是时御史府吏舍百余区井水皆竭；又其府中列柏树，常有野乌数千栖宿其上，晨去暮来，号曰'朝夕乌'。"此即"乌台"之由来。　　**紫府**　或作"紫台"，道家称是神仙仙人居所。《抱朴子·祛惑》云："及到天上，先过紫府，金床玉几，晃晃昱昱，真贵处也。"班固《汉武帝内传》云："上元夫人语帝曰：'阿母今以琼笈妙韫，发紫台之文，

赐汝八会之书，五岳真形，可谓至珍且贵。”“紫台”亦作“紫宫”，是帝王居所。[唐] 杜甫《咏怀古迹》诗云：“一去紫台连朔漠，独留青冢向黄昏。”

㊲ **雪牖云房**　僧道和隐士的居所，多在高山，故称“雪牖云房”。牖：窗户。[唐] 姚鹄《题终南山隐者居》诗云：“夜吟明雪牖，春梦闭云房。”

㊳ **香山社**　亦称“香山九老”、“九老会”。唐武宗会昌五年二月，诗人白居易在洛阳香山与胡杲、吉皎、刘真、郑据、卢贞、张浑七人举行尚齿会，各赋诗记事。同年夏，又有李元爽、及僧如满也告老回洛，举行九老尚齿会，并绘图书姓名、年龄，题为“九老图”。（见《新唐书·白居易传》）另有卢真、狄兼谟也曾与会，但年未七十，而未列九老中。（见白居易《九老图诗序》）再者，宋李昉罢相后，居京师（开封），与张好问、李运、宋琪、武允成、僧人赞宁、魏丕、杨徽之、朱昂，作九老会。（见 [宋] 王禹偁《左街僧录通惠大师文集序》）

㊴ **昼锦堂**　北宋韩琦、章得象皆曾任宰相，当官回乡，均建有“昼锦堂”。韩琦的故宅位于河南安阳东南，欧阳修曾作《相州昼锦堂记》。

㊵ **苫屋**　用草席盖顶之屋，泛指穷人的简陋居室。[宋] 王安石《寄道光大师》诗云：“秋雨漫漫夜复朝，可嗟苫屋望重霄。”　　**岩廊**　高峻的廊庑。借指君王朝见群臣和处理政事的地方。《汉书·董仲舒传》云：“闻虞舜时，游于岩廊之上垂拱无为，而天下太平。”　[汉] 桓宽《盐铁论·忧边》云：“今九州岛岛岛同域，天下一统，陛下优游岩廊，览群臣极言（充分发表意见）。”

㊶ **芬椒涂内壁**　这是宋朝司马光《春帖子词·皇后阁》中“沟暖冰初断，窗晴雪半消。余寒不足畏，涂壁尽芳椒”诗意的化用。芬椒：有芳香味的花椒。汉代皇后所居宫室，以椒和泥涂内壁，取花椒具温、香、多子之特性，称为“椒房”。

㊷ **文杏饰高梁**　这是西汉司马相如《长门赋》中“刻木兰以为榱（椽子）兮，饰文杏以为梁”诗意的化用。文杏：即银杏树，是做屋梁用的高级木材。

㊸ **贫女幸分东壁影**　贫家女欲与东邻妇共烛纺绩，邻妇不允。贫女说：“我家贫无钱买烛，我借你一点烛灯余光照明，得点方便，你有什么可惜的？”邻女遂允。（见《史记·樗里子甘茂列传》）

㊹ **幽人高卧北窗凉**　这是晋朝陶渊明《与子俨等疏》中“常言五六月

中，北窗下卧，遇凉风暂至，自谓是羲皇上（安然无忧的伏羲氏时代）人”语意的化用。幽人：指隐士。

㊺ **绣阁探春，丽日半笼青镜色** 绣阁：本指女子华丽的居室，代指富家女子。探春：都城仕女正月十五观灯后，去郊外宴游叫探春，泛指春游。丽日：明媚的太阳。半笼：笼罩大片。青镜色：广阔的郊野芳草平展如青镜。〔唐〕张大安《奉和别越王》诗云：“丽日开芳甸（长满芳草的郊野），佳气积神京（帝都）。”〔元〕贯云石《斗鹌鹑·忆别》曲云：“风物熙，丽日迟，连天芳草正萋萋。”

㊻ **水亭醉夏，熏风常透碧筒香** 三国魏历城（今山东济南市）北有使君林避暑地。正始年间，每到三伏之际，郑悫便率宾僚到此避暑，取大莲叶置于砚格上，盛酒二升，用簪刺叶心，令与叶柄通，屈茎上轮菌如象鼻，传吸之，名为“碧筒杯”。（见〔唐〕段成式《酉阳杂俎·酒食》）〔宋〕苏轼《泛舟城南》诗云：“碧筒时作象鼻弯，白酒微带荷心苦。”

八 庚

xíng duì mào　sè duì shēng　xià yì duì zhōu jīng　　jiāng yún duì jiàn shù　yù qìng
形对貌，色对声。夏邑对周京①。江云对涧树，玉磬

duì yín zhēng　rén lǎo lǎo　　wǒ qīng qīng　xiǎo yàn duì chūn yīng　xuán shuāng chōng
对银筝②。人老老③，我卿卿④。晓燕对春莺。玄霜春

yù chǔ　bái lù zhù jīn jīng　gǔ kè jūn shān qiū nòng dí　xiān rén gōu lǐng yè
玉杵⑤，白露贮金茎⑥。贾客君山秋弄笛⑦，仙人缑岭夜

chuī shēng　dì yè dú xīng　jìn dào hàn gāo néng yòng jiàng　fù shū kōng dú　shuí
吹笙⑧。帝业独兴，尽道汉高能用将⑨；父书空读，谁

yán zhào kuò shàn zhī bīng
言赵括善知兵⑩。

gōng duì yè　xìng duì qíng　yuè shàng duì yún xíng　chéng lóng duì fù jì　láng
功对业，性对情。月上对云行⑪。乘龙对附骥⑫，阆

yuàn duì péng yíng　chūn qiū bǐ　yuè dàn píng　dōng zuò duì xī chéng　suí zhū
苑对蓬瀛⑬。春秋笔⑭，月旦评⑮。东作对西成⑯。隋珠

guāng zhào shèng　hé bì jià lián chéng　sān jiàn sān rén táng jiàng yǒng　yì qín yí
光照乘，和璧价连城⑰。三箭三人唐将勇⑱，一琴一

hè zhào gōng qīng　hàn dì qiú xián　zhào fǎng yán tān féng gù jiù　sòng tíng yōu lǎo
鹤赵公清⑲。汉帝求贤，诏访严滩逢故旧⑳；宋廷优老，

nián zūn luò shè zhòng qí yīng
年尊洛社重耆英㉑。

hūn duì dàn　huì duì míng　jiǔ yǔ duì xīn qíng　liǎo wān duì huā gǎng　zhú yǒu
昏对旦，晦对明。久雨对新晴。蓼湾对花港㉒，竹友

duì méi xiōng　huáng shí sǒu　dān qiū shēng　quǎn fèi duì jī míng　mù shān yún
对梅兄㉓。黄石叟㉔，丹丘生㉕。犬吠对鸡鸣㉖。暮山云

wài duàn　xīn shuǐ yuè zhōng píng　bàn tà qīng fēng yí wǔ mèng　yì lí hǎo yǔ chèn
外断，新水月中平㉗。半榻清风宜午梦㉘，一犁好雨趁

chūn gēng　wáng dàn dēng yōng　wù wǒ shí nián chí zuò xiàng　liú fén bú dì　kuì
春耕㉙。王旦登庸，误我十年迟作相㉚；刘蕡不第，愧

tā duō shì zǎo chéng míng
他多士早成名㉛。

注 解

①**夏邑** 夏朝的国都。邑：国都。《尚书·汤誓》云："夏王率遏众力，率割夏邑（原城址在今山西夏县北）。"夏邑是中国历史上第一个王朝——夏朝建都的地方，素有禹都美称。禹王皇城遗址和司马光祖坟现存境内。传说中的始创采桑养蚕的螺祖，商代宰相巫咸等都出生在这块宝地。 **周京** 周朝之京城。《诗经·曹风·下泉》云："忾我寤叹，念彼周京。"〔宋〕朱熹《集传》云："周京，天子所居也。"

②**玉磬** 用玉制成的古打击乐器。《国语·鲁上》云："〔臧〕文仲以齐（同'畅'）圭与玉磬，如齐（去齐国）告籴（买谷物）。"磬有石磬、玉磬之分，到了周朝，磬已成为王权的象征，只有王宫中才能悬挂玉磬。 **银筝** 用银装饰的筝。〔唐〕戴叔伦《白苎词》云："回鸾转凤意自娇，银筝锦瑟声相调。"

③**人老老** 老老：尊敬老人。《大学》云："上老老而民兴孝，上长长（尊兄长）而民兴弟（悌）。"

④**我卿卿** 卿卿：男女间的昵（亲爱）称。《世说新语·惑溺》云："王安丰（戎）妇常卿（亲昵）安丰，安丰曰：'妇人卿婿，于礼为不敬，后勿复尔。'妇曰：'亲卿爱卿，是以卿卿（爱你），我不卿卿，谁当卿卿？'"

⑤**玄霜舂玉杵** 唐穆宗长庆年间，秀才裴航在蓝桥驿遇见织麻老妪的孙女云英，欲娶为妻，妪说："我今老病，只有此孙女。昨有神仙给我灵丹一刀圭（指玄霜，神话中的一种仙药），但须用玉杵臼捣百日，方可吞服。你能寻得玉杵臼，就把孙女许给你。"裴航求宽限百日，必携杵臼归。期内，航果从卞姓药铺买得，遂娶云英。二人后入玉峰洞为仙。（见《太平广记五十·裴航》）

⑥**白露贮金茎** 汉武帝迷信神仙，造承露盘以承甘露，当仙水喝。撑承露盘的两根铜柱谓之"金茎"。《三辅故事》云："建章宫承露盘，高二十丈，大七围，以铜为之。上有仙人掌承露（接露水），和玉屑（指玉屑饭）饮之。"〔西汉〕班固《西都赋》云："抗仙掌以承露，擢双立之金茎。"

⑦**贾客君山秋弄笛** 传说洞庭湖贾客（商人）吕乡筲，善吹笛。仲春月夜泊舟君山（在湖南洞庭湖口的小山，又名"湘山"）侧，饮酒吹笛于月下。忽一老父（仙人）泛舟至，与之共饮畅谈，说愿教乡筲吹笛，并从怀袖间取出笛子三管，大管有双臂合抱粗，次管如常人所用笛，小管细如笔杆。老父说，

大管是吹给天帝听的，次管是吹给仙人听的，声音猛烈，在人间吹不得。这小管世人可以听，但怕一曲未完，众生就不安了。果真，老父吹了三声，湖上大风骤起，波浪激荡，鱼鳖喷跳；吹了五六声，则鸟兽叫噪，月色昏昧，舟人大恐。老父于是又饮酒数杯，摇着渔舟离去，渐渐隐没于湖波之中。（见〔唐〕谷神子《博异志·吕乡筠》）〔明〕高启《青丘子歌》云："欲呼君山老父，携诸仙所弄之长笛，和我此歌吹月明。"

⑧ **仙人缑岭夜吹笙**　传说骑鹤升天的王子乔，乃是周灵王太子晋，好吹笙，作凤凰鸣，悠游于伊洛之间。后遇道士浮丘公，接上嵩高山，留三十余年。一天，太子晋在山上见到桓良，对良说："告诉我家，七月七日待我于缑氏山头。"届时，果望见太子晋乘白鹤，驻于山岭，举手谢时人，数日而去。（见〔汉〕刘向《列仙传·王子乔》）

⑨ **帝业独兴，尽道汉高能用将**　汉高祖刘邦之所以能兴汉，在于他善于用将。他曾对诸将说："运筹帷帐之中，决胜于千里之外，吾不如子房（张良）；镇国家，抚百姓，给馈饷，不绝粮道，吾不如萧何；连百万之军，战必胜，攻必取，吾不如韩信。此三者，皆人杰也，吾能用之，此吾所以取天下也。"后来，刘邦以韩信欲叛汉将其擒获，问韩信："如我能将兵几何？"韩信说："陛下不过能将十万。"刘邦问韩信能领多少兵，韩信说："臣多多益善。"刘邦笑着说："多多益善，你为何被我擒获？"韩信说："陛下不能将兵，而善将将，此乃信所以为陛下擒也。"（见《史记·淮阴侯列传》）

⑩ **父书空读，谁言赵括善知兵**　战国时期，赵奢是赵国的用兵名将。其子赵括自幼酷爱兵书，赵奢与其谈兵事，总难不住括。秦赵"长平之战"前，赵成王中秦将白起的反间计，免去大将廉颇之职而以赵括为将，结果大败。赵相蔺相如说："括（赵括）徒能读其父书传，不知变通。"指赵括只会死读书，纸上谈兵。（见《史记·廉颇蔺相如列传附赵奢》）

⑪ **月上**　明月上升。〔宋〕欧阳修《生查子》词云："月上柳梢头，人约黄昏后。""月上"又是人名。佛教传说，月上是毗摩罗诘（旧译"维摩诘"）之女，母名"无垢"。女生时，身发妙光，胜于月照，因名"月上"。生未几，即大如八岁之女，容姿端正，求婚者不绝。月上说要自己择婿。择婿时，月上会集城内士人，当众升虚空唱佛经。大众听后，各止淫心，头面顶礼于女下。自此，月上女常到佛所与舍利弗（人名，与目连并为佛陀十大弟子中最重用之人）对扬经义，后转女身成男子，称"月上菩萨"。（见《月上

女经》）［明］李贽《题绣佛精舍》诗云："可笑成男月上女，大惊小怪称奇事。"　　**云行**　浮云游动。［唐］吕温《送文畅上人东游》诗云："水止无恒地，云行不计程。"与"月上女"神话相配，"云行"当有涉及"巫山神女"神话之意。传说赤帝之女姚姬，未嫁而死，葬于巫山之阳，化为巫山之神。战国的楚怀王游高唐，梦与能造行云、能为行雨的巫山神女相遇，神女说："妾在巫山之阳，高丘之阻，旦为朝云，暮为行雨。"（见［战国楚］宋玉《高唐赋》）

⑫ **乘龙**　语出汉朝刘向《列仙记》"弄玉乘凤，萧史乘龙，夫妇同仙去"典故。后称别人的女婿为"乘龙"。《楚国先贤传》云："孙俊（《魏志》作'黄尚'）字文英，与李元礼（膺），俱娶太尉桓焉（《魏志》作'桓温'）女。时人谓桓叔元两女俱乘龙，言得婿如龙也。"　　**附骥**　亦作"附骥尾"，比喻攀附他人的名望而成名。《史记·伯夷传》云："伯夷、叔齐虽贤，得夫子（孔子）而名益彰；颜渊虽笃学，附骥尾而行（品德）益显。"

⑬ **阆苑**　阆风（山名，在昆仑之巅，相传为仙人所居）之苑，仙人居住之境。［唐］王勃《梓州郪县灵瑞寺浮图碑》云："玉楼星峙，稽阆苑之全模；金阙霞飞，得瀛洲之故事。"［元］李好古《张生煮海》曲云："你看那缥渺间十洲三岛，微茫处阆苑、蓬莱。"［唐］李商隐《碧城》诗云："阆苑有书多附鹤，女墙无处不栖鸾。"　　**蓬瀛**　蓬莱（在山东渤海）瀛洲（在河北河间县）。传说是仙人所居的二山名。《史记·秦始皇纪》云："齐人徐市等上书，言海中有三神山，名曰蓬莱、方丈、瀛洲，仙人居之。"［晋］葛洪《抱朴子·对俗》云："［得道之士］或委华驷而骖蛟龙，或弃神州而宅蓬瀛。"［唐］许敬宗《游清都观寻沉道士得清字》诗云："幽人蹈箕颖（隐士居处），方士访蓬瀛。"

⑭ **春秋笔**　春秋末期，思想家、政治家、教育家孔子根据鲁史修订的《春秋》，是我国第一部编年体史书，其文笔曲折而意含褒贬，"一字之褒，宠逾华衮（上公之服）之赠；片言之贬，辱过市朝之挞"，人称"春秋笔法"。（见《史记·孔子世家》）

⑮ **月旦评**　东汉许劭，汝南人。他与从兄许靖俱有高名，好一起评论人物，每月更换评论题目，汝南人传为"月旦评"。曹操曾厚礼求评自己的人品，许劭说："君清平之奸贼，乱世之英雄。"（见《汉书·许劭传》）

⑯ **东作**　指春耕生产。《尚书·尧典》云："寅宾日出，平秩东作。"

《传》云："岁起于东，而始就耕，谓之东作。"　**西成**　指秋季收获。《尚书·尧典》云："寅饯纳日，平秩西成。"《传》云："秋，西方，万物成。"

⑰ **隋珠光照乘，和璧价连城**　这是宋朝诗人陆游《书宛陵集后》中"赵璧连城价，隋珠照乘明"两句诗的化用。光照乘：光亮能把车辆照明。传说，汉东之国姬姓诸侯隋侯，见大蛇受伤，以药敷之。后蛇于江中衔一能照明车辆的大珠以报，故曰"照乘珠"，或曰"隋侯之珠"。春秋时，赵惠文王得到楚国"和氏璧"，秦昭王闻之，使人向赵王送书，愿以十五城换璧。后以此形容璧之珍贵为"连城璧"。（见《史记·蔺相如传》）《淮南子·览冥》云："譬如隋侯之珠，和氏之璧，得之者富，失之者贫。"

⑱ **三箭三人唐将勇**　唐朝大将薛仁贵领兵西征天山突厥。突厥有众十余万，令骁将数十人来挑战，薛仁贵三箭射杀三人，其余皆下马乞降，天山平定。凯旋时军中歌曰："将军三箭定天山，壮士长歌入汉关。"

⑲ **一琴一鹤赵公清**　宋神宗时，成都转运使赵汴，为官清廉，身无长物，仅以一琴一鹤相随。公出时，寓居旅舍，人们与他嬉戏，不以为意，鼓琴自娱。（见《宋史·赵汴传》）

⑳ **汉帝求贤，诏访严滩逢故旧**　东汉严光，字子陵，会稽余姚人。少与光武帝刘秀同学，有高名。刘秀称帝，光改姓

严子陵垂钓图

名隐遁。刘秀召光到京，授谏议大夫，不受，退隐于浙江富春山农耕、钓鱼自乐。后人名其耕钓处为"严陵濑"，亦称"严滩"。（见《后汉书·隐逸传》）

㉑ **宋廷优老，年尊洛社重耆英**　宋神宗元丰五年（1082），文彦博留守西京（洛阳），仿效唐代诗人白居易的"九老会"，聚居洛阳年高者十二人，于富弼第饮酒赋诗相乐。十二人中，唯司马光年不及七十，宴时尚齿不尚官，称"洛阳耆英会"。会后，闽人郑奂图形于妙觉僧舍。（见司马光《洛阳耆英会序》）

㉒ **蓼湾**　蓼花湾。蓼花，多年生草本植物，花有白色或粉红色，供观赏，可入药。[宋] 蒲寿宬《渔父词·渔父》词云："飘忽狂风一霎间。长鱼吹浪势如山。牢系缆，蓼花湾。白鸥沙上伴人闲。"　　**花港**　指"花港观鱼"，是杭州西湖十景之一，位于苏堤南段以西西里湖与小南湖之间的一块半岛上。据史书记载，花家山麓有一小溪，流经此处注入西湖。因沿溪多栽花木，常有落英飘落溪中，故名"花港"。宋朝内侍官允升在花家山下结庐建私家花园，园中花木扶疏，引水入池，蓄养五色鱼以供观赏怡情，"花港观鱼"因而得名。乾隆皇帝当年南下江南游览花港时题诗曰："花家山下流花港，花著鱼身鱼嘬花。"

㉓ **竹友**　东晋潇洒自适的名士王徽之（字子猷），性爱竹，以竹为友。他曾暂寄人空宅住，便令种竹，说："何可一日无此君！"古人常以"梅、竹、松"为"三友"。[清] 朱耷《题三友图》云："三友，岁寒梅竹松也。"

梅兄　称梅为弟兄。[宋] 杨万里《竹下和雪折梅》诗云："梅兄冲雪来相见，雪片满须仍满面。"[元] 戴良《对菊联句》云："缔芳笑兰友，论雅傲梅兄。"

㉔ **黄石叟**　亦作"黄石公"。传说黄石公是秦末汉初为避秦世之乱，隐于东海下邳的隐士，后得道成仙。汉初大臣张良，祖与父相继为韩国五世宰相。秦灭韩后，张良结交刺客在博浪沙（今河南原阳东南）谋杀秦始皇未中，逃到下邳（今江苏睢宁北），在下邳桥上遇到黄石公，黄石公三试张良后，授了《太公兵法》。张良后来以黄石公所授兵书助汉高祖刘邦夺得天下。汉朝建立，张良被封为留侯。（见《史记·留侯世家》）

㉕ **丹丘生**　丹丘国仙人。丹丘是神话中的神仙之地，昼夜长明，出产玛瑙。《楚辞·远游》云："仍羽人（有羽翼能飞的仙人）于丹丘兮，留不死之旧

乡。"〔晋〕王嘉《拾遗记》云："有丹丘之国，献玛瑙瓮，以盛甘露。"

㉖ **犬吠鸡鸣** 传说汉淮南王成仙，家中鸡犬也随而升天。〔汉〕王充《论衡·道虚》云："儒书言：淮南王学道，招会天下有道之人……王遂得道，举家升天，畜产皆仙，犬吠于天上，鸡鸣于云中。"

㉗ **暮山云外断，新水月中平** 这两句是唐代吏部侍郎崔湜改任襄阳刺史时所写《江楼夕望》诗中"楚山霞外（云外，高远之处）断，汉水月中平"的化用。

㉘ **半榻清风宜午梦** 半榻：简易而称不上床铺的卧具。清风：清凉的风。〔宋〕李昂英《西樵岩》词云："巨石卷阿驾半天，樵山风景岂虚传……我来游遍登云谷，更借山僧半榻眠。"〔宋〕宋伯仁《瓜洲阻风》诗云："狂风未许放归船，借得僧房半榻眠。落雁影收帆脚外，怒涛声到枕头边。"

㉙ **一犁好雨趁春耕** 〔清〕姚鼐《山行》诗云："布谷飞飞劝早耕，春锄扑扑趁初晴。"〔唐〕韦应物《观田家》诗云："微雨众卉新，一雷惊蛰始，田家几日闲，耕种从此始。"〔宋〕朱淑真《膏雨》诗云："一犁膏脉（肥沃土壤）分春垄，只慰农桑望眼中。"

㉚ **王旦登庸，误我十年迟作相** 北宋宰相王旦，字子明，为人正直，荐人多厚重之士。他任十一年宰相之后，以病辞相，荐寇准继其位。被时人目为"五鬼"之一的王钦若，为人奸邪险伪，他力挤寇准去位，自己爬上相位。王旦死后，王钦若还曾扬言："子明迟我十年宰相。"（见《宋书·王旦传》）

㉛ **刘蕡不第，愧他多士早成名** 唐代进士刘蕡，博学善文，尤精《左氏春秋》。他崇尚王霸，有澄世（廓清世事）之志，憎恨太监干政专权。他在科举殿试应"贤良对策"时，因斥责宦官祸国，主考官不敢录取他。同场应试的李郃不平地说："刘蕡下第，我辈登科，实厚颜矣！"（见《唐书·刘蕡传》）

九　青

庚对甲[1]，巳对丁。魏阙对彤庭[2]。梅妻对鹤子[3]，珠箔对银屏[4]。鸳浴沼[5]，鹭飞汀[6]。鸿雁对鹡鸰[7]。人间寿者相[8]，天上老人星[9]。八月好修攀桂斧[10]，三春须系护花铃[11]。江阁凭临，一水净连天际碧[12]；石栏闲倚，群山秀向雨余青[13]。

危对乱，泰对宁。纳陛对趋庭[14]。金盘对玉箸[15]，泛梗对浮萍[16]。群玉圃[17]，众芳亭[18]。旧典对新型[19]。骑牛闲读史[20]，牧豕自横经[21]。秋首田中禾颖重[22]，春余园内菜花馨[23]。旅次凄凉，塞月江风皆惨淡[24]；筵前欢笑，燕歌赵舞独娉婷[25]。

注 解

① **庚甲** 旧时星命术士把人出生的年、月、日、时用干支配合成八字来表示，据以推算命运，谓之庚甲。[宋] 岳珂《桯史·大小寒》云："遂邀使谈庚甲，问以得禄之期。"

② **魏阙** 古代宫门外两边高耸的楼观。楼观下常为悬布法令之所。亦借指朝廷。《庄子·让王》云："身在江海之上，心居乎魏阙之下。" **彤庭** 亦作"彤廷"。汉代皇宫以朱漆涂饰，故称。[汉] 班固《西都赋》云："于是玄墀扣砌，玉阶彤庭。"

③ **梅妻鹤子** 宋朝林逋，字君复。性格恬淡好古，不趋市利。长年隐居于杭州西湖之孤山，终身不娶，以植梅养鹤为伴，有客来，则放鹤致之，故称"梅妻鹤子"。（见 [宋] 沈括《梦溪笔谈·人事》）

④ **珠箔银屏** 饰有珍珠的垂帘和银饰屏风。珠箔：即"珠帘"。[唐] 白居易《长恨歌》诗云："揽衣推枕起徘徊，珠箔银屏迤逦开。"

⑤ **鸳浴沼** 鸳鸯在水池中信自沉浮。沼：水池。[前蜀] 韦庄《菩萨蛮》词云："桃花春水绿，水上鸳鸯浴。"

⑥ **鹭飞汀** 白鹭在沙洲上自由飞降。汀：水边平坦的沙洲。[唐] 杜甫《暮春》云："暮春鸳鸯立洲渚（水中小陆地），挟子翻飞还一丛。"[唐] 王维《积雨辋川庄作》诗云："漠漠水田飞白鹭，阴阴（阴暗）夏木（大树。夏：大）啭黄鹂。"

林逋携鹤

⑦ **鸿雁** 候鸟。春来北方繁殖,秋回南方越冬。《诗经·小雅·鸿雁》云:"鸿雁于飞,肃肃其羽。"　　**鹡鸰** 亦作"脊令",水滨鸟。巢于沙上,常在水边觅食。《诗经·小雅·常棣》云:"脊令在原,兄弟急难。"后以"脊令"比喻兄弟之情。

⑧ **人间寿者相** 佛教中有所谓"人我四相",即我相、人相、众生相、寿者相。《金刚经》要求人们不要执着追求'四相',要静修"无我相,无人相,无众生相,无寿者相"的心态。这样就能养成像仙人、超人、神人一样的长寿者。

⑨ **天上老人星** 即"南极星",是天上仅次于天狼星的第二亮星。古人认为它象征长寿,故又名"寿星"。

⑩ **八月好修攀桂斧** 封建时代的科举乡试考期在秋季八月举行,称"秋闱"。乡试考中的称"举人",第一名称"解元"。放榜之时,正值桂花飘香,故称"桂榜"。争登"桂榜",即谓"攀桂",或叫"折桂"。"攀桂斧"是借"吴刚砍桂"故事,说明"争登桂榜"之艰难。神话传说,月中有桂树,汉代人吴刚,因学仙有过,天帝罚他用斧砍月中桂树,桂树高五百尺,砍后伤口立即复合,所以吴刚砍桂永无止境。(见〔晋〕虞喜《安天伦》)

⑪ **三春须系护花铃** 唐玄宗天宝年间,宁王李宪好声乐且爱花。至春时,于后花园中,以红丝为绳,密缀金铃,系于花梢之上,每有鸟鹊翔集,则令园吏掣铃索惊之以护花。(见〔后周〕王仁裕《花上金铃》)

⑫ **江阁凭临,一水净连天际碧** 江阁:指耸立在武汉长江边的黄鹤楼。这是诗仙李白《黄鹤楼送孟浩然之广陵》中"故人西辞黄鹤楼,烟花三月下扬州。孤帆远影碧空尽,唯见长江天际流"诗意的化用。

⑬ **石栏闲倚,群山秀向雨余青** 倚石栏杆,眺望雨后青翠秀丽的群山。雨余:雨刚过。这是宋代曹勋《山居杂诗》中"水阔夕阳红,雨余群山秀"诗意的化用。

⑭ **纳陛** 步入宫殿台阶。《战国策·燕策三》:"秦武阳(随荆轲赴咸阳刺秦王者)奉地图,以次进至陛。"纳陛又是古代帝王赐给有殊勋的诸侯或大臣的九种礼器之一。九赐之礼分别是:车马、衣服、乐、朱户、纳陛、虎贲、斧钺、弓矢、鬯。(见《礼记》)　　**趋庭** 快步走过庭院。一天,孔子立于庭院,其子孔鲤有礼貌地快步过庭院时,孔子问鲤:"读过诗了吗?"鲤答:"还没有。"孔子说:"不读诗,就缺乏话题。"孔鲤回去后就努力学诗。又一天,孔子问鲤:"学过礼了吗?"鲤答:"还没有。"孔子说:"不学礼,就难

以立于世。"孔鲤回去后便刻苦学礼。后以"趋庭"为"承受父教"的代称。（见《论语·季氏》）

⑮ **金盘玉箸** 金制圆盘，玉制筷子。奢侈餐具用品，或对餐具的美称。[明]何景明《鲥鱼》诗云："银鳞细骨堪怜汝，玉箸金盘敢望传。"

⑯ **泛梗浮萍** 亦作"泛（漂浮）萍浮梗"，浮动在水面的浮萍和草茎。比喻飘荡不定。[唐]徐夤《别》诗云："酒尽欲终问后期，泛萍浮梗不胜悲。"

⑰ **群玉圃** 群玉：仙山名。中国自古就把昆仑山称为"群玉之山"、"万山之祖"。传说群玉山上有瑶圃，是西王母所居之地。（见《山海经·玉山》）楚国伟大诗人屈原在《离骚》诗中有"吾与重华游兮瑶之圃，登昆仑兮食玉英"名句。

⑱ **众芳亭** 众花聚会的亭台。众芳：众花。[唐]李山甫《牡丹》诗云："邀勒春风不早开，众芳飘后上楼台。数苞仙艳火中出，一片异香天上来。"诗人常用众芳比喻各色贤人。屈原《离骚》云："昔三后之纯粹兮，固众芳之所在。"

⑲ **旧典** 旧典籍；旧制度。[汉]班固《东都赋》云："唯子颇识旧典，又徒驰骋乎末流。" **新型** 新典籍；新制度。[晋]陶渊明《桃花源诗并记》诗云："俎豆（祭祀）犹古法，衣裳无新制。"

⑳ **骑牛闲读史** 隋朝末年，瓦岗寨农民起义军领袖李密，字玄邃，长安（今陕西西安）人。幼年即勤奋好学。他听说名师包恺在缑山，便蒲草作鞍骑

牛角挂书

牛，牛角挂《汉书》且行且读，去缑山拜师。（见《新唐书·李密传》）

㉑ **牧豕自横经** 东汉侍中祭酒承宫，少孤，八岁为人牧豕（猪）。乡里徐子盛以《春秋经》教授学生数百人，承宫过其门下，常与诸生一起听经，兼为诸生拾柴。执苦数年，勤学不倦。宫经典既明，便归乡教授，终成大儒。（见《后汉书·承宫传》）又，西汉宰相公孙弘，少贫，为人放猪，勤于学，常带经卷而读。年五十后位至丞相。（见《汉书·公孙弘传》）

㉒ **秋首田中禾颖重** 七月，田间谷穗饱满沉重。秋首：即"首秋"，农历七月。禾颖：带芒的谷穗。这是《诗经·大雅·生民》中"实发实秀（谷茎健拔穗又多），实坚实好（粒坚粒饱），实颖实栗（谷穗沉重产量高）"诗意的化用。

㉓ **春余园内菜花馨** 三月，园内菜花芳香浓郁。春余：即"余春"；晚春，指农历三月。馨：香气远闻。清朝王文怡在《安宁道中即事》诗中描述油菜花时写道："夜来春雨润垂杨，春水新生不满塘。日暮平原风过处，菜花香杂豆花香。"

㉔ **旅次凄凉，塞月江风皆惨淡** 这是写边塞令人望而生畏的恶劣气候环境。旅次：旅途中寄居之所。惨淡：悲惨凄凉。〔唐〕岑参《白雪歌送武判官归京》诗云："北风卷地白草折，胡天（指塞北）八月即飞雪……散入珠帘湿罗幕，狐裘不暖锦衾薄。将军角弓不得控（拉不开），都护（长官）铁衣冷难着。瀚海（沙漠）阑干百丈冰，愁云惨淡万里凝。"

㉕ **筵前欢笑，燕歌赵舞独娉婷** 这是写宫廷中的糜烂生活。娉婷：姿态美好；亦指美女。古时燕赵人善歌舞，后以"燕歌赵舞"泛指美妙的歌舞。〔唐〕卢照邻《长安古意》诗云："罗襦宝带为君解，燕歌赵舞为君开。"〔元〕白朴《梧桐雨》云："则见展翅忙呼万岁声，惊的那娉婷将銮驾迎。"

十　蒸

píng duì liǎo　　pú duì líng　　yàn yì duì yú zēng　　qí wán duì lǔ qǐ　　shǔ
苹对蓼①，蒲对菱②。雁弋对鱼罾③。齐纨对鲁绮④，蜀

jǐn duì wú líng　　xīng jiàn mò　　rì chū shēng　　jiǔ pìn duì sān zhēng　　xiāo hé
锦对吴绫⑤。星渐没⑥，日初升⑦。九聘对三征⑧。萧何

céng zuò lì　　jiǎ dǎo xī wéi sēng　　xián rén shì lǚ xún guī jǔ　　dà jiàng huī jīn
曾作吏⑨，贾岛昔为僧⑩。贤人视履循规矩⑪，大匠挥斤

jiào zhǔn shéng　　yě dù chūn fēng　　rén xǐ chéng cháo yí jiǔ fǎng　　jiāng tiān mù yǔ
校准绳⑫。野渡春风，人喜乘潮移酒舫⑬；江天暮雨，

kè chóu gé àn duì yú dēng
客愁隔岸对渔灯⑭。

tán duì tǔ　　wèi duì chēng　　rǎn mǐn duì yán zēng　　hóu yíng duì bó pǐ　　zǔ
谈对吐，谓对称。冉闵对颜曾⑮。侯嬴对伯嚭⑯，祖

tì duì sūn dēng　　pāo bái zhù　　yàn hóng líng　　shèng yǒu duì liáng péng　　zhēng míng
逖对孙登⑰。抛白纻⑱，宴红绫⑲。胜友对良朋⑳。争名

rú zhú lù　　móu lì sì qū yíng　　rén jié yí cán zhōu bù shì　　wáng líng mǔ shí
如逐鹿㉑，谋利似趋蝇㉒。仁杰姨惭周不仕㉓，王陵母识

hàn fāng xīng　　jù xiě qióng chóu huàn huā jì jì chuán gōng bù　　shī yín biàn luàn
汉方兴㉔。句写穷愁，浣花寄迹传工部㉕；诗吟变乱，

níng bì shāng xīn tàn yòu chéng
凝碧伤心叹右丞㉖。

注解

①**苹蓼** 苹草与蓼花。水生植物。[宋] 王镃《芦门归雁》诗云："芦湾风带雁声愁，苹蓼花开水国秋。"

②**菰菱** 蒲草与菱角。菰：通"蒲"，蒲草，水草名。菱：菱角。[宋]陈岩《天池峰》诗云："雁浴鸥栖水影平，菰蒲菱芡透波生。"

③**雁弋** 即"弋雁"，用系绳子的箭射大雁。《诗经·郑风·女曰鸡鸣》云："将翱将翔，弋凫（野鸭）与雁。" **鱼罾** 罾：鱼网。《论衡·幸偶》云："渔者罾江湖鱼，或存或亡。"

④**齐纨** 产于齐地的白色细绢。[汉] 班婕妤《怨歌行》云："新裂齐纨素，皎洁如霜雪。" **鲁绮** 犹"鲁缟"，产于鲁地的素色丝织品。织彩为文曰"锦"，织素为文曰"绮"。[元] 宋褧《送诚夫大监兄代祀海神》诗云："毳帽貂裘素绮裳，明时远致御封香。"

⑤**蜀锦** 古代丝织物的一种。蜀锦产地除蜀（四川）外，还有秦州、湖州等地，故蜀锦以各地织法源自蜀地，相沿为名，成为近代统称。《注》云："越罗蜀锦，天下之奇纹也。" **吴绫** 古时东南吴地丝织品。《新唐书·地理志》云："明州余姚郡……土贡吴绫。"

⑥**星渐没** 晓星渐渐沉没。[唐] 李商隐《嫦娥》诗云："云母屏风烛影深，长河渐落晓星沈（沉）。"

⑦**日初升** 太阳刚刚升起。[宋] 赵蕃《途中杂题》诗云："只疑云尚合，忽见日初升。" [唐] 毛熙震《酒泉子》云："日初升，帘半卷，对妆残。"

⑧**九聘三征** 即"三征九聘"，多次征召聘用。形容古代帝王任用贤能人才的诚意。明代至清康熙年小说集《快心编传奇》第三回载："昔者鱼盐（指殷纣王时以贩卖鱼盐为生的胶鬲，后助武王伐纣）版筑（指商代筑墙奴隶傅说，后为高宗武丁宰相），钓渭（指商末在渭水钓鱼的姜子牙，后助文王武王兴周）耕莘（指商初耕于有莘的奴隶伊尹，后助商汤王灭夏桀），此数人者，天生圣人，间出以治世者也……设非高宗（武丁）汤（商汤王）文（周文王），卑辞枉躬，重之以三征九聘之礼，则亦终守岩壑，老死而无闻。"

⑨**萧何曾作吏** 汉初大臣萧何，沛县人，秦时曾为沛县令。秦末佐刘邦

起义。汉朝建立，为汉定律令制度，著有《九章律》。汉封酂侯，位居第一。（见《汉书·萧何传》）

⑩**贾岛昔为僧**　唐代诗人贾岛，字浪仙，今河北涿州人。初落拓为僧，名"无本"，后还俗，屡举进士不第。其诗作以五律见长，注重词句锤炼，"推敲"典故即由其诗句而来。（见《唐书·贾岛传》）

⑪**贤人视履循规矩**　《尔雅·释言》云："履，礼也。"《注》："礼（礼仪规范）可以履行也。"礼仪规章要人来履行，所以贤人视履为规矩。

⑫**大匠挥斤校准绳**　斤：斧头。传说，楚国有个人善用泥涂壁。一次，一点飞泥溅其鼻尖，遂请一个叫石的匠人挥斧砍去其鼻上泥点。楚人深知匠石之技艺，挺立不惧。匠石运斤成风，如风驰电掣，呼呼作响，斧落泥掉，而鼻子丝毫无损。（见《庄子·徐无鬼》）

⑬**野渡春风，人喜乘潮移酒舫**　春天，人们爱乘船游春边饮酒。酒舫：供客人饮酒游乐的船。这是唐代元结《石鱼湖上醉歌》中"山为樽，水为沼，酒徒历历坐洲岛。长风连日作大浪，不能废人运酒舫"诗意的化用。

⑭**江天暮雨，客愁隔岸对渔灯**　这是宋代词人柳永所写远游旅客思归之《安公子·远岸收残雨》词意的化用。词曰："雨残稍觉江天暮……望几点，渔灯隐映蒹葭浦……刚断肠、惹得离情苦。"

⑮**冉闵颜曾**　指孔子的学生冉求、闵损、颜回、曾参。

冉求：又名冉有，字子有，春秋鲁人。有才艺，擅长政事。孔子认为"千室之邑，百乘之家，可使为之宰也"。但又不满他帮助季孙氏发展新兴地主势力，要弟子"鸣鼓而击之"。（见《论语·先进》）

闵损：字子骞，春秋鲁人。以孝友闻名。幼年时受后母虐待。其后母给亲生子穿棉衣，给闵损穿用芦花做的冬衣。父亲知道后，要休后母，闵损跪地求父，说："［继］母在，一子（指自己）单（单寒）；母去，四子寒。"父遂不休。后母悔悟，待诸子如一。（见《史记·仲尼弟子列传》）

颜回：字子渊，春秋鲁人。好学，乐于安贫，"一箪食，一瓢饮，不改其乐"。以德行著称，后世儒家尊为"复圣"。（见《史记·仲尼弟子列传》）

曾参：字舆，春秋鲁国武城（今山东费县）人。以孝著称，提出"吾日三省吾身"的修养方法。相传《大学》是他所著。后世尊为"宗圣"。（见《史记·仲尼弟子列传》）

⑯**侯赢**　亦称"侯生"，战国魏隐士。家贫，七十岁，任大梁（今河南开

封）夷门的守门小吏。后被信陵君迎为上客。公元前 257 年，秦国围赵，魏国派将军晋鄙救赵，鄙观望不前。侯嬴向信陵君献计，通过鄙之宠妃如姬窃得兵符，并推荐勇士朱亥击杀晋鄙，夺得兵权，因而胜秦救赵。（见《史记·魏公子列传》）　**伯嚭**　春秋时吴国大臣，字子余，楚国大夫伯州犁之孙。楚王杀伯州犁，嚭逃亡吴国，深得吴王夫差信任，初为大夫，后任太宰，故称"太宰嚭"。吴破越国后，嚭受越贿，劝夫差许越求和，并屡谗言杀害伍子胥。吴被越灭，嚭又降越，勾践以嚭不忠杀之。（见《史记·吴太伯世家》）

⑰ **祖逖**　西晋名将祖逖，字士稚，今河北涞水人。西晋末年，羯人首领右勒作乱，攻陷洛阳。祖逖率亲党（乡亲）数百家南迁京口（今江苏镇江）。晋元帝时，中原大乱，元帝封祖逖为奋威将军兼豫州刺史渡江北伐。渡至江心，祖逖以楫（船桨）击水发誓说："不清中原而复济（回渡）者，有如此水。"表达了恢复中原失土的决心。（见《晋书·祖逖传》）　**孙登**　三国魏人。隐居汲郡（今河南卫辉）山中，居土窟，好读《易》，善弹琴。一次，嵇康与孙登同游，登对康说："子（指嵇康）才多识寡，难免乎于今之世。"后来，嵇康终于被司马昭等诬陷杀害。康死前作《幽愤诗》说："昔惭柳下，今愧孙登。"（见《晋书·隐逸传》）

⑱ **抛白纻**　白纻：白苎麻织成平民服。清初，淮阳县叶生，文章辞赋，冠绝当时。县令丁乘鹤见其科试文章，击节称叹。但放榜时，叶生却名落孙山。县令怜惜。遂聘叶生教授其子，其子乡试竟"中亚魁"。县令惋惜地对叶生说：你这样有才，朝中长期不用怎么办？叶生感谢县令对他的同情，说："士得一人知己，可无憾，何必抛却白纻，乃谓之利市哉？"（见蒲松龄《聊斋志异·叶生》）[宋]王禹偁《寄砀山主簿朱九龄》诗云："利市襕衫抛白纻，风流名字写红笺。"

⑲ **宴红绫**　唐昭宗光化年间，放进士榜，取裴格等二十八人。昭宗以为得人，会燕（同"宴"）曲江，命御厨烧作红绫饼（御膳中精美的食饼）二十八枚赐之。（见[宋]叶梦得《避暑录话下》）

⑳ **胜友**　有名望之朋友。[唐]王勃《滕王阁诗序》云："十旬休暇，胜友如云；千里逢迎，高朋满座。"　**良朋**　好朋友。[晋]陶渊明《停云》云："良朋悠邈，搔首延宁。"

㉑ **争名如逐鹿**　争名就像群雄争霸一样，难料谁胜谁负。逐鹿：喻相

争。《史记·淮阴侯列传》载："蒯通曰：'秦失其鹿，天下共逐之。'"《晋书·石勒载记下》载："朕遇光武（汉光武帝刘秀），当并驱（逐）与中原，未知鹿死谁手。"比喻争夺天下难料谁胜谁负。

㉒ **谋利似趋蝇** 谋利就像苍蝇趋物一样，千忙所得无几。趋蝇：追求蝇头微利。〔宋〕苏轼《满庭芳》词云："蜗角虚名，蝇头微利，算来着甚千忙。"

㉓ **仁杰姨惭周不仕** 唐代名臣狄仁杰任武则天所建后周朝的宰相时，他想让其堂姨卢氏之子入朝当官，对姨母说："我现为宰相，表弟到朝中喜欢干什么，我一定尽力而为。"姨母说"我只有这一个儿子，不愿意让他去侍候女主（指武则天）。"狄仁杰大惭而归。（见〔明〕武震元《奇女子传》）

㉔ **王陵母识汉方兴** 西汉初年大臣王陵，沛（今属江苏）人。秦末农民战争中，聚众数千人占据南阳。刘邦初入咸阳，王陵不肯从刘邦。及刘邦还击项羽时，王陵率师归汉（刘邦）。陵事汉，其母在楚（西楚），被项羽拘禁，令其向李陵招降。陵母知汉必兴，拒招，伏剑而死。（见《汉书·王陵传》）

㉕ **句写穷愁，浣花寄迹传工部** 唐代诗人杜甫，在安禄山军攻陷长安后，逃往凤翔，谒见唐肃宗，曾任华州司功参军。不久弃官，家移成都，筑草堂于浣花溪上，世称"浣花草堂"。一度在剑南节度使严武幕中任检校工部员外郎，世称"杜工部"。杜甫深谙人民愁苦，其诗作多写对穷苦人民的同情，大胆揭露社会矛盾。如《石壕吏》："暮投石壕村，有吏夜捉人……吏呼一何怒，妇啼一何苦……一男附书至，二男新战死……室中更无人，惟有乳下孙。有孙母未去，出入无完裙。"（见《唐书·杜甫传》）

㉖ **诗吟变乱，凝碧伤心叹右丞** 唐代诗人王维，官至尚书右丞，故世称"王右丞"。安禄山叛乱攻陷长安，王维曾受伪职"给事中"。安禄山于唐禁苑之凝碧池宴其部属，饮酒作乐，王维闻而伤感，作《口号咏示裴迪》诗云："万户伤心生野烟，百官何日再朝天。秋槐花落空宫里，凝碧池头奏管弦。"

荣对辱，喜对忧。缱绻对绸缪①。吴娃对越女②，野马对沙鸥③。茶解渴④，酒消愁⑤。白眼对苍头⑥。马迁修史记⑦，孔子作春秋⑧。莘野耕夫闲举耜⑨，渭滨渔父晚垂钓⑩。龙马游河，羲帝因图而画卦⑪；神龟出洛，禹王取法以明畴⑫。

冠对履，舄对裘⑭。院小对庭幽⑮。面墙对膝地⑯，错智对良筹⑰。孤嶂耸⑱，大江流⑲。方泽对圜丘⑳。花潭来越唱，柳屿起吴讴㉑。莺懒燕忙三月雨㉒，蛩摧蝉退一天秋㉓。钟子听琴，荒径入林山寂寂㉔；谪仙捉月，洪涛接岸水悠悠㉕。

鱼对鸟，鹈对鸠㉖。翠馆对红楼㉗。七贤对三友㉘，爱日对悲秋㉙。虎类狗㉚，蚁如牛㉛。列辟对诸侯㉜。陈唱临春乐㉝，隋歌清夜游㉞。空中事业麒麟阁㉟，地下文章鹦鹉洲㊱。旷野平原，猎士马蹄轻似箭㊲；斜风细雨，牧童牛背稳如舟㊳。

注　解

① **缱绻**　形容男女恋情，缠绵不解。［唐］元稹《莺莺传》云："绸缪缱绻，暂若寻常，幽会未终，惊魂已断。"　　**绸缪**　形容情意深长，亲密无间。［西汉］李陵《与苏武诗》云："独有盈觞酒，与子结绸缪。"

② **吴娃越女**　春秋时期吴国与越国的美女。亦作"吴娃越艳"、"越女吴儿"。娃：美女；小孩。［唐］李白《忆旧游书怀赠韦太守》诗云："吴娃与越艳，窈窕夸铅红。"［金］元好问《后平湖曲》云："越女颜如花，吴儿洁于玉。"

③ **野马**　北方的一种良马。［汉］司马相如《上林赋》云："被（披）豳衣（有斑纹的衣服），跨野马。"　　**沙鸥**　栖息于沙洲的水鸟。［唐］孟浩然《夜泊宣城界》诗云："离家复水宿，相伴赖沙鸥。"

④ **茶解渴**　据［唐］陆羽《茶经》记载，茶性寒，最适宜修养心性、生活俭朴的人饮用。如果有发烧、口渴、郁闷、头痛、目滞、四肢躁烦、关节酸痛等症，只要喝四五口茶，就会像饮了美酒、甘露一样爽快。《本草·木部》云："茗，又名苦荼……主治瘘疮、利尿、去痰、止渴解热，使人兴奋睡眠少。"

⑤ **酒消愁**　曹操有"何以解忧？唯有杜康"之名句（见《短歌行》）。陆游有"闲愁如飞雪，入酒即消融"的佳话（见《对酒》）。更妙的"酒消愁"说，是古代无名氏的《四不如酒》云："刀不能剪心愁，锥不能解肠结，线不能穿泪珠，火不能销鬓雪。不如饮此神圣杯，万念千忧一时歇。"

⑥ **白眼**　三国魏文学家、思想家阮籍，藐视礼俗，善待贤达，以白眼斜视"礼俗之士"，以青眼（黑眼珠居中直视对方）善待喜交之友。籍母丧，刺史嵇喜来吊，籍作白眼，喜不悦而归。当"竹林七贤"之首嵇康（嵇喜之弟）来祭时，阮籍大悦，以青眼相迎。（见《晋书·阮籍传》　　**苍头**　用青（黑）巾裹头的士卒。秦末农民起义领袖陈胜吴广败死后，其部将吕臣在新阳组织部伍，头戴青巾，称"苍头军"。《汉书·陈胜传》云："胜故涓人将军吕臣为苍头军，起新阳，攻陈下之，杀庄贾，复议陈为楚。"再者，《战国策·魏策》云："今窃闻大王之卒，武力二十余万，苍头二十万。"

⑦ **马迁修史记**　司马迁（前145—前86），字子长，西汉人。生于龙门，

年轻时游历宇内，于四十二岁时继承父亲司马谈之职，任太史令，并承遗命著述。后因为汉将李陵降匈奴事作辩护，触怒武帝下狱，受腐刑（宫刑，割掉生殖器）。后为中书令，以刑后余生完成太史公书（后称《史记》），上起黄帝，下迄汉武帝太初年间，共一百三十篇，五十二万余言，为纪传体之祖，亦为通史之祖。因具良史之才，所作《史记》又为正史之宗，故后世称司马迁为"史迁"。

⑧ **孔子作春秋** 孔子（前551—前479），名丘，字仲尼，春秋鲁人。生有圣德，学无常师。相传曾问礼于老聃，学乐于苌弘，学琴于师襄。初仕鲁，为司寇，摄行相事，鲁国大治。后周游列国十三年，不见用，年六十八，返鲁，晚年致力整理古代经典。有弟子三千，身通六艺者七十二人，开平民教育先河，后世尊为"至圣先师"。孔子据鲁史修订的《春秋》，是我国第一部编年体史书，其文笔曲折而意含褒贬，人称"春秋笔法"。（见《史记·孔子世家》）

⑨ **莘野耕夫闲举耜** 传说商朝大臣伊尹，本为商汤妻之陪嫁奴隶，后佐汤讨伐夏桀，被尊为宰相。老年，隐耕于有莘（国名）之原野。《孟子·万章上》云："伊尹耕于有莘之野，而乐尧舜之道焉。"

⑩ **渭滨渔父晚垂钩** 指姜子牙在渭水以直钩钓鱼，周文王访得，封其为军师。后姜子牙辅佐文王、武王征战，伐纣灭商。

⑪ **龙马游河，羲帝因图而画卦** 传说伏羲氏继天而王，黄河中有龙马（瑞马）负图出水，伏羲氏遂以图画八卦，造文字，治理天下（见《汉书·五行志》）。

⑫ **神龟出洛，禹王取法以明畴** 传说夏禹治水成功后，洛水神龟背负文出水，有数一至于九，禹遂以数列次第，作《洪范九畴》，成为治理天下的九类大法。（见《尚书·洪范》）

⑬ **冠履** 帽与鞋。《汉书·贾谊传》云："履虽鲜（新而华美）不加于枕（不放枕头边），冠虽敝（破旧）不以苴（垫）履。"

⑭ **舄** 古代一种加木底的双层底鞋。《诗经·小雅·车攻》云："赤芾（礼服上的蔽膝）金舄（金头鞋），会同有绎（络绎不绝）。"

⑮ **院小庭幽** 亦作"庭小院幽"，小巧而幽静的庭院。［唐］齐己《幽斋偶作》诗云："幽院才容个小庭，疏篁（稀疏的竹子）低短不堪情。春来犹赖邻僧树，时引流莺送好声。"

⑯ **面墙** 面墙：本指面对墙壁而视，则一无所见。比喻不学无术。[唐]孔颖达疏云："人而不学，如面向墙无所睹见，以此临事，则惟烦乱不能治理。"此处"面墙"是取"面壁"之义，指静心修养，专心学业。[宋]普济《五灯会元》记载：南北朝时期，印度名僧达摩大师来华，在嵩山少林寺面壁（墙壁）静坐九年，潜心修道。　**膝地** 指两膝着地而行，表示敬重。《庄子·在宥》载：黄帝为天子时，诏令通行天下。他还去空同山向广成子请教至道的精华，以利生长五谷，养育百姓。广成子说："你只是一个心地狭窄的戏人，不足谈论大道。"黄帝告退，弃置朝政，筑静室，卧白茅，独居三月，再拜广成子。广成子头朝南卧着。黄帝膝地而进再求教。广成子急忙挺身而起，说："至道的精髓，在于你要摒除一切思虑，使自己处于与自然浑而为一的境界。"[唐]黄滔《丈六金身碑》诗云："檀信（行布施的信士）及门而膝地，童齿遍城而掌胶（合掌膜拜）。"

⑰ **错智** 晁错智慧广。西汉政论家晁错，颍川（今河南禹州）人。文帝时，任太常掌故，后为太子（即景帝）家令，足智多谋，深得太子信任，称其为"智囊"。景帝即位，任为御史大夫。他坚持"重本轻末"政策，主张纳粟受爵，建议募民充实塞下，防御匈奴攻掠，以及逐步削夺诸侯王国的封地，这些均为景帝采纳。（见《史记·晁错传》）　**良筹** 张良谋略多。汉初大臣张良，字子房，城父（今河南宝丰东）人。祖与父相继为韩国五世宰相。秦灭韩后，良交刺客在博浪沙（今河南原阳东南）狙击秦始皇未中，逃到下邳（今江苏睢宁北），遇黄石公，得《太公兵法》。后从刘邦，为重要谋士。楚汉战争中，他提出不立六国后代，联结英布、彭越，重用韩信等策略，又主张追击项羽灭楚，这些均为刘邦采纳。汉朝建立，封为留侯。（见《史记·留侯传》）

⑱ **孤嶂耸** 孤立大山，高峻入云。这是宋朝陈与义《大庾岭》中"隔水丛梅疑是雪，近人孤嶂欲生云"诗句的化用。

⑲ **大江流** 大江东流，势不可挡。这是诗圣杜甫《旅夜书怀》中"星垂平野阔，月涌（月随波涌）大江流"诗句的化用。

⑳ **方泽圜丘** 明朝嘉靖年间，在北京天坛内筑高台"圜丘"，亦称"圆丘"，供帝王每年冬至日祭天；在北京安定门外，掘地为贮水"方泽"，泽中筑方形坛台，故称"方泽坛"，供帝王每年夏至日祭地。《广雅·释天》云："圆丘大坛祭天也，方泽大泽祭地也。"圜丘方泽，契应中华传统文化中"天

圆地方"的学说。

㉑ **花潭来越唱，柳屿起吴讴** 这是唐代诗人王勃《采莲曲》中"叶屿花潭极望平，江讴（江南歌谣，指吴讴）越吹（越国的管乐之声）相思苦"诗句的化用。越唱：亦作"越吟"，越国之歌吟。吴讴：亦作"吴歌"、"吴谣"，吴地之歌谣。战国时期，越人庄舄在楚国做官，优游富贵，但不忘故国，病中吟越歌以寄乡思。（见《史记·张仪列传》）[宋]陆游《上二府乞宫词启》云："幽游食足，敢陈楚（楚国）些之穷；衰疾土思（思乡土），但抱越吟之苦。"[汉]王粲《登楼赋》云："钟仪幽而楚奏兮，庄舄显而越吟。"《崇川竹枝词》中有首专写扶海洲的词："淮南江北海西头，中有一泓扶海洲。扶海洲边是侬住，越讴不善善吴讴。"

㉒ **莺懒燕忙三月雨** 这是宋朝诗人陆游《幽居》中"花过莺初懒，泥新燕正忙"诗意的化用。

㉓ **蛩摧蝉退一天秋** 这是宋朝诗人陆游《闻蛩》中"蝉声未断已蛩鸣，徂岁峥嵘得我惊。"诗意的化用。蛩：蟋蟀。摧：通"催"，催促。

㉔ **钟子听琴，荒径入林山寂寂** 传说春秋时人伯牙善于弹琴，钟子期善于听音。伯牙方鼓赞太山之音，钟子期说："善哉乎鼓琴，巍巍乎若太山。"继而，伯牙又鼓流水之音，钟子期又说："善哉乎鼓琴，汤汤乎若流水。"钟子期死后，伯牙破琴绝弦，终身不复鼓琴，谓"无知音也"。（见《吕氏春秋·本味》）

㉕ **谪仙捉月，洪涛接岸水悠悠** 传说唐代诗人李白在当涂采石江醉酒中泛舟，俯首看到江中月影，大声呼叫："捉住它！捉住它！"纵身跳入水中，被溺死。后人于采石矶建有"捉月台"。但宋代洪迈据唐李阳冰所作《太白草堂集序》和李华所写李白墓志纪，记述李白临终时事，认为"捉月"之说不足信。

㉖ **鹡** 鹡鸰，亦作"脊令"，鸟名。人们常以"鹡鸰"比喻兄弟。《诗经·小雅·常棣》云："脊令在原，兄弟急难。" **鸠** 鸟名。传说鸠性拙，不善营巢，而居鹊所成之巢。《诗经·召南·鹊巢》云："维鹊有巢，维鸠居之。"

㉗ **翠馆红楼** 亦作"翠馆朱楼"，华丽的楼堂馆所。[明]孟称舜《娇红记》云："任飘飏翠馆红楼，柳陌花街，到处曾游荡。"[宋]吴文英《花心动（柳）》词云："翠馆朱楼，紫陌青门，处处燕莺晴昼。"

㉘ **七贤** 魏晋年代，陈留（今河南陈留）的阮籍、谯国（今安徽宿县）的嵇康、河内（今河南武陟）的山涛、河内（今河南武陟）的向秀、阮籍之侄阮咸（今河南陈留）、琅琊（今山东临沂）的王戎、沛（今安徽濉溪）人刘伶相与友善，常宴集于竹林（在今河南修武云台山百家岩）之下，饮酒清谈弹唱取乐，时人号为"竹林七贤"。（见《世说新语·任诞》） **三友** 历代人们注重交友。孔子认为与人交友，要认准对自己有益和有害。他说：与正直的人、与诚实的人、与见多识广的人交友，有益处；与走邪门歪道的人、与谄媚奉迎的人、与花言巧语的人交友，有害处。（见《论语·季氏》）

㉙ **爱日** 珍惜时日。《大戴礼记·曾子立事》云："君子爱日以学，及时以行。"《周书·萧圆萧传》云："朗读百边，乙夜难寐，爱日惜力，寸阴无弃。" **悲秋** 面对秋景而伤感。《楚辞·九辩》云："悲哉！秋之为气也。萧瑟兮，草木摇落而变衰。"〔唐〕杜甫《登高》诗云："万里悲秋常作客，百年多病独登台。"

㉚ **虎类狗** 东汉伏波将军马援，重视子女教育。他给其侄儿写信说：龙伯高（东汉太守）敦厚谨慎，谦虚节俭；杜季良（东汉越骑校尉）豪侠仗义，与各色人等皆有交往。这二人都值得敬重。但我希望你们努力向龙伯高学习，学不成功，还可以成为谨慎谦虚的人。就是说"刻鹄（天鹅）不成，尚类鹜（鸭子）"；而不希望你们学杜季良，因为一旦学杜季良不成功，你们就成了纨绔子弟。就是说"画虎不成，反类狗"。（见《后汉书·马援传》）

㉛ **蚁如牛** 东晋建武将军殷浩（荆州刺史殷仲堪之父），与权臣桓温有隙。永和九年殷浩率军北伐，战败，被桓温奏劾，废为庶人。废黜后他精神恍惚，终日手指向空中划"咄咄怪事"四字。病渐虚悸。一日，浩听到床下有蚂蚁在动，他认为是牛在互斗。（见《晋书·殷浩传》《世说新语·纰漏》）

㉜ **列辟** 君主；国君。〔唐〕柳宗元《柳宗直〈西汉文类〉序》云："列辟之达道，名臣之大范。" **诸侯** 古代中央政权所分的各国国君统称"诸侯"。《史记·齐太公世家》云："〔周武王、姜子牙〕遂至盟津。诸侯不期而会者八百诸侯。"

㉝ **陈唱临春乐** 南朝陈国末代皇帝陈叔宝，字符秀，小字黄奴。在位时大建宫室，生活侈靡，日与妃嫔、文臣游宴，制作《玉树后庭花》《临春乐》等艳词，不顾国难。后被隋兵俘虏，陈国灭亡。（见《南史·陈后主本纪》）

㉞ **隋歌清夜游** 隋炀帝弑父杀兄篡帝位，是我国历史上有名的暴君，而

且奢侈荒淫。夏夜，有月趁月，无月放萤火虫照明，由几千名宫女陪同，弹奏着他自作的《清夜游曲》，载歌载舞，通宵畅游西苑。秋冬树木凋零时，就剪彩帛为花叶，挂在树枝船头充红绿，迎风招展。（见《中华帝王全传·隋炀帝艳史》）

㉟ **空中事业麒麟阁**　汉宣帝为表彰霍光、赵充国、苏武等十一位西汉文武名臣的功绩，把他们的形象图画在未央宫麒麟阁内。（见《汉书·苏武传》）〔唐〕杜甫《投赠哥舒开府翰二十韵》云："今代麒麟阁，何人第一功？"

㊱ **地下文章鹦鹉洲**　传说东汉末年，江夏（今湖北武汉）太守黄祖之长子黄射，在江夏西南江中一岛大会宾客，有人献鹦鹉，文学家祢衡作《鹦鹉赋》，抒发有才智之士生于乱世的不幸遭遇，辞气慷慨。从此，该岛名为"鹦鹉洲"。（见《后汉书·祢衡传》）

㊲ **旷野平原，猎士马蹄轻似箭**　这是唐代诗人王维《观猎》中"风劲角弓鸣，将军猎渭城。草枯鹰眼疾，雪尽马蹄轻"诗意的化用。

㊳ **斜风细雨，牧童牛背稳如舟**　这是宋朝诗人陆游《牧牛儿》中"童儿踏牛背，安稳如乘舟。寒雨山陂远，参差烟树晚"诗意的化用。

十二 侵

_{gē duì qǔ   xiào duì yín   wǎng gǔ duì lái jīn   shān tóu duì shuǐ miàn   yuǎn pǔ}
歌对曲，啸对吟。往古对来今①。山头对水面，远浦

_{duì yáo cén   qín sān shàng   xī cùn yīn   mào shù duì píng lín   biàn hé sān xiàn}
对遥岑②。勤三上③，惜寸阴④。茂树对平林⑤。卞和三献

_{yù   yáng zhèn sì zhī jīn   qīng huáng fēng nuǎn cuī fāng cǎo   bái dì chéng gāo jí}
玉⑥，杨震四知金⑦。青皇风暖催芳草⑧，白帝城高急

_{mù zhēn   xiù hǔ diāo lóng   cái zǐ chuāng qián huī cǎi bǐ   miáo luán cì fèng jiā}
暮砧⑨。绣虎雕龙，才子窗前挥彩笔⑩；描鸾刺凤，佳

_{rén lián xià dù jīn zhēn}
人帘下度金针⑪。

_{dēng duì tiào   shè duì lín⑫   ruì xuě duì gān lín⑬   zhǔ huān duì mín lè⑭}
登对眺，涉对临⑫。瑞雪对甘霖⑬。主欢对民乐⑭，

_{jiāo qiǎn duì yán shēn⑮   chǐ sān zhàn⑯   lè qī qín⑰   gù qǔ duì zhī yīn⑱   dà chē}
交浅对言深⑮。耻三战⑯，乐七擒⑰。顾曲对知音⑱。大车

_{xíng kǎn kǎn   sì mǎ zhòu qīn qīn   zǐ diàn qīng hóng téng jiàn qì   gāo shān liú shuǐ}
行槛槛⑲，驷马骤駸駸⑳。紫电青虹腾剑气㉑，高山流水

_{shí qín xīn   qū zǐ huái jūn   jí pǔ yín fēng bēi zé pàn   wáng láng yì yǒu piān}
识琴心㉒。屈子怀君，极浦吟风悲泽畔㉓；王郎忆友，扁

_{zhōu wò xuě fǎng shān yīn}
舟卧雪访山阴㉔。

注 解

① 往古来今 从古到今。[唐] 白居易《放言》诗云："朝真暮伪何人辨？古往今来底事（何事）无！"

② 远浦 湖南潇水与湘江合流一带，景色迷人，有"潇湘八景"之称。"远浦归帆"是八景之一。宋朝诗人张经有一首咏《潇湘八景·远浦归帆》诗云："极浦（远浦）一帆回，招招近岸开。倚船试相问，莫是故乡来。"

遥岑 远处陡峭的小山崖。[唐] 韩愈孟郊《城南联句》云："遥岑出寸碧，远目增双明。"

③ 勤三上 勤学不择场合。宋朝文学家、书法家欧阳修说，他之学有成就，在于勤学。"余平生所作文章，多在三上，乃马上、枕上、厕上也；盖惟此，尤可以属思耳。"（见欧阳修《归田录》）

④ 惜寸阴 珍惜短暂时间。《淮南子·原道》云："圣人不贵尺之璧，而重寸之阴，时难得而易失也。"晋陶侃常对人说："大禹圣人，乃惜寸阴，至于众人，当惜分阴。"（见《晋书·陶侃传》）

⑤ 平林 平野上的树林。《诗经·小雅·车辖》云："依彼平林，有集维鷮（野雉）。"毛传："平林，林木之在平地者也。"

⑥ 卞和三献玉 春秋时期，楚国人卞和在荆山寻得一块璞玉，献给楚厉王熊眴，厉王使玉匠检验，说是石头，以欺君之罪砍断卞和的左足。楚武王熊通即位，卞和又把璞玉献给武王，武王仍以欺君之罪砍掉卞和的右足。到楚文王熊赀继位后，卞和抱玉哭于荆山之下，文王派人问其故，卞和说："吾非悲刖（断足）也，悲宝玉被视为石，贞士被认是诳人。"文王使工匠剖璞检验，果是一块宝玉，因此命名为"和氏璧"。（见《韩非子·和氏》）

⑦ 杨震四知金 东汉太尉杨震，字伯起，今陕西华阴人。他博学通经，时称"关西孔子杨伯起"。他为官清廉，憎恶贪侈骄横。昌邑令王密，夜间怀金十斤给杨震送礼，杨震说："故人（杨震自称）知君（指王密），君不知故人，何也？"王密说："暮夜无知者。"杨震说："天知，神知，我知，子（你）知，何谓无知者？"王密羞愧地抱金回去了。（见《后汉书·杨震传》）

⑧ 青皇风暖催芳草 这是诗圣杜甫《绝句》中"迟日（春日）江山丽，春风花草香"诗意的化用。青皇：即"青帝"，东方之神，又称"司春之

神"，指春天。

⑨ **白帝城高急暮砧**　这是引自诗圣杜甫《秋兴八首》中"寒衣处处催刀尺，白帝城高急暮砧"的诗句原文。白帝城在今四川省奉节县东白帝山。城居高山，形势险要。三国时蜀汉以此为防吴重地。刘备伐吴，为陆逊所败，退居此城，后卒于城西永安宫。

⑩ **绣虎雕龙，才子窗前挥彩笔**　三国魏文帝曹丕嫉妒弟弟曹植的文才，欲加害之，逼弟于七步之内作诗一首。曹植应声道："煮豆燃豆萁，豆在釜中泣。本是同根生，相煎何太急？"竟成诗章。《玉箱杂记》云："曹植七步成章，号'绣虎'。"比喻才思敏捷。

战国时，齐国阴阳家代表人物驺衍，"言天事，善宏辩"，人称"谈天衍"。驺奭"采驺衍之术（善辩）以纪文（写文章）"，文辞极美，人称"雕龙奭"。[汉]刘向《别录》云："驺奭修衍之文，饰若雕镂龙文，故曰'雕龙'。"比喻善于文辞。

⑪ **描鸾刺凤，佳人帘下度金针**　美女巧针刺绣。[明]陆采《明珠记·由房》云："作赋吟诗，人人尽说蔡文姬的再生；描鸾刺凤，个个皆称薛夜来（三国魏文帝曹丕的宠姬，巧于针工，夜绣不用灯烛之光，缝制立成）的神针。"[金]元好问《论诗绝句》云："鸳鸯绣了从教看，莫把金针度与人。"

⑫ **涉**　经历。[唐]白居易《与元微之书》诗云："仆自到九江，已涉三年。"　　**临**　遇到。《诗经·小雅·小旻》云："战战兢兢，如临深渊。"

⑬ **瑞雪**　人们认为，初春的雪预兆丰年，故称"瑞雪"。[南朝陈]张正见《玄都观春雪》诗云："同云遥映岭，瑞雪近浮空。"　　**甘霖**　亦作"甘雨"，及时雨。[元]方回《次韵金汉臣喜雨》诗云："甘霖三尺透，病体十分轻。"《尔雅·释天》云："甘雨时（及时）降，万物以嘉。"

⑭ **主欢**　[唐]李白《送窦司马贬宜春》诗云："天马白银鞍，亲承明主欢。斗鸡金宫里，射雁碧云端。"　　**民乐**　亦作"民悦"。[元]蒲道源《木兰花慢·寿王国宾总管》词云："胸襟理胜自超然。虽老未华颠。念厚禄崇资，真成大耐，何计荣迁。心期岁丰民乐，更公庭、无讼酒如川。唤取梅花为寿，看他老桧千年。"《孟子·梁惠王下》云："孟子对曰：'取之而燕民悦，则取之。'"

⑮ **交浅言深**　交情虽浅，言谈却是心里话。对此，世人有不同看法。《后汉书·崔骃传》云："骃闻，交浅而言深者，愚也。"[宋]苏轼《上神宗

皇帝书》云："交浅言深，君子所戒。"《战国策·赵策》云："交浅而言深，是忠也。"

⑯ **耻三战** 春秋时期，鲁国大将曹沫（即曹刿）以勇武事鲁庄公。齐侵鲁，鲁三战三北（败北）。鲁以献遂邑之地向齐求和，齐桓公遂与鲁庄公立盟约于柯（今山东莱芜东北）。盟会间，庄公侍从曹沫执匕首劫桓公于坛上，对桓公说："齐强鲁弱，大国侵鲁，亦已甚矣。"桓公连连答应尽还侵鲁之地。（见《史记·刺客列传》）〔汉〕李陵《答苏武书》云："昔范蠡不殉会稽之耻，曹沫不死三败之辱，卒复勾践之仇，报鲁国之羞。"

⑰ **乐七擒** 三国蜀相诸葛亮为有安定后方，举兵征南夷，七次生擒南方酋长孟获，七次释放。孟获心悦诚服地说："公（诸葛亮），天威也，南人不复反矣。"（见《三国志·蜀志·诸葛亮传》）

⑱ **顾曲** 三国吴都督周瑜，字公瑾，少年时即精意于音乐，虽酒过三杯，听到别人奏曲有误，必能辨知，知之必顾，时人谣曰："曲有误，周郎顾。"（见《三国志·吴志·周瑜传》）后遂以"顾曲"为欣赏音乐、戏曲之典。 **知音** 传说，春秋时人伯牙善于弹琴，钟子期善于听音。伯牙方鼓赞泰山之琴，钟子期说："善哉乎鼓琴，巍巍乎若太（通'泰'）山。"继而，伯牙又鼓流水之音，钟子期又说："善哉乎鼓琴，汤汤乎若流水。"钟子期死后，伯牙觉无知音了，遂破琴绝弦，终身不复鼓琴。（见《吕氏春秋·本味》）

⑲ **大车行槛槛** 本句出自《诗经·王风·大车》中"大车槛槛（车行声）"诗句。

⑳ **驷马骤骎骎** 本句出自《诗经·小雅·四牡》中"驾彼四骆（四匹公马），载骤骎骎（马奔驰状）"诗句。

㉑ **紫电青虹腾剑气** 紫电：宝剑名。青虹：宝剑闪亮如虹。〔唐〕王勃《滕王阁序》云："紫电青霜（剑刃锋利，青莹若霜雪），王将军之武库。"

㉒ **高山流水识琴心** 指钟子期善辨伯牙琴音。（参见本韵注⑱）

㉓ **屈子怀君，极浦吟风悲泽畔** 战国末期，楚国贵族、伟大诗人屈原，名平，字原。学识渊博。初辅佐怀王，任左徒、三闾大夫。他主张彰明决度，举贤授能，东联齐国，西抗强秦，深得怀王信任。后楚怀王听信贵族子兰、靳尚等人的谗害而去职。屈原怨恨怀王耳不聪，目不明，听信谗谄、邪曲，不容刚正不阿，因而"忧愁幽思而作《离骚》"。顷襄王时又被放逐，长期流

浪于沅湘流域。他的政治主张不被采纳，自感自己无力挽救楚国的危亡，楚都郢城被秦军攻破后，屈原"至于江滨，被（披）发行吟泽畔；颜色憔悴，形容枯槁"，怀石沉汨罗江而死。（见《史记·屈原贾生列传》）

㉔ **王郎忆友，扁舟卧雪访山阴** 晋代书法家王羲之之子王徽之，字子猷，性格豪爽洒脱，放荡不羁。官至黄门侍郎。居山阴时，忽然想念故友戴逵（字安道）。当时戴逵居于剡地（今浙江嵊县西），便乘小舟雪夜造访，一夜方至，舍舟登陆。至戴之门而不入，竟乘舟而返。人问其故，王曰："吾本乘兴而来，兴尽而返，何必见安道？"（见《世说新语·任诞》）

gōng duì què　　zuò duì kān　　shuǐ běi duì tiān nán　　shèn lóu duì yǐ jùn　　wěi
宫 对 阙①，座 对 龛②。水 北 对 天 南。蜃 楼 对 蚁 郡③，伟

lùn duì gāo tán　　lín qǐ zǐ　　shù pián nán　　dé yī duì hán sān　　bā bǎo shān
论 对 高 谈④。邻 杞 梓⑤，树 楩 楠⑥。得 一 对 函 三⑦。八 宝 珊

hú zhěn　　shuāng zhū dài mào zān　　xiāo wáng dài shì xīn wéi chì　　lú xiàng qī jūn
瑚 枕⑧，双 珠 玳 瑁 簪⑨。萧 王 待 士 心 惟 赤⑩，卢 相 欺 君

miàn dú lán　　jiǎ dǎo shī kuáng　　shǒu nǐ qiāo mén xíng chù xiǎng　　zhāng diān cǎo shèng
面 独 蓝⑪。贾 岛 诗 狂，手 拟 敲 门 行 处 想⑫；张 颠 草 圣，

tóu néng rú mò xiě shí hān
头 能 濡 墨 写 时 酣⑬。

wén duì jiàn　　jiě duì ān　　sān jú duì shuāng gān　　huáng tóng duì bái sǒu
闻 对 见，解 对 谙⑭。三 橘 对 双 柑⑮。黄 童 对 白 叟⑯，

jìng nǚ duì qí nán　　qiū qī qī　　jìng sān sān　　hǎi sè duì shān lán　　luán shēng
静 女 对 奇 男⑰。秋 七 七⑱，径 三 三⑲。海 色 对 山 岚⑳。鸾 声

hé huì huì　　hǔ shì zhèng dān dān　　yí fēng jiāng lì zhī ní fù　　hán gǔ guān rén
何 哕 哕㉑，虎 视 正 眈 眈㉒。仪 封 疆 吏 知 尼 父㉓，函 谷 关 人

shí lǎo dān　　jiāng xiàng guī chí　　zhǐ shuǐ zì méng zhēn shì zhǐ　　wú gōng zuò zǎi
识 老 聃㉔。江 相 归 池，止 水 自 盟 真 是 止㉕；吴 公 作 宰，

tān quán suī yǐn yì hé tān
贪 泉 虽 饮 亦 何 贪㉖？

① **宫阙** 古时帝王所居宫门前立双阙，故称宫殿为宫阙。《史记·高祖纪》云："萧（萧何）丞相营作未央宫，立东阙、北阙……高祖还，见宫阙壮甚。"

② **座龛** 供奉神佛或祖先牌位的石室或柜子。［唐］杜甫《石龛》诗云："驱车石龛下，仲冬见虹霓。"［宋］陆游《禹迹寺南有沈氏小园》诗云："年来妄念消除尽，回向神龛一炷香。"

③ **蜃楼** 大气中由于光线的折射作用而形成的一种自然现象，谓之"蜃气"。光线经过不同密度的空气层，发生显著折射或全反射时，把远处景物显示在空中或地面的奇异幻景，此即"海市蜃楼"。常发生在海边和沙漠地区。［宋］沈括《梦溪笔谈·异事》云："登州海中，时有云气如宫室、台观、城堞、人物、车马、冠盖，历历可见，谓之'海市'。"古人认为它是由海里一种叫'蜃'（蛤蜊）的贝类动物吐气而成的。《本草纲目·鳞部》云："［蜃］能吁（吐）气成楼台城郭之状，将雨即见，名蜃楼，亦曰海市。" **蚁郡** 传说，古时有个叫淳于棼的人，做梦到了槐安国，娶了公主，当了南柯太守，荣华富贵。后率师出征战败，公主也死了，遭到国王疑忌，被遣归里。忽然梦醒，在庭前槐树下寻得一个蚁穴，即梦中的槐安国都。南柯郡乃是槐树南枝下另一蚁穴。故事比喻富贵得失无常。（见［唐］李公佐《南柯梦》）

④ **伟论高谈** 亦作"高谈阔论"。不着边际地大发议论。［唐］吕岩《徽宗斋会》云："高谈阔论若无人，可惜明君不遇真。"

⑤ **遴杞梓** 遴：选拔。杞梓本是两种优质木材。后以"杞梓"比喻人才优秀。《左传·襄公二十六年》云："晋卿不如楚，其（指楚国）大夫则贤，皆卿材也。如杞梓、皮革，自楚往也。虽楚有材，晋实用之。"

⑥ **树楩楠** 楩楠：两种优质木材。《战国策·宋》云："荆有长松文梓，楩楠豫章。"

⑦ **得一函三** 这是《汉书·律历志》中"太极元气，函三为一"文意的化用。得一：是纯正之意。函三：是包含一切之意。一为数之始，又为物之极。一可包含所有，能容纳万物。《道德经》云："昔之得一者，天得一以清，地得一以宁，人得一以贞……侯王得一天下为正。"

⑧ **八宝珊瑚枕** 饰有珍宝的珊瑚枕头。［唐］李绅《长门怨》云："珊

瑚枕上千行泪，不是思君是恨君。"

⑨ **双珠玳瑁簪**　饰有双珠的玳瑁发簪。〔南朝宋〕鲍照《拟行路难》诗云："还君金钗玳瑁簪，不忍见之益愁思。"

⑩ **萧王待士心惟赤**　更始二年（24）刘玄封刘秀为萧王到河北治乱，刘秀对来臣服（投降）之人，皆以赤诚之心相待，降者相语说："萧王推赤心置人腹中，安得不投死乎！"（见《后汉书·光武本纪》）

⑪ **卢相欺君面独蓝**　唐代大臣卢杞，字子良，今河南滑县西南人。其貌丑泛蓝且心险，人称"蓝面鬼"。德宗时为相，专权自恣，陷害忠良。藩镇叛乱时，以筹军资为名，征收杂税，聚敛财货，怨声满天下。朔方节度使李怀光上疏斥其罪恶，卢被贬职，死于沣州。（见新旧《唐书·奸臣传》）

⑫ **贾岛诗狂，手拟敲门行处想**　这是关于唐代诗人贾岛炼字的典故。（参见本卷"三肴"注㉒）

⑬ **张颠草圣，头能濡墨写时酣**　唐代著名书法家张旭，字伯高，今江苏苏州人。他草书最为知名，人称"草圣"。他与李白歌诗、裴旻剑舞，时称"三绝"。相传他常在大醉后呼喊狂走，挥洒落笔，甚至以头濡墨而书，故人称"张颠"。

⑭ **解谙**　熟悉了解。〔元〕高明《琵琶记·牛相教女》云："堪哀，萱室先摧。叹妇仪姆训（女师的训诫），未曾谙解。"

⑮ **三橘**　参见本卷"六麻"注⑭　**双柑**　"双柑斗酒"略语，两只蜜柑一斗酒，是春游时所备之饮食。〔唐〕冯贽《俗耳针砭诗肠鼓吹》云："戴颙春携双柑斗酒，人问何之（去哪里）？戴曰：'往听黄鹂声，此俗耳针砭，诗肠鼓吹，汝（你）知之乎？'"

⑯ **黄童白叟**　黄毛儿童和白发老人。〔唐〕韩愈《元和圣德》云："卿士庶人，黄童白叟，踊跃欢呀，失喜噎呕（喉塞作呕）。"

⑰ **静女**　闲雅之女。〔唐〕孟郊《静女吟》诗云："艳女皆妒色，静女独检踪。"　**奇男**　即"奇士"，才能出众的男子。〔清〕陈端生《再生缘》云："奇男侠女心相爱，海誓山盟义并深。"《史记·陈相国世家》云："项王不能信人，其所任爱，非诸项即妻之昆弟，虽有奇士，不能用。"

⑱ **秋七七**　唐代道士殷文祥，又名道荃，自称"七七"。传说，他在浙西鹤林寺，秋日能使杜鹃花开。〔宋〕苏轼《后十余日复至〔吉祥寺〕》诗云："安得道人殷七七，不论时节把花开。"（见《云笈七笺·续仙传》）

⑲ **径三三**　西汉末，王莽专权，兖州刺史蒋诩告病辞官，隐居乡里，在院中辟三径（小路），不与世交，唯与求仲、羊仲二人来往。（见［晋］赵岐《三辅决箓·逃名》）后常用"三径"比喻家园。［晋］陶渊明《归去来兮辞》云："三径就荒，松竹犹存。"

⑳ **海色**　海上的景色。［唐］祖咏《江南旅情》诗云："海色晴看雨，江声夜听潮。"　　**山岚**　山林中的雾气。［唐］顾非熊《陈情上郑主司》诗云："茅屋山岚入，柴门海浪连。"

㉑ **鸾声何哕哕**　铃声如鸾鸣。这是唐代诗人王维《送李睢阳》中"鸾声哕哕鲁侯旗"诗句的化用。

㉒ **虎视正眈眈**　如虎之雄视。这是《周易·颐卦》中"虎视眈眈，其欲逐逐"诗意的化用。

㉓ **仪封疆吏知尼父**　仪：此指孔子葬礼仪式。封疆吏：特指鲁哀公。尼父：对孔子的尊称。孔子于鲁哀公十六年四月去世，享年七十三岁。鲁哀公致悼词说："上天不保佑这位国老，以让他保护我久居君位，我悲伤欲绝。呜呼哀哉，尼父啊尼父！"（见《史记·孔子世家》）

㉔ **函谷关人识老聃**　春秋时期，思想家老子（李耳，字聃）欲出函谷关隐居，函谷关令尹喜说："子将隐矣，强为我著书。"老子遂著书上下篇，言道德之意五千言，此即《道德经》。最后，尹喜也随老子出关西去。（见《史记·老子列传》）

㉕ **江相归池，止水自盟真是止**　宋朝江万里，字子远，江西都昌人。度宗时任相。性刚直，敢斥弊政。罢相后还乡。元军攻占襄樊，他于芝山凿池开圃，建亭曰"止水"，人问其意，他说："大势不可支，余虽不在位，当与国为存亡。"及饶州（上饶）城破，万里乃投止水池而死。（见《宋史·江万里传》）

㉖ **吴公作宰，贪泉虽饮亦何贪**　晋朝吴隐之，性廉洁。桓玄欲革岭南之弊，任吴隐之为广州刺史。离广州二十里的石门有泉水，人称"贪泉"，传说饮此泉水者其心无厌（贪得无厌）。隐之便到泉上，酌而饮之，终不改清廉本色。并作《贪泉歌》云："石门有贪泉，一歃（用嘴吸取）重千金；试使夷齐（伯夷叔齐）饮，终当不易心。"（见《晋书·吴隐之传》）

十四 盐

宽对猛^①，冷对炎。清直对尊严^②。云头对雨脚^③，鹤发对龙髯^④。风台谏^⑤，肃堂廉^⑥。保泰对鸣谦^⑦。五湖归范蠡^⑧，三径隐陶潜^⑨。一剑成功堪佩印^⑩，百钱满卦便垂帘^⑪。浊酒停杯，容我半酣愁际饮^⑫；好花傍座，看他微笑悟时拈^⑬。

连对断，减对添。淡泊对安恬^⑭。回头对极目^⑮，水底对山尖^⑯。腰袅袅，手纤纤^⑰。凤卜对鸾占^⑲。开田多种粟^⑳，煮海尽成盐^㉑。居同九世张公艺^㉒，恩给千人范仲淹^㉓。箫弄凤来，秦女有缘能跨羽^㉔；鼎成龙去，轩臣无计得攀髯^㉕。

人对己，爱对嫌。举止对观瞻。四知对三语^㉖，义正对辞严^㉗。勤雪案^㉘，课风檐^㉙。漏箭对书笺^㉚。文繁归獭祭^㉛，体艳别香奁^㉜。昨夜题梅更一字^㉝，早春来燕卷重帘^㉞。诗以史名，愁里悲歌怀杜甫^㉟；笔经人索，梦中显晦老江淹^㊱。

注 解

① **宽猛** 既宽容又严厉。春秋郑国大夫子产，主张以宽容与严厉并用政策治理国家，该宽时宽，该严时严。《左传·昭公二十年》云："郑子产有疾（病重），谓子大叔（游吉）曰：'我死，子必为政。唯有德者能以宽（宽容）服民，其次莫如猛（严厉）。'"

② **清直** 清廉而正直。[唐]白居易《故巩县令白府君事状》云："自鹿邑至巩县，皆以清直静理闻于一时。" **尊严** 庄重而有威严。《荀子·致士》云："尊严而惮，可以为师。"

③ **云头** 云端。[元]无名氏《马陵道》曲云："庞涓也，则教你有翼翅飞不上云头，有指爪劈不开地面。" **雨脚** 长垂及地的雨丝。[唐]杜甫《茅屋为秋风所破歌》诗云："床床屋漏无干处，雨脚如麻未断绝。"

④ **鹤发** 鹤羽白，比喻老人之白发。[北周]庾信《竹杖赋》云："及命引进，乃曰：'噫，子老矣！鹤发鸡皮，蓬头历齿。'" **龙髯** 龙的胡须。传说黄帝铸鼎于荆山下，鼎成，有龙下迎帝升天，群臣后宫从帝登龙身者七十余人，余小臣不得上龙身，乃持龙髯，髯断落地，并堕黄帝之弓。百姓抱弓视龙髯而哭。后以"龙髯"为悼念皇帝去世之典。（见《史记·封禅书》）

⑤ **风台谏** 御史尽责于纠劾官邪。风：通"讽"，训教。台谏：官名。唐宋时，台指御史官，专主纠劾官邪；谏指谏议官，掌对侍从规谏。明代，给事中兼前代谏议之职，因此通称御史为"台谏"，给事中称"给谏"。（见《历代职官表·都察院》）

⑥ **肃堂廉** 众卿肃立在殿堂之侧。堂廉，亦作"堂隅"，堂基的四周称"堂廉"。《礼记·丧大记》云："卿大夫即位于堂廉楹（厅堂的前柱）西。"[宋]王安石《和平甫舟中望九华山》云："毅然如（入）九宫，罗立在堂廉。"

⑦ **保泰** 泰：《周易》六十四卦之第十一卦。保泰：即保守安定兴盛的局面。圣明君王要勤政爱民，指导百姓顺应寒暑知变化，利用天时地利，夺取五谷丰登，保佑万众富庶安康。 **鸣谦** 谦：《周易》六十四卦之第十五卦。鸣谦：即勉励君子要永远保持谦虚的名声。"鸣谦者，谓声名也。处正

得中（中心纯正），行谦广远，故曰鸣谦。"

⑧ **五湖归范蠡**　春秋越国大夫范蠡，字少伯，楚国宛人。越国败于吴国后，蠡寻得美女西施献给吴王夫差求和。随后，蠡辅佐越王勾践卧薪尝胆，刻苦图强，终灭吴国，西施归范蠡。蠡知"勾践为人可与同患难，不能共安乐"，遂携西施云游五湖。入齐，更名"鸱夷子皮"。入陶，改名"陶朱公"，经商致富。（见《史记·货殖列传》）

⑨ **三径隐陶潜**　东晋陶潜，又名陶渊明，他不为五斗米而折腰，侍奉乡里小人，辞去彭泽令归隐故里。"瞻衡宇（看到简陋的旧居），载欣载奔（高兴地趋近）。僮仆欢迎，稚子候门。三径就荒，松竹犹存。"（见陶渊明《归去来兮辞》）

⑩ **一剑成功堪佩印**　战国时期，洛阳人苏秦，背负一剑护身周游，说服赵、楚、齐、魏、韩、燕六国"合纵"抗秦，六国君王于洹水歃血结盟，"封苏秦为'纵约长'，兼佩六国相印、金牌宝剑，总辖六国臣民。"（见《东周列国志九十回》）

⑪ **百钱满卦便垂帘**　汉代蜀郡人严遵，字君平。在成都摆摊当算命先生。凡一天收得百钱，就觉得足以自养户口了，便闭店垂帘读《老子》。扬雄少时曾跟严遵受教，称为"逸民"。一生不做官，终年九十余岁。（见《汉书·王吉传序》）

⑫ **浊酒停杯，容我半酣愁际饮**　浊酒：用糯米、黄米等酿制的酒，比较混浊。半酣：酒兴浓厚半醉之时。诗圣杜甫怀有济世安邦的宏伟志向。但政治上不断受到大地主势力的排挤打击，仕途失意，又经离乱，一生都在饥寒交迫、颠沛流离中度过。他只能以酒解忧，但又无钱买酒。他在《九日》诗中说："竹叶（酒名）与人（指自己）既无分，菊花（酒名）从此不须开（无钱喝）。"无钱也要喝，就四处欠酒债。他决心以烂醉了结一生。他在《登高》一诗中说："艰难苦恨繁霜鬓，潦倒新停浊酒杯。"他在《杜位宅守岁》诗中明说："谁能更拘束，烂醉是生涯。"

⑬ **好花傍座，看他微笑悟时拈**　传说，释迦牟尼在灵山会上讲法时，手拈鲜花示众，然众人皆面无表情，不解禅意，只有摩诃迦叶面露微笑，释迦牟尼世尊遂将心法传于迦叶。（见《五灯会元卷一·释迦牟尼佛》）后世以"拈花微笑"比喻会心悟理。

⑭ **淡泊**　恬淡，不求名利。［三国］诸葛亮《诫子书》云："非淡泊无

以明志，非宁静无以致远。"《抱朴子·广譬》云："短唱不足以致弘丽之和，势利不足移（动摇）淡泊之心。"　　**安恬**　安静，安逸恬适。［明］张居正《答楚按院雷信庵》云："楚民咸（全）获安恬之利，公之造福于楚人，所宜世世而俎豆（祭祀礼品）之者也。"

⑮ **回头**　向后转头。［宋］苏轼《送顿起》诗云："回头望彭城，大海浮一粟。"［宋］辛弃疾《青玉案·元夕》词云："众里寻他千百度，蓦然回首，那人却在灯火阑珊处。"　　**极目**　尽目力所及远望前方。［三国魏］王粲《登楼赋》云："平原远而极目兮，蔽荆山之高岑。"

⑯ **水底山尖**　水底：水的至深处。［明］沉鲸《双珠记·旷衣得诗》云："芦花月白难寻路，水底捞针岂见针。"山尖：山顶；山巅。［唐］罗隐《蜂》诗云："不论平地与山尖，无限风光尽被占。"［唐］姚合《庄居野行》诗云："采玉上山巅，探珠（探骊得珠）入水底。"

⑰ **腰袅袅**　细腰扭动。［唐］李贺《恼公》诗云："陂陀梳碧凤，腰袅带金虫。"

⑱ **手纤纤**　细手柔美。《古诗十九首》诗云："娥娥红粉妆，纤纤出素手。"

⑲ **凤卜鸾占**　人们视鸾凤为吉祥鸟，常把占卜佳偶称作"凤卜"、"鸾占"。《左传·庄公二十二年》云："初，懿氏卜妻（嫁女给）敬仲。其妻卜之，曰：吉。是谓'凤凰于飞，和鸣锵锵'。"

⑳ **开田多种粟**　开农田多种粮。这是宋朝诗人黄庭坚《次韵师厚病间十首》中"开田种白玉，饱牛事耕犁"和宋朝诗人孔武仲《种粟行》中"大儿肩锄出茅屋，小儿倾盘糁新粟"诗句的化用。

㉑ **煮海尽成盐**　煮海水以为盐。西汉初，藩镇割据，诸侯王国占据着广大地区，跨州连郡，据山铸钱，煮海成盐，富甲天下，骄奢抗上。汉景帝采纳晁错的建议，采取削藩措施。吴王刘濞以"请诛晁错，以清君侧"为名，背叛中央，发动吴楚七国之乱。大将周亚夫奉命平定了叛乱。（见《汉书·晁错传》）

㉒ **居同九世张公艺**　唐郓州寿张人张公艺，九代同居。麟德年间，唐高宗祭祀泰山，路过郓州，去公艺家访，问何以能九代同居？张公艺请纸笔，在纸上连写百余"忍"字。意为举家和睦忍让。（见《旧唐书·张公艺传》）

㉓ **恩给千人范仲淹**　北宋政治家、文学家范仲淹，字希文，今江苏苏州

人。大中祥符进士。少时贫困好学，当官后以敢言出名。主张建立严密的任官制度，注重农桑，整顿武备，推行法制，减轻徭役。他在苏州城郊购田千亩，给乡里施义粢以养宗亲。他在《岳阳楼记》一文中提出"先天下之忧而忧，后天下之乐而乐"，传诵千古。（见《宋史·范仲淹传》）

㉔ **箫弄凤来，秦女有缘能跨羽**　萧史弄玉在凤台吹箫作凤鸣音，引来真凤止其屋，后二人乘龙跨凤升天而去。（参见上卷"一东"韵注㉟）

㉕ **鼎成龙去，轩臣无计得攀髯**　黄帝铸鼎成功，有龙下迎，黄帝及重臣乘龙升天，小臣欲持龙须上天，将龙须拔落，堕黄帝之弓。（参见本韵注④）

㉖ **四知**　东汉太尉杨震，字伯起，今陕西华阴人。他博学通经，时称"关西孔子杨伯起"。他为官清廉，憎恶贪侈骄横。昌邑令王密，夜间怀金十斤向杨震送礼，杨震说："故人（杨震自称）知君（指王密），君不知故人，何也？"王密说："暮夜无知者。"杨震说："天知，神知，我知，子（你）知，何谓无知者？"王密羞愧地抱金回去了。（见《后汉书·杨震传》）　　　**三语**　晋朝王衍问阮修：儒家提倡名教，老子庄子宣扬自然，两者究竟有何差别？阮修说："将无同（大约差不多吧）。"王衍听后很欣赏，就聘阮修为属员。时人更称阮修为"三语（三字）掾（官署属员通称掾）"。（见《世说新语·文学》）

㉗ **义正辞严**　理由正当充足，措词严正有力。〔宋〕张孝祥《明守赵敷文》云："欧公书岂惟翰墨之妙，而辞严义正，千载之下，见者兴起，某何足以辱公此赐也哉。"

㉘ **勤雪案**　传说晋朝孙康家贫无烛，严冬常映雪读书，文人常以"雪案"比喻勤学。〔明〕高则诚《琵琶记》云："我相公虽居凤阁鸾台，常在萤窗雪案。退朝之暇，手不停批；闲居之际，口不绝吟。"

㉙ **课风檐**　风檐：不蔽风雨之场屋。明朝解元郑维诚，科举考场应试时，破题用两句成语冠场，张公批曰："我以半月精神思之不得，此子于风檐寸晷（日影移动一寸的时间）中得之，殆神助哉！"〔宋〕文天祥《正气歌》云："风檐展书读，古道照颜色。"

㉚ **漏箭**　古时用漏壶计时间。上放播水壶，靠底部一侧凿滴水孔，播水壶下置受水壶，壶中放浮漂，漂扎有刻度的箭，受水壶慢慢积水，浮漂则慢慢上浮，箭则从受水壶慢慢显露，刻度数字则由上而下逐一增大，以此计时。受水壶中带刻度的浮漂就叫"漏箭"，亦作"更箭"。　　　**书签**　悬在卷轴一端的书名牙签，或书册封面上的书名签条。〔唐〕杜甫《题柏大兄弟山居屋

壁》诗云："笔架沾窗雨，书笺映隙曛。"［唐］韩愈《送诸葛觉往随州读书》诗云："邺侯家多书，插架三万轴。一一悬牙签，新若手未触。"

㉛ **文繁归獭祭** 水獭捕到鱼，就摆在岸边，如同作祭祀，故称"獭祭鱼"。《礼记·月令》云："孟春之月……鱼上冰，獭祭鱼。"后把文人罗列典故、堆砌成文，也称为"獭祭鱼"。［宋］吴炯《五总志》云："唐李商隐为文，多检阅书史，鳞次堆积左右，时谓为'獭祭鱼'。"

㉜ **体艳别香奁** 唐代诗人韩偓，字致尧，今陕西西安人。官至兵部侍郎、翰林承旨。其早年诗作多写艳情，以妇女身边琐事为题材，辞藻华丽，故有"香奁体"之称，留有《香奁集》。晚年诗作多写唐末政治变乱及个人遭际，感时伤怀，风格慷慨悲凉，有《韩内翰别集》。（见［宋］严羽《沧浪诗话·诗体》）

㉝ **昨夜题梅更一字** 唐末江陵龙兴寺僧人齐己，从小就爱佛学，喜欢诗文，其《早梅》诗作有"前村深雪里，昨夜数枝开"句，诗人郑谷改"数枝"为"一枝"，时人因称郑谷为"一字师"。（见《五代史补·齐己》）

㉞ **早春来燕卷重帘** ［元］葛易之《京城燕》诗云："主家帘幕重重垂，衔芹（燕子衔芹菜地的软泥以筑巢）却旁（旁，通'傍'，靠近）檐间飞。"［宋］贺铸《海陵西楼寓目》诗云："扫地可怜花更落，卷帘无奈燕还来。"

㉟ **诗以史名，愁里悲歌怀杜甫** 唐代诗人杜甫，字子美，自幼好学，知识渊博，有政治抱负。善诗好赋，其诗歌创作对历代文人产生巨大影响，宋代以后被尊为"诗圣"。他的许多优秀诗作显示了唐朝从开元天宝盛世，转向分裂衰微的历史过程，因此被称作"诗史"。《新唐书·杜甫传赞》云："甫（杜甫）又善陈时事，律切精深，至千言不少衰，世号诗史。"

㊱ **笔经人索，梦中显晦老江淹** 南朝梁江淹，字文通，历任宋、齐、梁三代大臣，官至梁金紫光禄大夫。其诗文曾扬名天下。一日，他梦见一个叫郭璞的对他说："我有笔在你处已经多年，应该还我了。"江淹探怀取五色笔授之。从此，江淹作诗绝无佳句。这就是"江郎才尽"典故的由来。（见《南史·江淹传》）

十五 咸

zāi duì zhí tì duì shān　　èr bó duì sān jiān　　cháo chén duì guó lǎo　　zhí
栽对植，薙对芟①。二伯对三监②。朝臣对国老③，职
shì duì guān xián　　lù yǔ yǔ　　tù chán chán　　qǐ dú duì kāi jiān　　lǜ yáng yīng
事对官衔④。鹿麌麌⑤，兔毚毚⑥。启牍对开缄⑦。绿杨莺
xiàn huǎn　　hóng xìng yàn ní nán　　bàn lí bái jiǔ yú táo lìng　　yì zhěn huáng liáng
睍睆⑧，红杏燕呢喃⑨。半篱白酒娱陶令⑩，一枕黄粱
dù lǚ yán　　jiǔ xià yán biāo　　cháng rì fēng tíng liú kè jì　　sān dōng hán liè　　màn
度吕岩⑪。九夏炎飙，长日风亭留客骑⑫；三冬寒冽，漫
tiān xuě làng zhù zhēng fān
天雪浪驻征帆⑬。

wú duì qǐ　　bǎi duì shān　　xià hù duì sháo xián　　jiàn chán duì zhēn wěi　　gǒng
梧对杞，柏对杉。夏濩对韶咸⑭。涧瀍对溱洧⑮，巩
luò duì xiáo hán　　cáng shū dòng　　bì zhào yán　　tuō sú duì chāo fán　　xián rén xiū
洛对崤函⑯。藏书洞⑰，避诏岩⑱。脱俗对超凡⑲。贤人羞
xiàn mèi　　zhèng shì jí gōng chán　　bà yuè móu chén tuī shào bó　　zuǒ táng fān jiàng
献媚⑳，正士嫉工谗㉑。霸越谋臣推少伯㉒，佐唐藩将
zhòng hún jiān　　yè xià kuáng shēng　　jié gǔ sān zhuā xiū jǐn ǎo　　jiāng zhōu sī mǎ
重浑瑊㉓。邺下狂生，羯鼓三挝羞锦袄㉔；江州司马，
pí pá yì qǔ shī qīng shān
琵琶一曲湿青衫㉕。

páo duì hù　　lǚ duì shān　　pǐ mǎ duì gū fān　　zhuó mó duì diāo lòu　　kè
袍对笏㉖，履对衫。匹马对孤帆㉗。琢磨对雕镂㉘，刻
huà duì juān chán　　xīng běi gǒng　　rì xī xián　　zhì lòu duì dǐng chán　　jiāng biān
划对镌镵㉙。星北拱㉚，日西衔㉛。卮漏对鼎馋㉜。江边
shēng dù ruò　　hǎi wài shù dū xián　　dàn dé huī huī cún lì rèn　　hé xū duō duō
生杜若㉝，海外树都咸㉞。但得恢恢存利刃㉟，何须咄咄
dá kōng hán　　cǎi fèng zhī yīn　　yuè diǎn hòu kuí xū jiǔ zòu　　jīn rén shǒu kǒu
达空函㊱。彩凤知音，乐典后夔须九奏㊲；金人守口，
shèng rú ní fǔ yì sān jiān
圣如尼父亦三缄㊳。

注 解

① **薙芟** 除草。《传》曰："除草曰芟，除木曰柞。"《注》曰："薙，谓迫地（贴近地皮）芟草也。"

② **二伯** 周武王死后，年幼的成王继位，由周公旦与召公奭共同辅政，"分天下以为左右，曰二伯"（见《礼记·王制》），"自陕以东，周公主之；自陕以西，召公主之。"（见《春秋传》） **三监** 周武王灭商后，封殷纣王的儿子武庚为商朝故都朝歌之方伯（诸侯之长），并以朝歌以东为卫诸侯国，由武王之弟管叔监之；朝歌以西为墉诸侯国，由武王之弟蔡叔监之；朝歌以北为邶诸侯国，由武王之弟霍叔监之，合称"三监"。武王死后，管、蔡、霍三叔（三监）反而与武庚谋反，背叛周朝，周公旦出师平叛，处死管蔡。（见《礼记·王制》）

③ **朝臣** 朝中的重臣。《韩非子·三守》云："国无臣者，岂郎中虚而朝臣少哉？" **国老** 古代退休的卿大夫称为"国老"。《礼记·王制》云："有虞氏养国老于上庠，扬养庶老于卜庠。"

④ **职事** 身任之职所应尽的事务。《管子·法禁》云："身无职事，家无常姓。"［三国蜀］诸葛亮《出师表》云："今南方已定，兵甲已足，当奖率三军，北定中原……此臣所以报先帝，而忠陛下之职分也。" **官衔** 旧时官吏的封号、品级和历任官职，统称为"官衔"。［唐］封演《官衔》云："当时选曹补受，须存资历，闻奏之时，先具旧官名品于前，次书拟官于后，使新旧相衔不断，故曰官衔。"

⑤ **鹿麌麌** 鹿群聚集。麌麌：众多。语出《诗经·小雅·吉日》："兽之所同，麀（母鹿）鹿麌麌。"

⑥ **兔毚毚** 狡猾的大兔。语出《诗经·小雅·巧言》："跃跃毚兔，遇犬获之。"

⑦ **启牍** 翻开书籍。牍：古时无纸，书写用狭长的木片。《后汉书·刘隆传》云："帝见陈留吏牍上有书（字），视之。"通常把牍视为书籍。《后汉书·荀悦传》云："所见篇牍，一览多能诵记。" **开缄** 打开信函。缄：书信。［宋］王禹偁《回襄阳周奉礼同年因题纸尾》云："武关西畔路巉岩，两月劳君寄两函。"

⑧ **绿杨莺睍睆** 莺睍睆：黄莺叫声清脆圆润。［明］周清源《吹凤箫女诱东墙》词云："黄莺睍睆，紫燕呢喃，柳枝头，湖草岸，奏数部管弦。"

⑨ **红杏燕呢喃** 燕呢喃：燕子的叫声。［唐］刘兼《春燕》诗云："多时窗外燕呢喃，只要佳人卷绣帘。"

⑩ **半篱白酒娱陶令** 东晋彭泽令陶渊明不为五斗米而折腰，毅然辞去县令归乡隐居，过清贫安闲的生活。他生性好酒而不能常得。九月九日重阳节是饮菊花酒的佳节，陶潜无酒，无聊中便到宅边东篱下菊丛中摘一大把菊花，坐于其侧凝思。未几，受江州刺史王弘指使的白衣差役送来了美酒，即便就饮，至醉而归。（见［南朝宋］檀道鸾《续晋阳秋》）　［明］高明《二郎神·秋怀·黄莺儿》曲云："满城风雨还重九，白衣人送酒，乌纱帽恋头。"

⑪ **一枕黄粱度吕岩** 唐代卢生在邯郸客店自叹穷困，道士吕翁（后人说成是唐末道士吕岩，即吕洞宾）从囊中取出一个枕头给卢生。卢生入睡后，做梦娶了美丽而富有的崔氏为妻，又中了进士，为相十年，有五子十孙，皆婚姻美满，官运亨通，成了世间一大望族。卢生享尽荣华富贵，年逾八十，临终时惊醒了。睡梦时间竟不及店家煮一顿黄粱饭的工夫，故有"黄粱梦"之典故。（见《枕中记》）

卢生遇吕岩故事

⑫ **九夏炎飙，长日风亭留客骑**　九夏：夏季。夏季共九十天，故称。长日：漫长的白天。风亭：长亭。供过客停歇避风雨的亭子。客骑：即"骑客"，骑马出行的人。这是元朝戏曲家王实甫《西厢记·长亭送别》中"恨相见得迟，怨归去得疾。柳丝长玉骢难系，恨不倩（恨不得使）疏林挂住斜晖（将落的太阳）"曲意的化用。

⑬ **三冬寒冽，漫天雪浪驻征帆**　三冬：冬季。冬季有三个月，故称。雪浪：大雪飞腾。征帆：远行之船。唐代诗人柳宗元有一篇著名诗作《江雪》，诗云："千山鸟飞绝，万径人踪灭。孤舟蓑笠翁，独钓寒江雪。"诗的意思是：在寒气凛冽的严冬，漫天大雪翻腾，飞鸟行人都躲起来了，不见踪影，只有一位身披蓑衣头戴斗笠的渔翁，坐在孤舟上寂寞地垂钓。

⑭ **夏濩韶咸**　指尧、舜、禹、汤时期的四种古乐名。《庄子·天下》云："黄帝有咸池，尧有大章（也叫'咸池'，增修黄帝之乐沿用，也称'大咸'），舜有大韶（也叫'大磬'、'九韶'），禹有大夏，汤有大镬（通'濩'）。"《周礼·春官·大司乐》云："乃奏大簇，歌应钟，舞《咸池》，以祭地祇；乃奏姑洗，歌南吕，舞《大韶》，以祀四望；乃奏蕤宾，歌函钟，舞《大夏》，以祭山川；乃奏夷则，歌小吕，舞《大镬》，以享先妣。"

⑮ **涧瀍**　涧水与瀍水。涧水，源出河南渑池东北白石山，东流入洛河。瀍水，即"瀍河"，源出河南洛阳西北谷城山，南流入洛水。《尚书·洛诰》云："我乃卜涧水东，瀍水西，惟洛食。"　**溱洧**　溱水与洧水。溱水，源出河南密县东北，东南会洧水。洧水，即"洧河"，源出河南登封东阳城山，东流会溱水为双洎河。《孟子·离娄下》云："子产听郑国之政，以其乘舆济人于溱洧。"

⑯ **巩洛**　处于洛水之间、四面环山的巩县。《史记·苏秦传》云："说韩宜惠王，韩北有巩洛成皋之固，西有宜阳商贩之塞。"　**崤函**　指崤山、函谷关。［东汉］张衡《二京赋》云："左有崤函重险，桃林之塞。"

⑰ **藏书洞**　湖南沅陵县西北有大酉二酉二山。传说在小酉山上石洞中有书千卷，相传是秦代人读书于此而留之。后称藏书多的地方为"二酉"。（见《太平御览·荆州记》）

⑱ **避诏岩**　汉初，商山有四位居岩洞隐士，名曰东园公、绮里季、夏黄公、角里先生，须眉皆白，故称"四皓"。高祖刘邦慕四皓名，欲召为汉臣，不应。（见《汉书·张良传》）

⑲ **脱俗** 超脱世俗。《抱朴子·登涉》云："近才庸夫，自许脱俗。"《绘图宝鉴三》云："[宋]夏奕，不知何许人。公羽毛，画鸂鶒作对而皆雄，盖求脱俗也。" **超凡** 超越平凡。《景德传灯录·神晏国师》诗云："定祛邪行归真见，必得超凡入圣乡。"

⑳ **贤人羞献媚** 有德有才之人，羞于低三下四讨好别人。屈原《楚辞·九章·惜诵》云："忘儇媚（巧佞谄媚）以背众兮，待明君其知之。"

㉑ **正士嫉工谗** 耿直正派之人，憎恨谗言诬陷伤害好人。[唐]骆宾王《为徐敬业讨武曌檄》云："[武则天]掩袂（用衣袖拭泪）工（善于）谗，狐媚偏能惑主。"

㉒ **霸越谋臣推少伯** 春秋末年越国大夫范蠡，字少伯，楚国宛（今河南南阳）人。越国被吴国打败后，范蠡随越王勾践赴吴国当人质三年。回越后，助越王刻苦图强，灭了吴国，使越称霸。后范蠡离越游齐，改名陶朱公，以经商致富。（见《史记·货殖列传》）

㉓ **佐唐藩将重浑瑊** 北方铁勒族浑部人浑瑊，十一岁入朔方军，从郭子仪平定安史之乱，防御吐蕃回纥，战功卓著。建中四年，朱泚叛乱，唐德宗奔至奉天（今沈阳），瑊与李晟马燧并力平叛，授兵马副元帅，封咸宁郡王。后又以平定李怀光有功，加检校司徒兼中书令。死后谥号"忠武"。（见《唐书·浑瑊传》）

㉔ **邺下狂生，羯鼓三挝羞锦袄** 锦袄：指曹操。邺下：指魏公曹操定都邺地（今河北河南交界的安阳一带）。东汉祢衡，字正平，今山东临沂人。少有才辩，性刚傲物。与孔融交好，融荐于曹操。操任为鼓吏，令其穿鼓吏之装欲辱之，衡便在操前裸身击鼓骂曹，奏曲《渔阳三挝》，音节曼妙慷慨，有金石声，四座闻之，无不震惊动容。操想借刘表之手杀害祢衡，遂将衡送给刘表，表又将其送给江夏太守黄祖，黄祖爱其才，但后因祢衡对其出言不逊而杀之。（见《后汉书·祢衡传》）

㉕ **江州司马，琵琶一曲湿青衫** 唐代诗人白居易，字乐天，今陕西渭南人。原在朝中任官，因得罪权贵，被贬为江州司马，在其名作《琵琶行》中有"座中泣下谁最多？江州司马青衫湿"抒怀名句。（见《唐书·白居易传》）

㉖ **袍笏** 古时，大臣朝见君主，皆穿袍（朝服）执笏。袍、笏按地位高低而异。笏，也称"手板"，用玉、象牙或竹片制成，用来比画意思或在板

上记事。《礼记·玉藻》云："凡有指画于君前，用笏；造受命于君前，则书于笏。"

㉗ **匹马** 一匹马。[五代] 汪遵《乌江》诗云："兵散弓残挫虎威，单枪匹马突重围。" **孤帆** 一只船。[唐] 李白《黄鹤楼送孟浩然之广陵》诗云："孤帆远影碧空尽，唯见长江天际流。"

㉘ **雕镂** 雕刻纹饰。《三国志·魏志·栈潜传》云："今宫观崇侈，雕镂极妙，忘有虞之总期（古帝虞舜用草盖的宫房），思殷辛之琼室（殷纣王用玉石造的帝宫）。"常用来比喻精心修饰文辞。[五代] 齐己《览延栖上人卷》诗云："今体雕镂妙，古风研考精。"

㉙ **镌镵** 雕凿；刻画。[宋] 宋汴《采异记·铭记》云："后列数树如前者，其镌镵之工，妙绝于世。"

㉚ **星北拱** 众星环卫北斗星。[唐] 罗邺《春晚渡河有怀》诗："万里山河星拱北，百年人事水归东。"[唐] 戴叔伦《赠徐山人》诗云："针自指南天宵宵，星犹拱北夜漫漫。"比喻人间四方归顺。《论语·为政》云："为政以德，譬如北辰（北极星），居其所，而众星共（拱）之。"

㉛ **日西衔** 亦作"日西斜"，太阳偏西。《易经·丰》云："日中（正午）则昃（日偏西），月盈（圆满）则食（通'蚀'，亏缺）。"唐代诗人韦庄在《李氏小池亭十二韵》中有"访僧舟北渡，贳（赊买）酒日西衔"的诗句；他在《送人归上国》中又有"送君江上日西斜"的提法。

㉜ **卮漏** 渗漏的酒器永远盛不满酒。卮漏：渗漏的酒器。比喻饮酒人酒量大。[北魏] 杨炫之《洛阳伽蓝记》云："京师士子，道肃一饮一斗，号为'漏卮'。" **鼎馋** 即"馋鼎"，谓制茶中茶叶不易出汁的鼎具。馋：贪食；鼎：制茶器具。这种器具吸食水分过多。[明] 谢肇淛《五杂俎·物部三》云："今造团（茶团）之法皆不传，而建茶之品亦远出吴会诸品之下。其武夷、清源二种虽与上国争衡，而所产不多，十九馋鼎，故遂令声价靡不复振。"

㉝ **江边生杜若** 南方水边长杜若。杜若：香草名，亦称"杜衡"。似葵而香，根入药。屈原《楚辞·九歌·湘君》云："采芳洲（芳草丛生的小洲）兮杜若，将以遗兮下女（侍女）。"

㉞ **海外树都咸** 边远地区植都咸。海外：四海之外，泛指边远地区。古代中州人把"荒边侧境山区海聚之间，蛮夷（指边远少数民族）异域之处，或

燕、荆、越、蜀海外万里”，称为“海外”。（见［宋］曾巩《送江任序》）都咸：也叫“都咸子”，果树名。生于广南山谷，树如李，皮叶可作饮料，润肺祛痰。（见《本草纲目·都咸子》）

⑤ **但得恢恢存利刃**　传说战国时期，解牛高手庖丁为梁惠王解牛，刀在牛之骨络间随意滑动，似有更宽的余地。惠王赞他技艺纯熟。庖丁说："牛骨节间有隙，而我的刀刃很薄，薄刃入间隙，恢恢（宽广）乎，游刃有余。"（见《庄子·养生主》）

⑥ **何须咄咄达空函**　西晋殷浩，负有名望。大司马桓温权威日盛，简文帝任命殷浩为建武将军，以抗衡桓温。后，殷浩率军北征，败给后秦姚襄，遂被桓温废免。殷浩故作镇定，谈笑如常，但一天到晚用手比划在空中写"咄咄怪事"四字。（见《晋书·殷浩传》）

⑦ **彩凤知音，乐典后夔须九奏**　传说古帝虞舜作箫韶，后夔是舜的乐官，众鸟兽听到韶音皆来起舞，但至九奏，仪表非凡的凤凰才来共舞。《尚书·益稷》云："箫韶九成，凤凰来仪。"《传》曰："备乐九奏而致凤凰，则余鸟兽不待九而率舞。"

⑧ **金人守口，圣如尼父亦三缄**　三缄：封了三张条子。［汉］刘向《说苑·敬慎》云："孔子之（到）周，观于太庙，右陛之前有金人焉，三缄其口，而铭其背曰：'古之慎言人也。戒之哉，戒之哉！无多言，多言多败。'"